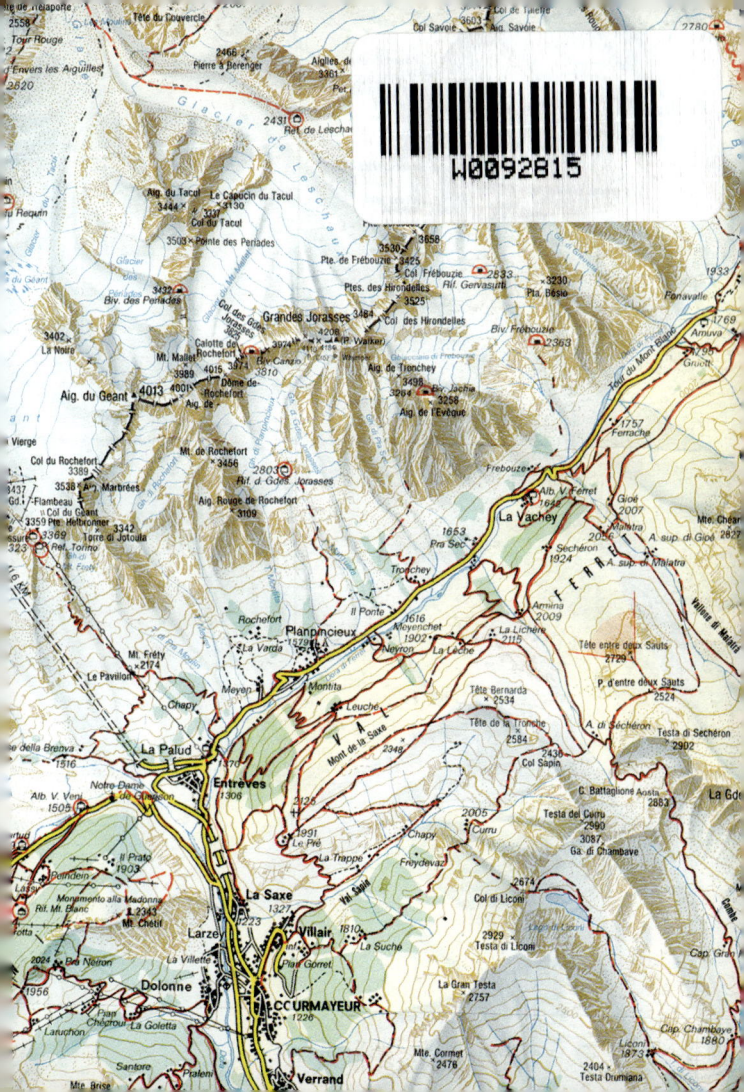

HARTMUT EBERLEIN

Mont-Blanc-Gruppe

**Gebietsführer
für Bergsteiger und Kletterer**

Mit 50 Schwarzweiß- und 23 Farbbildern,
28 Topos
sowie zwei mehrfarbigen Übersichtskarten
im Maßstab 1:100 000

Verfaßt nach den Richtlinien der UIAA

BERGVERLAG ROTHER GMBH · MÜNCHEN

Umschlagbild:

Blick vom Cosmiquesgrat auf den Mont Blanc

Foto: H. Eberlein

Bildnachweis (Seitenzahlen):

K. Ewald: 211, 342/343, 368, 413; R. Goedeke: 25;
W. Hellberg: 87, 143, 195, 296; H. Heller: 418/419;
F. Labande: 59, 74, 82, 95, 99, 105, 107, 122, 136, 141, 171, 173,
198, 206, 281, 301, 305, 306, 309, 312, 315, 331, 341, 349, 351, 362,
365, 376, 401, 403, 417, 422, 449, 454; K. Puntschuh: 51;
M. Supplie: 55; M. Waeber: 90 u., 91 o., 91 u.; J. Winkler: 192, 332;
G. Zimmermann: 354. Alle übrigen Bilder stammen vom Autor.

Skizzen: H. Eberlein in Zusammenarbeit mit vielen Freunden,
vor allem M. Piola (Reinzeichnung: Sebastian Schrank).

Die Ausarbeitung aller in diesem Führer beschriebenen Anstiege und
Routen erfolgte nach bestem Wissen und Gewissen des Autors.
Die Benützung dieses Führers geschieht auf eigenes Risiko.
Soweit gesetzlich zulässig, wird eine Haftung für etwaige Unfälle und
Schäden jeder Art aus keinem Rechtsgrund übernommen.

Die Vorschriften der UIAA zur Erstellung von Kletterführern beziehen
sich nur auf die Gliederung der Routenbeschreibungen und auf die Erstellung
der sogenannten Beschreibungsköpfe, die die wichtigsten Angaben
zu den Kletterführern, der Routenbeschreibung vorangestellt,
beinhalten.

Alle Rechte vorbehalten
Bergverlag Rother GmbH, München
9. Auflage 2000
ISBN 3-7633-2414-3
Gesamtherstellung Rother Druck GmbH, München

Vorwort zur 7. Auflage

Wenn ich an den Mont Blanc und seine Berge denke, wird mein Herz immer schwer ob der Erinnerungen, die dieses Gebiet für mich und viele andere bereithält. Für Euch, liebe Leser dieses Buches, eröffnet sich in diesem sicher teilweise hoffnungslos überlaufenen Bergmassiv eine großartige Welt, voll von atemberaubenden Bergerlebnissen.

Dieser Führer erscheint als 7. Auflage des zunächst von Franz Königer herausgegebenen Mont-Blanc-Führers. Nach der teilweisen Überarbeitung 1974 durch Klaus Werner und Pit Schubert wurde nun ein völlig neu bearbeiteter Führer herausgegeben. Es wurde versucht, eine Mischung aus Modealpinismus, Extrembergsteigen, Sportklettern und klassischem Bergsteigen zu finden. Die Auswahl ist natürlich immer subjektiv. Ich bin aber sicher, hier in diesem Buch findet jeder etwas für sich. Auch diejenigen Alpinisten, welche die Einsamkeit am Berg suchen, werden kaum jemals alle die hier beschriebenen einsamen Wege gehen können. Das Angeben von sogenannten Geheimtips ist sehr umstritten, aber hier am Mont Blanc wird man immer sicher sein können, daß die langen großen Grate einsam bleiben werden, unabhängig davon, ob sie hier beschrieben sind oder nicht.

Das Mont-Blanc-Gebiet ist ein Anziehungspunkt für Bergsteiger der ganzen Welt geworden, und dies ganz sicher zu Recht. Nirgendwo sonst findet sich eine solche Fülle von Bergen, Felszinnen, Gletschern und Eisrinnen auf so engem Raum und so nahe an den Straßen und Behausungen des Menschen. Dies brachte eine Unzahl von Problemen mit sich, besonders hinsichtlich des Umweltschutzes. Einige Ansätze der Besserung finden sich, aber die geballte Energie des rein materiell orientierten Denkens war bisher eigentlich nur beim Seilbahnbau auf den Mont-Blanc-Gipfel zu bremsen. Es bleibt zu hoffen, daß wenigstens die weitere Erschließung und der Raubbau an den Wäldern gestoppt werden kann. Die Gründung der Gruppe „Mountain Wilderness" kann als Versuch angesehen werden, hier ein Umdenken herbeizuführen. Dennoch, hier wie in anderen Gebieten, müssen alle ihre Verantwortung tragen, seien es diejenigen, die auf der Plan de l'Aiguille zelten, um dem „Ticket" oder „Fidel Fiasco" näher zu sein, diejenigen, die sich nur in langen Autoschlangen durch die Täler wälzen oder die Schautouristen z.B. auf Montenvers.

Jeder Mensch soll versuchen, unter Einhaltung allgemeiner Regeln mit seinen Mitmenschen und seiner Umwelt in Einklang zu leben. Das Bergsteigen, in vergangener Zeit manchmal als etwas Besonderes herausgestellt, bringt in diesem menschlichen Miteinander einen hohen Erlebniswert im eigenen Tun, das von Zeit zu Zeit die Menschen ihre eigenen Grenzen nicht mehr erkennen läßt. Es ist die Begeisterung und die Anziehungskraft, die gerade das Mont-Blanc-Gebiet ausstrahlt. Eine Begeisterung, der schon unzählige Menschen gefolgt und schon viele zum Opfer gefallen sind. Ich kann nur an alle Benutzer dieses Buches appellieren, immer wieder an die schmale Grenze zwischen Sein und Untergang zu denken. Der Berg, die Wand, der Riß, sie werden bestiegen oder durchstiegen, weil sie da sind, weil wir unsere Freude darin finden, das Unnütze zu erobern. Der Schwerkraft, den Gefahren der Berge sind wir aber immer ausgesetzt.

Der erste Autor dieses Gebietsführers, Franz Königer, stürzte einst im Rofan ab. Einer der beiden folgenden Autoren, Klaus Werner, kam in der Aig.-du-Plan-Nordwand ums Leben, als sich ein großer Block unter ihm löste und den versiertesten deutschen Alpinisten der sechziger und anfangs der siebziger Jahre mit sich riß. Der Mont Blanc mit seiner großen Ausstrahlung wird immer wieder zahlreiche Alpinisten, Kletterer und Bergwanderer anziehen. Sie müssen sich aber dessen bewußt sein, daß sie nicht nur in einem gewaltigen und zugleich wunderbaren Bergland sind, sondern ebenso in einem der gefährlichsten Berggebiete der Alpen mit weitgehend schwierigen Anstiegen, für die vielleicht am bezeichnendsten ist, daß die Besteigung des Gipfels des Mont Blanc technisch die leichteste Gipfelroute im Gebiet darstellt.

Noch ein paar Worte, die mehr in ein Vorwort passen: Die Nomenklatur ist durchgängig der französischen IGN-Karte entnommen. Daraus ergibt sich auch die Schreibweise Mont Blanc. Ich halte dies auch für richtig und möchte damit Fehler oder Ungereimtheiten der Vergangenheit aus der Welt schaffen.

Wie jeder Bergführer niemals das Werk eines Einzelnen ist, so ist auch in diesem Buch die Mitarbeit von vielen Bergfreunden enthalten. Beschreibungen und Skizzen sind, soweit direkt übernommen, mit dem Namen gekennzeichnet. Auch wenn ich schon seit zwanzig Jahren beinahe jährlich im Gebiet war und Tausende von Seiten in Jahrbüchern, Erlebnisberichten und Zeitschriften studiert habe, wäre das vorliegende Werk nicht ohne die Hilfe meines Freundes François Labande entstanden, der selbst Koordinator des französischen allumfassenden Guide Vallot und eines Auswahlführers ist.

Es ist das Anliegen eines Führers, eine vernünftige Auswahl zu treffen, um möglichst allen Anforderungen gerecht zu werden. Dabei bleiben manche Interessen nicht etwa auf der Strecke, sie kommen allenfalls zu kurz. Wenn Du, liebe Leserin / lieber Leser, also im Mont-Blanc-Gebiet umherstreifst, hast Du eine reiche Auswahl, doch beachte auch die unzähligen anderen Möglichkeiten. Vor allem schaue nicht auf diejenigen herab, die in der Modetour nebenan Schlange stehen. Sie haben auch ein Recht auf menschliche Achtung, und ihren Weg bist Du sicher auch schon gegangen. Es kommt in erster Linie auf die Einstellung an, wenn man in der hoffnungslos überfüllten Hütte liegt, oder am womöglich engen Standplatz warten muß. Das Bergsteigen wird gelegentlich als eine Soloaktivität verstanden, jedoch bedeutet in fast allen Fällen das Alleingehen ein Manko an Zwischenmenschlichkeit. Erst im Erzählen nach einer Tour löst sich die Spannung. Lernen wir also schon am Berg, in der Kommunikation mit den anderen Bergsteigern ein Stück unserer Begeisterung und Freude zu übermitteln.

Sommer 1991   Hartmut Eberlein

Vorwort zur 9. Auflage

Die Entwicklung des Bergsteigens in seinen verschiedensten Spielarten hat natürlich auch vor der Mont-Blanc-Gruppe nicht halt gemacht. Die Vielzahl der Eisrinnen, die mittlerweile im Winter, Herbst oder Frühjahr durchstiegen wurden, ist Legion. Einige werden auch regelmäßig wiederholt, aber es ist sehr schwierig, eine Auswahl zu treffen. So mutet die Auswahl in der 9. Auflage vielleicht etwas klassisch orientiert an, aber alle Routen aufzunehmen, würde den Umfang eines Auswahlführers völlig sprengen. An dieser Stelle sei auf die Literaturhinweise verwiesen. In erstaunlich kurzer Zeit waren sowohl die 7. als auch die 8. Auflage dieses Führers vergriffen. Das hat den Vorteil, daß in der aktuellen Auflage zwei wesentliche Veränderungen, der weitere Bergsturz am Dru (18.9.1997) und die Bergstürze in der Brenvaflanke (Sommer 1996 und 16.1.1997), berücksichtigt werden können.
Bergstürze in der Mont-Blanc-Gruppe hat es regelmäßig gegeben, z.B. Aig. de Blaitière Westwand oder an der Aig. du Peigne; aber bisher nie mit einem so zerstörenden Ausmaß für bekannte und beliebte Bergfahrten, u.a. eben Bonattipfeiler und Brenvasporn. Ein weiterer wesentlicher Hinweis gilt dem teilweise starken Gletscherrückgang. Die Gletscher sind in den letzten Jahren teilweise um 50 m abgesunken, so daß 1 oder 2 SL mehr zu steigen sind. Auch hier gilt es, die jeweiligen Verhältnisse lokal zu erfragen. Auch die Bergschründe können je nach

Schneefallmenge von Jahr zu Jahr völlig unterschiedlich sein und auch bei einfacheren Anstiegen gelegentlich ernste Hindernisse darstellen. Daneben führten die teilweise sehr warmen Sommer in den letzten Jahren zu zunehmender Stein- und Eisschlaggefahr in der Hauptsaison Mitte Juli bis Mitte August. Als Trost darf der Sommer 1999 gesehen werden, wo Ende August z. B. das Whympercouloir in alter „Firnpracht" begehbar war. Als Folge des Gletscherrückgangs sind einige Eisrouten mit Sicherheit ohnehin nur noch im Frühjahr vorhanden. Insgesamt hat das Bergsteigen im Winter und Frühjahr zugenommen. Die immer leistungsorientiertere Ausübung von Freizeitsportarten hat das Bergsteigen und Klettern schon länger stark beeinflußt. Dadurch ist der Spannungsbogen in der Leistungsfähigkeit immens gewachsen. Das Akzeptieren des Andersseins sollte deshalb eine wichtige Rolle einnehmen. Früher, noch vor 25 Jahren, wurden wir öffentlich gemahnt, wenn wir seilfrei durch eine Eiswand Niveau D/D+ stiegen. Dürfen wir also heute eine Kletterei im Grad VI, M9 verdammen, nur weil wir dieses Niveau heute auch nicht nur annähernd meistern und auch nie beherrschen werden?

Was am Ende für jeden bleibt, ist die Achtung vor dem Hochgebirge, die Freude an der eigenen und gemeinsamen Leistung und das Rekapitulieren des Bergabenteuers im Tal.

Winter 1999/2000   Hartmut Eberlein

Das UIAA-Gütezeichen

Die UIAA (Union Internationale des Associations d'Alpinisme) hat Richtlinien für Schwierigkeitsbewertung und Routenbeschreibung herausgegeben. Ist ein Kletterführer nach diesen Richtlinien verfaßt, erhalten Autor und Verlag das Recht, dies durch Abdruck des UIAA-Gütezeichens kundzutun.

Was beinhalten die Richtlinien?

- Alle besonderen Routenmerkmale wie Schwierigkeitsgrad, Zeit, Länge und/oder Höhe des Anstiegs, Art der Kletterei, besondere Gefahren usw. sind im Beschreibungskopf, der Routenbeschreibung vorangestellt, anzuführen.
- Zugang und Anstieg sind voneinander zu trennen und separat zu beschreiben.
- Die Beschreibung des Routenverlaufs ist kurz und eindeutig (wenn möglich, in Seillängen gegliedert) abzufassen.
- Normalwege sind auch in Abstiegsrichtung zu beschreiben.
- Die Bildgestaltung muß unmißverständlich sein.
- Routenskizzen müssen die internationalen Symbole aufweisen.
- Werden Routenbeschreibungen durch Skizzen ergänzt, müssen beide miteinander übereinstimmen.
- Und weitere Forderungen.

Die Überprüfung von Text, Bildern und Skizzen gemäß UIAA-Richtlinien erfolgt durch den DAV (Sicherheitskreis), der die Belange der UIAA in der Bundesrepublik vertritt.

Die Richtlinien verlangen **keine** Überprüfung der Richtigkeit aller Angaben und Routenbeschreibungen. Dies wäre bei der Fülle der Führer und bei der Vielzahl der Routenbeschreibungen jedes einzelnen Führers auch gar nicht möglich. So können sich auch bei UIAA-geprüften Führern nach wie vor noch unrichtige Beschreibungsdetails einschleichen. Autor und Verlag sind angehalten, möglichst gewissenhaft zu arbeiten.

Pit Schubert
Sicherheitskreis im DAV

Inhaltsverzeichnis

	Seite
Vorwort des Verfassers	5
Das UIAA-Gütezeichen	9
Verzeichnis der Fotos	11
Verzeichnis der Routenskizzen	13

	I. Einführender Teil	15
1.	Geographischer Überblick	15
1.1	Allgemeines über das Mont-Blanc-Gebiet	15
1.2	Die geographische Lage	15
1.3	Verkehrsverbindungen	16
2.	**Geologie des Mont-Blanc-Gebietes**	16
3.	**Allgemeines**	18
3.1	Erschließungsgeschichte	18
3.2	Die bedeutendsten Anstiege	20
3.3	Der Massentourismus	21
3.4	Wanderungen	22
3.5	Hütten	23
3.6	Ausrüstung	24
3.7	Informationen	24
3.8	Bergführer	26
3.9	Literatur und Karten	26
4.	**Bergrettung**	28
4.1	Rettungswesen, Meldestellen	28
4.2	Das „Alpine Notsignal"	28
4.3	Hubschrauberbergung	29
5.	**Zum Gebrauch des Führers**	31
5.1	Allgemeines	32
5.2	Aufbau der Routenbeschreibungen	33
5.3	Schwierigkeitsbewertung	34
5.4	Abkürzungen	39
5.5	Symbole für Routenskizzen nach UIAA	40
5.6	Übersetzungstabelle deutsch–französisch–italienisch	42
	II. Mountain Wilderness	45

	III. Stütz- und Ausgangspunkte	46
1.	Talorte und Ausgangspunkte	46
2.	Mechanische Aufstiegshilfen als Ausgangspunkte	49

	IV. Hütten und Berggasthäuser	52

	V. Bergtouren	71
1.	Trélatête	71
2.	Mont Blanc	86
3.	Trabanten des Mont Blanc	127
4.	Aiguilles von Chamonix	182
5.	Dent du Géant — Grandes Jorasses	278
6.	Aiguille de Triolet — Aiguille Verte	328
7.	Mont Dolent — Aiguille d'Argentière — Trient	402
8.	Ausweichziele	445

Stichwortverzeichnis 456

Verzeichnis der Fotos

Der ehemalige Zeltplatz Pierre d'Orthaz	25
Aiguille du Midi, Mont Blanc de Tacul, Mont Maudit und der Gipfel des Mont Blanc	51
Refuge d'Envers des Aiguilles	55
Routen zum Rognan-Biwakplatz	59
Aiguille de la Lex Blanche, Nordwestwand	74
Aiguille de Bionnassay von Süden	82
Aiguille de Bionnassay, Nordwestwand	84
Mont Blanc und Mont Maudit	87
Vor dem Bosses-Grat	90 o.
Anstieg zum Mont Blanc	90 u.
Am Mont-Blanc-Gipfel	91 o.
Bei der Vallot-Hütte	91 u.
Brenvaflanke	95
Pilier d'Angle von Nordosten	99
Aiguille Blanche, Nordwand	105
Brèche-Nord des Dames Anglaises; Pointe Gugliermina, Südpfeiler	107

	Seite
Mont Blanc von Westen	122
Abstieg von der Aiguille du Midi	125
Aiguille Noire, Südgrat	132
Aiguille Noire, Westwand	136
Mont Maudit, Südostwand	141
Mont Blanc du Tacul, Nordflanke	143
Gervasutticouloir	147
Pfeiler des Mont Blanc du Tacul und Diablecouloir	149
Pic Emile Rey; Petit Capucin	160
Clocher du Tacul, Pointe Lépiney und Grand Capucin von Süden	171
Grand Capucin von Südosten	173
Frendopfeiler der Aiguille du Midi	192
Aiguille du Plan vom Glacier du Géant	195
Pain de Sucre, Aiguille du Plan von Osten	198
Pain de Sucre von Nordosten	203
Dent du Requin, Ostwand	206
Die Kette der Aiguilles von Chamonix	211
Aiguille du Peigne, Nordwand	215
Aiguille du Peigne und Aiguille des Pèlerins von Westen	220
Aiguille du Peigne, Nordwest-Platten	222
Aiguille de Blaitière, Westwand	231
Pointes des Nantillons von Osten	246
Dent du Géant, Südwand	281
Midi-Plan-Grat	289
Grandes Jorasses, Nordwand, wie in den letzten Jahren üblich, schneearm	296
Grandes Jorasses, Walkerpfeiler	301
Grandes Jorasses, Ostwand	305
Grandes Jorasses von Süden	306
Tour des Jorasses von Süden	309
Petites Jorasses, Westwand	312
Aiguille de Leschaux von Westen	315
Aiguille de Triolet von Südwesten	331
Aiguille de Triolet, Nordwand	332
Courtes, Nordwand	341
Les Courtes und Les Droites	342/343
Droites, Nordwand	349
Droites von Nordosten	351
Warten am überfüllten Papillonsgrat	354
In der Ticket-Führe	359

	Seite
Aiguille Verte von Südwesten	362
Aiguille Verte, Nant Blanc-Flanke	365
Aiguille Verte von Norden	368
Papillonsgrat	370
Dru von Süden	376
Petit Dru	382
Gipfelgrat der Aiguille Verte	385
Midi-Plan-Grat im Vordergrund, dahinter die Kette von der Aiguille Verte bis zur Aiguille de Triolet	388/389
Aiguille du Moine, Ostwand	401
Mont Dolent und Aiguille de l'Amône von Nordosten	403
Aiguille d'Argentière	413
Aiguille d'Argentière, Nordwand	417
Refuge d'Argentière	418/419
Minaret von Südosten	422
Aiguille du Chardonnet und Aiguille d'Argentière	426/427
Pouce, Südwand	449
Dalle d'Amône	454

Verzeichnis der Routenskizzen

Pilier des Trois Pointes, Totem (R 343)	155
Grand Capucin, O Sole Mio (R 394)	167
Grand Capucin, Schweizerführe (R 395)	167
Grand Capucin, Sourire de l'Été (R 396)	167
Grand Capucin, Voyager selon Gulliver (R 398)	169
Grand Capucin, Flagrant Delire (R 400)	169
Grand Capucin, Elixier d'Astaroth (R 401)	169
Grand Capucin, Bonattiführe (R 393)	174
Grand Capucin, Directe des Capucines (R 403)	174
Clocher du Tacul, Yosemite Ethics (R 432)	177
Clocher du Tacul, Caprice des Diables (R 433)	177
Clocher du Tacul, Profiterole (R 434)	177
Clocher du Tacul, Borithon (R 435)	177
Aiguille du Midi, Kohlmann (R 514)	185
Aiguille du Midi, Contamine (R 517)	185
Aiguille du Midi, Monsieur de Mestmaeker (R 518)	185
Aiguille du Midi, Rébuffat (R 520)	185
Aiguille du Midi, Super Dupont (R 521)	185
Aiguille du Midi, Ma Dalton (R 522)	185

	Seite
Aiguille du Midi, Mazeaud (R 524)	185
Aiguille des Pélerins, Nostradamus (R 616)	213
Aiguille du Peigne, Normalweg (R 621) und Übersicht	216
Aiguille du Peigne, Papillonsgrat (R 624)	219
Nordwestwand des Gendarme, Ticket (R 626)	223
Nordwestwand des Gendarme, Dimanche Noir (R 628)	223
Nordwestwand des Gendarme, Mol Os à Moelle (R 630)	223
Aiguille du Peigne, Nordgrat (R 633)	225
Nordwestwand des Gendarme, Contamine-Vaucher (R 637)	227
Aiguille du Fou, Südwand (R 665)	234
Pilier rouge de Blaitière, Majorette Thatcher (R 697)	241
Pilier rouge de Blaitière, Gauloiserie (R 698)	241
Blaitière-Westwand, Fidel Fiasco (R 703)	243
Blaitière-Westwand, Williamine Dada (R 705)	243
Blaitière-Westwand, Brown-Whillans (R 707)	243
Untere Ostwand der Aiguille de Roc, Sonam (R 752)	257
Untere Ostwand der Aiguille de Roc, Ambiance Eigerwand (R 753)	257
Untere Ostwand der Aiguille de Roc, Panne des Sens (R 757)	259
Untere Ostwand der Aiguille de Roc, Pedro Polar (R 758)	259
Untere Ostwand der Aiguille de Roc, Pyramide (R 760)	259
Untere Ostwand der Aiguille de Roc, Copie Carbonne (R 761)	261
Aiguille de l'M, Nordnordostgrat (R 812)	271
Aiguille de l'M, Couzyführe (R 816)	273
Grandes Jorasses, Walkerpfeiler (R 930)	298/299
Tour des Jorasses, Etoiles Filantes (R 963)	310
Petites Jorasses, Contamineführe (R 983)	313
Mont Gruetta, Westsporn-Gratgipfel (R 1003)	321
Mont Verte de Gruetta, Südgrat (R 1022)	323
Petit Dru, Amerikanerführe (R 1287)	391
Petit Clocher du Portalet, État du Choc (R 1616)	441
Aiguille de l'Index, Südostgrat (R 1731)	446
Chapelle de la Glière, Südostgrat (R 1741)	446

I. Einführender Teil

1. Geographischer Überblick

1.1. Allgemeines über das Mont-Blanc-Gebiet
Das Mont-Blanc-Gebiet ist im Vergleich zu anderen Westalpengebieten nicht sehr weitläufig. Auf engstem Raum drängen sich zahlreiche spitze Nadeln sowie schmale und zerrissene Gletscher. Der vergletscherte Teil des Gebietes wird von niedrigeren Bergen eingerahmt, die von ihren Gipfeln wunderbare und vielfältige Einblicke in die Gletscherregionen ermöglichen.
Das Massiv besitzt mit dem Mont Blanc den höchsten Gipfel der Alpen (4807 m). Daneben gibt es nur noch wenige Gipfel über 4000 m. In den Alpen findet man teilweise noch höhere Wände als hier vor, aber die Höhenunterschiede zwischen Tal und Gipfel des Mont Blanc — von Chamonix 3800 m, von Courmayeur 3600 m und von Le Fayet gar 4300 m — sind einmalig. Wenn also die höchste Erhebung ohne Seilbahnunterstützung erstiegen worden ist, kann der Bergsteiger auf eine Leistung ganz besonderer Art zurückblicken.

1.2. Die geographische Lage
Das Mont-Blanc-Gebiet wird von mehreren großen Tälern eingerahmt. Im Nordwesten ist es das Tal der Arve, im Westen das Val Montjoie, im Süden und Südosten das Val Veni und das italienische Val Ferret und im Osten das Schweizer Val Ferret. Entlang dieser Täler verläuft auch die große Rundwanderung um den Mont Blanc.
Das Mont-Blanc-Gebiet stellt den westlichen großen Eckpfeiler der Alpen dar, weshalb die in Europa überwiegende Weststörmung hier mit besonderer Gewalt auf ihr erstes großes Hindernis stößt. Die Auswirkung des daraus resultierenden häufigen starken Sturms und der heftigen, dem Laien oft sehr überraschend vorkommenden Wetterumschwünge, haben viele Besteigungen des höchsten Gipfels zu sehr erlebnisreichen Bergfahrten werden lassen, die nicht immer erfolgreich abgeschlossen werden konnten. Der Wind und die mangelhafte Akklimatisation lassen regelmäßig die Hälfte aller Alpinisten am Normalweg scheitern. Im Gegensatz zu der vielfach zu hörenden Meinung ist das Wetter in den Tälern aber kaum markant schlechter als in anderen Alpenregionen, auf der Südseite nach langjährigen Beobachtungen sogar überdurchschnittlich gut.

1.3. Verkehrsverbindungen

Die Hauptzentren Chamonix und Courmayeur lassen sich mit PKW, Bahn und Bus erreichen. Mit dem Flugplatz in Genf ist ein internationaler Flugplatz in akzeptabler Nähe.

Von Osten (Genf) erreicht man Chamonix über eine Autobahn mit anschließender Schnellstraße, bzw. auch mit der Eisenbahn. Von Norden gelangt man über Basel—Bern—Genfer See nach Martigny. Hierhin fahren auch Züge von Basel. Kommt man von Osten, kann man auch sehr mühsam, aber mit vielen schönen Ausblicken über den Furkapaß ins Rhônetal und nach Martigny gelangen. Von hier über den Col de Forclaz und den Col des Montets oder mit der Schmalspureisenbahn nach Chamonix. Das Tal von Chamonix ist mit der italienischen Seite durch einen beeindruckenden Straßentunnel verbunden. Ansonsten erreicht man Courmayeur durch das Aostatal. Allerdings muß bei Benutzung öffentlicher Verkehrsmittel ein Teil der Strecke per Bus zurückgelegt werden. Die Erschließung mit öffentlichen Verkehrsmitteln ist insgesamt hinreichend.

2. Geologie

In der Mont-Blanc-Gruppe erleben die Alpen ihren großartigen Höhepunkt. Nicht allein deshalb, weil sich dort auch ihr höchster Gipfel erhebt, sondern auch infolge ihrer Wildheit, hervorgerufen durch mächtige Fels- und Eisabstürze. Die Berge des Mont-Blanc-Gebietes sind so vielseitig wie keine andere Gruppe der Alpen. Das Arvetal, das Val Vény und das Val Ferret bilden die natürlichen Grenzen im Westen und im Osten. Die Fortsetzung der Ostgrenze und zugleich die nördliche Grenze ist das Val d'Entremont, welches eine Linie zwischen der Mont-Blanc-Gruppe und den Walliser Alpen zieht. Weniger naturgegeben und ausgeprägt ist die Südbegrenzung. Sie verläuft in der südwestlichen Verlängerung des Val Vény über den Col de la Seigne, folgt dem obersten Val des Glaciers bis Les Glaciers, bzw. Les Chapieux, führt dann über den Col du Bonhomme nach Les Contamines und stößt nach St. Gervais auf das Arvetal.

Der Mont Blanc zeigt nach Norden und Süden grundverschiedene Gesichter: zum Tal der Arve gewaltige, in arktischer Größe und Schönheit herabfließende Gletscherströme und endlose, blendendweiße Firnhänge in der Gipfelregion. Zum Val Vény und Val Ferret wildzerrissene, von Steinschlägen und Bergstürzen übersäte schmutziggraue Gletscher, die, eingeengt zwischen zersägten Felsgraten, in die Täler hinabstürzen, flankiert von Steilwänden mit Fels- und Eiscouloirs, durch die Geröll- und Eislawinen fegen. Das Mont-Blanc-Massiv gehört, wie auch die nördlich vorgelagerten Aiguilles Rouges, zu den alten kristallinen Kernen unserer Alpen. Tektonisch lassen sich hier noch Reste eines voralpinen, hercynischen Rumpfgebirges erkennen, wobei sich die alpine Faltung den alten Strukturen weitgehend angepaßt hat.

In diese graue Vorzeit gehören auch die Intrusiva, die den Mont-Blanc-Hauptkamm vom Grand des Flambeau über die Grandes Jorasses nach Nordwesten hin aufbauen. Es handelt sich dort um einen Biotitgranit, einen grobkörnigen Granit, dessen große Feldspäte bereits während der Intrusion parallel zur Druckrichtung eingeregelt wurden. Während für die hercynischen Intrusiva nach verschiedenen Methoden radiometrische Alter zwischen 225–460 Millionen Jahren gemessen wurden, sind die Biotite des Montblanc-Granites erst 18 bis 35 Millionen Jahre „jung". Der eigentliche Gipfelaufbau gehört bereits der sogenannten Randfazies an, d. h. wir finden feinkörnige bis mikrokristalline Granite und Quarzporphyre vor, die auch die umgebenden Hüllgesteine mit einem dichten Gangnetz durchziehen.

Während im Tal der Arve, einer sich vom oberen Rhônetal fortsetzenden Synklinal-Zone, noch permokarbone und um Chamonix selbst mesozoische Sedimentgesteine anstehen, wird die Nordwestflanke, etwa bis zum Plan de l'Aiguille, von Gneisen, Glimmerschiefern, Quarziten, Hornfelsen, Amphiboliten und Marmoren gebildet. Wer sich von der ital. Seite dem Mont Blanc nähert und durch die Courmayeur umgebenden Sedimentgesteine aufsteigt, wird diese Gneisumrahmung vermissen. Sie ist auf der Südostflanke der Massive durch eine riesige Störung, die dem Val Ferret folgt, unterdrückt.

Ein Drittel des Mont-Blanc-Massivs – seine Oberfläche umfaßt 645 qkm – ist vergletschert. Die durch den Stau der mediterranen Tiefdruckgebiete ausgelösten riesigen Niederschlagmengen und die Höhe der Liefergebiete sind eine der Hauptfaktoren der gewaltigen Vergletscherung, die in gewisser Hinsicht fast einen Vergleich mit dem Himalaya aushält. Das Mer de Glace mit seinen besonders deutlich ablesbaren Ogiven („Jahresringe") ist – zählt man den Glacier du Tacul und den Glacier du Géant hinzu – mit etwa 13 km Länge wohl einer der längsten Gletscher in den Alpen. Am eindrucksvollsten ist jedoch die Steilheit vieler Gletscher und die dadurch verursachte Sérac- und Spaltenbildung.

Die Fließgeschwindigkeit beträgt in diesen Fällen teilweise 40 bis 50 cm am Tag, das sind etwa 2 cm stündlich!

Auch hier macht sich der allgemeine Jahresrückgang der Gletscher –

abhängig von der Temperatur- und Niederschlagskomponente – sehr deutlich bemerkbar; an vielen alten Rand- und Stirnmoränen ist die ursprüngliche Ausdehnung der Eisströme noch deutlich abzulesen, das Alter des Bewuchses erlaubt oft deutliche Rückschlüsse auf den zeitlichen Verlauf des Gletscherschwundes.
Für das Mer de Glace wurde ein durchschnittlicher Gletscherschwund von 7,5 m im Jahr errechnet, die steilen Gletscher gehen jährlich bis zu 14 m zurück. (Paul Werner)

3. Allgemeines

3.1 Die Erschließungsgeschichte
Die Erschließungsgeschichte des Mont Blanc und der um ihn gruppierten Gipfel begann schon sehr früh. Bereits in der zweiten Hälfte des 18. Jahrhunderts versuchten die ersten, den augenscheinlich höchsten Berg der Alpen zu besteigen. Dies gelang dann am 8. August 1786 vor mehr als zweihundert Jahren dem Kristallsucher Balmat und dem Arzt und Naturwissenschaftler Paccard. In den folgenden siebzig Jahren blieb der Gipfel des Mont Blanc praktisch *das* Ziel der Bergsteiger. Mit dem Beginn des Golden Age, des goldenen Zeitalters des Bergsteigens, in dem vor allem die britischen Bergsteiger mit ihren einheimischen Führern die großen Gipfel der Alpen erstmals bestiegen, wurden auch die eher schwierigen Berge um den Mont Blanc herum bezwungen.
Unter all diesen Erschließern ragen Michel Croz, Bergführer aus Chamonix, und Edward Whymper heraus, die im Grunde fast alle wesentlichen Ersterteigungen der damaligen Epoche durchführten. Auch mit der Katastrophe am Matterhorn und dem Ende des Golden Age war die Erschließung des Gebiets bei weitem nicht abgeschlossen. Viele hohe Berge waren noch nicht erstiegen. Dies lag insbesondere an den hohen Anforderungen: War z.B. die Besteigung der Aig. Verte bereits eine außergewöhnliche Leistung im kombinierten Gelände und insbesondere auch die der Aig. de Bionnassay über die NW-Wand, so war doch der IV. Grad noch nicht erreicht. Dies änderte sich, als sich A.F. Mummery mit den Führern Burgener und Venetz um die letzten unbestiegenen Gipfel bemühte. Vor allem die Besteigung des Grépon durch diese Partie und die Ersteigung des Petit Dru waren klettertechnisch schon recht schwierige Routen. Nun begann man auch das Klettern mit künstlichen Hilfsmitteln wie bei der Erstbesteigung des Dent du Géant.

In der Folgezeit waren es dann immer mehr die verschiedenen Wände, Grate und Pfeiler, die die Bergsteiger anzogen. Dabei ragen die schon recht anspruchsvollen Klettereien von Franz Lochmatter und Joseph Knubel am Ryangrat und in der Grépon-O-Wand heraus. Die Anstiege wurden immer schwieriger, auch gefährlicher, und wie in den Ostalpen entwickelten sich zwei Philosophien: das Klettern mit den herkömmlichen Mitteln und das Klettern mit einem, wenn auch ganz geringen Maß an künstlichen Hilfsmitteln. Der berühmteste französische Führer in der Zeit zwischen den Weltkriegen, Armand Charlet, benutzte beispielsweise fast keine Haken, schreckte aber auch vor Klettereien im V. Grad und vor den großen Eiswänden nicht zurück. Die schwierigsten Touren in den dreißiger Jahren wurden im wesentlichen in den Aiguilles von Chamonix durchgeführt. Hier war die treibende Kraft Pierre Allain, der neben vielen anderen wirklich schwierigen SL in der Dru-N-Wand („Allainriß"), VI mit 4 H, einen Maßstab setzte. Aber auch in Italien gab es außergewöhnliche Bergsteiger. Nachdem die meist umkämpfte (muß man wohl sagen) N-Wand der Grandes Jorasses erstmals durch die Deutschen Peters und Maier überwunden war, gelang Cassin, Esposito und Tizzoni die Erstbesteigung des Walkerpfeilers, der selbst heute nur wenig von seiner Faszination verloren hat. Die schwierigste Route war dies allerdings nicht, denn der wohl beste Kletterer der damaligen Zeit, Giusto Gervasutti, hatte in der O-Wand der Grandes Jorasses noch etwas mehr zu bieten. Weniger im Fels als im Eis war Jacques Lagarde ein Phänomen. Es ist dringend davon abzuraten, dies durchzuführen, aber man sollte sich mal vorstellen, man stünde am Fuß des Lagardecouloir der Brèche du Caiman und müßte dort mit der Vorkriegsausrüstung hochsteigen! Die Nachkriegszeit erlebte eine Renaissance des großen französischen Bergsteigens. Lachenal, Terray, Rébuffat und viele andere setzten neue Maßstäbe. Daneben war es Bonatti, der mit seinem Pfeiler am Dru und der Bonatti-Ghio am Gr. Capucin bleibende Erinnerungen setzte. Eine echte Steigerung der Schwierigkeiten im Fels gelang dabei Robert Paragot bei der erstmaligen freien Durchsteigung des Brownriß in der Blaitière-W-Wand. Im kombinierten Gelände setzten Courneau und Davaille in der Droites-N-Wand die neuen Maßstäbe. Was Gesamtengagement und Länge angeht, waren hier R. Hechtel und G. Kittelmann bei der ersten Ersteigung des gesamten Peutereygrats „Peuterey-Integral" erfolgreich.
Die Entwicklung der neuen Eisgeräte und der Einsatz des Bohrhakens als Sicherungsmittel in den fugenlosen Platten einerseits und die Hochleistungsorientierung des Felskletterns andererseits brachte Ende der siebziger Jahre einen gewaltigen Entwicklungssprung. Boivin, Cecchinel, Gabarrou und Grassi, um nur einige zu nennen, durchstiegen

die wildesten Eisrinnen wie Drucouloir, Supercouloir und andere mehr. Die Erschließungsgeschichte verbindet sich mit dem Namen von Michel Piola, der eine Unzahl von Erstbegehungen von modernen, teilweise außerordentlich schwierigen Sportkletterrouten gemacht hat. Die weitere Entwicklung führte zu den ersten „8a-Routen" wie z. B. „Digital Crack" am Cosmiquesgrat. Vor allem aber wurde fast jeder nur erdenkliche Eisschlauch angegangen. Routen wie „Scotch on the rocks", S. Haston und L. Gouault, 29.4.95, könnten auf dem Wege sein, „klassisch" zu werden. Das Bergsteigen im Winter, bei Nacht und Kälte durch große Nordwände, hat in den letzten Jahren großen Zulauf erhalten. Viele anschauliche Artikel in den einschlägigen Bergzeitschriften geben dieser Spielart wie auch dem extremen Eisklettern in kombiniertem Gelände den angemessenen Raum. Wer diesen Vorbildern nacheifern möchte, vergesse bitte nicht, daß dies die Top-Alpinisten unserer Zeit sind. Eine Winterbesteigung des Colton McIntyre (vgl. Alpenvereinzeitschrift 3/1998) an den Grandes Jorasses in $12^{1}/_{2}$ Stunden wird stets nur ganz wenigen vorbehalten bleiben. Aus der Vielzahl dieser Neutouren eine Auswahl zu treffen, ist sehr problematisch; am besten hilft die Zusammenstellung von F. Damilano und G. Perroux, vgl. Literatur.

3.2 Die bedeutendsten Anstiege

Eine Aufstellung der bedeutendsten Anstiege ist immer eine sehr subjektive und oft zweifelhafte Aufstellung. Insbesondere liest man hier meist von den schwierigsten und wildesten Routen. In der folgenden Auflistung sind die bedeutendsten Routen nach Schwierigkeitskategorien (vgl. Kapitel 5.3) getrennt gebracht; natürlich handelt es sich dabei vorwiegend um die Modetouren.

Niveau PD Eis: Dôme de Miage, Überschreitung (R 144)
AD Fels: Aig. du Moine, S-Grat (R 1353)
AD komb.: Midi-Plan-Grat (R 561)
D— komb.: Aig. du Chardonnet, N-Sporn (R 1525)
D Fels: Überschreitung Charmoz–Grépon (R 733/772)
D Eis: Couloir Couturier (R 1218)
D komb.: Tour-Ronde-Grat (R 303)

Spätestens ab dem Niveau D+ beginnen die wirklichen „Grandes Courses" und damit die wirklich großen Anstiege im Mont-Blanc-Gebiet.
Zunächst zählen sicherlich der Ryangrat (Fels D+, R 572), die Cretierführe (komb. D+, R 305), der Sans-Nom-Grat (komb. D+, R 1187),

die N-Wand der Aig. du Triolet (Eis D+, R 1076) und die Nant-Blanc-Flanke (komb. D+, R 1190) zu den großen kombinierten Graten und Wänden.
Bei den relativ schwierigen Felsrouten im Niveau TD, d.h. mit Einzelstellen V+ bis VI, ist die Auswahl sehr groß: Aig.-du-Moine-O-Wand (R 1356), Gervasuttipfeiler (R 335), Aig.-de-Roc-Cordierpfeiler (R 761) und Petit-Jorasses-W-Wand (R 983) sind nur einige herausragende Felsrouten. Im Niveau ED finden sich im Gebiet die großen Namen. Walkerpfeiler, Frêneypfeiler, Aig.-du-Fou-S-Wand und die Amerikanerführe am Dru, das sind schon die großen Namen, sei es nun, daß man sie ganz frei oder mit einigen wenigen Haken (A 0) erklettert. Sicherlich gibt es dabei gewaltige Unterschiede in den Schwierigkeiten der Einzelstellen, aber insgesamt verlangen diese Führen doch mehr Engagement als z.B. eine vier Seillängen lange 6c-Route in den Enversplatten. Von den kombinierten Routen sind hier sicherlich die Droites-N-Wand (R 1140) oder die Colten-McIntyre (R 936) zu nennen.
Längere Routen, die z.Z. mit ABO bewertet werden, findet man auch im Mont-Blanc-Gebiet nur wenige. Die Voyage selon Gulliver (R 398) und die beiden vom Kletterstandart gleichen Triple directe (R 407) und Panne des Sens (R 756) sind trotz anhaltender Schwierigkeiten nicht das Ende der Erschließungswelle gewesen.

3.3 Der Massentourismus

Die Täler von Chamonix, das Val Veni und das Val Ferret, sind in den letzten zwanzig Jahren jedes Jahr das Ziel von Hunderttausenden von Besuchern geworden. Dies gilt insbesondere für die Zeit ab dem 14. Juli mit dem Höhepunkt zwischen dem 1. und 15. August. In den ersten Augusttagen wälzen sich die Besucher massenhaft durch die Straßen, der Verkehr bricht jeden Nachmittag zusammen, und die Benzindämpfe stinken zum Himmel. Da die Zeltplätze überfüllt sind, wird jede Fläche, die geeignet erscheint, auch mit Zelten belegt, was zu regelmäßigem Debattieren und Flüchten beim Einsatz der Obrigkeiten führt. Die Stories von Snell's Fieldy (Engländercamp) sind bei Insidern bestens in Erinnerung. Etwas besser als auf der französischen ist es auf der italienischen Seite.
Als wichtige Erleichterung sollte man das Autofahren im Tal möglichst vermeiden. Die Verkehrsverbindungen im Tal von Chamonix sind wirklich hinreichend. Auch sollte es möglich sein, kürzere Strecken zu Fuß zu gehen, da man sich als Bergsteiger oder Sportkletterer, also als Naturnutzer, auch zu einem gewissen Teil als Naturschützer sehen soll-

te. In den letzten Jahren hat das Fahrrad eine Renaissance als Verkehrsmittel gefunden. Bei allzu aufwendigen Stahlrössern kommt aber schnell das Absicherungsproblem. Auf der italienischen Seite sind die öffentlichen Verkehrsmittel leider nur sehr schwach ausgeprägt. Auf den recht weit von den Einkaufsmöglichkeiten entfernten Zeltplätzen im Val Veni und im Val Ferret ist man deshalb auf das Auto angewiesen. Die großen Besucherströme machen auch das Wohnen bzw. Übernachten um den Mont Blanc zu einem Problem. Unter Umständen ist es besser, von den Haupttälern in benachbarte Täler auszuweichen. In den nächsten Jahren wird darüber hinaus sicherlich der Autoverkehr in den Innenstädten noch weiter eingeschränkt.
Die riesige Anzahl von Bergsteigern, die doch einen großen Teil der Besucher ausmachen, stellen aber auch einen besonderen Reiz des Tales von Chamonix dar.
Dieses bunte Vielvölkergemisch macht einen erheblichen Teil des ganzen Ambientes von Chamonix aus.
Der legendäre Zeltplatz am Pierre d'Orthaz gab mit dem dort herrschenden babylonischen Sprachgewirr ein beredtes Bild davon, ist aber auch schon Geschichte.
Natürlich existieren neben den Verkehrsproblemen und der hohen Umweltbelastung des Gebiets noch andere negative Begleiterscheinungen, auf die man sich im Mont-Blanc-Gebiet einstellen muß.
Dies gilt leider in zunehmendem Maß für das Problem der Unterscheidung von Mein und Dein.
Auch wenn sich deshalb der eine oder andere von einem Besuch der Berge um den Mont Blanc abhalten läßt, so werden es immer noch unglaublich viele sein, die dem höchsten Gipfel der Alpen ihre Reverenz erweisen.

3.4 Wanderungen

Wanderungen im Mont-Blanc-Gebiet? Natürlich, da hat man von der Rundwanderung um den Mont Blanc gehört.
Aber auch viele andere Möglichkeiten sind hier gegeben (vgl. Rother Wanderführer „Rund um den Mont Blanc", erschienen im Bergverlag Rother).
Hier soll deshalb nur darauf hingewiesen werden, weil bis heute die meisten Besucher der Region nicht etwa extreme Bergsteiger, Sportkletterer, Hochalpinisten (und solche, die sich dafür halten) sind, sondern französische Bergwanderer.
Das hochalpine Bergwandern über Gletscher und Jöcher mit geringen Schwierigkeiten hat auch im Mont-Blanc-Gebiet Tradition. Die Überschreitung des Col du Tour, des schon etwas schwierigeren Col du

Chardonnet oder gar des Col de Talèfre sind ansprechende Zeitvertreibe in diesem Gebiet.
Die prachtvollen Gletscherwanderungen von der Aig. du Midi zum Cirque Maudit und weiter zum Col du Géant sollte man sich keinesfalls entgehen lassen, wenn man das Einmaleins von Gletscherbegehungen beherrscht.
Als beste Orientierungshilfe für die Bergwanderer kann die ausgezeichnete Kartensammlung des IGN gelten. Die dort rot unterlegten Wegmarkierungen können als typische Bergwanderungen angesehen werden. Nur wenn die Markierung auf der Karte mit roten Punkten erfolgt ist, wird man auf gewisse Schwierigkeiten stoßen. Auf den Karten ist der Wegverlauf der TMB gut nachzuvollziehen. Diese Wanderung führt um das ganze Gebiet herum und bietet überdurchschnittliche Aussichten. Eine sehr gute Markierung darf jedoch nicht vergessen lassen, daß man sich im Hochgebirge befindet und die höheren Übergänge schneebedeckt sein können. Die Mitnahme eines Eispickels erscheint zumindest im Frühsommer geraten.
Die übrigen Wege selbst sind überwiegend völlig ausreichend markiert. Selbstverständlich gilt dies nicht für die Gletscher. Die gelegentlich dort befindlichen Tonnen und Kennzeichnungen sollte man ignorieren und sich nach den aktuellen Gegebenheiten richten.

3.5 Hütten
Die im Führer erwähnten Hütten werden mit den angegebenen Ausnahmen durch den CAF bzw. den CAI oder SAC bewirtschaftet. Sie sind, wenn nichts anderes vermerkt, in der Sommersaison bewartet. Einige dieser Hütten werden auch zur Skihochtourenzeit von Hüttenwirten versorgt. Die Anstiege auf die Hütten sind nur selten reine Wanderungen, sondern meistens mäßig schwierige Bergfahrten. Für ungeübte Bergwanderer ist entsprechende Vorsicht geboten.
Auf den Hütten wird zu vom Hauptverein des CAF festgelegten Preisen ein bestimmtes Angebot an Verpflegung bereitgehalten, welches mengen- und preismäßig recht adäquat ist. Möchte man dieses Angebot nicht wahrnehmen, so gibt es in jeder Hütte entweder einen separaten Raum für das eigene Kochen mit mitgebrachten Kochern oder eine abgeteilte Ecke in der Hütte (Salle des réchauds oder coin des réchauds). Dabei ist zu berücksichtigen, daß im Fall der Selbstverpflegung alles, inkl. Besteck und Teller, mitgebracht werden muß. Ein Kochenlassen durch den Hüttenwirt, wie z.B. in der Schweiz möglich, ist nicht ratsam oder wird abgelehnt.
Normalerweise wird in den Hütten spätestens um 22.00 Uhr, meist aber schon eher das Licht gelöscht. Man bemühe sich deshalb sobald wie

möglich um einen Schlafplatz. Die Ausgabe der Schlafplätze beginnt in der Regel gegen 20.00 Uhr. Das Betreten der Dortoirs (Matratzenlager) vorher ist verboten und kann nur selten, wenn überhaupt, mit hinreichenden Französischkenntnissen und wortreichen Erklärungen erreicht werden.
Die Hütten sind auf westalpine Aufbruchzeiten eingerichtet. Es empfiehlt sich, das Frühstück selbst zuzubereiten, da der allgemeine Aufbruch regelmäßig zu einer angespannten Lage in der Küche führt. Die allgemeine Aufstehzeit liegt zwischen 1.00 und 4.00 Uhr. Die Hüttengebühren liegen z.Z. für DAV-, ÖAV- und SAC-Mitglieder bei ca. DM 15,—. Die Übernachtung für Nichtmitglieder ist doppelt so teuer. Ein Abendessen kostet ca. DM 30,—, Frühstück DM 12,—. Die Privathütten sind teilweise deutlich teurer.

3.6 Ausrüstung
Zur jeweils nötigen Ausrüstung für die einzelnen Anstiege ist im Text in der Regel wenig gesagt. Allgemein kann gelten, daß man an Kleidung das für Westalpen Übliche mitnimmt. Eine wichtige Rolle spielt dabei noch, wegen der zum Teil starken Sonneneinstrahlung, leichte Kleidung (kurze Hose, T-Shirt, Sonnenhut) für Hüttenanstiege. Was den technischen Teil der Ausrüstung angeht, so bedeutet die Bezeichnung eines Anstiegs als „hochalpin" immer eine empfohlene Mitnahme von Seil, Eispickel, komplettem Klettergurt, Steigeisen und einigen Schlingen und Karabinern zum Sichern. Ein Helm sollte auch mitgeführt werden, selbst wenn es sich nur um leichte Kletterei handelt, da der Fels nicht immer zuverlässig ist und es auch unachtsame Mitbergsteiger gibt. Die einschlägigen Lehrbücher von Pit Schubert beinhalten hier hinreichende Aufstellungen.
Für die im Gebiet und in diesem Auswahlführer enthaltenen schwierigeren bis extremen Klettereien muß nach den eigenen Gewohnheiten Sicherungsmaterial mitgenommen werden. Außer in den modernen Sportkletterrouten findet man in der Regel keine Standhaken, sondern muß hier selbst tätig werden. Ein Satz Rocks, Friends 2 und 3 und einen großen Hexentrickeil sollte man auch für die Routen ab Niveau AD mitnehmen. Für schwierigere Routen besser mehr Friends o. ä.; in einigen Fällen sind im Routen-Beschreibungskopf Hinweise enthalten.

3.7 Informationen
In den größeren Talorten findet man die einschlägigen Fremdenverkehrsvereinigungen vor. Über diese Organisationen lassen sich von zu Hause schon Quartiere etc. organisieren, d.h. man erhält hier weitere Adressen. Für die alpinen Informationen ist in Chamonix das Office de

Der ehemalige Zeltplatz Pierre d'Orthaz

la Haute Montagne Gerard Devouassoux (OHM) am Kirchplatz in Chamonix (place de l'Eglise) geschaffen worden. Hier erhält man praktisch alle aktuellen Informationen über die Verhältnisse am Berg; die einschlägigen Führer, auch von Randgebieten, können hier ebenfalls eingesehen werden. Tel. [0033] (0)4 50 53 22 08.
Der tägliche Wetterbericht „Meteo" wird hier dreimal am Tag ausgehängt. Daneben wird der Wetterbericht auch in Argentière am Informationshüttchen des Verkehrsvereins ausgehängt. Telefonische Wettervorhersage in Französisch Tel. [0033] (0)8 36 68 02 74. Im Büro (OHM) selbst kann man sich leidlich mit Englisch helfen. Einen ähnlichen Service erhält man in Italien in Courmayeur beim Office du Val Veny, Tel. [0039] 01 65/84 10 21.
Daneben kann man auch den Schweizer Wetterbericht anrufen: Tel. [0041] 11 62; dieser deutschsprachige Wetterbericht gibt aber nur grobe Anhaltspunkte für das Wetter um den Mont Blanc.
Die übrigen Tel.-Nr.: Verkehrsverein Chamonix (Office du tourisme de Chamonix) [0033] (0)4 50 53 00 24, Verkehrsverein Courmayeur [0039] 01 65/84 20 60.

3.8 Bergführer
Frankreich: Compagnie des Guides de Chamonix, place de l'Eglise, Tel. 04 50 53 00 88 (klassischer Führerverein). Association Independante des Guides du Mont Blanc, Rue du Moulin, Tel. 04 50 78 35 37 (mehr international ausgerichtete Gruppierung).
Italien: Societa delle Guide de Courmayeur, Piazza A. Henry, Tel. 01 65/8 20 64.
Schweiz: Bergführerbüro in La Fouly, Tel. 027/7 83 12 48.
Die Bergführergebühren unterscheiden sich über die Landesgrenzen hinweg kaum.

3.9 Literatur und Karten
Französisch:
Karten IGN TOP 25 „3630 OT, Chamonix" und „3531 ET, St-Gervais" (Institut Géographique National).
La Chaine du Mont Blanc (in 4 Bänden), letzte Aufl. 1978, von Lucien Devies und Pierre Henry bei Arthaud, Paris.
Neue zusammengefaßte Ausgabe als Vorläufer einer überarbeiteten Neuausgabe unter gleichem Titel durch Fran҉ois Labande, bei Arthaud, Paris, erschienen 1987 in zwei Bänden.
Le Topo du Massif du Mont Blanc, Michel Piola, 2 Bde.
Neige, Glace et Mixte, von F. Damilano und G. Perroux, Edition Ice Connection, 1996. 500 Routen werden mit Bildern und sehr kurzen Beschreibungen vorgestellt.
Englisch:
Mont Blanc Massif, Selected Climbs, Vol. I und II, von Lindsay Griffin, herausgegeben vom Alpine Club, 1996.
Deutsch:
Montblanc, Die 100 Idealtouren im Montblanc-Massiv, von Gaston Rébuffat; BLV Verlag, München (Übersetzung von Le Massif du Mont Blanc von Gaston Rébuffat, erschienen bei Denoel, 1973); vergriffen.
Die Gipfel des Montblanc: die schönsten Routen in allen Schwierigkeitsgraden, von Jean-Louis Laroche und Florence Lelong; BLV-Verlag, München 1999 (Original erschienen bei Edition Glénat 1996).
Rund um den Mont Blanc, Wanderführer von Hartmut Eberlein, Bergverlag Rother, München 1998.
Neben diesen hier aufgeführten Büchern gibt es eine große Zahl von mehr historisch orientierten Werken. Unter all diesen und den sonst verfügbaren Büchern muß man noch auf den Bildband von Walter Bonatti „Faszination Mont Blanc" hinweisen, der auch in deutscher Sprache erschienen ist.

Alpine Auskunft

Mündliche und schriftliche Auskunftserteilung in alpinen Angelegenheiten für Wanderer, Bergsteiger und Skitouristen.

Deutscher Alpenverein

Montag bis Mittwoch von 9 bis 12 und von 13 bis 16 Uhr
Donnerstag von 9 bis 12 und von 13 bis 18 Uhr
Freitag von 9 bis 12 Uhr
D-80538 München, Praterinsel 5
Telefon (089) 294940
[aus Österreich und Südtirol 0049/89/294940]

Österreichischer Alpenverein

Donnerstag und Freitag von 8 bis 17 Uhr
Alpenvereinshaus
A-6020 Innsbruck, Wilhelm-Greil-Str. 15
Telefon (0512) 59547
[aus Deutschland und Südtirol 0043/512/59547]
Tirol Informationsdienst
Montag bis Freitag von 9 bis 12 Uhr
A-6020 Innsbruck, Wilheilm-Greil-Str. 17
Telefon (0512) 5320-175, Fax -174
[aus Deutschland und Südtirol 0043/512/5320-175]

Alpenverein Südtirol
Sektion Bozen

Montag bis Freitag von 9 bis 12.30 und von 15 bis 17.30 Uhr
Auskunftsbüro im Landesverkehrsamt Südtirol
I-39100 Bozen, Vintlerdurchgang 16
Telefon (0471) 978141
[aus Deutschland und Österreich 0039/0471/978141]

4. Bergrettung

4.1 Rettungswesen, Meldestellen

Grundsätzlich ist es möglich, von allen bewirtschafteten Hütten eine Rettungsmeldung durch den Hüttenwirt abgeben zu lassen. Im Tal ist die Gendarmerie der regelmäßige Anlaufpunkt. Die Gendarmerie (Polizei) führt sämtliche Rettungs- und Suchaktionen durch. Falls es in einem Talort keinen Gendarmerieposten gibt, wendet man sich an das Bergführerbüro.

Im Unterschied zur Schweiz insbesondere und zu Italien sind die zu übernehmenden Kosten in Frankreich vergleichsweise gering.

Bei schweren Unfällen bzw. solchen mit Todesfolge kann das deutsche Konsulat in Lyon um Hilfe gebeten werden.

Die **Meldestellen** im einzelnen:

Frankreich: Peloton de Gendarmerie de Haute Montagne (PGHM), Chamonix; Tel. 04 50 53 16 89, St. Gervais; Tel. 04 50 78 10 81.

Italien: Bergführerbüro Tel. 01 65/8 20 64, Poste de Secours de Courmayeur Tel. 01 65/84 24 55.

Schweiz: Poste de la police cantonale du Valais Tel. 027/117, Gendarmerie in Orsières Tel. 027/4 11 06.

Der Empfang für Mobiltelefone ist im allgemeinen gut.

4.2 Das „Alpine Notsignal"

Dieses Notsignal sollte jeder Bergsteiger im Kopf haben:

- Innerhalb einer Minute wird sechsmal in regelmäßigen Abständen, mit jeweils einer Minute Unterbrechung, ein hörbares (akustisches) Zeichen (Rufen, Pfeifen) oder ein sichtbares (optisches) Signal (Blinken mit Taschenlampe) abgegeben.
  Dies wird solange wiederholt, bis eine Antwort erfolgt.

- Die Rettungsmannschaft antwortet mit dreimaliger Zeichengebung in der Minute.

Die abgebildeten Alarmsignale im Gebirge wurden international eingeführt.

Um einen schnellen Rettungseinsatz zu ermöglichen, müssen die Angaben kurz und genau sein.

Man präge sich das „5-W-Schema" ein:

- **WAS** ist geschehen? (Art des Unfalles, Anzahl der Verletzten)
- **WANN** war das Unglück?
- **WO** passierte der Unfall, wo ist der Verletzte? (Karte, Führer)
- **WER** ist verletzt, wer macht die Meldung? (Personalien)
- **WETTER** im Unfallgebiet? (Sichtweite)

4.3 Hubschrauberbergung

Der Einsatz von Rettungshubschraubern ist von den Sichtverhältnissen abhängig.

Für eine Landung ist zu beachten:
- Im Radius von 100 m dürfen keine Hindernisse vorhanden sein.
- Es ist eine horizontale Fläche von etwa 30 × 30 m erforderlich. Mulden sind für eine Landung ungeeignet.
- Gegenstände, die durch den Luftwirbel des anfliegenden Hubschraubers umherfliegen könnten, vom Landeplatz entfernen.
- Der anfliegende Hubschrauber wird von einer Person mit dem Rücken zum Wind in „Yes-Stellung" eingewiesen.
- Dem gelandeten Hubschrauber darf man sich nur von vorne und erst auf Zeichen des Piloten nähern.

INTERNATIONALE ALARMSIGNALE IM GEBIRGE
SEGNALI INTERNAZIONALI D'ALLARME IN MONTAGNA
SIGNAUX INTERNATIONAUX D'ALARME EN MONTAGNE

JA
SI
OUI

Rote Rakete oder Feuer
Razzo rosso o luce rossa
Fusée ou feu rouge

Wir bitten um Hilfe
Occorre soccorso
Nous demandons de l'aide
Yes, we need help

Rotes quadratisches Tuch
Quadrato di tessuto rosso

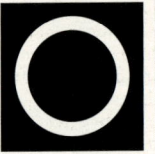

NEIN
NON
NO

Wir brauchen nichts
Non abbiamo bisogno di niente
Nous n'avons besoin de rien
No, we don't need anything

Diese Zeichen dienen der Verständigung mit der Hubschrauberbesatzung. Sie ersetzen nicht das Alpine Notsignal.

5. Zum Gebrauch des Führers

Dieser Auswahlführer will eine doch recht große Informationslücke über eine Vielzahl bisher bei uns kaum bekannter Anstiege füllen. Der große Almauftrieb in einigen wenigen Routen an den Bergen um den Mont Blanc und am Mont Blanc selbst läßt manchmal glauben, es gäbe hier keine anderen lohnenden — und dennoch wenig begangenen — Routen. In diesem Führer sind nun eine ganze Reihe von solchen nicht einmal als Geheimtips anzusehenden Anstiegen zu finden. Hier waren die deutschsprachigen Bergsteiger lange auf die Auswahlbände der „100 Schönsten..." etc. allein angewiesen. Diese Situation zu überwinden und für jeden Geschmack interessante Möglichkeiten aufzuzeigen, ist auch das Anliegen dieses Buches.

Natürlich ist in diesem Führer wie in jedem anderen der Aspekt der Subjektivität jeder persönlichen Beschreibung und Bewertung sicher deutlich. Dieser Führer ist in Anlehnung an die Richtlinien der UIAA verfaßt, dennoch stellte es sich bei einer Anzahl von Routen als nur eingeschränkt möglich heraus, entsprechende Angaben exakt zu erhalten, da die Auskünfte zu unpräzise waren. So finden sich in diesem Führer einige Beschreibungen, die sich mit dem sog. Kopfteil, der Übersicht über den ungefähren Routenverlauf und dem Zustieg begnügen bzw. nur auf den Angaben der Erstbegeher beruhen; teilweise sind auch nur Skizzen verwendet worden, was sich insbesondere bei einigen Sportkletterrouten angeboten hat. Andere Anstiege sind teilweise nur sehr knapp beschrieben und verlangen den Begehern ein relativ hohes Maß an Eigeninitiative. Von dieser Behandlung ausgenommen sind selbstverständlich alle klassischen, vielbegangenen Anstiege, die z. T. sehr detailliert und mit Skizzen beschrieben sind.

Aus diesem Prinzip heraus ergibt sich auch eine Aufteilung der Routen. Es sind zunächst auf jeden Gipfel grundsätzlich mindestens zwei Anstiege beschrieben, um Überschreitungen zu ermöglichen, sodann findet man Beschreibungen der bekanntesten Anstiege und zum dritten eine Auswahl von Routen, die in großartiger Umgebung, aber keinesfalls im Massenanstieg begangen werden können, so daß sich jeder nach seinen Interessen etwas aussuchen kann.

Die Schwierigkeitsbewertungen sind gemäß den Richtlinien der UIAA-Skala vorgenommen worden. In einzelnen Fällen war die Trennung von freier und technischer Kletterei nur mit einer gewissen Unsicherheit zu ermitteln, sie wurden nach dem letztendlichen Kenntnisstand angegeben.

Die Abkürzungen der Gesamtbewertung — vgl. hierzu den gesonderten Abschnitt — sind gemäß der französischen Form gewählt, dies vor allem, um verderbliche Mißverständnisse bei Gesprächen und dem Einholen von Auskünften vor Ort zu verhindern.
Der Einführungsteil des Führers wird bei den Routenbeschreibungen als bekannt vorausgesetzt, seine Lektüre sollte deshalb nicht vernachlässigt werden. Danach folgt ein Abschnitt über die geeigneten Talorte und die Hüttenanstiege. Die Beschreibung der Anstiege auf die Hütten erübrigt sich im wesentlichen, denn die IGN-Karten geben genug Anhaltspunkte durch die rot unterlegte Wegbezeichnung. So wurden die Beschreibungen auf das Nötigste beschränkt. Die Bergfahrten selber sind nach geographischen Gesichtspunkten gegliedert. Die Gipfelanstiege und die wichtigen Übergänge, die Zu- oder Abstiege zu/von den Gipfeln oder selbständige Ziele darstellen können, sind dabei in ihrer geographischen Abfolge belassen.

5.1 Allgemeines zu den Routenbeschreibungen
Namen
Alle Namen beziehen sich auf die beiden IGN-Karten (des französischen Institut Géographique National) Blätter „3630 ouest" und „3531 est". So konnte eine einheitliche Namensgebung durchgehalten werden. Da auf der S-Seite des Gebiets neben Italienisch auch überall Französisch verstanden und gesprochen wird, kommt man mit dem Nachfragen mit französischen Namen auch hier gut klar.
Bezeichnungen
Die Ausdrücke Übersicht, Zustieg, Abstieg und Route/Führe sind gängig. Der abweichend bzw. zusätzlich hier verwendete Begriff Anstieg meint eine Hüttenwanderung.
Randzahlen
Alle in sich abgeschlossenen Angaben wie Beschreibung eines Berges, Wanderwege oder einer Kletterroute, aber auch die Bemerkungen zu Talorten und Hütten, sind jeweils mit Randzahlen (R) gekennzeichnet. Querverweise beziehen sich auf diese Randzahlen.
Routenbezeichnungen
Wie allgemein üblich tragen die Führen geographische Bezeichnungen, also etwa „Südkante"; ziehen durch die Wand mehrere Führen, dann werden sie durch geeignete Zusätze unterscheidbar gemacht.
Zeitangaben
Diese beziehen sich auf die Distanz Ausgangspunkt — Zielpunkt. Für die kletterfreie Fortbewegung wird ein Durchschnittswert zugrunde gelegt, und zwar in der Ebene mit 5 km/Std., für wandernden Aufstieg 400 Höhenmeter/Std. und 600 Höhenmeter/Std. im Abstieg.

5.2 Aufbau der Routenbeschreibungen

Eine ausführliche **Routenbeschreibung** hat folgendes Aussehen: Am Anfang befindet sich der sogenannte Beschreibungskopf, der alle Charakteristika der Route (sofern bekannt) enthält. Weiter folgen in wenigen Sätzen der etwaige Verlauf der Route und nach der Erläuterung des Zuganges (mit Zeitangaben) schließlich die Beschreibung der eigentlichen Route, gegebenenfalls aufgeschlüsselt nach einzelnen Seillängen. Im einzelnen:

Beschreibungskopf

Der Beschreibungskopf enthält der Reihe nach folgende Angaben, sofern sie bei Erstellung des Textes bekannt waren:

Erstbegeher in alphabetischer Reihenfolge.

Die nun folgende **Schwierigkeitsangabe** in Fettdruck richtet sich nach der schwierigsten Stelle der Fahrt, so daß meistens noch weitere Daten zur Bewertung anschließen.

Die **Wandhöhen** stellen Näherungswerte dar. Meterangaben im Verlauf einer Führenbeschreibung sind stets Klettermeter; Höhenmeter sind als solche eigens hervorgehoben.

Die **Zeitangabe** bezieht sich nur auf die eigentliche Route und muß als ein Mittelwert aufgefaßt werden, der mitunter bedeutend überschritten (Wetterverhältnisse, Verhauer etc.), doch auch unterboten werden kann.

Danach folgen eine **Charakterisierung** der Route in technischer als auch ästhetischer Hinsicht, sowie Angaben über die Felsbeschaffenheit und landschaftlichen Eindrücke.

Gegebenenfalls erscheinen sodann einige kurze Empfehlungen für die **günstige Jahreszeit** einer Begehung der Route.

Hinweise auf den **Bildteil** des Führers beschließen gegebenenfalls den Beschreibungskopf.

Übersicht, Zustieg

Es folgt eine kurze Darstellung des etwaigen Verlaufs der Route und ihres Zustiegs. (Beides möge, eventuell zusammen mit dem Wandfoto, jenen Seilschaften genügen, die sich sorgen, ihr Routengespür verkümmere, wenn sie detaillierte Beschreibungen zu Rate ziehen.)

Routenbeschreibung

Bei der Beschreibung der Route wurde auf größte Genauigkeit Wert gelegt.

Wichtiger Hinweis: Bei Bächen, Flüssen, Rinnen, Couloirs und Gletschern ist die Richtungsbezeichnung immer in Fließrichtung. Dieser Umstand ist in den Beschreibungen immer durch den Begriff Ufer gekennzeichnet worden. Also: Montenvers liegt am linken Ufer des Mer de Glace. In anderer als dieser Bezeichnung kommt der Begriff „Ufer" nicht vor.

5.3 Schwierigkeitsbewertung (franz. und UIAA)

Die Einschätzung von Schwierigkeiten einer Bergfahrt waren von jeher Diskussionspunkt unter den Bergsteigern und werden es auch immer bleiben. Die Führerautoren werden ihrerseits immer ein gewisses Maß an Subjektivität in ihre Beurteilung einfließen lassen.

In diesem Führer sind die Schwierigkeitsbewertungen nach dem im deutschen Sprachraum üblichen System jeweils angegeben, was die einzelne Kletterstelle angeht. Es muß in diesem Zusammenhang darauf hingewiesen werden, daß die französische Bergsteigerszene in den Schwierigkeitsgraden ab IV+ eine etwas andere Auslegung als wir benutzt. In diesem Führer sind nun auch moderne Sportkletterrouten enthalten. Die wohl mittlerweile einschlägig bekannten franz. Bewertungen wurden in etwa wie folgt transferiert: 6a = VI+ bzw. VII—; 6c = VII+. Grundsätzlich wurde dabei großer Wert auf eine einheitliche Bewertung gelegt.

Als wesentlicher Bestandteil der Bewertung wird in der Schweiz (vgl. Führer über das Wallis oder das Berner Oberland) und im romanischen Sprachraum eine Gesamtbewertung eines Anstiegs angesehen. Diese durch Buchstaben charakterisierte Angabe ist nicht Bestandteil der Bewertungsrichtlinien der UIAA geworden, was zweifellos zu bedauern ist, da sie insbesondere im Bereich der niedrigen und mittleren Schwierigkeitsgrade eine wichtige Hilfe ist. In den neuesten Westalpenführern, Dauphiné und hier für den Mont Blanc sollen nun diese Bewertungsgesichtspunkte mit berücksichtigt werden.

Die Bewertung erfolgt als Gesamteinschätzung aller Umstände der Route, was Schwierigkeit der Einzelstellen, Exposition, Steilheit, Felsbeschaffenheit, Übersichtlichkeit der Route, Sicherungsmöglichkeiten und der Anzahl an schwierigen Passagen betrifft. Auf einen kurzen Nenner gebracht, ist es nichts anderes, als einen Gedanken, den z. B. auch die Sportkletterer als selbstverständlich erachten, auf die Verhältnisse des Hochgebirges zu übertragen. Eine Passage von 5 aufeinanderfolgenden Passagen VII ist einfach schwieriger zu überwinden als nur eine Stelle VII. Darüber hinaus bietet die Gesamtbewertung einen Weg der Festlegung von Schwierigkeiten bei Eistouren, bei denen der reine Grad der Steilheit nicht immer allein aussagefähig ist. Hier bietet sich die Möglichkeit, eine Bewertung bei normalen, durchschnittlichen Wand- und Eisrinnenverhältnissen durchzuführen.

Die Kennzeichnung der Gesamtbewertung erfolgt mit Buchstaben, die dem französischen Sprachgebrauch entnommen sind.

F	facile	leicht
PD	peu difficile	wenig schwierig
AD	assez difficile	ziemlich schwierig
D	difficile	schwierig
TD	très difficile	sehr schwierig
ED	extrêmement difficile	äußerst schwierig
ABO	abominable	abscheulich schwierig

F = Hiermit sind Anstiege charakterisiert, die zunächst einmal eine Seilsicherung erforderlich machen, sei es nun auf einem Gletscher oder in einer Felswand. Die Schwierigkeiten sind selten größer als I im Fels, Stellen II können vorkommen, in Ausnahmefällen auch Passagen III, die aber zumindest gut zu sichern sind und einen freundlichen Eindruck machen. In diesem Führer kommt bei (F) keine Stelle III vor. Für Gletscherbegehungen oder Firnflanken oder Couloirs gilt, daß hier Stellen enthalten sind, bei denen Ungeübte kürzere Zeit Strecken regelgerecht gesichert werden müssen und Firnhänge mit einer Neigung von bis zu 30 Grad auftreten können, auch wenn nichts Weiteres vermerkt ist als mäßig steiler Firnhang. Der „Schwierigkeitsbegriff" (F) ist üblicherweise die Obergrenze für den alpinen Bergwanderer.

PD = Ein Anstieg im Bereich dieser Schwierigkeitszone bedeutet bereits ein hochalpines Unternehmen. Kletterrouten in diesem Bereich weisen fast immer Stellen III auf. Das bedeutet, daß Standplätze erforderlich sein können, entsprechendes Sicherungsmaterial also mitgeführt werden muß. Im beschriebenen Gebiet handelt es sich bei den Anstiegen mit der Angabe (PD) um ausgewachsene Hochtouren, die entsprechendes Können und Erfahrung erforderlich machen. Es werden Firn- und Eispassagen bis 40 Grad, selten etwas darüber, auftreten, die aber teilweise auch schon länger sein können und insofern ein solides Gehen mit Steigeisen voraussetzen.

AD = Felsrouten mit Angabe (AD) sind normalerweise steile, schwierige Führen mit vielen Stellen III und einigen Stellen IV— und IV. Es werden entsprechend neben Standsicherungen üblicherweise Zwischensicherungen erforderlich sein. Die Mitnahme von Klemmkeilen, Schlingen und Haken, außerhalb der Ausrüstung für Notfälle, ist unbedingt angebracht. In den klassischen d.h. vielbesuchten und lohnenden Kletterrouten in Frankreich mit dem Grad (AD) ist nicht unbedingt mit einer nur annähernd genügenden Zahl von Standhaken oder auch Zwischenhaken zu rechnen. Bei Firntouren oder Eisanstiegen in diesem Bereich handelt es sich um ernste Eistouren, die mit dem heute üblichen Ausrüstungsstandard (kürzerer Eispickel und Eishammer) angegangen werden sollten. Die Neigung wird meist bei 45 Grad liegen, in einzelnen erwähnten Fällen auch bei 50 Grad. Die Anstiege in diesem Führer sind oft mit schnellen Zeiten angegeben. Dies liegt daran, daß die objektiven Gefahren bei längerem Verweilen zu groß würden. Reine Eistouren im Bereich (AD) werden von sicheren Eisgehern, außer am Bergschrund, nach dem heutigen Stand des Wissens, ohne Seil begangen; hieraus erklären sich dann auch die kurzen Zeiten. Selbstverständlich sind für Schwierigkeiten bei Eisrouten in erster Linie die Verhältnisse maßgeblich.

Kombinierte Routen im Bereich (AD) sind große ernsthafte Hochtouren, die bereits ein überdurchschnittliches Können verlangen.

D = Der Grad (D) steht bei Felstouren für anhaltende Schwierigkeiten IV und IV+ und auch mal V. Was die im allgemeinen anzutreffende Hakenzahl betrifft, gilt hier das gleiche wie schon bei (AD) erwähnt. Eistouren in diesem Bereich sind schon sehr große Unternehmen. Die Steilheit geht auch schon einmal über 55 Grad hinaus. Kombinierte Anstiege im Bereich (D) zählen schon zu den sogenannten „Grandes Courses". Der Teufelsgrat am Täschhorn oder die Majorroute in der Brenvaflanke sind z. B. typische Grandes Courses.

TD = Ein Anstieg im Fels mit (TD) ist eine extreme Felsführe mit Stellen V+ oder auch VI. Die meisten Anstiege dieser Art, die häufiger begangen werden, sind meist hinreichend mit Haken, außer Standhaken, ausgerüstet. Die Mitnahme von Klemmkeilen ist aber in jedem Fall ratsam. Kombinierte Anstiege (TD) gehören oft zu den ganz großen Bergfahrten im Alpenraum.

ED = Lange Zeit der Inbegriff des Schwierigsten. Anhaltende hohe Schwierigkeiten VI und VII kennzeichnen diese Anstiege. Im Eis muß man schon mit Stellen 80 und 90 Grad rechnen. Die Bewertung wird zudem nur dann vergeben, wenn die Route in ihrem Verlauf keine wesentlich leichteren Passagen aufweist oder die hohen Schwierigkeiten wirklich anhaltend sind. Zur letztendlichen Einschätzung einer Route kommt dann auch noch die Länge der Führe hinzu.

ABO = Ganz außergewöhnliche Schwierigkeiten, die zudem sehr anhaltend sind. Die Bezeichnung ist auch EX (= exceptionnel difficile). Diese Bewertung wird in der Regel außergewöhnlichen Felsklettereien vorbehalten bleiben, wie z. B. der freien Ersteigung der Aig.-du-Fou-S-Wand oder derjenigen der Harlin-Robbins am Dru. Im übrigen ist es sicher nur eine Frage der Zeit, bis eine insgesamt noch schwieriger einzuschätzende Route eröffnet wird. Als erste ABO-Route wird „Panne des Sens" (R 756) angesehen.

Die Gesamtbewertung kann durch ein + oder — noch etwas variiert werden. Die Bewertung bezieht sich immer auf die gesamte Länge vom E ab.

Die Schwierigkeitsbewertung nach UIAA

Die UIAA fordert eine eindeutig unterschiedliche Schwierigkeitsbewertung von freier und künstlicher Kletterei. Eine Kletterei an aufeinanderfolgenden Haken beispielsweise ist in der Regel leichter und ungefährlicher als die Bewältigung einer Fünferstelle in freier Kletterei. In allen Anstiegsbeschreibungen solcher Führen, die künstliche Hilfsmittel nicht nur zur Sicherung, sondern auch zur Fortbewegung verlangen, wird deshalb klar unterschieden zwischen freier und künstlicher Kletterei. Die Bewertung der Schwierigkeit reiner Freikletterei ist durch römische Ziffern I bis VII bezeichnet, ab Schwierigkeitsgrad III mit Zwischenstufen „(−) untere" und „(+) obere Grenze".

Im einzelnen sind die Schwierigkeitsgrade wie folgt definiert:

I = Geringe Schwierigkeiten. Einfachste Form der Felskletterei (kein leichtes Geh-Gelände!). Die Hände sind zur Unterstützung des Gleichgewichts erforderlich. Anfänger müssen am Seil gesichert werden. Schwindelfreiheit bereits erforderlich.

II = Mäßige Schwierigkeiten. Hier beginnt die Kletterei, die Drei-Punkte-Haltung erforderlich macht.

III = Mittlere Schwierigkeiten. Zwischensicherungen an exponierten Stellen empfehlenswert. Senkrechte Stellen oder gutgriffige Überhänge verlangen bereits Kraftaufwand. Geübte und erfahrene Kletterer können Passagen dieser Schwierigkeit noch ohne Seilsicherung erklettern.

IV = Große Schwierigkeiten. Hier beginnt die Kletterei schärferer Richtung. Erhebliche Klettererfahrung notwendig. Längere Kletterstellen bedürfen meist mehrerer Zwischensicherungen. Auch geübte und erfahrene Kletterer bewältigen Passagen dieser Schwierigkeit gewöhnlich nicht mehr ohne Seilsicherung.

V = Sehr große Schwierigkeiten. Zunehmende Anzahl der Zwischensicherungen ist die Regel. Erhöhte Anforderungen an körperliche Voraussetzungen, Klettertechnik und Erfahrung. Lange hochalpine Routen im Schwierigkeitsgrad V zählen bereits zu den ganz großen Unternehmungen in den Alpen und außeralpinen Regionen.

VI = Überaus große Schwierigkeiten. Die Kletterei erfordert weit überdurchschnittliches Können und hervor-

		ragenden Trainingsstand. Große Ausgesetztheit, oft verbunden mit kleinen Standplätzen. Passagen dieser Schwierigkeit können in der Regel nur bei guten Bedingungen bezwungen werden. (Früher häufig kombiniert mit künstlicher Kletterei: A0 bis A4.)
VII	=	Außergewöhnliche Schwierigkeiten. Ein durch gesteigertes Training und verbesserte Ausrüstung erreichter Schwierigkeitsgrad. Auch die besten Kletterer benötigen ein an die Gesteinsart angepaßtes Training, um Passagen dieser Schwierigkeit nahe der Sturzgrenze zu meistern. Neben akrobatischem Klettervermögen ist das Beherrschen ausgefeilter Sicherungstechnik unerläßlich.
VIII—X	=	Eine verbale Definition erscheint hier sowohl problematisch als auch nicht notwendig. Es handelt sich dabei um eine weitere Steigerung der zu bewältigenden Schwierigkeiten, die an das Kletterkönnen und an den notwendigen Krafteinsatz immer höhere Anforderungen stellen.

Die Bewertung der Schwierigkeit künstlicher Kletterei erfolgt nach der fünfstufigen Skala A0 bis A4 (A = artificiel).

A0
Die einfachste Form künstlicher Kletterei. Haken oder andere Zwischensicherungen (Holz- oder Klemmkeile, Sanduhr- oder Zackenschlingen) in vorwiegend freien Routen müssen als Griff oder Tritt benutzt werden, Trittleitern jedoch sind nicht erforderlich. Auch die Anwendung von Selbstzug, Pendeltechnik und Seilzugquergang zur Fortbewegung fällt unter künstliches Klettern A0.

A1
Haken und andere technische Hilfsmittel sind relativ leicht anzubringen, und die Passage verlangt relativ wenig Kraft, Ausdauer und Mut. Die Verwendung einer Trittleiter pro Seilpartner, die mehrfach eingehängt wird, ist ausreichend, eine zweite ist nicht erforderlich.

A2—A4
Größere Schwierigkeiten beim Hakensetzen und Anbringen anderer technischer Hilfsmittel (kompakter Fels, geschlossene Risse, brüchiger und kleinsplittriger Fels) und / oder größere körperliche Leistungen beim Überwinden der Kletterstelle (Überhang, Dach, großer Hakenabstand) und / oder große Ausgesetztheit, die vom Kletterer immer größere Fähigkeiten verlangen. Zwei Trittleitern notwendig.

5.4 Abkürzungen

a) Allgemeine Abkürzungen

Abb.	=	Abbildung
Aig.	=	Aiguille
bew.	=	bewirtschaftet
bez.	=	bezeichnet
dir.	=	direkt
d. h.	=	das heißt
CAF	=	Club Alpin Franąis (Französischer Alpenverein)
CAI	=	Italienischer Alpenclub
CAII	=	Akademischer italienischer Alpenverein
CAS/SAC	=	Schweizer Alpenclub
E	=	Einstieg
ges	=	gesamt
IGN	=	Institut Géographique National
HD	=	Höhendifferenz
km	=	Kilometer
KSW	=	Königer, Schubert, Werner (6. Aufl. 1974)
Labande	=	F. Labande, Guide du Mont Blanc, in 2 Bänden (1987: Arthaud, Grenoble)
m	=	Meter
Min.	=	Minuten
oblig.	=	obligatorisch
orogr.	=	orographisch (in Richtung des fließenden Wassers)
P.	=	Punkt, Höhenzahl in der Landkarte
Pte.	=	Pointe
R	=	Randzahl
Ref.	=	Refuge, Schutzhütte
s.	=	siehe
S.	=	Seite
SL	=	Seillänge(n)
sog.	=	sogenannt
Std.	=	Stunde(n)
vgl.	=	vergleiche

b) Abkürzungen für Haken u. ä.

H	=	Haken
BH	=	Bohrhaken
KK	=	Klemmkeil

c) Abkürzungen von Himmelsrichtungen

N, O, S, W	=	Norden, Osten, Süden, Westen
NO, NW	=	Nordosten, Nordwesten (usw.)
SO, SW	=	Südosten, Südwesten (usw.)
nördl.	=	nördlich (usw.)
nordw.	=	nordwärts (usw.)

d) Sonstige Abkürzungen

Vt	=	Vallot, franz. Gesamtführer in z. Zt. 4 Bänden, Verlag Arthaud
kv	=	konventionelle Kletterei (in der Regel mit künstl. Hilfsmitteln)

5.5 Symbole für Routenskizzen (nach UIAA/DAV)
Vgl. Übersicht S. 41.

Symbole für Routenskizzen (nach UIAA/DAV)

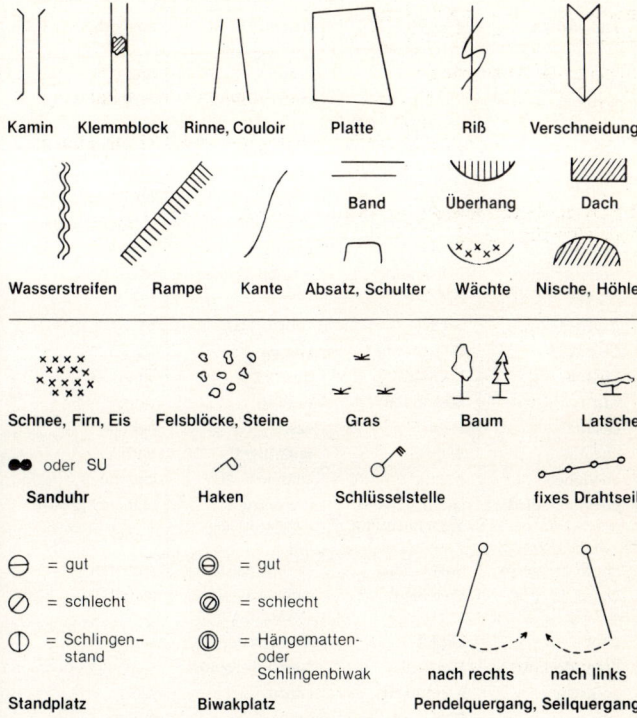

Zusammenstellung: Bergverlag Rother

5.6 Übersetzungstabelle

französisch	deutsch	italienisch	englisch
arete	Grat	cresta	arete
artificiel, en artif	künstliche Kletterei	arrampicata artificiale	artificial
avalanche	Lawine	valangha	avalanche
attention	Achtung	attenzione	below! watch out! attention!
baudrier	Klettergürtel	imbragatura	climbing harness
bivouac	Biwak	bivacco	bivouac
boite de lettre	Felsdurchschlupf	passaggio nella roccia	letter box
brèche	Scharte	valico, fessura	brèche
broche	Eisschraube	vite da ghiaccio	ice screw
bussole	Kompaß	bussola	compass
cairn	Steinmann	onretto	cairn
casque	Helm	casco	helmet
chemin	Weg	mulattiera	path
cheminee	Kamin	camino	chimney
cheminee-diedre	kaminartige Verschneidung	crepaccio a forma di camino	chimney groove
chute de pierre	Steinschlag	caduta massi	stonefall
chute de serac	Eisschlag	caduta di serracchi	icefall
cime	Gipfel	cima, vetta	summit
coin (de bois)	Holzkeil	cuneo di legno	wedge (wooden)
coinceur	Klemmkeil	cuneo	nut
col	Paß, Joch	passo	col
corde (longueurs de corde)	Seil (SL)	corda (lunghezza)	rope (length)
cordee	Seilschaft	cordata	party
corniche	Wächte	cornice	cornice
couloir	Rinne	canalone	couloir

französisch	deutsch	italienisch	englisch
crampon	Steigeisen	rampone / i	crampons
crevasse	Gletscherspalte	crepaccio	crevasse
dalle	Platte	lastra di pietra	slab
dent	Zahn, Horn	dente	needle
descente	Abstieg	discesa	descent
diedre	Verschneidung	diedro	groove
dortoir	Matratzenlager	dormitorio	bunkhouse
epaule	Schulter	spalla	shoulder
eperon	Sporn	sperone	spur
escalade en libre	Freikletterei	scalata libera	free-climbing
fissure	Riß	fessura	crack
fissure-cheminee	Rißkamin	fessura a forma di camino	crack-chimney
gendarme	Gratturm	torre	gendarme
glace	Eis	ghiaccio	ice
glacier	Gletscher	ghiacciaio	glacier
gollot	Bohrhaken		bolt
goulotte	Eisschlauch	canaletto	gully
lac	See	lago	lake
marteau	Hammer	martello	hammer
mont	Berg	monte	mountain
montagne	Gebirge, Berg	montagna	mountain range
moraine	Moräne	morene	morain
mousqueton	Karabiner	moschettone	karabiner
mur	Wand	muro, parete	wall
neige	Schnee	neve	snow
neve	Schnee-, Firnfeld	nevaio campo di neve	snowfield
paroi	Wand	parete	rock wall, face
piton	Haken	gancio	piton
piolet	Eispickel	piccozza	ice axe
pilier	Pfeiler	pilastro	pillar
pointe	Spitze	punta	peak
rappel	abseilen, Abseilstelle	corda doppia	abseil

französisch	deutsch	italienisch	englisch
refuge	Hütte	rifugio	hut
relais	Standplatz	punta di sosta	belay
ressaut	Aufschwung	balzo, slancio	pull up
rimaye	Bergschrund	crepaccio terminale	bergschrund
rocher	Felsen, Fels	roccia	rock face
sac (a dos)	Rucksack	zaino	rucsac
selle	Sattel	Sella	saddle
sentier	Weg, Pfad	sentiero	path
serac	Eisbruch, Serak	seracco	serac
sommet	Gipfel	vetta	summit
surchausson	Überschuh	soprascarpa	overshoe
surplomb	Überhang	strapiombo	overhang
telepherique	Seilbahn	funivia, teleferia	telepherique
torrent	Wildbach	torrente	torrent
vallee, val	Tal	valle	valley
vire	Band, Felsband	cengia	ledge
voie	Führe, Route	via	route
toit	Dach	tetto	roof

(Achim, Marco, Tony)

II. Mountain Wilderness

Ende 1987 wurde in Biella, Italien, die Gruppe „Mountain Wilderness" gegründet. Das erklärte Ziel ist vereinfacht die Verteidigung der Berglandschaft schlechthin gegen ihre stete Vernichtung, Verschmutzung, Zubetonierung und damit die Erhaltung des Gleichgewichts. In mehreren Treffen wurde vor allem in Italien, der Schweiz und Frankreich der Gedanke eines internationalen Naturparks Mont Blanc geboren (Parc International du Mont Blanc). Die wirklichen Verbesserungen in der Situation in den Tälern und Bergen rund um den Mont Blanc sind nur auf ungemein langwierigen und von vielen Hindernissen belasteten Wegen zu erreichen. Dennoch ist allen Beteiligten und Betroffenen klar, daß es hier wie in anderen Gebieten unbedingt erforderlich ist, ein Umdenken einzuleiten.

Die den Ostalpenkennern bestens vertrauten Probleme wie Wasserwirtschaft, Sommerskilauf und Neubauwut müssen in Einklang gebracht werden mit der wirtschaftlichen Existenz der Talbewohner und der Natur- und Abenteuersehnsucht der Besucher. Ein weitergehender Ansatz wäre es, den Menschen nahezu ganz aus bestimmten Regionen der Berge zu verdrängen; diese „Laßt neue weiße Flecken auf der Landkarte entstehen"-Philosophie, kann für das Mont-Blanc-Gebiet nicht mehr realisiert werden.

Die positive Auseinandersetzung mit der Natur kann jedoch mit dem Vorschlag des Abbaus der Seilbahn Aig. du Midi — Pte. Helbronner beginnen.

- Alle Pflanzen und Tiere respektieren.
- Alle Abfälle wieder mit ins Tal nehmen.
- Keine Wegabschneider im erosionsgefährdeten Gelände.
- Mit Kochern sorgsam umgehen. Kein offenes Feuer.
- Mountain Bike nur auf festen Wegen.
- Anfahrt, wo immer möglich, per Bahn, Bus oder Rad.
- Wenn schon Auto, dann als Fahrgemeinschaft.
- Auf jeden Fall im Gebirge alle Fahrverbote respektieren.

III. Stütz- und Ausgangspunkte

1. Talorte und Ausgangspunkte

Frankreich:

● 1 Chamonix
Der im weiten Tal der Arve gelegene Ort liegt etwa 1040 m hoch. Er wird am besten mit dem Begriff „Bergstadt" umschrieben. Das Zentrum des Alpinismus im Mont-Blanc-Gebiet. Alle möglichen Qualitäten von Unterkünften, die fast der Menge der Besucher gerecht werden können.
Adressen etc. vgl. Kapitel 3.7 und 3.8. Alle denkbaren Einkaufsmöglichkeiten und Versorgungseinrichtungen (Schwimmbad, Hospital, Kino, Tennisplätze, etc.).

● 2 Le Lavancher, 1217 m
Etwas oberhalb der Straße Chamonix — Argentière gelegene kleine Ortschaft.

● 3 Argentière, 1244 m
Der 8 km oberhalb von Chamonix gelegene, sehr viel kleinere Ort ist vor allem durch seinen hohen Besucherstrom im Winter belastet. Im Sommer herrscht hier ein ruhigeres Treiben als in Chamonix. Ebenfalls gute Einkaufsmöglichkeiten.
Der alte Ortskern von Argentière ist noch recht gut in seiner Struktur erhalten.

● 4 Montroc, 1389 m
2,5 km nordöstl. von Argentière, Bahnstation der Linie Martigny — Châtelard — Vallorcine — Chamonix. Montroc liegt am S-Ausgang des beinahe 2 km langen Bahntunnels unterhalb des Col des Montets.

● 5 Le Tour, 1462 m
Letztes Dorf im obersten Teil des Arvetals, von der Bahnstation Montroc (R 4) in 15 Min. zu Fuß auf einer Fahrstraße zu erreichen. Einige kleine Geschäfte und Hotels in Le Tour. Seilbahn zum Col de Balme (R 35).

● 6 **Col des Montets,** 1461 m
Zwischen Argentière und Vallorcine gelegener Straßenpaß. Autobushaltestelle. Von hier und vom knapp unterhalb gelegenen Weiler Tré-le-Champ geht man in die nordöstl. Aig. Rouges. Im Winter ist der Paß nicht immer offen.

● 7 **Vallorcine,** 1260 m
Eisenbahnstation an der Bahn Chamonix — Martigny. Hauptort dieses etwas ruhigeren Tales. Befriedigende Einkaufsmöglichkeiten.

● 8 **Les Houches,** 993 m
Etwa 8 km unterhalb von Chamonix gelegener, etwas zersiedelter Ort. Postautoverbindung. Hinreichende Einkaufsmöglichkeiten.

● 9 **Le Fayet,** 589 m
Endstation der normalen Eisenbahn, bzw. Beginn der Schmalspurbahn nach Chamonix. Hier endet ebenfalls die Autobahn von Genf. Als Stützpunkt insgesamt wenig erfreulich.

● 10 **St. Gervais,** 807 m
4 km oberhalb von le Fayet gelegener Urlaubsort. Alle notwendigen Einrichtungen. Es ist empfehlenswert, etwas weiter oberhalb im Val Montjoie zu wohnen.

● 11 **Les Contamines,** 1559 m
8 km oberhalb von St. Gervais im Val Montjoie gelegener kleinerer Ort. Hinreichende Einkaufsmöglichkeiten. Etwas oberhalb des Ortes (3 km) ist das Ende der Fahrstraße bei Notre Dame de la Gorge, gute Jausenstation.

● 12 **Les Mottets,** 1868 m
Endpunkt einer sehr bescheidenen Straße von Bourg-St.-Maurice über Chapieux. Übernachtungsmöglichkeit im Chalet-Refuge des Mottets (privat). Sonst keine Einkaufsmöglichkeiten.

● 13 **Parking des gorges de la Gruvaz,** 1100 m
Ausgangspunkt ist der Parkplatz am Ende der Fahrstraße; in der Karte IGN „3531 ET" mit „P" gekennzeichnet.

Italien:

● **15** **Courmayeur,** 1226 m
Der größte Talort auf der italienischen Seite. Vergleichsweise weit von den eigentlichen Bergsteigemöglichkeiten entfernt, ist der Ausblick von Courmayeur durch die Gesamtsteilheit des Aufschwungs zum Mont Blanc besonders beeindruckend. Alle notwendigen Einrichtungen vorhanden.

● **16** **La Palud,** 1360 m / **Entrèves,** 1306 m
Am Tunneleingang gelegene kleine Orte. Von hier geht die Straße ab in das italienische Val Ferret. Bescheidene Einkaufsmöglichkeiten.

● **17** **Val Ferret (Italien)**
Über Planpincieux, 1564 m, la Vachey, 1642 m, führt die Straße bis Arnuva, 1769 m. Hier im Tal keine Einkaufsmöglichkeiten. Autobusdienst im Sommer.

● **18** **Val Veny**
Das schönste der italienischen Mont-Blanc-Täler. Zahlreiche Campingplätze mit grandiosem Ausblick auf die unmittelbar oberhalb gelegenen Berge. Praktisch keine Einkaufsmöglichkeiten. Tagsüber bei gutem Wetter im Sommer sehr stark besucht. Nur noch bis Cantine de la Visaille befahrbar. In der Hauptsaison katastrophale Parkverhältnisse.

● **19** **Lac de Combal,** 1970 m
Endpunkt der befestigten Straße durch das Val Veny. ¾ Std. von Cantine de la Visaille (R 18).

Schweiz:

● **20** **Orsières,** 885 m
Endstation der Stichbahn Martigny — Orsières. Gute Möglichkeit zum Einkaufen. Man bekommt hier alles Notwendige und braucht so nicht bis Martigny zu fahren. Von Orsières Postverbindungen durchs Val Ferret und nach Champex.

● **21** **Champex,** 1472 m
Sehr schön gelegener Ferienort an einem sehenswerten Bergsee. Campingplatz, Jugendherberge, Ferienwohnungen und Hotels. Ein vor allem für Bergwanderer geeigneter Ort, der im Vergleich zum Tal von Chamonix recht ruhig ist.

● **22**   **Col de la Forclaz,** 1526 m
Auf der Straße Martigny — Chamonix gelegener Paß. Im Winter im Gegensatz zum Col des Montets (R 6) immer offen. Hotel und Restaurant unmittelbar am Paß. Sessellift auf eine schöne Aussichtskanzel in 2040 m Höhe. Ausgangspunkt für den nördlichen Zugang zum Col des Ecandies.

● **23**   **Val Ferret (Schweiz)**
Von Orsières führt eine kleine Straße in das Schweizer Val Ferret. Von den Orten Praz de Fort, 1151 m, La Fouly, 1592 m und Ferret, 1700 m bricht man zu den Hütten auf. Neben Ferret, einem kleinen auf Sommertourismus eingerichteten Ort, ist La Fouly der einladendste des Tales mit besonders schönem Campingplatz. Der Postautobus verkehrt von Orsières bis Ferret. Die Fahrstraße endet etwa 1 km oberhalb von Ferret bei 1775 m.

2. Mechanische Aufstiegshilfen als Ausgangspunkte

Frankreich:

● **31**   **Seilbahn Chamonix — Plan de l'Aiguille,** 2310 m —
                            Aig. du Midi, 3795 m
Diese sehr kühne Seilbahn dient Jahr für Jahr Touristen und Bergsteigern und Sportkletterern als Ausgangspunkt. In der Saison erste Bahn um 6 Uhr. Aufgrund des hohen Andrangs schon weit vor 6 Uhr lange Schlangen. Mit dem Touristenverkehr ab 8 Uhr steigen die Wartezeiten extrem an. Normalerweise verkehrt die Bahn bis 18 Uhr. Wegen des Andrangs der Touristen, die noch auf der Aig. du Midi sind (bei gutem Wetter), kann man in der Hochsaison oft bis nach 19 Uhr abwärts fahren. Ab morgens werden Platzkarten ausgegeben. Tel. 04 50 53 30 80. Bei sehr starkem Sturm wird der Betrieb eingestellt. Bevor man sich von oben auf den sehr langen und keineswegs leichten Abstieg (vgl. R 502) macht, sollte man etwas Geduld aufbringen.

● **32**   **Verbindungsseilbahn Aig. du Midi —**
                         Pte. Helbronner, 3462 m
Diese Seilbahn überquert den Glacier du Geant. Der Abbau dieser Seilbahn wird angestrebt. Das Überqueren des Gletschers zu Fuß ist weitaus lohnender.

● 33   **Zahnradbahn nach Montenvers,** 1913 m
Bis auf die Zeit von Mitte November bis Mitte Dezember ganzjährig in Betrieb. Erste Auffahrt in der Saison oft nicht vor 8 Uhr, letzte Abfahrt nicht nach 18.30 Uhr. Tel. 04 50 53 12 54.

● 34   **Seilbahn Argentière — Croix de Lognan —
Aig. des Grands Montets,** 3295 m
Von Dezember bis Mai und von Ende Juni bis Anfang September in Betrieb. Von der oberen Seilbahnstation führt eine Treppe auf den Col des Grands Montets. Tel. 04 50 54 00 71; letzte Bahn nach oben 16.45 Uhr.

● 35   **Seilbahn Le Tour — Charamillon —
Station Col de Balme,** 2186 m
In der Saison in Betrieb. Unterhalb der Seilbahn verläuft ein Fußweg. Tel. 04 50 54 00 58.

● 36   **Seilbahn Chamonix — Planpraz,** 1999 m —
Brevent, 2525 m
Die Seilbahn beginnt oberhalb von Chamonix. Tel. 04 50 53 13 18.

● 37   **Seilbahn Chamonix (Les Praz) — Flegère,** 1877 m —
Station Index, 2385 m
Erste Bahn in der Hochsaison gegen 7 Uhr. Tel. 04 50 53 18 58.

● 38   **Seilbahn Les Houches — Bellevue,** 1794 m
Anschluß an die Zahnradbahn, vgl. R 39. Tel. 04 50 54 40 32.

● 39   **Zahnradbahn (Le Fayet) — St. Gervais-les-Bains —
Col de Voza — Nid d'Aigle**
Die Zahnradbahn beginnt in St. Gervais-les-B., d. h. dort steigt man üblicherweise ein. Man erreicht die Zahnradbahn auch direkt von Les Houches mit der Seilbahn nach Bellevue. Beim Umsteigen in die meist schon sehr volle Zahnradbahn müssen Platzkarten (wie an den anderen großen Seilbahnen) besorgt werden. Tel. 04 50 47 51 83.

Nid d'Aigle, 2315 m
Die Endstation der Bahn ist eine wenig empfehlenswerte Jausenstation. Zu Fuß von Les Houches (R 8) 3½ Std. über Bellevue für Puristen.

Italien:

● 41   **Seilbahn La Palud — Col du Géant**
(Ref. Torino, 3371 m) — **Pte. Helbronner,** 3462 m

Aiguille du Midi, Mont Blanc du Tacul, Mont Maudit und der Gipfel des Mont Blanc aus den Aiguilles Rouges kurz unterhalb des Brevent.

Sehr häufig überlastete Seilbahn, die in zwei Sektionen zum Col du Géant führt. Vgl. R 850.

Schweiz:

● **43** **Sessellift Champex — La Breya,** 2188 m
Der am Ortsrand von Champex liegende Sessellift erleichtert den Aufstieg zu Cabane d'Orny und Trient. Im Sommer in Betrieb.

IV. Hütten und Berggasthäuser

● **48** **Chalets de Miage,** 1559 m
Sehr schön gelegen, private Hütte. In der Saison bewirtschaftet. 30 Plätze. Tel. 04 50 93 22 91. Vom Parkplatz (R 13) in 1 Std. über einen Fahrweg zur Hütte.

● **49** **Refuge des Cosmiques,** 3613 m
Auf einer Schulter zwischen Col du Midi und dem SW-Grat der Aig. du Midi (Cosmiquesgrat) gelegene Hütte des Führervereins Chamonix. Von Februar bis Oktober bewirtschaftet. 140 Plätze. Tel. 04 50 54 40 16. ½ Std. von der Aig. du Midi (vgl. R 505).

● **50** **Refuge Robert Blanc,** 2750 m
Private Hütte unter der Aig. des Lanchettes. In der Saison bewirtschaftet. 40 Plätze. Tel. 04 79 07 24 22. Von les Mottets (R 12) über Chalet des Lanchettes in den Talgrund und weiter über den ziemlich steilen Weg zur Hütte (2½ Std.).

● **51** **Hotel de la Trélatête,** 1970 m
Bescheidener privater Berggasthof, der seit der Erbauung des Ref. des Conscrits (R 52) sehr an Bedeutung verloren hat. Im Frühjahr an den Wochenenden und im Sommer bewirtschaftet. 80 Plätze. Tel. 04 50 47 01 68. Vom Weiler Cugnon (Parkplatz oberhalb der Häuser); ebenso schnell von Nôtre Dame de la Gorge im Talschluß des Val Montjoie zum Berggasthof (2 Std.).

● **52** **Refuge des Conscrits,** 2580 m
Nach Erkenntnissen eines möglichst umweltschonenden Betriebs gebaute neue Hütte am rechten Ufer des Glacier de Trélatête. Eigentum CAF St. Gervais. In der Saison bewirtschaftet. 86 Plätze. Tel. 04 79 89 09 03.
Der Hüttenanstieg weist teilweise gewisse Schwierigkeiten auf. **F.**
Achtung: In den Karten bis 1998 ist noch die alte Hütte eingezeichnet, die etwas oberhalb liegt.
Anstieg: Vom Hotel de Trélatête (R 51) steigt der Weg etwas an, bevor er entlang steiler Felsen an die Zunge des Glacier de Trélatête hinabführt. Gelegentlich ist der Übergang auf den Gletscher nicht leicht. Den meist aperen Gletscher entlang seiner Mittelmoräne über Steine und Geröll hinauf bis unter den Eisbruch. Nun auf das rechte Ufer (N) des Gletschers, wo ein Weg zur Hütte beginnt (Markierungen, 2½ Std.).
Im Winter oder im Frühjahr steigt man über den Glacier de Trélatête

ganz auf, wobei man sich in der Regel am rechten Ufer hält. Der Durchstieg durch den Eisfall kann sehr mühsam sein.

● **53** **Refuge Plan Glacier,** 2713 m
Neue, kleine Hütte. In der Saison bewirtschaftet. Insbesondere am Anfang der Saison für die Mettrierführe (R 152) häufig besucht. 20 Plätze. Tel. 04 50 93 23 25. In den Karten bis 1998 nicht eingezeichnet. Die Hütte liegt am Fuß des Felsaufbaus, P. 2925 m, des SW-Grats der Aig. de Tricot am Ende der nördlichen Moräne des Glacier de Miage.
Anstieg: Von Chalets de Miage (R 48) über die nahe Brücke und dem bezeichneten Weg folgen. Wenn bei der Bachteilung oberhalb keine Brücke vorhanden ist, bleibt man auf dem rechten Ufer des großen Baches. Am Ende des Talbodens führt ein teilweise versicherter Weg an einem Wasserfall vorbei. In Richtung O folgt man der Moräne bis ca. 2670 m. Nun nach SO auf die nächste Moräne und zur Hütte. 3 Std. von Chalets de Miage.

● **54** **Refuge Durier,** 3349 m
Kleine neu erbaute Hütte auf einem Sattel 350 m nördl. des Col de Miage. In der Saison bewirtschaftet. 17 Plätze. Eigentum des CAF St. Gervais. Tel. 06 81 10 94 76. Anstieg vgl. R. 160.

● **55** **Refuge de Tête Rousse,** 3167 m
Unter der Westflanke der Aig. du Gouter gelegene Hütte. Eine Teiletappe auf dem meist stark frequentierten Weg zum Gipfel des Mt. Blanc (R 180). In der Saison bewirtschaftet. Meist überfüllt. 60 Plätze. Eigentum des CAF Paris. Tel. 04 50 58 24 97.
Von Nid d'Aigle (R 39) folgt man dem Weg bis zum Wegzeichen, P. 3132 m, am Rande des kleinen Glacier de Tête Rousse. Über den Gletscher zur nahen Hütte. 2 Std.

● **56** **Refuge du Gouter,** 3817 m
Die auch Ref. de l'Aig. du Gouter genannte Hütte ist der Ausgangspunkt des meistbegangenen Mt.-Blanc-Anstiegs. In der Saison durchgehend hoffnungslos überfüllt. Die telefonische Anmeldung ist obligatorisch und sollte rechtzeitig vorgenommen werden. Die Anmeldung ist keine Platzgarantie. Es empfiehlt sich, am Vormittag auf die Hütte zu kommen. Das gilt insbesondere für Selbstversorger. Alle Bestellungen sollten sehr frühzeitig vorgenommen werden. Gut ausgerüstete Bergwanderer, für die wegen der Schwierigkeiten kein anderer Anstieg auf den höchsten Gipfel der Alpen in Frage kommt, sollten sich für ein Biwak bzw. Zelten entscheiden (vgl. auch R 181). Grundsätzlich muß von

einem Besuch der Hütte bei gutem Wetter vom 14. Juli bis 15. August dringend abgeraten werden.

Eigentum des CAF Paris. Offiziell 100 Plätze, in der Regel 2 bis 3 mal überbelegt inkl. Fußboden, Tische, Bänke und Treppen. Tel. 04 50 54 40 93. Der Anstieg zur Hütte ist wegen der Querung eines Firncouloirs mit sehr häufigem Steinschlag, durch die Tageserwärmung und andere Bergsteiger ausgelöst, als gefährlich einzustufen. Jährlich verunglücken oft mehr als 10 Menschen tödlich auf dem Hüttenweg. Am Morgen, wenn alles gefroren ist, sind Steigeisen absolut erforderlich. Man bedenke immer, daß sich der eigentliche Anstieg zur Hütte zwischen 3200 m und 3800 m bewegt. **PD**.

Anstieg: Von Nid d'Aigle (R 39) folgt man dem Weg bis zum Wegzeichen P. 3132 m. Weiter den Grat entlang. Dann quert man den oberen Rand des Glacier de Tête Rousse bis auf einen Gratsporn in der W-Flanke der Aig. du Gouter, der den Rand des Grd. Couloir bildet. Dieses steile, sehr steinschlaggefährdete Couloir wird je nach den Verhältnissen gequert (Drahtseil). Ende der Saison ist es meist aper, dann ist die Querung weniger gefährlich. Auf dem linken Ufer des Couloirs (S) steigt man über meist unschwierige Felsen den markierten Weg auf. Im obersten Teil finden sich auch einige Aufstiegshilfen. 4—5 Std. von Nid d'Aigle.

● **57**   **Refuge des Grands Mulets,** 3051 m

Hoch über dem Gletscher auf einem Felssporn gelegene Hütte. Zur Skitourenzeit (dann auch tel. Anmeldung erforderlich) und im Sommer bewartet. Eigentum des CAF Paris. 70 Plätze. Tel. 04 50 53 16 98. Meist nur im Frühjahr mit Ski im Aufstieg zum und im Sommer im Abstieg vom Mt. Blanc besucht.

Der Durchstieg durch den Eisbruch Jonction ist zumeist nicht leicht. In der Querung unterhalb des Glacier Rond besteht Steinschlaggefahr. **F**.
Anstieg: Von Plan de l'Aiguille (R 31) folgt man dem Weg bis an das rechte Ufer des Glacier des Bossons. Über den hier flachen Gletscher (Plan Glacier) bis an den Eisbruch Jonction. Je nach den Verhältnissen durch den Eisbruch (häufig große Spalten). Jenseits des Eisbruchs hält man auf die Felsinsel zu, auf der die Hütte steht. Die Hütte wird über eine Leiter und ein Band erreicht. 3—4 Std.

● **58**   **Refuge Vallot,** 4362 m

Das Refuge Vallot ist weder eine Hütte noch eine eigentliche Biwakschachtel. Der einzige Zweck ist es, den von Süden und Osten über die langen Mont-Blanc-Aufstiege kommenden Alpinisten bei Wetterumstürzen Schutz zu bieten. Leider wird die Hütte aber regelmäßig von den Bergsteigern frequentiert, die über die Normalroute aufsteigen.

Refuge d'Envers des Aiguilles

Das Übernachten beim Aufstieg in der Hütte ist verboten; mangels Kontrolle wird man jedoch oft die Hütte zweckentfremdet und verwahrlost finden. Das Verweilen in der Hütte zum Windschutz und zum Rasten beim Aufstieg zum Gipfel hat sich zumindest in der Hochsaison nicht bewährt. 12 Plätze. Eigentum CAF Paris. Kein Hüttenwart. Das unterhalb liegende Observatorium ist nicht zugänglich. Aufstieg vgl. R 181.

● **59** **Chalet du Plan de l'Aiguille,** 2203 m
Einfacher privater Berggasthof. 60 Plätze. Tel. 06 85 17 31 25. 100 m HD unterhalb der Seilbahnstation (R 31) gelegen. 10 Min. Weges von dort. Von Chamonix/Biollay zu Fuß in 3 Std. Abstieg 1½ Std.

● **60** **Refuge du Requin,** 2516 m
Schön unter der Ostwand des Requin gelegene Hütte des CAF Paris mit 60 Plätzen. Im Frühjahr (Skisaison) und im Sommer bewartet. Tel. 04 50 53 16 96. Die Hütte kann auf verschiedenen Wegen erreicht werden: Sehr gut über den Midi-Plan-Grat (R 561) in 4—6 Std. oder über R 853 im Abstieg (nicht empfehlenswert) und von Montenvers.
Anstieg: Von Montenvers (R 33) folgt man insgesamt leicht absteigend dem Weg zu den Steiganlagen (Les Echelles). Hier auf das linke Ufer

des Mer de Glace hinab. Der Gletscher wird hier noch nicht betreten, sondern man folgt dem linken Ufer etwa 20 Min. über Wegspuren. Nun über den Gletscher in seiner Mitte aufsteigen, dann wieder an sein linkes Ufer zurück (grüne Markierungen). Man begeht das linke Ufer unter den großen Plattenschüssen hindurch oder den Gletscher selbst. Vor einigen Jahren war es vorteilhafter, weiter in der Mitte des Gletschers zu bleiben, hier argumentieren die Verhältnisse. Spätestens unter dem Glacier d'Envers de Blaitière auf das linke Ufer des Gletschers (Glacier du Tacul). Über einen Weg mit einigen Steighilfen hoch zur Hütte (3 Std.; im Abstieg 2—2½ Std.).

● 61　　　　　　　Refuge d'Envers des Aiguilles, 2523 m
Die am Fuß des SO-Grats der Tour Verte bzw. der Aig. de Roc gelegene Hütte des CAF Paris mit 59 Plätzen ist in der Saison bewartet. Durch hohe Frequentierung seitens der Sportkletterer ist die Hütte heute oft sehr stark besucht. Tel. 06 86 12 04 79.
Anstieg: Wie bei R 60 auf das Mer de Glace. Unterhalb des Nordsporns der Tête de Trelaporte steuert man die Felsen des linken Gletscherufers an. Gelbe Markierungen. Über Leitern und gut markierten Weg hoch und weiter zur Hütte (3 Std.). Vgl. Foto S. 195.

● 62　　　　　　　Hotel du Montenvers, 1909 m
Großer privater Berggasthof. 120 Betten bzw. Lager. Im Sommer bewirtschaftet. Tel. 04 50 53 00 33. In unmittelbarer Nähe des Bahnhofs der Montenversbahn gelegen, kehrt hier nach Abfahrt des letzten Zuges erst Ruhe ein. Einige zweifelhafte Attraktionen wie die Eisgrotte und der Zoo können das besondere Ambiente nur teilweise stören. Entweder mit der Zahnradbahn (R 33) oder zu Fuß von Chamonix über Biollay zur Bahnstation (2½ Std.).

● 63　　　　　　　Refuge de Leschaux, 2431 m
Kleine, in der Saison bewartete Hütte des CAF Paris mit 15 Plätzen. Oft überfüllt. Tel. 06 86 12 31 49. Biwakplätze in Hüttennähe. Die Hütte liegt rd. 100 m oberhalb des Glacier de Leschaux. Von Montenvers (R 33) wie bei R 60 fast an den Beginn des Hüttenwegs zum Refuge d'Envers des Aiguilles. Nun wieder auf die Gletschermitte zuhalten und weiter Richtung Aig. du Tacul aufsteigen. Man erreicht so den Glacier de Leschaux, den man an seinem rechten Ufer aufsteigt. Kurz vor der Hütte verläßt man den Gletscher und erreicht über einen Pfad die Hütte (3 Std.).

● 64　　　　　　　Refuge du Couvercle, 2687 m
Sehr schön gelegene Hütte, Ausgangspunkt für Bergfahrten in der Kette Aig. du Moine — Cardinal und für die südseitigen Anstiege von Aig.

Verte bis Aig. du Triolet sowie für Anstiege auf die Aig. de Talêfre. Im allgemeinen stark besucht. Eigentum der Sekt. Paris-Chamonix des CAF. Anstelle der unter einer mächtigen Felsplatte befindlichen alten Hütte (erbaut 1904) wurde 1952 ein komfortables großes Haus erbaut (Platz für 137 Personen; elektr. Licht; Hüttenwart in der Saison, Tel. 04 50 53 16 94).
Anstieg: Von Montenvers (R 33) wie bei R 60 auf den Gletscher. Nun zunächst mehr auf seiner orogr. linken Seite aufwärts, dann mehr in seiner Mitte in südöstlicher Richtung bis in die Höhe des Les Moulins. Nun nicht den dortigen Markierungen in das Moränenfeld folgen, sondern zunächst noch in südlicher, dann genau in östlicher Richtung auf die Steiganlage bei les Egralets zu (z. T. schwacher Weg). Die Steiganlage hinauf und über einen guten Weg durch Grashänge auf eine Moräne, von der man die Hütte bald erreicht (3½ Std.).

● **64 a Variante über Balcon du Mer de Glace**
Ein neu erbauter versicherter Weg (teilweise Klettersteigcharakter) führt unterhalb der Flammes de Pierre und den Ausläufern der Aig. du Moine zur Ref. du Couvercle. Durch Eislawinen sind Passagen dieses Weges sehr gefährlich geworden. Die aktuellen Verhältnisse müssen erfragt werden. 3½ Std. von Montenvers bis Couvercle.
Anstieg: Von Montenvers (R 33) folgt man insgesamt leicht absteigend dem Weg zu den Steiganlagen (Les Echelles). Hier auf das linke Ufer des Mer de Glace hinab. Nach O über den Gletscher Richtung P. 1980 (Echlets). Hier beginnt der Weg oberhalb des Mer de Glace.

● **65 Refuge de la Charpoua, 2841 m**
Die Hütte dient als Ausgangspunkt für die Normal- und Südanstiege auf die Aig. Dru und die Aig. Verte sowie für den Sans-Nom-Grat. Eigentum der Gemeinde Chamonix. 12 Schlafplätze. Erbaut 1904. In der Saison Hüttenwart. Vgl. Foto S. 362.
Anstieg: Von Montenvers (R 33) hinab zum Mer de Glace (vgl. R 60). In südöstl. Richtung bis zum Abfluß des Glacier de la Charpoua. Etwas südlich davon (gelbe Markierung) findet man Steigspuren, die anfangs über die steile Moräne (Kette), später über einen Grasrücken und zuletzt über eine Steiganlage mit alten Seilen auf die markante Felsinsel und zur Hütte führen. 3 Std. von Montenvers. (Der alte Weg kann mit Vorteil auch über R 64 a erreicht werden).

● **66 Bivouac du Rognon du Dru, ca. 2725 m**
Hierbei handelt es sich nicht um eine Hütte o. ä., sondern um den meistbenutzten Biwakplatz unter der Dru-Westwand. Von hier aus

werden die Nant-Blanc-Flanke der Verte wie die N- und W-Wandführen am Dru angegangen. Der normale Zustieg erfolgt von der Aig. des Grands Montets (R 34). Je nach Jahreszeit werden verschiedene Wege eingeschlagen. Wenn die Seilbahn nicht in Betrieb ist, wird von Montenvers (R 33) aus gestartet. Dieser Weg wird heute nur noch selten begangen.

● 66 a   **Normalroute im Sommer**
           PD. 1 Std.
Vom Col des Grands Montets quert man zum Bergschrund unter der Schulter der Petit Aig. Verte. Bei etwa 3270 m übersteigt man den WNW-Grat und steigt dann über kombiniertes Gelände gegen ein steiles, tief eingeschnittenes Couloir hin abwärts. Durch das Couloir selbst oder wenn aper, entlang des rechten Ufers. Man gelangt so auf den Glacier du Nant Blanc. Dieser wird gequert und an seinem linken Ufer entlang der Felsen am Fuß der N-Wand der Aig. Sans Nom abgestiegen. So gelangt man zum Biwakplatz oberhalb der Moräne am linken Ufer des Gletschers. Vgl. Foto S. 59.

● 66 b   **Variante**
           PD. 1¼ Std.
Man kann den WNW-Grat der Petit Aig. Verte auch tiefer bei etwa 3170 m übersteigen. Nun zu einem großen Schneefleck, den man nach links quert. Über den Felssporn links wird unschwierig abgestiegen, man gewinnt noch etwas weiter nach links absteigend den Gletscher wie bei R 66 a. Vgl. Foto S. 59.

● 66 c   **Winterroute**
           PD. 1½ Std.
Vom Col steigt man den Glacier des Grands Montets bis etwa 3000 m ab. Dann hält man nach links und steigt ein steiles Couloir (40 Grad) südl. des Felspfeilers von P. 3009 m ab. Auf dem Glacier du Nant Blanc angekommen, quert man diesen leicht ansteigend zum Biwakplatz. Vgl. Foto S. 59.

● 66 d   **Von Montenvers**
Von der Zahnradbahn steigt man zunächst etwas in südl. Richtung ab, um dann den Weg zur Eisgrotte zu begehen. Das zerklüftete Mer de Glace wird überschritten. (Man sollte sich bereits von oben über den ungefähren Durchstieg durch das Spaltenlabyrinth klar werden. Manchmal kann es besser sein, das Mer de Glace weiter oben zu traver-

Routen um den Rognan-Biwakplatz
R 66a Normalroute im Sommer
R 66b Variante
R 66c Winterroute
R 66d Von Montenvers

sieren.) Nun am rechten Ufer des Mer de Glace rd. 200 m abwärts bis kurz vor den Torrent de Bayer. Hier, 30 m unter einer nassen Felswand, gewinnt man einen schwach markierten Weg. Er zieht zunächst nach rechts, dann oberhalb der nassen Felswand nach links. Ein nach links ansteigender Aufstieg unterhalb von großen Felsplatten führt zu einigen Kehren links dieser Platten. Hier hinauf bis zur Moräne des Glacier du Nant Blanc. Über die Moräne bis zum Rognon du Dru. 3 Std. Vgl. Foto S. 59.

● 67　　　　　　　Refuge d'Argentière, 2771 m
Moderne große Hütte mit Ausblick auf die unmittelbar gegenüber sich ausbreitenden Nordwände von Aig. Verte bis hin zum Mont Dolent. Eigentum der Sekt. Paris-Chamonix des CAF. Die Hütte liegt am rechten Ufer des Glacier d'Argentière. Neubau 1974, 120 Plätze, Hüttenwart vom 15.3. bis 15.9., im Winter: zwei Lager (zusammen 35 Plätze) und der große Hüttenraum zugänglich. Tel. 04 50 53 16 92.

Anstiege:
● 67a **Vom Croix de Lognan** (R 34): Normal: Mit der Seilbahn von Les Chosalets / Argentière zum Croix de Lognan (1970 m). Nun zu Fuß auf den Moränenkamm bis etwa 2250 m weiter aufsteigend. Dann horizontal auf den Gletscher, dem man nahe seinem orogr. linken Ufer folgt. Nach etwa 1 km wird der Gletscher steiler und zerrissener. Man ersteigt die Moräne des Rognons zunächst über eine glatte, gesicherte Platte, dann einem markierten, z. T. gesicherten Weg folgend, bis man oberhalb des Eisbruchs ist und auf den Gletscher steigen kann. In südöstl. Richtung erreicht man zuletzt über die Seitenmoräne und einen kurzen, steilen Aufstieg die Hütte (3—3½ Std.).

● 67b **Zu Fuß von Argentière:** Von der Talstation der Seilbahn folgt man der breiten Schneise der Abfahrtspiste. In etwa 1750 m Höhe verläßt man diese und erreicht den Weg von der Mittelstation der Seilbahn (2 Std.). Nun noch 3 Std. bis zur Hütte.

● 67c **Von Aig. des Grandes Montets** (R 34): Von der Gipfelstation über eine Treppe zum Col des Gr. Montets (3233 m). Über einen Bergschrund (u. U. an einem fixen Seil ablassen) und einen steilen Hang auf den Glacier des Rognons. In ONO-Richtung, westl. am P. 3000 vorbei zu P. 2754 m. Südöstlich hinab auf den Glacier d'Argentière, den man oberhalb des erwähnten Eisbruchs erreicht. Weiter wie dort bis zur Hütte, 2 Std.).

● 68　　　　　　　Refuge Albert I., 2706 m
Eigentum der Sekt. Paris des CAF. Diese zu Ehren des belgischen Königs und Bergsteigers benannte, 1958 neuerbaute Hütte liegt am rechten

Ufer des Glacier du Tour. 130 Plätze, Hüttenwart; Tel. 04 50 54 06 20.
Anstiege: Zur Hütte gibt es im wesentlichen zwei Anstiege. Einmal nur zu Fuß sehr steil und direkt über die Wiesen von Les Granges, am Fepêtre du Tour vorbei und über die Moräne zur Hütte (2½ Std.). Der andere Anstieg beginnt an der Endstation der Seilbahn Charamillon-Balme (R 35). Von hier folgt man dem guten Weg in 1½ Std. (teilweise etwas ausgesetzt) zur Hütte.

● 70　　　　　**Refuge Elisabetta Soldini,** ca. 2200 m
Am Ende des Val Veny gelegene, leicht erreichbare Hütte. 60 Plätze. Eigentum des CAI Milano. In der Saison bewartet. Tel. 01 65/ 84 40 80. Von Cantine de la Visaille (R 18) am Lac Combal (R 19) vorbei den breiten Weg in 1¼ Std. zur Hütte.

● 71　　　　　**Biv. d'Estellette,** 2958 m
Die auch Biv. Adolfo Hess genannte Biwakschachtel des CAAI bietet nur sehr bescheidene Unterkunft. 4 Plätze, die bei der geringen Besucherzahl dieses Gebiets bisher meist ausreichten. Die Biwakschachtel liegt oberhalb des Col d'Estellette auf der N-Seite in der Verlängerung des SO-Grats der Aig. des Glaciers.
Anstieg: Vom Lac Combal (R 19) über das Ref. Elisabetta (R 70) auf gutem Weg entlang der Pyramides Calcaires, bei Weggabelungen rechts. Der Weg führt unterhalb des Glacier d'Estellette zu den Felsen der Aig. d'Estellette und entlang dieser Felsen über die Moräne am linken (N) Gletscherufer. Man gelangt so in das Schnee- bzw. Geröllcouloir, das vom Col d'Estellette herabzieht. Durch das Couloir hoch zum Col. Nördl. Etwas oberhalb liegt die Biwakschachtel (2½ Std.).

● 72　　　　　**Bivouac du Petit Mont Blanc,** 3047 m
Die auch Biv. G. Rainetto genannte, von privat erstellte Biwakschachtel bietet 8 Plätze. Sie liegt am Ende des verfirnten SO-Grats des Petit Mont Blanc.
Anstieg: Vom Lac Combal (R 19) führt ein Weg um den See bzw. die sumpfigen Wiesen herum und am Fuß des Mont Suc entlang bis zu dem breiten Couloir zwischen Mont Suc und der Aig. de Combal. Durch diese Rinne über Geröll, dann Firn hoch bis an den Beginn des SO-Grats und zur Biwakschachtel. 3 Std.

● 73　　　　　**Refuge Gonella,** 3071 m
Gelegentlich Refuge du Dôme genannt. Die Hütte ist Ausgangspunkt für die italienische Normalroute auf den Mt. Blanc (R 252). Insgesamt erheblich seltener besucht als das Ref. du Gouter. Hüttenwart in der Saison. 60 Plätze. Eigentum des CAI Uget. Tel. 01 65/88 51 01.

Anstieg: Vom Lac du Combal (R 19) folgt man dem Weg auf die Moräne und begeht den schmalen Moränenkamm. Am oberen Ende der Moräne steigt man auf den Glacier du Miage ab, der hier normalerweise vollständig mit Steinen und Geröll bedeckt ist. Man hält sich in der Mitte des Gletschers und steigt diesen bis an den Fuß der Aig. Grises auf (ca. 2600 m). Nun nach rechts zu den Felsen, wo ein Weg beginnt. Über den Weg schräg rechts aufwärts (Versicherungen) bis zu einem Schneefeld am Rand des Glacier du Dôme. Man ersteigt das Schneefeld, dann den folgenden Felssporn, auf dem die Hütte liegt. 4 Std.

● 74   **Refuge-Bivouac Quintino Sella,** 3396 m
Unbewartete Biwakschachtel des CAI Torino mit 15 Plätzen. Kaum besucht, dient sie insbesondere der Verkürzung des Anstiegs über den Tournettessporn (R 251). **PD.** Vgl. Foto S. 122.
Anstieg: Vom Lac du Combal (R 19) folgt man R 73 bis zum Zusammenfluß von Glacier du Mont Blanc und Glacier du Miage. Am rechten Ufer des Glacier du Mont Blanc nahe der Felsen (viele Spalten) hoch. Die erste markante grasige Felsrinne angehen. (Der Bergschrund war hier in trockenen Jahren nicht passierbar. Dann muß der Gletscher weiter hochgestiegen werden, was sehr zeitaufwendig und ziemlich schwierig sein kann.) Man verläßt die Rinne nach einem Drittel und steigt schräg rechts über steile Grashänge auf. Sobald wie möglich sollte man die Felsen oberhalb der Grashänge angehen und durch eine Rinne direkt auf den Grat oberhalb steigen. Etwas unterhalb der Gratschneide auf seiner rechten Seite dem Grat folgen bis zur alten Hütte. Ein Aufschwung wird rechts umgangen, und man erreicht die 150 m höher gelegene neuere Hütte (6 Std.).

● 75   **Refuge Monzino,** 2590 m
Die sehr schön gelegene Hütte des Bergführervereins von Courmayeur hat 60 Plätze. Überdurchschnittlicher Komfort. Kein Selbstversorgungsraum. Materialseilbahn von Visaille. Rucksacktransport möglich. Tel. 01 65/80 95 53. Von der Cantine de la Visaille (R 18) über den bezeichneten Weg zur Hütte (längere Steiganlage, 100 m mit Kettensicherung). 2½ Std. Seit 1996 ist eine Brücke über den letzten breiteren Bach zerstört. Bis zum Wiederaufbau startet man am besten gleich von Chalets du Miage etwas unterhalb von Cantine de la Visaille, überquert die Doire (Dorea) und steigt über Freiney, 1589 m, auf.

● 76   **Bivouac Eccles,** ca. 3850 m
Die auch Biv. Lampugnani und Crippa genannten Biwakschachteln des CAAI und des Führervereins Courmayeur haben 8 bzw. 4 Plätze. Sie

liegen 200 m HD unterhalb der Pte. Eccles auf deren SW-Grat. Die Biwakschachteln sind auf der IGN-Karte falsch (da zu hoch) eingezeichnet. 4—7 Std. von der Hütte.
Anstieg: Vom Ref. Monzino (R 75) über die Moränenhänge, dann auf dem linken Ufer des Glacier du Brouillard (Achtung auf Steinschlag) aufsteigen. Man gelangt so zum Col de Frêney, 3600 m. Weiter bis an den Vorbau des SW-Grats und über schlechten Fels zu den beiden Biwakschachteln.

● 77   **Refuge-Bivouac de la Noire,** 2316 m
Die auch Ref. Borelli bzw. Rifugio Borelli-Pivano al Combalet genannte Hütte des CAAI hat 30 Plätze. In der Saison bewartet. Tel. 01 65/84 20 64. Führerbüro Courmayeur. Die am Rand der sog. Fauteuil des Allemands gelegene Hütte ist nur mittels leichter Kletterei (mit Sicherungen) zu erreichen. **PD.**
Anstieg: Von den Häusern von Peuterey (Parkplatz, R 18) auf markiertem Weg zur Hütte. 2½ Std.

● 78   **Bivouac Craveri,** ca. 3490 m
Die auch Biv. des Dames Anglaises genannte Biwakschachtel des CAAI hat 5 Plätze. Sie liegt nördl. der Brèche N der Dames Anglaises am Fuß der Ostflanke des ersten Aufschwungs im SO-Grat der Aig. Blanche de Peuterey. Schwieriger Zustieg. **AD.**
Erhebliche Steinschlaggefahr. Die Biwakschachtel hat ihre Bedeutung für den normalen Peutereygrat verloren, da die meisten der heute im übrigen nur noch wenigen Aspiranten direkt vom Refuge Monzino aus starten. Für den gesamten Peutereygrat bleibt die kleine Biwakschachtel jedoch sehr wichtig.
Anstieg: Vom Ref. Monzino (R 75) wie bei R 214 auf den Glacier de Frêney. Man quert den sehr spaltenreichen Gletscher an den Beginn des Couloirs aus der Brèche N des Dames Anglaises. In das Couloir oder auf seinem rechten Ufer hoch. Bei einer Couloirteilung die linke schmale und eisgefüllte Rinne hoch bis zur Scharte. Vgl. Foto S. 107.

● 79   **Bivouac de la Fourche,** 3679 m
Auch Biv. Alberico e Borgna genannt. Eigentum CAAI. 10 Plätze. Die Biwakschachtel liegt auf der italienischen Seite des Col de la Fourche. Nicht bewartet. Schwieriger Eiszustieg. **AD.**
Anstieg: Vom Col du Géant wie bei R 80a oder von der Aig. du Midi wie bei R 80b bis zum Cirque Maudit. Hier nun an den Fuß des Couloirs, das zum Col de la Fourche hinaufführt. (Das Couloir beginnt

genau nördl. der beiden Grattürme, die die Fourche [Gabel] bilden.) Durch das Couloir zur Biwakschachtel (2 bis 3 Std.).

● **80**   **Refuge-Bivouac Ghiglione,** 3690 m
Die am Col du Trident gelegene Hütte des CAI wurde aufgegeben. Biwakieren ist hier aber weiterhin möglich. Der Übergang auf den oberen Glacier de la Brenva ist hier auch einfacher als beim Bivouac de la Fourche. Schwieriger Gletscherzustieg. **AD**.

Anstiege:

● **80 a Vom Col du Géant** (R 81 und R 850) überschreitet man den Col des Flambeaux und steigt den Gletscher Richtung Mont Maudit ab. Entlang der Aig. de Toule und der Nordwand der Tour Ronde gelangt man in den Cirque Maudit, der von einem Arrête de la Brenva, dem Mont Maudit und dem Mt. Blanc du Tacul gebildet wird. Nun zum Bergschrund des Firn- bzw. Eishangs, der zum Col du Trident führt. Über den meist schwierigen Bergschrund und entweder links entlang der Felsen (Fixseil) oder direkt über den Firnhang zum Col (2 Std.)

● **80 b Von der Seilbahnstation der Aig. du Midi** (R 31) über die Brücke in den ebenfalls ausgehöhlten Südgipfel. Nun zum Ausgang links haltend. Zuletzt durch einen Eistunnel auf einen schmalen Absatz eines Firngrats. Hier anseilen. Den steilen, etwas ausgesetzten Firngrat hinab auf einen flachen Gratrücken. Nun nach rechts über einen Bergschrund an den Fuß der Aig.-du-Midi-S-Wand. Fast eben auf die Pte. Lachenal zu und dann nach links (O) in das Gletschertal unter der zerklüfteten Ostwand des Mont Blanc du Tacul. Man passiert knapp an den Ostausläufern der Pyramide du Tacul und Pte. Adolphe Rey vorbei, um möglichst wenig Höhe zu verlieren. Nun entweder mit einem großen Bogen gegen die N-Wand der Tour Ronde ausholen oder ziemlich direkt gegen den Col de Trident ansteigend (spaltenreicher) in den Cirque Maudit. Weiter wie bei R 80 a (3 Std.).

● **81**   **Refuge Torino,** 3322 m bzw. 3375 m
Man unterscheidet hier die alte untere und die mit dieser durch einen Tunnel verbundene neue obere Hütte. Die alte Hütte (70 Plätze) war in den letzten Jahren von Oktober bis Juni bewirtschaftet. Tel. 01 65/84 64 84. Die neue Hütte (170 Plätze) ist mehr ein Berggasthof und von Juni bis September geöffnet. Tel. 01 65/84 40 34. Teuer.
Anstiege: Die Hütte wird von Italien aus heute wohl ausschließlich mit der Seilbahn erreicht (R 41). Für Besucher aus Chamonix scheint der

lohnendste Weg die Auffahrt morgens zur Aig. du Midi zu sein mit anschließender Überquerung des Glacier du Géant (R 852).

● **82**   **Refuge Boccalatte,** 2804 m
Die auch Ref. des Grandes Jorasses bzw. Rifugio Boccalatte e Piolti alle Grandes Jorasses genannte Hütte liegt auf dem Felssporn am linken Ufer des Glacier de Planpincieux. 30 Plätze. In der Saison bewirtschaftet. Eigentum CAI Torino. Tel. 01 65/84 40 70.
Anstieg: Vom einfachen Hotel Planpincieux (vgl. R 17; Bushaltestelle) folgt man einem schmalen Pfad, der nach N durch ein Wäldchen, dann über Grashänge ansteigt. Man erreicht die Felsbarriere des Glacier de Planpincieux. Nach rechts über den Bach und auf dieser Seite über erdige Felsstufen hoch. Ziemlich gerade hoch zu einem Kamin, den man ersteigt. Über grasige Hänge auf die Moräne am linken Ufer des Gletschers. Über den Moränenkamm bis an sein Ende. Man quert nach links einen kleinen Gletscherarm und gelangt so an die Felswand, auf der die Hütte liegt. Mittels eines Wegs durch die Felsen (Drahtseil) nach links haltend zur Hütte (4^1/$_2$ Std.).

● **83**   **Bivouac E. Canzio,** 3825 m
Knapp oberhalb des Col des Grandes Jorasses in den Felsen der Pointe Young gelegene Biwakschachtel. Offen. Nicht bewartet. 10 Plätze. Eigentum des CAI Turin. Zu- und Abstiege vgl. R 906.

● **84**   **Bivouac Jacchia,** 3250 m
Die im langen SO-Grat der Grandes Jorasses (Troncheygrat, R 953) gelegene Biwakschachtel ist nur mittels einer ausgewachsenen Bergfahrt zu erreichen. **PD.** Eigentum des Führervereins Courmayeur. 8 Plätze. Vgl. Foto S. 306.
Anstieg: Von Tronchey (R 17) nordöstl. entlang eines kleinen Baches bis zu seiner Quelle. In gleicher Richtung weiter, bis man den O-Rand eines kleinen Koniferenwäldchens umgehen kann. Ein sehr steiler Weg führt entlang des Wäldchens hinauf. In Richtung N bis zu Geröllfeldern am Fuß der ersten Felsstufen bei ca. 2000 m aufsteigen. Man überquert den Gletscherbach und erreicht die obersten Grasflecken an dessen linkem Ufer. Einige Steigspuren leiten über mehrere Felsbänder an den oberen Rand des Grasfleckens. Man erreicht so den Fuß von sehr steilen, glatten Platten des S-Grats der Aig. de l'Evêque. In ca. 2350 m hält man nach rechts und ersteigt die erwähnte Felsstufe mittels einer 100 m langen grasigen Rampe (mit alten Drahtkabeln und H), die die ganze Plattenwand nach rechts durchzieht, und erreicht eine Schulter. Nun über leichteres Gelände aufwärts bis zu den steilen Gipfelfel-

sen der Aig. de l'Evêque. Nun links auf eine Schulter auf dem S-Grat (ca. 2800 m). Links auf der Westflanke ca. 10 m absteigen und in etwa horizontal queren, bis man den Rand der breiten Rinne erreicht, die zwischen den Aig. de Tronchey und der l'Evêque herabzieht (Steinschlaggefahr). Am linken Ufer über Schneefelder und Felsstufen hoch. Im weiteren leicht links haltend aufwärts bis zur Schulter des Troncheygrats mit der Biwakschachtel (6—7 Std.).

● 85   Refuge-Bivouac Gervasutti, ca. 2870 m
Die kleine, immer offene Biwakschachtel liegt auf der kleinen Felsinsel im mittleren Teil des Glacier de Frébouze. An ihrem Fuß P. 2833 m. 12 Plätze. Kaum Material. Eigentum des CAI Torino. Kletterstelle (III).
Anstieg: Von la Vachey (R 17) über die Brücke zum Weiler Frébouze (1650 m, Parkmöglichkeit). Man folgt nun einem Weg nach N am Rand eines Wäldchens und gelangt zu Moränenhängen. In gleicher Richtung weitersteigen bis an die unteren Felsen des Kessels. Nun quert man die zahlreichen Abflüsse des Gletschers (oft Altschneereste) und hält auf den nördl. Winkel des Kessels zu. Über einen schmalen Pfad ersteigt man die steile, grasige Begrenzung des rechten Ufers des Ausflusses des östl. Arms des Gletschers, d. h. des Baches, der am weitesten im Osten liegt. Oberhalb der steilen Begrenzung quert man den Bach. Nun ca. 50 m hoch über die abgeschliffenen Felsen einer Rinne (III). Über einen steilen Grashang zum Platz des alten Bivouac Frébouze, 2363 m (2 Std.). Nun nach links über grasige Hänge einen Weg hoch bis zur Moräne des rechten (O) Arms des Glacier de Frébouze (ohne Bezeichnung auf der IGN-Karte). In NW-Richtung weiter über Felsen und Schnee (Eisschlaggefahr vom oberhalb befindlichen Gletscherarm) und am Fuß des SSO-Grats von P. 3654 m vorbei. Über den folgenden steilen Gletscherhang hoch, bis man waagrecht nach links zur Biwakschachtel queren kann (1½ Std., insgesamt 3½ Std.).

● 86   Refuge-Bivouac Gianni Comino, 2614 m
Erst 1983 aufgestellte Biwakschachtel am Fuß des Mont Vert de Gruetta (oder Greuvetta). Auf den Karten ist die Biwakschachtel nicht eingetragen. 9 Plätze. Eigentum des CAI Mondovi.
Anstieg: Vom Ende der Fahrstraße bei Arnuva (R 17) folgt man dem breiten Weg Richtung NO (Col du Ferret, TMB) bis zu einer Abzweigung mit Hinweisschild zur Biwakschachtel. Mittels Brücke über den breiten Bach und die Moräne hinauf. Nun über Wegspuren mit roten Markierungen steil hinauf. Nach etwa 200 m mehr links haltend in eine Plattenzone gefolgt von Grasbändern (rote Markierung). Man erreicht

eine weite Verschneidung, die man ersteigt. Man erreicht das obere Plateau 100 m links der Biwakschachtel (2¼ Std.).

● 87   Refuge Dalmazzi, 2590 m
Diese kleine, auch Refuge du Triolet genannte Hütte liegt unterhalb des relativ einsamen Glacier du Triolet. 24 Plätze. Bewartet. Eigentum des CAI Turin. Tel. 01 65/86 90 98. Wasser normalerweise an der Hütte, sonst 10 Min. oberhalb am Weg zum Gletscher. Unmittelbar oberhalb der Hütte befinden sich kürzere eingerichtete Sportklettereien. Vgl. auch Zeitschrift „Klettern" 4/98. Der Hüttenweg ist teilweise recht ausgesetzt mit einigen kurzen Kletterstellen (I/II).
Anstieg: Vom Ende der Fahrstraße bei Arnuva (R 17) folgt man zunächst dem Weg, TMB, Richtung Col Ferret. An der ersten Kehre links (Hinweisschild) über die Doire. Man folgt dem Weg über die Moräne bis zu deren Ende. Nun rechts über recht losen Fels (schwache Markierungen) eine wenig ausgeprägte Rinne hinauf. Der folgende teilweise ausgesetzte Weg weist einige meist zweifelhafte Sicherungen auf. Kurz unterhalb der Hütte noch durch einen weiten Kamin (I/II). 2½ Std.

● 88   Refuge-Bivouac Fiorio, 2724 m
Eigentum CAAI. 20 Plätze. Die Biwakschachtel liegt am linken Ufer des Glacier de Pré de Bar. Die alte Biwakschachtel liegt 30 m unterhalb.

Anstiege:

● **88a Von Arnuva** (R 17) folgt man in NO-Richtung einem Weg zu den Almhütten von Pré de Bar, 2062 m. Nun in nördl. Richtung einem wenig ausgeprägten Weg bis ca. 200 Höhenmeter unter dem Petit Col Ferret, 2490 m, folgen.
Achtung: Der Petit Col Ferret, 2490 m, ist nicht zu verwechseln mit dem südl. davon gelegenen Grand Col Ferret, 2537 m, zu dem von der italienischen wie von der Schweizer Seite bessere Wege emporführen und über den die Mt.-Blanc-Umrundung verläuft. Zwischen den beiden Übergängen erhebt sich die Tête de Ferret, 2713 m. Nun nach links über einen anfangs gut markierten Weg durch einen Moränenhang. Dabei sollte nicht zu viel Höhe verloren werden. Nun an den Fuß des felsigen S-Grates der Pte. Allobrogia. Hier in etwa 2500 m Höhe Richtungsänderung nach NW und zu einem Steinmann auf einer Felsrippe. Bald wird die Biwakschachtel sichtbar, zu der man entlang einiger weiterer Steinmänner über schrofige Rippen und spärliches Gras aufsteigt. 3 Std. von Arnuva.

● **88 b** Von Ferret (R 23) überschreitet man die Drance und erreicht die Chalets de la Léchère dessus, 1877 m, auf gutem Weg. Nun an der Crêtet de la Gouille links vorbei und über den kleinen See la Gouille, 2141 m, in das Hochtal und zum Petit Col Ferret. Nun einige Minuten absteigen, bis man nach rechts (westl.) den oben beschriebenen Weg erreicht. Von Ferret zur Biwakschachtel 3 Std.

● **90**   **Bivouac du Dolent,** 2667 m
                     (Refuge de la Maye)
Die im Ostgrat des Mont Dolent gelegene Hütte ist Eigentum der Sekt. Gruyère des SAC. Erbaut 1973. Die orangefarbene Hütte ist von weitem zu erkennen. 12 Plätze.
Anstieg: Von La Fouly (R 23) über l'A Neuve folgt man einem Weg in westl. Richtung. Oberhalb des ersten Felsriegels in der Ostflanke des Gipfels La Maye, 2637 m, folgt man dem Pfad Richtung Süden. Über grasige Hänge umgeht man La Maye bis 2150 m. Nun nordwestl. Richtung P. 2731 im Ostgrat des Mont Dolent. Am Fuß dieses Punktes bzw. des Col des Rosettes befindet sich die Biwakschachtel (3 Std.).

● **91**   **Cabane de l'A Neuve,** 2735 m
Eigentum der Sektion Diablerets der SAC. Die 1927 erbaute kleine Hütte steht am linken Ufer des Glacier de l'A Neuve unterhalb seines nordöstlichen Armes, 26 Plätze. Hüttenwart. Tel. 027/7 83 24 24.
Anstieg: Von La Fouly (R 23) über den bezeichneten Weg zur Hütte (einige Sicherungen, 3¹/₂ Std.).

● **92**   **Cabane de Saleina,** 2691 m
Eigentum der Sekt. Neuchâtel des SAC. 1893 erbaut, später erweitert, 1998 Neubau. Die Hütte liegt am rechten Ufer des Glacier de Saleina. 48 Plätze (Winterraum mit 14 Plätzen vorhanden). Hüttenwart.
Tel. 027/7 83 17 00.
Im allgemeinen nur wenig besuchte Hütte, von der aus außer den Führen Aig.-d'Argentière-Nord- und Ostwand nur wenige Routen häufiger begangen werden.
Anstieg: Von Praz de Fort (R 23) auf dem bezeichneten Weg zur Hütte (einige Sicherungen, 3¹/₂ Std.).

● **93**   **Cabane d'Orny,** 2811 m
Eigentum der Sekt. Diablerets des SAC. 75 Plätze. Hüttenwart in der Saison. Tel. 027/7 83 18 87. Alpines Ausbildungscenter. Die Hütte liegt am oberen der beiden kleinen Gletscherseen (Lac d'Orny). Die alte Hütte, 2686 m, wurde nach dem Neubau abgerissen.

Anstiege:

● **93a Von Champex** (R 21): Entweder mit dem Sessellift oder in 1½ Std. zu Fuß über einen steilen Weg nach Grands Plans, 2188 m. Nun an den Südhängen der Bergkette von la Breya, 2374 m zur Pte. d'Orny entlang über einen guten Weg in 2½ Std. zur Hütte.

● **93b Von Praz de Fort** (R 23) durch das Vallon d'Arpette de Saleina zur Hütte (4 Std. vom Parkplatz).

● **94**   **Cabane du Trient,** 3170 m
Eigentum der Sekt. Diablerets des SAC. Diese 1934 erbaute und 1975 erweiterte Hütte liegt am rechten Ufer des Plateau du Trient, südwestl. unter der Pointe d'Orny. 155 Plätze, Hüttenwart. Tel. 027/7 83 14 38. Die Trienthütte ist im allgemeinen stark besucht, bietet sie doch einen hervorragenden Ausgangspunkt für die meisten Anstiege rund um das Trientplateau.

Anstiege:

● **94a Über die Cabane d'Orny** der gewöhnliche und kürzeste Weg. Von Champex (R 21) zur Cabane d'Orny (1½ Std. Vgl. R 93). Nun über die orogr. linke Moräne des Glacier d'Orny, dann über den Gletscher bis zum Col d'Orny und nach rechts zur nahen Hütte (1 Std.), insgesamt 3½ Std. bzw. 5 Std.

● **94b Durch das Arpettetal:** Von Champex (R 21) auf gutem Weg in das nach W führende Val d'Arpette zu dem Berggasthaus (¾ Std., Übernachtungsmöglichkeit). Nach Überqueren der Almebene führt der Weg, in der Talsohle bleibend, zu einer Wegteilung. Den linken Weg südwestl. über Geröll und Firn leicht zum Col de Ecandies, 2796 m. Man hat nun die Fenêtre du Chamois, 2985 m, zu erreichen. Diese Scharte befindet sich zwischen der Petite Pointe d'Orny und dem ersten großen Turm südl. des Col des Ecandies. Dazu steigt man bei guten Verhältnissen durch die Firnrinne, die der Scharte entspringt, direkt hinauf oder über die rot markierten Felsen hinauf in die Fenêtre du Chamois, 3½ Std. Diese aus drei kleinen Felsköpfen bestehende Scharte wird zwischen den beiden linken überschritten. Nach Querung des folgenden Hanges wird eine Schulter westl. vom P. 3189 (Petite Pointe d'Orny) überschrittenn und leicht zur Hütte aufgestiegen, ¾ Std. Von Champex 5 Std.

● 95   Bivouac de l'Envers des Dorées, 2980 m

Bisher in der IGN-Karte nicht eingezeichnet. Die Biwakschachtel liegt westlich der Pointe des Plines. 11 Plätze, offen. Ein separater Raum, 12 Plätze, mit eingerichteter Küche ist mit Reservation (Sektion Dent de Lys du CAS, PO 341, CH-1618 Châtel Saint Denis) zugänglich.

Anstieg: Von der Cabane du Trient (R 94) überquert man das Plateau du Trient in südlicher Richtung auf den Roc des Plines zu. Über den Col Sud des Plines (auf der IGN-Karte „Col Droit", ohne Höhenangabe ca. 3220 m) auf den Glacier des Plines weiter in südlicher Richtung zur Biwakschachtel absteigen (2 Std.).

V. Bergtouren

1. Trélatête

● **100** **Aiguille des Glaciers,** 3816 m
Zweithöchster Gipfel der Trélatête-Gruppe. Auf der Ostseite überwiegend felsig, weist die Westseite weite, mehr oder wenig gut gangbare Gletscher aus.
Erste Besteigung durch E. Del Carretto und F. Gonella mit L. Proment und A. Henry am 2. August 1878.

● **101** **Von Westen über den Col des Glaciers**
A. Archinard, E. Dunand, Ch. Fontannaz, F. Geny, S. Miney und Ch. Montandon, 18. Juli 1900. Langer abwechslungsreicher Gletscheranstieg mit einigen Felspassagen. **III—** am Gipfelaufbau, sonst I und II. **PD.** Normalweg von Frankreich. HD vom Hotel de Trélatête rd. 1900 m. 7½ Std. Vom Refuge Robert Blanc rd. 1100 m HD und 5 Std.

Übersicht: Man hat zunächst den Col des Glaciers zu erreichen. Dies geschieht entweder vom Hotel de Trélatête über die Nordflanke des Col oder erheblich kürzer vom Refuge Robert Blanc von Süden. Über den SW-Grat zum Dôme de Neige und von dort zum Gipfel.

Zustiege zum Col des Glaciers. Vom Hotel de Trélatête (R 51) folgt man R 52 bis zu den Seraks von Tre la Grande (vgl. Karte IGN). Nach Überwindung der Seraks auf das linke Ufer des Glacier de Trélatête. Der nun (meist) folgende Gletschersumpf muß weiträumig umgangen werden, bis man in Fallinie des Col des Glaciers die mäßig steilen, namenlosen Gletscher unter dem Col ansteigen kann. Man hält sich zunächst mehr auf der westl. Seite des Gletschers. Zuletzt über zwei Bergschründe und einen häufig eisigen Hang zum Col (4 Std.).

Vom Refuge R. Blanc (R 50) traversiert man in östl. Richtung den Südgrat der Pointes des Lanchettes und gelangt durch eine Rinne unschwierig zum Col (1½ Std.).

Route: Vom Col des Glaciers wird der zuerst fast waagerecht verlaufende Grat in leichter Kletterei östl. verfolgt. Anfangs schmal und felsig, wird der Grat nun breiter und firnig. Man erreicht eine Schneekuppe (Dôme de Neige, 2 Std.). Die Firnmulde unter dem Gipfelaufbau wird am Beginn eines wenig hervortretenden Grats in Gipfelfallinie gequert.

Nach Überschreitung des Bergschrundes steigt man die steilen, wenig zuverlässigen Felsen hoch. Ein kurzer Firngrat führt dann zum Gipfel (1½ Std.).

- **104** **Von Osten über den Col de la Scie und den Nordgrat**
  M. und J. Mazzuchi, R. Mesmer mit Laurent und Joseph Croux, César Ollier und Alexis Brocherel, 25. Juli 1901. **III, 45°**, kombiniert. **AD—**. Im Aufstieg zum Col de la Scie schwieriger, sonst überwiegend unschwieriger Anstieg. In Verbindung mit einem Abstieg zum Col de la Seigne läßt sich eine interessante Überschreitung des Berges durchführen. HD des schwierigen Teils zum Col de la Scie 300 m, insgesamt 900 m, 5 Std.

Route: Vom Biv. d'Estellette (R 71) folgt man dem Grat zunächst auf seiner Südflanke und umgeht so einen großen Gratturm. Dann wird auf die Nordseite gewechselt und über steile Platten mit guten Griffen und einige kleine Gendarmen bis zu einer kleinen Firnschulter (oberhalb von P. 3157 m) aufgestiegen. Nun auf den Gletscher und unter der Ostwand hindurch bis unter den Col de la Scie. (2 Std.). Nun über den steiler werdenden Firnhang und einige Felsen zum Col (1 Std.). Über den Firngrat (immer etwas rechts, nach W haltend) hoch, bis oberhalb der Firnschulter Dôme de Neige, wo man über ein Firncouloir oder dessen linke Uferfelsen den Nordgrat wieder betritt. Nun über die Gratürme den kurzen Grat zum Gipfel.

- **108** **Abstiege**

Neben dem Abstieg über R 101 in Gegenrichtung ist auch ein Abstieg nach Italien über den Glacier des Glaciers zum Col de la Seigne möglich (R 109).

- **109** **Abstieg über den Col de la Seigne nach Italien**
  Spaltenreicher Gletscherabstieg. Kombiniert. **PD**. Ein interessanter Abstieg nach Italien über den Glacier des Glaciers und den Col de la Seigne. Nur bei guter Sicht zu empfehlen. HD bis zum Ref. E. Soldini 1700 m. 3—4 Std.

Abstieg: Vom Gipfel die Steilfelsen hinab vom Firn unterm Gipfelaufbau. Nicht zur Firnschulter Dome de Neige, sondern durch die Firnmulde im Gletscher abwärts Richtung S. Bei etwa 3250 m nahe am Felsausläufer vom S-Grat vorbei und quer zum Felsrücken, der vom P. 3468 m südwestl. herabzieht. Nun zwischen P. 3102 m und P. 3000 m hindurch nach SO hinab auf den Montagne des Glaciers (P. 2747 m). Über den Grenzgrat zum Col de la Seigne und über die TMB zur Hütte.

● 110　　　　**Aig. de la Lex Blanche**, 3697 m
Vergleichsweise wenig bekannter Berg mit einer beeindruckenden Nordwestflanke oberhalb des Glacier de la Trélatête. Auf der IGN-Karte Lée Blanche genannt. Erstbesteigung V. Attinger und Luis Kurz mit J.B. Croz und J. Simond, 25. Juli 1889.

● 111　　Südgrat
Erste Begehung unbekannt. Teilweise überwächteter Firngrat. **F**.
Langwieriger Anstieg. Nur im Abstieg empfehlenswert. HD vom Col des Glaciers rd. 700 m. 3 Std. im Aufstieg; 2 Std. im Abstieg zum Col.
Route: Vom Col des Glacier wie bei R 101 zum Dôme de Neige, 2 Std. Nun auf der Westseite des N-Grats der Aig. des Glaciers weiter bis zum Col de la Scie (hierher auch von O vgl. R 104). Über den Firngrat zum Gipfel.

● 112　　Nordwestflanke
Erstbegeher unbekannt. **50°**, meist 40°. Kurze Felspassagen II und III. **AD+**.
Sehr schöne, nicht sonderlich schwierige Eiswand. Sehr gut vom Refuge des Conscrits (Ausgangspunkt) zu studieren. HD 800 m, 4—5 Std. vom E.
Zustieg: Vom Refuge des Conscrits (R 52) horizontal auf den Glacier de la Trélatête. Leicht ansteigend quert man den Gletscher zum Beginn der Eiswand.
Route: Über einige Bergschründe die Eiswand hinauf bis zu einer kurzen Felspassage und weiter direkt hoch zum Gipfel. Vgl. Foto S. 74.

● 114　　Ostgrat
A. Brofferio, E. Santi und Ugo di Vallepiana, 17. Juli 1908.
III, überwiegend II. Kombinierter Gratanstieg. **AD**. E nicht am Beginn des Grates, sondern bei ca. 3400 m. Somit werden nur die oberen zwei Drittel des Grates begangen. Vom E ca. 300 m HD. 4 Std. von der Biwakschachtel.
Zustieg: Vom Biv. d'Estellette (R 71) gelangt man wie bei R 104 unter die Ostwand der Aig. des Glaciers. Nun den Gletscher in Richtung P. 3300 m queren. E. 1³/₄ Std.
Route: Über Firn und brüchige Felsen auf den Grat. Der Felsgrat wird in schöner Kletterei bis etwa 2 SL unter dem Gipfel verfolgt. Hier wird der Fels- von einem Firngrat abgelöst, der zur Gipfelwächte emporzieht.

Aiguille de la Lex Blanche, Nordwestwand (re.), und Aiguilles de Trélatête (li.)
R 112 Nordwestflanke   *R 126 Von Frankreich*

● **120**   **Aiguilles de Trélatête,** 3930 m

Höchster Gipfel der gleichnamigen Gruppe im westl. Teil des Mont-Blanc-Massivs mit vier Gipfeln: Oriental (O-Gipfel, 3895 m), Central SE (S-Gipfel, 3930 m, höchster Punkt), Central NO (Mittel-Gipfel, 3917 m) und Aig. Nord (N-Gipfel, 3892 m) auch Tête Blanche genannt. Wenig besuchter, interessanter Aussichtsgipfel; nicht leicht erreichbar. Verschiedene lohnende Überschreitungen verdienen aber mehr Aufmerksamkeit, vgl. R 126—R 128. Erstbesteigung: O- und S-Gipfel siehe R 122, N-Gipfel A.W. Moore und H. Walker mit Jakob Anderegg und Johann Jaun am 23. Juli 1870.

- **121** **Nordgrat**
    L. Kraul, W. Martin, E. Mayer und R. Weitzenböck, 17. August 1912. Hochalpiner Gratanstieg, bei dem die Einzelstellen jedoch nicht sonderlich schwierig sind. **III**, bis **40°**. **AD—**. Geht man bis zur Aig. Nord (Tête Blanche), verringern sich die Schwierigkeiten PD. Gelegentlich Lawinengefahr in der NW-Flanke. HD von Conscrits rd. 1200 m. $5^{1}/_{2}$ Std. von der Hütte zum Südgipfel, 3930 m.

Route: Vom Ref. des Conscrits (R 52) auf das rechte Ufer des Glacier de Trélatête. Man passiert den Beginn des Felssporns von P. 3633 der Dômes des Miage. Nun rechts unter die NW-Flanke der Aig. de Trélatête auf das sog. Plateau des Col Infranchissable. Nun die NW-Flanke über steile Gletscherhänge hoch zu P. 3753 m. (Falls die Eisverhältnisse sehr mäßig sind, kann auch über die links (N) befindliche Felsrippe zu P. 3695 m aufgestiegen werden und über den Grat selbst P. 3753 m erreicht werden; der Fels ist allerdings ziemlich brüchig). Nun über den verfirnten Grat zum N-Gipfel ($3^{1}/_{2}$ Std.).

Nun weiter über den Grat zu einer Einsattelung, der zwei Felstürme folgen. Den ersten erklettert man über brüchige Felsen, während der zweite nach einem überwächteten Gratstück anfangs in seiner rechten Flanke, dann über schwierige brüchige Felsen überstiegen wird. Zwei schmale Grattürme werden links in besserem Fels umgangen. Nun über den Grat bis zum Firnsattel unter dem Gipfelaufbau des Mittelgipfels. Entweder über dessen steile und feste Felsen direkt hoch oder rechts zu einer Rinne, die unweit des Gipfels endet. Vom Mittelgipfel zieht ein schmaler, verwächteter Grat in 15 Min. zum Südgipfel, 3930 m (2 Std.).

- **122** **Südostgrat**
    A. A. Reilly und E. Whymper mit Michel Croz, Michel Payot und Henry Charlet, 12. Juli 1864. Überwiegend spaltenarmer Gletscheranstieg mit einer kurzen verwächteten Gratstrecke **PD**. HD 900 m, 5 Std. vom Biv. du Petit Mont Blanc (R 72).

Route: Von der Biwakschachtel über den Firnrücken zum Petit Mt. Blanc, 3424 m ($1^{1}/_{2}$ Std.). Wenige Meter links unterhalb des Gipfels leitet ein Firn- oder Eiscouloir zum Glacier du Petit Mt. Blanc hinab. Nun entlang des rechten Ufers hoch, bis man den links (beim Abstieg rechts) oberhalb befindlichen verfirnten SO-Grat durch eine Rinne (Bergschrund) erreichen kann. Den Grat hoch bis zum Ostgipfel ($2^{1}/_{2}$ Std.). Der folgende Grat zum Südgipfel, 3930 m, ist nach links (S) überwächtet. Rechtshaltend wird der Grat deshalb bis zum höchsten Punkt begangen.

● **126 Überschreitung von Frankreich**
Erstbegeher unbekannt. Lange, hochalpine und ziemlich einsame Gratüberschreitung. Kurze Stellen **III. AD**. HD vom Refuge des Conscrits (R 52) im Aufstieg rd. 1300 m. Im Auf- und Abstieg insgesamt 10 Std. von Conscrits.
Route: Wie bei R 121 zum Südgipfel, 3930 m (5½ Std.) und zum Mittelgipfel zurück. Nun über den zunächst schmalen und verwächteten SW-Grat absteigen. Im unteren Teil hält man sich möglichst in der linken (SO) Gratflanke. Vom nun erreichten Col de Trélatête zum Grat, der von P. 3569 m nach NW herabzieht. Den zunächst verfirnten, dann felsigen Grat hinab auf den Glacier de Trélatête und zur Hütte (4 Std.). Vgl. Foto S. 74.

● **127 Überschreitung von Italien**
Erstbegeher unbekannt. Lange, hochalpine und einsame Gratbegehung. **III—** (kurze Stellen), **PD+**. HD im Aufstieg rd. 950 m. 9 Std. vom Biv. d'Estellette (R 71) bis zum Biv. du Petit Mt. Blanc (R 72).
Route: Vom Biv. d'Estellette wie bei R 104 und 114 auf den O-Grat der Aig. Lex Blanche. Nun jenseits auf den nördl. Arm des Glacier de la Lex Blanche und ziemlich direkt zum Col de Trélatête, 3515 m (3 Std.). Nun über den SW-Grat des Mittelgipfels, 3917 m, hoch. Zunächst tunlichst auf der rechten Gratseite (SO) bis in die halbe Grathöhe. Weiter nun über den schmalen und verwächteten Grat mit einigen Felspassagen bis zum Mittelgipfel. Weiter wie bei R 121 zum Südgipfel, 3930 m, 3 Std. Nun über den verwächteten Grat zum Ostgipfel und weiter hinab über den SO-Grat (vgl. R 122) und eine Rinne auf den oberen Glacier du Petit Mt. Blanc. Ein kurzer Gegenanstieg bringt auf den Petit Mt. Blanc, 3424 m, dessen breiten SO-Grat man bis zum Biv. du Petit Mt. Blanc begeht (3 Std.).

● **128 Überschreitung Frankreich / Italien**
Erstbegehung unbekannt. Großartige hochalpine Gratkletterei. Kurze Stellen **III. AD—**. HD im Aufstieg 1300 m. Zeit vom Ref. des Conscrits (R 52) bis zum Biv. du Petit Mt. Blanc (R 72) 9 Std.
Route: Wie bei R 121 zum Südgipfel, 3930 m (5½ Std.). Nun wie bei R 127 zum Biv. du Petit Mt. Blanc (3 Std.).

● **129 Abstiege**
Die verschiedenen Abstiege sind bei R 126 und R 127 beschrieben.

Falls man bei R 121 nur den Nordgipfel (Tête Blanche) besteigt, wird auf dem Aufstiegsweg abgestiegen.

● 130 Aiguille de la Bérangère, 3425 m
Leicht erreichbarer Aussichtsgipfel, der meist im Rahmen einer Überschreitung der Dômes de Miage bestiegen wird. Erstbesteigung Th. Hare mit Delphin Fournereaux im August 1858.

● 131 Südflanke
Kurzer kombinierter Anstieg **II**, kurze Stellen, **F**. HD 700 m, 2 Std. vom Refuge des Conscrits (R 52).
Route: Von der Hütte nach NW auf den Moränenrücken. Nun Richtung N die Schnee- und Geröllfelder hoch. Ein etwas steilerer Firnhang wird dabei links erstiegen, und man erreicht den Glacier de la Bérangère. Über diesen Gletscher bis an den Gipfelaufbau, den man über einige Felsen ersteigt.

● 132 Nordostgrat
E. T. Coleman mit F. Mollard und J. Jacquemont am 2. September 1858. Schmaler verwächteter Gratanstieg, kombiniert. **II. PD**. Nur in Verbindung mit der Dômes-de-Miage-Überschreitung regelmäßig begangen. Vom Col de la Bérangère, 3348 m, keine 100 m HD. 45 Min. vom Col de la Bérangère.
Route: Der im Col de la Bérangère (vgl. R 142) ansetzende schmale, unten firnige, oben felsige Grat steigt mäßig zum Gipfel an.

● 140 Dômes de Miage, 3673 m
Der Berg hat 5 gipfelartige Erhebungen von W nach O: Westgipfel (Dôme occidental, 3670 m), Pte. 3666 m, Zentralgipfel (Dôme central, 3633 m), Hauptgipfel (Dôme oriental, 3673 m) und Pte. 3672 m. Der rd. 3 km lange Firngrat der Dômes de Miage gehört zu den besonders lohnenden leichteren Firn- und Eisgraten der Alpen. Er ist entsprechend frequentiert. Neben dieser Tour hat die 1000 m aus dem Tal aufsteigende, z. T. gut einsehbare Nordflanke, zur Bekanntheit des Berges beigetragen. Erstbesteigung E. T. Coleman mit Frédéric Mollard und Joseph Jacquemont am 2. September 1858.

● 141 Normalweg von Conscrits
Erstbegehung unbekannt. Gletscheranstieg. **F**. Sehr viel begangen. HD 950 m und 3 Std. vom Ref. des Conscrits (R 52).

Übersicht: Der Anstieg führt über den Glacier de Trélatête, dann von S auf den Col des Dômes, 3564 m, und von dort über den W-Grat zum Hauptgipfel.
Route: Von der Hütte wie bei R 121 auf das Plateau des Col Infranchissable. Nun nach links (NW) das Gletschertal (mit einigen Spalten) hoch zum Col des Dômes. Über den kurzen Firngrat zum Hauptgipfel.

● 142   **Südwestgrat zum Westgipfel**
E. T. Coleman mit F. Mollard und J. Jacquemont, 2. September 1858. Leichter Gletscheranstieg. **F**. Der Anstieg wird regelmäßig nur bei den Überschreitungen der Dômes de Miage begangen. Er ist aber ebenso als eigenständiger Anstieg zu empfehlen, da es sich um einen der leichtesten Anstiege im Mt.-Blanc-Gebiet handelt. HD rd. 950 m, 3 Std. vom Ref. des Conscrits (R 52).

Übersicht: Zunächst über seine SO-Flanke auf den Col de la Bérangère, dann über den SW-Grat zum Westgipfel.
Route: Von der Hütte zum rechten Ufer des Glacier de Trélatête. Durch eine leicht ansteigende Querung (einige Spalten) zu einer Firnmulde unter dem Col de la Bérangère. Von etwas rechts und oberhalb des Col zieht eine Rinne herunter. Über den Bergschrund in diese Rinne und auf den Grat hinauf (2 Std.). Vom Col nun entweder über einige leichte, aber brüchige Felsen oder links des Grats durch Firn und einige teilweise steilere Hänge zum Gipfel.

● 143   **Überschreitung West—Ost**
Erste Begehung unbekannt. Teilweise ausgesetzter, verwächteter Grat. Teilweise auch kombiniert. **PD**. 1 SL III, meist leichter. Die Überschreitung W—O wird üblicherweise mit der Aig. de la Bérangère (vgl. R 131 und 132) begonnen und endet zunächst am Col de Miage (Ref. Durier). Von hier kann die Überschreitung der Aig. de Bionnassay angeschlossen werden. Nach dem Erreichen des Hauptgipfels kann auch über den Col des Dômes über R 141 zur Hütte zurückgekehrt werden, was jedoch nicht empfehlenswert ist. Soll zum Ref. des Conscrits zurückgekehrt werden, ist wegen besserer Schneeverhältnisse unbedingt R 144 vorzuziehen. HD rd. 1000 m im Aufstieg. 8 Std. von Conscrits bis Durier.

Route: Vom Ref. des Conscrits (R 52) wie bei R 142 zum Westgipfel (3 Std.). Nun über den teilweise schmalen, verwächteten Grat über P. 3666 m und den Zentralgipfel P. 3633 m zum Col des Dômes. Über den Grat zum Hauptgipfel (2 Std.). Den felsigen Grat (1 SL III) weiter zu P. 3672 m, dann über kombiniertes Gelände weiter am Grat bleibend bis zum Col de Miage (2 Std.). Über den Grat zu P. 3358 m, der östlichsten Scharte. (Hier befindet sich der eigentliche Übergang.)

● **144**   **Überschreitung Ost—West**
Erste Begehung unbekannt. Teilweise ausgesetzte verwächtete Gratbegehung. **PD**. Die klassische Überschreitung der Dômes de Miage. Üblicherweise stark frequentiert. HD 1000 m. 8 Std. vom Ref. des Conscrits (R 52) und zurück.

Route: Von der Hütte wie bei R 141 zum Hauptgipfel, 3 Std. Nun zurück zum Col des Dômes, 3564 m. Über die SO-Flanke des Grats zum P. 3633 m. Weiter auf dem schmalen und z.T. verwächteten Grat bis zum Westgipfel, 3670 m, (2 Std.). Nun den Grat hinab zum Col de la Bérangère (vgl. R 142) und jenseits über R 132 zur Aig. de la Bérangère. Nun über den Glacier de la Bérangère absteigen. Über einige Schnee- und Geröllfelder erreicht man, zuletzt einen Moränenkamm querend, die Hütte (vgl. R 131).

● **150**   **Nordwestflanke**
Durch die NW-Flanke der Dômes de Miage ziehen zahlreiche, im allgemeinen recht schwierige (Niveau D) Eisanstiege. Die meisten sind kaum wiederholt, obschon recht interessant und abwechslungsreich. Vielfach sind die Anstiege jedoch eisschlaggefährdet. Der sicherste und auch logischste Anstieg führt über eine Gratrippe hoch und endet unweit vom Hauptgipfel, die Mettrierführe.

● **152**   **Mettrierführe**
H. Mettrier mit F. Carcey und J. Cayetto, 23. August 1902. **50°**, meist 40 bis 45°; **III**, meist II. **AD+**. Die Nordwand des Dômes du Miage weist eine Reihe langer Eis- und Firnanstiege auf. Der lohnendste scheint dabei der Grat auf den Hauptgipfel zu sein, die sog. Mettrierführe. Im unteren Teil teilweise kombiniert und eventuell durch die links befindlichen Seraks gefährdet. Der mittlere und obere Teil verläuft über einen Grat. Unter dem Gipfel kann eine Wächte auftreten, die in einigen Jahren nur mühsam überwunden werden konnte. 1000 m HD. 4—8 Std. vom E.

Zustieg: Vom Ref. Plan Glacier hinab auf den Glacier de Miage und in südlicher Richtung zum E, der sich leicht links des tiefsten Punkts des langen Fels- und Eissporns befindet, der direkt vom höchsten Punkt herabzieht.

Route: Durch eine Rinne auf den felsigen unteren Gratteil und hier ohne wesentliche Schwierigkeiten den Grat hoch bis ans Ende des Felsteils. (Hierher auch durch ein Firncouloir links des Grats, evtl. Eisschlaggefahr.) Nun den folgenden Firngrat hoch bis zum Gipfelgrat der Dômes de Miage. Nach links (O) in wenigen Min. zum Hauptgipfel.

● **159 Abstieg**
Neben den Überschreitungen (R 143 und R 144) wird vor allem der Normalweg benutzt, der über die Gletscherrinne verläuft, die vom Col des Dômes zum Glacier de Talèfre herabzieht. Da sich der Gletscher regelmäßig im Tagesverlauf in einen Gletschersumpf wandelt, empfiehlt sich dieser Abstieg nur am früheren Vormittag. Ansonsten ist es besser, die Überschreitung zum Col de la Bérangère bzw. zum Col de Miage durchzuführen. Normale Zeit für R 141 in Gegenrichtung (Abstieg) 1½ Std.

● **160**   **Col de Miage,** 3342 m
Weniger als Übergang, denn als Zu- und Abstieg von Bedeutung. Der Übergang befindet sich nicht am geogr. tiefsten Punkt, 3342 m, sondern bei einem Sattel 300 m nördlich bei P. 3358 m. Direkt auf dem Sattel befindet sich das neue Refuge Durier. Wenige Meter unterhalb auf der franz. Seite liegt die alte Hütte.

● **161**   **Von Westen**
            Langer, im oberen Teil kombinierter Anstieg, Stellen **III**, **AD**—. Vom Parkplatz 2250 m HD. 7—8 Std.
Route: Von Gruvaz wie bei R 53 bis rd. 50 m östlich des Ref. Plan Glacier (4 Std.). Nun nicht zur Hütte aufsteigen, sondern auf den fast ebenen Gletscher (Plan Glacier) hinab. Der Glacier de Miage wird nach SO aufgestiegen (Eisschlaggefahr) bis an den Fuß des großen Felssporns, der vom Col de Miage herabzieht (ca. 2800 m, große farbige Markierung). Diesen Felssporn hoch, dabei hält man sich im oberen Teil nach links, bevor man oben nach rechts den Firnsattel erreicht (schlechter Fels, oben steil mit instabilem Blockwerk). 3 Std.

● **162**   **Von Osten**
            Langer Gletscheranstieg mit schwierigem kombiniertem Finish. **III**— und II. **PD**+. 1350 m HD vom Lac Combal.
Route: Wie bei R 73 auf den Glacier du Miage und diesen bis an den Fuß des Col de Miage ansteigen. Über die Felsen, die vom Col de Miage herunterziehen und einige zwischengelagerte Schneefelder hoch. Am besten begeht man so bald wie möglich die Schneefelder rechts der Fel-

sen. Wenn die Gletscherhänge nicht zu spaltenreich sind, hält man direkt auf die Einsenkung P. 3358 m zu. Andernfalls verläßt man die Felsen erst weit oben und quert unterhalb P. 3390 m nach rechts. In der Einsenkung P. 3358 m steht die neue Hütte. Vgl. Foto S. 82.

● **170**   **Aiguille de Bionnassay,** 4052 m
Schneidiger Firngipfel, der nach N mit einer eindrucksvollen Wand auf den Glacier de Bionnassay abbricht. Erstbesteigung durch Michel C. Payot, Jean-Pierre Cachat, E.N. Buxton, F.C. Grove und R.J.S. Macdonald, 28. Juli 1865, über die NW-Wand. Es ist ein Kuriosum in der alpinen Erschließungsgeschichte, daß die erste Besteigung dieses Viertausenders über diese für damalige Verhältnisse ausgesprochen schwierige NW-Flanke erfolgte angesichts anderer wesentlich leichterer und ungefährlicherer, jedoch erst später gefundener Anstiege. Die NW-Wand ist heute sehr beliebt und die am häufigsten begangene Route am Berg, normalerweise in Verbindung mit einer anschließenden Besteigung des Mont Blanc. Die Anstiege von S (italienischer Seite) sind dagegen ziemlich einsam. Hier empfiehlt sich der S-Grat (R 171) mit anschließender Besteigung des Mont Blanc. Neben den nachfolgend aufgeführten Anstiegen gibt es nur noch wenige andere von insgesamt untergeordneter Bedeutung.

● **171**   **Südgrat**
G. Gruber mit Kaspar Maurer und Andreas Jaun, Mitte Juli 1888. Kombinierter interessanter Gratanstieg. **III.** Kurze Stellen, meist leichter. **PD** +. Durch den vorausgegangenen Zustieg zum Ref. Durier eine längere, aber lohnende hochalpine Bergfahrt. Vergleichsweise einsam bis zum Gipfel. Als Weiterweg ist der Übergang zum Dôme du Goûter (R 255) zu empfehlen. HD von der Hütte 700 m, 4—5 Std. Vgl. Foto S. 82.
Route: Vom Ref. Durier (R 54) folgt man dem Firngrat über zwei Firnschultern (die zweite mit einigen Blöcken). Man erreicht so den Fuß der steilen, felsigen Gipfelpyramide. Hier nun vornehmlich in der rechten Gratflanke nahe am Grat selbst durch einige vereiste Kamine hoch. Weiter oben über einen steilen Schneehang zum Gipfelgrat und über diesen auf die schmale Gipfelschneide.

● **172**   **Nordostgrat**
Erstbegeher von Italien aus unbekannt. Schmaler Firngrat mit kombiniertem Zustieg. **II. PD.** Schöne Gratbegehung mit längerem Gletscherzustieg. Die einfachste Route auf die

Aiguille de Bionnassay von Süden (li.) und Mont-Blanc-Südwestflanke (re.)

R 162   Von Osten
R 171   Südgrat
R 172   Nordostgrat

R 252   Über Aiguille Grises
R 255   Über Aiguille Bionnassay

Aig. de Bionnassay, aber sehr selten eigenständig begangen. Vom Ref. Gonella bis zum Col de Bionnassay folgt der Aufstieg der ital. Normalroute zum Mont Blanc (R 252). HD von der Hütte 1000 m, 5—6 Std. Vgl. Foto S. 82.

Zustieg: Vom Ref. Gonella (R 73) nordwestl. über Firnfelder und leichte Felsen auf den Grat der Aiguilles Grises, den man bei ca. 3350 m erreicht. Dem Grat ohne Schwierigkeiten bis zum P. 3591 m folgen. Man

überwindet nun zwei Grattürme und umgeht einen dritten, indem man linker Hand etwas durch eine Rinne absteigt. Danach erreicht man über den nun firnigen Grat die Calotte des Aig. Grises, 3817 m. Nun fast waagerecht zum Col des Aig. Grises und von dort ohne großen Anstieg über die steile W-Flanke des Grats querend zum Col de Bionnassay, 3888 m, (4 Std.).
Route: Über den schmalen und verwächteten Grat ausgesetzt zum Gipfel. Einige Hindernisse werden überwiegend links (S) umgangen.

● **174** **Nordwestflanke**
E. N. Buxton, F. C. Grove, R. J. S. Macdonald mit Jean-Pierre Cachat und Michel C. Payot mit Ausstieg zum Tricotgrat, 28. Juli 1865, erste Begehung des direkten Ausstiegs zum Gipfel durch R. W. Lloyd mit Adolf und Josef Pollinger am 18. Juli 1926. **55°**, überwiegend 40 bis 50°. **AD**. Besonders schöner, abwechslungsreicher Eisanstieg von mittlerer Schwierigkeit. Vom Gipfel empfiehlt es sich, die Überschreitung zum Dôme du Goûter (R 255) anzuschließen. Zu den übrigen Abstiegen vgl. R 179. Der Zustieg zum Gletscher sollte am Vorabend erkundet werden. HD vom E 1000 m. 4—6 Std. von der Hütte zum Gipfel. Vgl. Foto S. 84.
Übersicht: Vom Gipfel der Aig. de Bionnassay zieht nach NW ein steiler Gletscherarm herab, der unterhalb von P. 3181 m bei 3050 m durch eine flachere Zone im Glacier de Bionnassay unterbrochen wird. Dieser Gletscherarm wird in einem Halbrund von der Hütte erreicht und anschließend direkt zum Gipfel angestiegen.
Zustieg: Vom Refuge de Tête Rousse (R 55) knapp 100 m Richtung Aig. de Goûter steigen, bis nach rechts ein Geröllcouloir zum Gletscher herabzieht (Wegspuren). Der Gletscher wird bis etwa 3000 m abgestiegen und in einem Halbrund erst nach S, dann nach W ohne Höhenverlust begangen. Man umgeht auf diese Weise den felsigen unteren Teil der N-Wand und erreicht den Fuß des Gletscherarms der NW-Flanke bei ca. 3050 m. E (1 Std.).
Route: Über den Gletscherarm hoch. Im mittleren Teil wird meist nach rechts ein Serakabbruch umgangen. Danach entweder eine lange Querung in der Fallinie des Gipfels und hier hoch (bis 50°) oder direkt zum O-Grat hoch und über diesen zum Gipfel.

● **175** **Über die N-Wand der Aig. de Tricot**
P. G. Blanc, P. Dujon und R. Conseth, 30. Juni 1950. Steile Eistour 50 bis **55°**. Kombiniert im oberen Teil **IV. D**. Insge-

samt schwieriger als R 174. Oftmals schlechtere Verhältnisse als dort, jedoch bei zu starker Frequentierung eine Ausweichmöglichkeit. HD vom E bis zur Aig. de Tricot 600 m, 5 Std. Von dort über den Grat zum Gipfel. HD 400 m, 2 Std. Vgl. Foto S. 84.

Zustieg: Wie bei R 174 dort zum E.

Route: Unmittelbar nach den ersten 100 m auf R 174 nach rechts (W) quert man einen Felsgrat und traversiert in die Gipfelfallinie. Nun über die steile Wand hoch bis zu den rd. 2 SL hohen Gipfelfelsen. Die oft vereisten Felsen werden direkt zum Gipfel erstiegen, III und IV. Nun über den Grat über einige Felsstufen und überwiegend Firn zum Gipfel.

● **176** **Tricotgrat** (Westnordwestgrat)
   III, kombiniert. PD. Brüchiger Fels. Nur für Liebhaber langer Grate von Interesse. HD vom Col de Tricot 2300 m, 10—12 Std.

Zustieg: Entweder von dem Chalet de Miage (R 13) in 1½ Std. oder von der Seilbahnbergstation Bellevue (R 38) in 3 Std. über eine Variante der TMB zum Col de Tricot.

Aiguille de Bionnassay, Nordwestwand

R 174 Nordwestflanke   R 175 Über die Nordwand der Aiguille de Tricot

Route: Über den Grat ohne Probleme zum Gipfel der Pte. Superieure du Arête de Tricot (P. 3221 m, 5 Std.). Der Grat weist nun eine Anzahl schlanker, nicht immer zuverlässiger Felstürme auf, wird bedeutend steiler und schwingt sich schließlich wandartig zur Aig. de Tricot auf. Die Grattürme meist überkletternd oder rechts umgehend gewinnt man eine enge Scharte vor dem eigentlichen Steilaufschwung. Vorerst auf der Gratlinie über die aufgetürmten Blöcke und Platten, wechselt man weiter oben nach rechts zu einer Nebenrippe über, auf der man aufwärts steigt, bis sie in dem vom Gipfel herabziehenden Firnhang untertaucht. Über diesen mitunter vereisten steilen Hang hoch zu den Gipfelfelsen der Aig. de Tricot (3—4 Std.). Weiter über den Grat zum Gipfel der Aig. de Bionnassay (2 Std.).

● **179 Abstiege**
Die Abstiege von der Aig. de Bionnassay führen normalerweise über einen weiteren Aufstieg zum Dôme de Goûter und weiter zum Mont Blanc selber, vgl. R 255. Falls Schlechtwetter droht und eine Begehung des ausgesetzten O-Grats nicht empfehlenswert erscheint, wird entweder vom Col de Bionnassay zum Ref. Gonella (vgl. R 172) oder, weniger empfehlenswert, über R 171 abgestiegen. Gute Eisgeher können am frühen Vormittag auch über die NW-Flanke absteigen. Dabei wird die Gipfelwand (vgl. R 174) über den W-Grat auf den ersten 300 m umgangen und von ca. 3800 m direkt über den Gletscherarm der NW-Flanke abgestiegen. Von der Aig. de Bionnassay zum Refuge de Tête Rousse 3 Std. **AD**+.

2. Mont Blanc

● **180** **Mont Blanc,** 4807 m

Die Erstbesteigung des höchsten Gipfels der Alpen am 8. August 1786 durch den Kristallsucher Jacques Balmat und den Arzt Michel-Gabriel Paccard ist ein ganz besonderes Datum in der Alpenhistorie. Die Geschichte der ersten Versuche und der ersten Besteigungen ist auch die Geschichte der Anfänge des eigentlichen Bergsteigens.

Der Mont Blanc hat mehrere große Grate und Wandfluchten, die in dieser Konzentration in den Alpen einmalig sind. Man zählt über 100 Routen und Varianten, um zum Gipfel zu gelangen. Jedes Jahr versuchen Tausende von Bergsteigern den Gipfel zu erreichen. Insbesondere der Normalweg vom Refuge du Goûter ist dabei eine wahre Leidensstraße. Man fragt sich vergeblich, wenn man den aufsteigenden Karawanen im Abstieg begegnet, wie überhaupt viele der „Bergbesucher" bis hierher gelangt sind. Meist die Hälfte aller Versuche, den Berg über den Normalweg zu besteigen, scheitern, und eigentlich müßten es noch mehr sein, die umkehren. Kaum ein Berg in den Alpen, von den höheren keiner, wird vielfach so unzureichend ausgerüstet, geübt und trainiert angegangen. Leider ist es mit dem Umkehren aber nicht getan. Im Durchschnitt der Monate Juli und August ereignet sich jeden Tag auf dem Normalweg ein schwerer Unfall, und immer wieder enden Unfälle tödlich. Dies gilt insbesondere für den Abstieg vom Refuge du Goûter. Müdigkeit, mangelnde Konzentration und das häufig völlige Fehlen jeglicher angemessener Erfahrung führen gemeinsam mit der Übervölkerung auf dem Normalweg zu dieser beklagenswerten Entwicklung.

Die Exponiertheit nach Westen und die große Höhe des Berges stellen ein oft unterschätztes Gefahrenpotential dar. Die Wetterstürze am Mont Blanc haben wirklich eine besondere Intensität.

An Schönwettertagen herrscht am Bossesgrat oftmals starker Sturm, gegen den man nur sehr mühsam aufsteigen kann. Die Windgeschwindigkeiten liegen häufig über 80 km/h; bei Wetterstürzen oft weit über 100 km/h. Die Temperaturen fallen auch im Sommer bis unter —20 Grad C. Alle diese wetterbedingten Einflußfaktoren sind mit einzukalkulieren.

Die großen Wände, insbesondere die Brenvaflanke, sind fast alle stark von Eislawinen bedroht. Dazu kommt, daß der Fels am Mont Blanc selten wirklich fest ist, Frêney- und Brouillardpfeiler einmal ausgenommen. So sind die O-, S- und W-Anstiege alle ziemlich steinschlaggefährdet. Die weiten Gletscherzonen des Weges über Grand und

Mont Blanc und Mont Maudit

Petit Plateau dürfen bei Nebel ebenfalls nicht unterschätzt werden, wenn auch hier über Grands Mulets der schnellste, leichteste und sicherste Abstieg bei einer Wetterverschlechterung führt. Insbesondere auf dem Grand Plateau sind die breiten Spuren schnell vom Neuschnee verweht, und nur die größere Festigkeit des Schnees gibt noch einen

Anhaltspunkt. Der Mont Blanc bietet für jeden Bergsteiger und Kletterer Anstiege aller Richtungen. Besonders die Grate, wie der Peutereygrat und der leichtere Tour-Ronde-Grat oder der ziemlich einsame Tournettesporn, bieten hochalpines Bergerlebnis at it's best. Die Felspfeiler von Frêney und Brouillard sind schon durch die Zustiege nur wenigen vorbehalten. Insgesamt weniger empfehlenswert, aber dennoch sehr viel mehr begangen ist die Brenvaflanke. Nach einem großen Bergsturz waren weite Teile der Brenva-Flanke für einige Jahre sehr gefährlich. Von einer Besteigung des Brenvasporn muß weiterhin generell abgeraten werden. Wer nun absolut den Mont Blanc besteigen möchte und über das Niveau PD nicht hinaus kann, dem sei folgender Weg empfohlen: Ende August nach guter Akklimatisation über Refuge du Goûter (hier übernachten) hoch und über Grands Mulets herunter. Wenn man den Berg nur einmal besteigen will und auch sonst keine besonderen alpinen Ambitionen hat, würde ich auch ungeachtet der nicht unerheblichen Kosten einen Bergführer empfehlen.

● **181**   **Normalweg von Frankreich über Refuge du Goûter**
Bis zum Col du Dôme durch Jean-Marie Couttet und Fraņois Cuidet, 17. September 1784; bis zum Gipfel durch Leslie Stephen, F.F. Tucket, Melchior Anderegg, Johann-Josef Bennen und Peter Perren, 18. Juli 1861. Teilweise ausgesetzter Firngrat, sonst überwiegend leichte Gletscherbegehung. Der schwierigste und gefährlichste Teil ist der Zustieg zur Hütte (vgl. R 56). **PD**. Die am meisten versuchte Route am Berg ist normalerweise auch die einfachste (vgl. R 180). Weniger anstrengend als der Anstieg über die Grands Mulets, da die Hütte auf der Aig. du Goûter um 800 m höher liegt als die auf dem Grands Mulets. In den letzten Jahrzehnten wegen seiner Vorteile (höherer Ausgangs- und Übernachtungspunkt) als Normalweg akzeptiert. Leicht zu finden, wenig Spaltengefahr. Steilste Eispassagen nicht über **38°**. 4—5 Std. von der Hütte. 1000 m HD.

Übersicht: Von der Hütte über den Dôme du Goûter zum Col du Dôme und über den Bossesgrat zum Gipfel. Vgl. Foto S. 122.

Route: Vom Refuge du Goûter (R 56) folgt man dem breiten, leicht begehbaren Firnrücken, der südöstl. zum Dôme du Goûter hinaufzieht. Dieser Gipfel wird südl. umgangen, dann leicht zum Col du Dôme ab- und Refuge Vallot wieder aufgestiegen (2½ Std.). Der hier ansetzende NW-Grat des Mont Blanc, der Bossesgrat, wird über die beiden Firnhöcker der Bosses du Dromadaire (Grande Bosse, 4513 m, und Petit Bosse, 4547 m) begangen. Man hält sich meist auf der Grathöhe weiter oben die Tournette-Felsen rechts unter sich lassend und erreicht in 1½ Std. den Gipfel.

- **182** **Nordflanke über Grands Mulets und den Bossesgrat**
E. Headland, G. C. Hodgkinson, C. Hudson, G. C. Joad, Melchior Anderegg, François Couttet und zwei andere Führer, 29. Juli 1859. Schwierige, teilweise spaltenreiche Gletscherbegehung. **PD**. Früher einmal der Normalweg, wird heute vor allem im Frühjahr mit Ski aufgestiegen. (Für den Aufstieg im Sommer empfiehlt sich der bedeutend weniger objektiv gefährliche Nordgrat des Dôme du Goûter, R 183.) Im Sommer sehr als Abstiegsroute zu empfehlen. Im Spätsommer sind oft Leitern erforderlich, um über die eine oder andere Spalte zu kommen. Normalerweise gute Spur und Leitern vorhanden. Eisschlaggefahr am Petit Plateau. 1800 m HD. 6—7 Std.

Übersicht: Von Grands Mulets über Petit und Grand Plateau zum Col du Dôme und über den Bossesgrat zum Gipfel.

Route: Von den Grands Mulets (R 57) hält man sich im ziemlich spaltenreichen Gletscher vorerst südwestl. zum N-Grat des Dôme du Goûter zu, biegt inmitten des Gletschers nach S ab, durchsteigt einen steilen Firnhang, les Petites Montées oder auch Côte du Cerisier genannt, und erreicht nach 2 Std. das von den Flanken des Dôme du Goûter durch Eislawinen bedrohte Petit Plateau. An diese verhältnismäßig flache Stufe, die nach S durchschritten wird, reiht sich eine zweite Steilstufe an, genannt Grandes Montées. Die abschließende breite Spalte wird gewöhnlich im westl. Teil (rechts) übersetzt. Man kommt so auf die Ebene des ca. 3950 m hohen Grand Plateau (1¼ Std.). Nun in SW-Richtung über den nur von wenigen Spalten durchzogenen Hang auf den Col du Dôme, 4237 m, einem flachen, weiten Firnsattel südöstl. des Dôme du Goûter. Nun weiter wie bei R 181.

- **183** **Über den Nordgrat des Dôme du Goûter und den Bossesgrat**
Schwieriger, aber sicherer Gletscheranstieg, **45°**, über einen insgesamt wenig ausgeprägten Grat. **AD—**. Sehr langer, aber auch ziemlich einsamer Aufstieg. 1800 m HD. 7—8 Std.

Übersicht: Anstatt zum Petit Plateau (R 182) zu steigen, folgt man dem wenig ausgeprägten N-Grat des Dôme du Goûter, dann dem Bossesgrat.

Route: Man quert von den Grands Mulets den Gletscher südwestl. und steigt über einen Steilhang zum N-Grat auf, verfolgt diesen über einen

Anstieg zum Mont Blanc

Vor dem Bossesgrat

Am Mont-Blanc-Gipfel

Bei der Vallothütte

ziemlich breiten Hang. Der Grat wird schmaler und steiler (bis 45 Grad). Weiter zur wenig sich aus der Umgebung hervorhebenden Firnerhebung der Pointe Bravais, 4057 m, und in gleicher Richtung zur ebenfalls unbedeutenden Pointe Bayeux, 4258 m, und zum Dôme du Goûter, 4304 m. Weiter wie R 181.

¡ 184 Route der Erstbesteiger
Rein von historischem Interesse. Nach heutigem Erkenntnisstand sind die beiden ersten Besteigungen nicht auf verschiedenen, sondern auf demselben Weg unternommen worden. Diagonal durch die N-Flanke zu den Petits Mulets und von dort zum Gipfel.

● 185 Aufstieg über den Corridor
Dieser Aufstieg wird nicht empfohlen.

● 188 Von der Aig. du Midi über Col de la Brenva
45°, teilweise steiler Gletscheranstieg. **PD**. Sehr schöne, aber lange, anstrengende Bergfahrt. Nur sehr konditionsstarke Alpinisten werden Freude daran haben. Nach Neuschnee oft Lawinengefahr. Grundsätzlich ist es besser, in Gegenrichtung (vgl. R 262) zu gehen. Vom Col du Midi knapp 1700 m HD (inkl. Gegenanstiege) 7—8 Std.

Übersicht: Vom Col du Midi durch die NW-Flanke des Mont Blanc du Tacul, dann hinab zum Col Maudit. Weiter Richtung Col du Mont Maudit. Über den NW-Grat des Mont Maudit weiter zum Col de la Brenva und über die Mur de la Côte zum Gipfel.

Route: Vom Col du Midi (R 501) wird die 700 m hohe, steile und völlig vergletscherte NW-Flanke des Mont Blanc du Tacul in einer leichten Diagonale von links unten nach rechts aufwärts zur sogen. Schulter im W-Grat durchstiegen. Der Aufstieg bewegt sich anfänglich durch eine Seraczone, worauf einige breite Bergschründe folgen. Der obere Teil des Firnhanges ist leicht begehbar. Von der Gratschulter links zum Haupt- oder W-Gipfel des Mont Blanc du Tacul, 4248 m, 2—3 Std. Leichte, wenig geneigte Firnhänge führen südwestl. hinab in den westl. vom Col Maudit, 4035 m, gelegenen weiten Gletscherboden. Nächstes Ziel ist der 4354 m hohe Col du Mont Maudit, im NW-Grat des Mont Maudit. Man durchsteigt die steile, vergletscherte N-Flanke des Mont Maudit etwas schräg nach rechts aufwärts, mehrere bisweilen schwer überschreitbare Bergschründe übersetzend, und erreicht in 2—3 Std. den Col du Mont Maudit, eine unauffällige Grateinsenkung zwischen dem Mont Maudit und der Pointe Mieulet, und in ¾ Std. links über den Firn- und Felsgrat in leichter Kletterei zum Mont Maudit. Ist der mittlere und schwierigste der drei Bergschründe in der Fallinie des Col du Mont Maudit nicht zu überschreiten, so quert man nach links, um ihn in der Fallinie des Mont Maudit zu überschreiten. Man steigt dann direkt zum letzteren auf und umgeht den Gipfelaufbau nach rechts. Vom Mont Maudit steigt man über einen anfänglich steilen, weiter unten sanft auslaufenden Firnhang südsüdwestl., sich in der Nähe des Grenzkammes haltend, zum Col de la Brenva ab. (Bei Zeitmangel kann man auch vom Col du Mont Maudit, ohne auf den Mont Maudit steigen zu zu müssen, direkt zum Col de la Brenva absteigen, indem man die SW-Flanke nach links über Firn in leichtem Gefälle zum Col de la Brenva quert.) Vom Col de la Brenva (Achtung, große Wächten!) biegt man nach rechts (SW) ab, gewinnt über einen meist vereisten Steilhang (Mur de la Côte) die weniger steilen Hänge der Kalotte des Gipfelaufbaues. An den beiden winzigen Felseilanden Petits Rochers Rouges und Petits Mulets links vorbei erreicht man in 2—3 Std. über eintönige und ermüdende Firnhänge den Gipfel.

● **190** **Brenvaflanke**
Eine der höchsten Eis- und Felsflanken der Alpen. Diese gewaltige Mauer wird von etlichen Routen durchzogen, von denen allen voran der Brenvasporn und schon weit weniger häufig die Majorroute begangen wurde. Die Routen werden kaum mehr versucht. Die erste Durchsteigung der Brenvaflanke über den Brenvasporn durch A.W. Moore, G.S. Mathews, F. und H. Walker, Jacob und Melchior Anderegg am 15. Juli 1865, zählte seinerzeit zu den Glanztaten des Alpinismus. Die drei weiteren Anstiege durch die Brenvaflanke wurden ebenfalls von Engländern eröffnet, allen voran T. Graham Brown, dem alle drei (!) Erstbegehungen in den Jahren zwischen den beiden Weltkriegen gelangen.
Der Bergsturz hat alle E von Brenvasporn (R 191) bis zur Majorroute (R 195) erfaßt. Es wird einige Jahre dauern, bis hier wieder mit einem normalen Risikolevel aufgestiegen werden kann. Von Fall zu Fall müssen die Verhältnisse bei den alpinen Auskunftsstellen (vgl. Kapitel 3.7) erfragt werden. Der nun gelegentlich gewählte Anstieg verläuft durch das stark eisschlaggefährdete Güssfeld-Couloir (R 191a). Von einer Begehung des Brenvasporn ab Col Moore muß generell abgeraten werden. Die Brenvaflanke war und ist eine objektiv gefährliche Eiswand, in der jedes Jahr durch Lawinen tödliche Unfälle ausgelöst werden. Es kann daher nur appelliert werden, diese Wand ausschließlich bei sicheren Verhältnissen und auf keinen Fall bei zu warmem Wetter anzugehen. Ein extrem frühes Aufbrechen ist ebenfalls unabdingbar. Die Brenvaflanke ist eine O-Wand, und schon die ersten Sonnenstrahlen bringen die ersten Steinschläge. Da die Wand vom Vollmond beschienen wird, ist auch dieser bei der Tourenplanung zu berücksichtigen.

- **191 Brenvasporn**
    50° auf 300 m. Steiler Serakabbruch (ca. ½ SL) mit ständig wechselnden eistechnischen Schwierigkeiten. Je nach Routenführung im unteren Teil **III** und II im Fels. **D—**. Eine große, zu Recht berühmte Eisfahrt, die extrem stark frequentiert wurde. Im Vergleich zu den anderen Brenvarouten relativ sicher. Der Serakdurchstieg war in den letzten 10 Jahren meist recht einfach, und durch die vielen Begehungen fanden sich fast immer Stufen. Andere Eisverhältnisse können jedoch unterschiedliche Routenführungen verlangen. Die übliche Aufbruchzeit vom Biv. de la Fourche (R 79) liegt bei 1.00 Uhr. Der Bergsturz hat den Aufstieg vom Col Moore vorerst extrem gefährlich gemacht. Eine Beschreibung/Begehung liegt für diesen Teil nicht vor. HD vom Col Moore bis zum Ausstieg 900 m, vom Glacier de la Brenva zum Gipfel insgesamt 1300 m HD. 6—10 Std. von der Biwakschachtel zum Gipfel. Vgl. Foto S. 95.

Übersicht: Vom Col Moore direkt über den Sporn hoch bis auf den breiten Rücken oberhalb der Mur de la Côte und von hier zum Gipfel.
Zustieg: Vom Biv. de la Fourche ziemlich steil auf den Gletscher hinab. Den Glacier de la Brenva (Spalten in Gehrichtung) begeht man Richtung Col Moore, den man über einen relativ leichten Bergschrund erreicht. E. (45 Min.).
Route: Je nach Gegebenheiten bis zum Beginn des Eisgrats. Den oft sehr schmalen Eisgrat und die folgende Eiswand (50 Grad) bis zu dem Felsen unterhalb des Eisabbruchs (ca. 4300 m). Nun je nach den Verhältnissen hoch, entweder direkt oder rechts unterhalb der Seraks hindurch oder nach links und über einen steilen, lawinengefährlichen Schneehang hoch. Weiter über den Firnrücken, wo man R 188 deutlich oberhalb der Mur de la Côte erreicht (4—8 Std.). In 1—1½ Std. zum Gipfel.

- **191 a Variante Güssfeld-Couloir**
    55°. **D—**. Stark eisschlaggefährdeter Anstieg. Dieser Anstieg wurde bisher nicht beschrieben, da er wesentlich gefährlicher war als der klassische Weg über den Moore-Sporn. Durch den Bergsturz ist dieser Aufstieg aber zum einzigen geworden, der zumindest 1998 gelegentlich unternommen wurde. HD 900 m bis zum Aufstieg, insgesamt 1300 m HD. 6—8 Std. vom Biwak zum Gipfel. Vgl. Foto S. 95.

Route: Von der Biwakschachtel wie bei R 191 über den Glacier de la Brenva. Anstatt nach links in Richtung Col Moore steigt man direkt gegen das Couloir Güssfeld (vgl. IGN-Karte) an. Nach links zieht ein steiles Eisfeld, manchmal durchsetzt von Seraks, hoch, über das man zum Eisgrat aufsteigt. Dann weiter wie bei R 191.

● **192   Variante im unteren Teil**
Durch den Bergsturz nicht mehr vorhanden. Schon früher war diese Variante, links vom Moore-Sporn aufzusteigen, gefährlicher aber schneller. Möglicherweise wird sich in diesem Wandteil wieder ein Aufstieg herausbilden.

Brenvaflanke

R 191   Brenvasporn
R 191 a Güssfeld-Couloir
R 194   Sentinelle Rouge
R 195   Majorroute
R 203   Bonatti-Zapelli-Route

- **194**　**Sentinelle Rouge**
T. Graham Brown und F. S. Smith, 1.—2. September 1927. **55°**, Durchschnittsneigung auf 1000 m 47°. Wenige Felspassagen **III** und II. **D**. Kombinierter Anstieg in idealer, direkter Gipfelfallinie, umrahmt von ausgesprochen wildschöner Szenerie. Zählte zu den begehrten kombinierten Anstiegen im Gebiet. Heute kaum mehr begangen. Deutlich schwieriger und objektiv gefährlicher als R 191. Die Routenführung im unteren Teil verläuft am linken Rand der Bergsturzzone. Nur bei kaltem Wetter mit extrem zeitigen Aufbruch vom Biv. de la Fourche ratsam. Der 40-m-Aufschwung muß vor dem Sonnenaufgang erreicht sein. Gut 1300 m HD. 5—6 Std. für die eigentliche Wand; 7—9 Std. von der Biwakschachtel zum Gipfel. Vgl. Foto S. 95.

Übersicht: Vom Gipfel zieht ein markantes Couloir direkt herunter zum Glacier de la Brenva. Der Anstieg bewegt sich über die Felsen des linken (nördl.) Ufers dieses Couloirs, durch ein Nebencouloir und weiter oben über die ebenfalls linken Uferfelsen zur Gipfelkalotte.

Zustieg: Wie bei R 191 zum Col Moore (45 Min.).

Route: Man umgeht nur wenig ansteigend den Fuß des Brenvasporns, steigt dann nach links den Bergsturz traversierend über steile Firnhänge an den Fuß des großen Felsturms (Sentinel Rouge, 1 Std. — war schon die Traverse vom Col Moore stark stein- und eisschlaggefährdet, ist der folgende Wandteil bis zum 40-m-Aufschwung ebenfalls möglichst schnell zu überwinden). Links des Gratturms zu den Felsen am linken Ufer des großen Couloirs. Am Rand der Felsen im Eis hoch bis 40 m unterhalb einer in der Mitte des Couloirs liegenden Felsinsel. Nun das Couloir zu dieser Felsinsel queren. Knapp rechts der Felsinsel hoch, dann über den sich nach oben anschließenden kombinierten Grat zu einem 40-m-Aufschwung. Man umgeht diesen rechts und ersteigt den Eisgrat oberhalb. Über einen schrägen Kamin und ein Wandl erreicht man die oberen kombinierten Hänge. Zuerst etwas rechts, dann ziemlich gerade hoch auf die beginnende Gipfelkalotte (ca. 4600 m, 4—5 Std.). Nun über die leichteren Hänge zum Gipfel (1 Std.).

- **195**　**Majorroute**
T. Graham Brown und F. S. Smith, 6.—7. August 1928. **57°** kombiniert, **IV. D**. Berühmte und großartige Hochtour, die ziemlich häufig begangen wird. Insgesamt etwas schwieriger als R 194. Die Felspassagen in 4400 m sind ziemlich anstrengend (IV). Das große Couloir muß auf jeden Fall vor Sonnenaufgang gequert werden. Auch sollte das Wetter re-

lativ kalt sein, bei einer Nullgradgrenze von max. 3500 m. Da diese Grundsätze immer wieder nicht eingehalten werden, kommt es auf der Majorroute fast jedes Jahr zu tödlichen Eis- und Felslawinenunfällen. Der Bergsturz im untersten Teil hat den Anstieg nochmals gefährlicher gemacht. Wandhöhe rd. 1100 m, insgesamt 1300 m HD bis zum Gipfel. Vom Col Moore bis zum Ende der Schwierigkeiten 6— 9 Std. Insgesamt 8—12 Std. von der Hütte. Vgl. Foto S. 95.

Übersicht: Vom Col Moore am Fuß der Sentinelle Rouge (vgl. R 194) vorbei an das linke Ufer des großen Couloirs, das die Brenvaflanke durchzieht. Nach Querung des Couloirs die Felsen des rechten Ufers bis zur Gipfelkalotte hoch.

Zustieg: Wie bei R 191 zum Col Moore.

Route: Wie bei R 194 an die Felsen am linken Ufer des großen Couloirs. Nicht an diesem Ufer hoch, sondern möglichst bald über das Couloir ca. 2 SL zum großen Felssporn am anderen Ufer queren (große Lawinengefahr). Nun den Felssporn hoch bis zu einem kleinen Felsturm, den man rechts am Rand des großen Couloirs umgeht.

Bei sehr sicheren Verhältnissen kann man hierher auch direkt vom linken Couloirufer gelangen. — Es folgt ein erster kurzer Eisgrat. Rechts über Platten weiter. Querung nach links und durch Kamine an einen zweiten Eisgrat, dem unmittelbar ein dritter schmaler Eisgrat folgt. Über einige Felsen an den Beginn des letzten Eisgrates. Querung in nördl. Flanke des Eisgrates bis an den Fuß der großen oberen Felsinsel und am Fels entlang auf den Scheitel des Eisgrates. Ein 5 m hoher, vereister Kamin führt aus dem ersten Aufschwung der Felsinsel auf einen geneigten Hang. Querung über Eis nach rechts an der Felswand entlang, bis in einen eingeschnittenen Wandwinkel, welcher rechts von einem kleinen, in den Hang absinkenden Vorsprung begrenzt ist. In diesem Winkel einen kurzen aber anstrengenden Riß (IV) hoch auf den Vorsprung. Querung nach rechts in eine breite Schneerinne, die an den Fuß eines hohen Kamins führt. Diesen Kamin erst links 15 m über senkrechte gutgriffige Felsen hinauf (III+), dann in dem Grund des Kamins weiter (Schleife nach links in halber Kaminhöhe) bis auf den Gipfel der Felsinsel. Man gelangt an den Fuß der obersten Serakbarriere. Je nach den Verhältnissen in Eiskletterei über diese hinweg (5—8 Std. vom Sentinelle Rouge). Nun über mäßig geneigte Schneehänge auf den Gipfelgrat zwischen Mont Blanc de Courmayeur (links) und Hauptgipfel (rechts), den man nun in N-Richtung erreicht (1—2 Std.).

● **200**   **Grand Pilier d'Angle,** 4243 m

Lange Zeit wurde dieser auch als Eckpfeiler bei uns bekannte mächtige Klotz wenig von den Bergsteigern beachtet. Beim Peutereygrat war er nur eine Station. Die Erstbegehungen von Walter Bonatti haben den Berg dann zu Ansehen kommen lassen. Heute finden sich eine ganze Reihe lohnender und überwiegend sehr extremer Routen am Berg. Der Bergsturz in der Brenva-Flanke hat den Zustieg deutlich gefährlicher gemacht. Vom Gipfel führt der beste Weg über den oberen Teil des Peutereygrats zum Gipfel des Mont Blanc. Ein anderer Abstieg wird normalerweise immer länger dauern und kann nicht empfohlen werden. Für den Aufstieg zum Mont Blanc sollte man 3—4 Std. einplanen. Vgl. R 211.

● **201**   **Dufour-Frehel**

G. Dufour und J. Frehel, 11. August 1973; der hier beschriebene Ausstieg wurde erstmals von Jean-Marc Boivin und Patrick Vallencant begangen, 23. Juli 1975). Bis **80°** im Ausstiegscouloir, meist 55—65°. Nur wenige Felspassagen. **TD**. Sehr herausfordernde Eistour. Eine Zeitlang die am häufigsten begangene Route am Berg. Ziemlich sicher, wenn auch diese Route von dem großen Hängegletscher in Wandmitte bedroht ist. HD 750 m, 6—8 Std. vom E. Insgesamt vom Biv. de la Fourche (R 79) bis zum Mont Blanc 11—13 Std. Vgl. Foto S. 99.

Übersicht: Die Route beginnt in Fallinie des großen Hängegletschers in Wandmitte. Sie folgt den steil hinaufziehenden Eiszungen immer etwas nach links haltend und endet durch ein schmales Eiscouloir, das links neben dem Hängegletscher in das obere Eisfeld mündet.

Zustieg: Von der Biwakschachtel (R 79) wie bei R 191 zum Col Moore. Der Weiterweg wird durch die Verhältnisse nach dem Bergsturz in der Brenva-Flanke (vgl. R 190) bestimmt. Nach Überwindung dieses Hindernisses quert man zügig wegen der drohenden Eislawinengefahr aus der oberhalb befindlichen Brenvaflanke bis an den Fuß des Pilier d'Angle (2 Std.).

Route: Bei etwa 3350 m am tiefsten Punkt über den Bergschrund. Nun entlang der Felsen über den steilen Gletscher hinauf bis unter das große Eisfeld. Über das Eisfeld und die folgende Eisrinne bis an die Felsen, die den Hängegletscher tragen. Nun nach links halten bis an den Felspfeiler, der den linken Rand des Hängegletschers trägt. Durch die Eisrinne rechts dieses Pfeilers sehr steil hinauf (Stelle 80 Grad) auf das obere Eisfeld. Nun weniger steil zum Gipfel des Pilier d'Angle (6 bis 8 Std.).

Pilier d'Angle von Nordosten

R 201 Dufour-Frehel-Route
R 202 Cecchinel-Nomine-Route
R 203 Bonatti-Zapelli-Route
R 206 Bonatti-Gobbi-Route
R 207 Divine Providence
R 211 Col de Peuterey-Nordwand

- **202 Cecchinel-Nomine**
    Walter Checchinel und Georges Nomine, 16—17. September 1971. **75°**, meist 55—60°. Kombiniert, **V +** / **A 1**, meist IV und V. **TD +**. Großartige Bergtour mit schwierigen Eis- und Felspassagen. HD rund 750 m. 9—11 Std. vom E zum Pilier d'Angle. Vgl. Foto S. 99.

Übersicht: Die Route verläuft durch die markanten Eisrinnen im linken Teil der N-Wand und endet über dem linken der beiden Felspfeiler, die sich links des Hängegletschers in Wandmitte befinden.

Zustieg: Wie bei R 201. E in der Eisrinne rechts des Felspfeilers, der die N- von der O-Wand trennt.

Route: Durch die sehr steile Rinne hoch. Wo das Eis endet, rechts durch eine Verschneidung (15 m, V, A1; Eis) in ein zweites Couloir. Dieses Eiscouloir (75°) 20 m hinauf, worauf es etwas weniger steil und breiter wird. Nun weiter hoch, bis man über eine Rampe auf die rechte Seite des linken der beiden Felspfeiler (neben dem Hängegletscher) gelangen kann. Nach links auf den Pfeiler, dem man bis zu einem angelehnten Turm von 15 m folgt. Von links durch einen sich erweiternden Riß auf den Turm (V +, V, Eis). Etwas nach rechts und dann auf die Pfeilerkante zurück (V). Nun direkt hoch, wobei man insgesamt etwas rechts hält (IV und V). Ein Abseilen von 10 m (nach rechts pendeln) bringt zu einem Block. Nach einem leicht rechts ansteigenden Aufstieg (40 m) erreicht man die Höhe des unteren Rands des Hängegletschers. Über kombiniertes Gelände und das obere Eisfeld zum Pilier d'Angle.

- **203 Bonatti-Zapelli**
    Walter Bonatti und Cosimo Zapelli, 22./23. Juni 1963. Sehr extremer Anstieg bis **75°**, V. Durchschnittsneigung 59°. Extrem gefährdet durch Stein- und Eisschlag bzw. Lawinen. **ED—**. Die Verhältnisse am Berg bestimmen im wesentlichen die Routenführung, so daß sich Abweichungen von der folgenden Beschreibung ergeben können. HD vom E rd. 800 m bis zum Gipfel des Pilier d'Angle, zum Mt. Blanc weitere 600 m HD (vgl. R 200). Für die Wand sind 6—10 Std. einzuplanen. Vgl. Fotos S. 95, 99.

Zustieg: Wie bei R 201 an den Fuß des Pilier d'Angle.

Route: Über den Bergschrund bei ca. 3350 m ziemlich nahe an den Felsen des Pilier d'Angle. Nun entlang der Felsen hochsteigen, um möglichst aus der Fallinie des großen Couloirs zu bleiben. Über einen weiteren Bergschrund gelangt man unter den großen Hängegletscher im oberen Teil der N-Wand. Schräg rechts hinauf und in der Folge am Fuß der sich übereinander aufbauenden Felssporne entlang, wobei der letzte

Felssporn besondere Schwierigkeiten aufweist. Weiter in der Eisflanke gerade hinauf, dann rechtshaltend zu einer schmalen Felszunge. Diese Felszunge 150 m bis zum Fuß eines Steilaufschwunges (Schlüsselstelle) hinauf. Vereisten Fels und kombiniert (75°) hoch.
Den Weiterweg vermittelt ein Felssporn, der das linke Ufer des Couloirs begrenzt. Über den Sporn bis in Höhe des Hängegletschers und auf den firnbedeckten Rücken des Hängegletschers selbst. Den nun folgenden Eishang gerade hinauf zum Gipfelgrat des Grand Pilier d'Angle.

● **206**   **Bonatti-Gobbi (O-Wand)**
VI, meist IV und V, im oberen Teil kombiniert. Eistour beim Weiterweg zum Mont Blanc. **TD+**. Große Felsroute mit anhaltenden Schwierigkeiten, einem heiklen Ausstieg in der NO-Wand und dem langen Eisaufstieg des oberen Peutereygrats. In der langen Kaminreihe teilweise sehr brüchiger Fels (Blöcke). Einige H stecken. Wandhöhe 900 m. Insgesamt 15—17 Std. vom Col du Trident zum Mont Blanc.
Übersicht: Der Durchstieg durch die dreieckförmige, plattige NO-Wand ist durch einen markanten, nicht zu übersehenden Rißkamin in den unteren zwei Dritteln der Wand klar vorgezeichnet. Dieser Rißkamin besteht aus einer ununterbrochenen Folge von großen, teilweise sich verengenden Kaminen und Rissen. Der Rißkamin verläuft etwas nach rechts und erreicht den NO-Grat des Pilier d'Angle, dem man bis zum Gipfelgrat folgt. Vgl. Foto S. 99.
Zustieg: Wie bei R 201 zum Wandfuß. E am tiefsten Punkt der Wand (2 Std.).
Route: Durch eine nach links ansteigende steile Verschneidung rd. 200 m hoch. In weiteren 4 SL erreicht man so den Beginn des markanten Rißkamins, der von einer ununterbrochenen Folge von Kaminen gebildet wird. Der Grund der Kamine besteht meist aus schlechtem Fels und ist mit absturzbereiten großen Blöcken ausgefüllt. Infolgedessen ist man gezwungen, an den Seitenwänden der Kamine oder an ihrer äußeren Begrenzung zu klettern, wo der Fels normalerweise gesund und fest ist.
Man ersteigt den Kamin in seiner vollen Länge (IV bis V+, Stellen VI) bis zu einer markanten Terrasse. Über ein kleines Schneefeld und weiter in der Verlängerung des großen Kamins zum Grat, der die NO- von der O-Wand trennt (IV). Man quert in die NO-Wand und steigt über kombiniertes Gelände z. T. sehr heikel hoch und zum Grat zurück. Weiter dort hoch (III und IV) zum Gipfel des Pilier d'Angle (10—12 Std.).

● 207   **Divine Providence**
Patrick Gabarrou und Franqis Marsigny, 5—8. August 1984. **VII** und **A 3**. Sehr anhaltende Schwierigkeiten V+, VI, VI+ mit einigen Stellen A 1, A 2 und 1 SL A 2 / A 3. **ED+**. Gewaltige Felsführe. Der äußerst schwierige Mittelteil von ca. 350 m HD wurde bis auf 3 H frei geklettert (A. Ghersen und T. Renault, Juli 1990; Schwierigkeiten bis 7 c; vgl. Vertical Nr. 29). Wenige H und Biwakplätze. Wandhöhe vom E 900 m bis zum Ausstieg. Insgesamt bis zum Mont Blanc 1500 m HD. Zeit mind. 2 Tage. Vgl. Foto S. 99.
Übersicht: Die Ostwand weist in ihrem oberen Teil einen großen, sehr glatten Plattenteil auf, zu dem vom Rand der NO-Wand eine steile Rampe führt. Über diese Rampe, die Kaminreihe der Bonatti-Gobbi kreuzend, an den Beginn der Platten. Hier nun ziemlich gerade hoch bis zum NO-Grat und über diesen zum Gipfel.
Zustieg: Wie bei R 201 zum Wandfuß (2 Std.).
Route: Man steigt rechts von dem am tiefsten in den Gletscher ragenden Felssporn her ein. Eine große, nach links geneigte Rampe wird etwa 400 m verfolgt. Man kreuzt die Kaminreihe der Bonatti-Gobbi (Stellen VI, überwiegend IV und V). Nicht in die Kaminreihe einsteigen, sondern gerade hoch über ein Wandl, beginnend mit einem breiten, kurzen Riß und endend mit einer Verschneidung (VI und VII, H). Nun leicht rechts ansteigend über ein System von Stufen bis zum Beginn eines markanten Kamins (IV+). Den Kamin hoch (VI und VII). Man befindet sich nun unter kleinen, schwarzen Überhängen. Diese rechts mittels eines Risses in einer Platte (A 2, 20 m) umgehen. Man gelangt so zum Beginn einer leicht nach links geneigten Verschneidung, die man auf 3 SL ersteigt (VI— u. A 1; VII—; VII). Ein Rißsystem in der linken Verschneidungswand hoch (VI— u. A 1). Eine SL A 2 / A 3, die den Ausstieg aus der Verschneidung erlaubt (V+). In Verlängerung des Risses zu einer Terrasse in 7—8 m (V+). Am linken Rand der Terrasse gelangt man über eine kurze Verschneidung zu einer geräumigen Terrasse (einziger guter Biwakplatz). Nun etwas rechts queren und durch einen Riß von 20 m gerade hoch, dann 25 m links hoch (V und VI+). Rechts einen Riß 15 m hoch (V+ und A 2). Ein Seilpendel bringt nach rechts zum Beginn einer Verschneidung. Durch die Verschneidung (V+ dann A 1 / A 2) bis unter ein Dach, das man direkt überklettert (A 3, dann A 1) und so zu einer kleinen Plattform gelangt. Über ein System von Stufen zum oberen Rand der großen Plattenzone (V). Man stößt hier auf die Bonatti-Gobbi. Wie dort über den NO-Grat (III und IV) zum Gipfel des Pilier d'Angle (nach Angaben der Erstbegeher).

● 210 Peutereygrat

Der Peutereygrat gilt besonders unter deutschen und österreichischen Bergsteigern als der große Mont-Blanc-Anstieg schlechthin. Sicherlich ist diese historisch bedingte Einschätzung etwas einseitig, aber jeder Alpinist, der das Niveau der Grandes Courses (D) beherrscht, wird einmal diesen Grat machen wollen. Eine besondere Herausforderung ist natürlich der sog. gesamte Peutereygrat, „Peuterey Integral", über den Aig.-Noire-S-Grat, die abenteuerliche Abseilerei zur Brèche des Dames Anglaises und der Weiterweg über den sogenannten normalen Peutereygrat. Nach der erstmaligen Besteigung dieser Kombination durch Richard Hechtel (der auch den „normalen Peutereygrat" als erster Solo beging) und G. Kittelmann, 24.—26. Juli 1953, waren es vor allem deutsche und österreichische Bergsteiger, die den Grat begingen. Die großen Ereignisse am Peuterey Integral waren leider immer wieder von Unglücken begleitet, und nach wie vor muß die Abseilerei von der Aig. Noire als ziemlich riskant angesehen werden. Als historische Anmerkung sei hier noch nachgetragen, daß der seinerzeit sehr bekannte deutsche Bergsteiger Helmut Kiene den ihm völlig unbekannten Grat im Alleingang beging und bereits am Mittag des zweiten Tages den Gipfel erreichte. Die Erstbegeher des Peuterey Integral im Winter, Louis Audoubert und Gefährten, waren sieben Tage auf dem Grat.

Man unterscheidet im wesentlichen vier eigenständige Routen über den Grat, die ab dem Col de Peuterey gemeinsam verlaufen: Die zumindest bei den deutschsprachigen Bergsteigern klassische Form vom Refuge Monzino über das Schneidercouloir und den SO-Grat der Aig. Blanche mit dem Weiterweg Col Peuterey — Grand Pilier d'Angle — Mont Blanc de Courmayeur; dieser Anstieg wird hier als die klassische Route über den Peuterey angesehen. Die Routenführung ist insgesamt auch die leichteste, wird aber heute nur noch selten begangen (R 214). Vor allem die Routenführung über die N-Wand der Aig. Blanche de Peuterey (R 212) und über die N-Wand des Col Peuterey (letztere weniger elegant und zeitlich etwas kürzer, R 211) sind heute die üblichen Zustiege zum Col de Peuterey. Peuterey Integral (R 216) wird immer etwas Außergewöhnliches bleiben.

● 211 Über die N-Wand des Col de Peuterey

Erstbegeher: Gérard u. Maurice Herzog, Gaston Rébuffat und Lionel Terray, 15. August 1944. **55°**, große kombinierte Eistour. Stellen **IV** je nach den Verhältnissen unter dem Col de Peuterey und III+ im Anstieg zum Pilier d'Angle. **D**. Schöne, relativ häufig begangene Kombination. Ziemlich große Steinschlaggefahr beim Anstieg auf den Col de

Peuterey, 3934 m. Man sollte diesen unbedingt vor Sonnenaufgang erreicht haben. Der Bergsturz in der Brenva-Flanke (vgl. R 190/R 191) hat den Zustieg deutlich gefährlicher gemacht. Die Querung unterhalb der Brenvaflanke ist von Eislawinen bedroht.

Der Aufstieg vom Col de Peuterey zum Gipfel des Pilier d'Angle, 4243 m, geht je nach Routenführung über Fels oder kombiniertes Gelände. Vom Fuß des Couloirs zum Col de Peuterey bis zum Gipfel 1500 m HD. Insgesamt 10—15 Std. vom Biv. de la Fourche (R 79) bis zum Mont Blanc. Vgl. Fotos S. 99, 105.

Übersicht: Vom Col Moore hinab auf den Gletscherboden am Fuß des Couloirs zum Col de Peuterey. Nun über den Felsgrat oder die kombinierte Wand zum Gipfel des Pilier d'Angle. Über den anschließenden Firngrat und die folgende Eiswand zum Mont Blanc de Courmayeur.

Zustieg: Wie bei R 201 auf den oberen Glacier de la Brenva und zum Fuß des Pilier d'Angle. Weiter an den Beginn der breiten Firnrinne des Col de Peuterey (2 Std.).

Route: Über den breiten, von mehreren Bergschründen unterbrochenen Hang hoch. Über den steiler werdenden Hang bis unter die Felsen. Nun über einen Felsgrat ziemlich weit rechts hoch (IV) oder links über steilen Firn zum Col (2—4 Std.).

Vom Col gibt es zwei Möglichkeiten:

a) Über den Grat; vom Col de Peuterey quert man auf der Frêney-Seite den Firnhang leicht ansteigend zum bisweilen schwierig überschreitbaren Bergschrund. Eine steile Eiszone (55°) folgt, die zu Felsen führt. Nun ohne eindeutig vorgeschriebenen Routenverlauf (anfangs leicht rechts haltend) immer dort, wo es sich am leichtesten ansteigen läßt (III+ wenige Stellen) direkt hinauf zum Felsgrat auf den Pilier d'Angle. Ein schmaler, fast eben verlaufender Firngrat führt zu einem großen Felsturm, den man entweder übersteigt oder — vorteilhafter — rechts umgeht (3—4 Std.).

b) Über die Flanke; man quert das Gletscherplateau des Col de Peuterey bis unter den Pilier d'Angle. Wo der Firn am höchsten hinaufreicht, ansteigen. Darüber über steiles kombiniertes Gelände zu dem großen Felsturm (2—3 Std., steinschlaggefährdet). Man folgt dem Grat, ersteigt einen Aufschwung rechts (Brenva). Im weiteren verliert sich der Grat in einer Eiswand. Diese insgesamt sehr ausgesetzte Wand hoch bis an die Gipfelwächte. Je nach den Verhältnissen über die Wächte (früher offenbar sehr schwierig, war die Wächte in den letzten Jahren meist gut zu überwinden) zum Vorgipfel, 4708 m. Weiter über den anfangs schmalen, dann breiten Grat zum Mont Blanc (3—5 Std.).

- **212** **Über die Nordwand der Aig. Blanche**
  Hermann Buhl und Martin Schließler, 10. August 1949. **55°** (je nach Verhältnissen auch mehr), im Fels bzw. kombiniertem Aufstieg zum Pilier d'Angle III bis **IV**, je nach Verhältnissen. **D+**. Großartige Hochtour, die sehr zu empfehlen

Aiguille Blanche, Nordwand

R 211   Col de Peuterey, Nordwand   R 212   Aiguille Blanche, Nordwand

ist. Durch die Hintereinanderreihung zweier Eisrouten 1600 m HD in Eis und kombiniertem Gelände. 13—18 Std. vom Ref. Ghiglione (R 80) zum Gipfel. Vgl. Foto S. 105.

Übersicht: Über den Col Moore zum Wandfuß des Pilier d'Angle. Über die Nordwand an der Eisnase vorbei auf die Aig. Blanche. Den Gipfelgrat zum Col de Peuterey absteigen und über den Grat oder die Flanke zum Pilier d'Angle. Über den Eisgrat, der sich bald in der Wand verliert, zum Gipfel des Mont Blanc de Courmayeur.

Zustieg: Wie bei R 201 zum oberen Glacier de la Brenva (2 Std.).

Route: Über mehrere Bergschründe nach links zu einem Firngrat, der in dem Eisabbruch endet. Je nach Verhältnissen über den Eisabbruch. Den weniger steilen Hang bis zu einem Bergschrund, danach wieder steiler hoch zwischen den SO- und den Zentralgipfel (4112 m, 4—5 Std.). Nach NW über den schmalen, verwächteten Grat. Der Zentralgipfel kann auf der NO-Seite (Brenva) umgangen werden. Vom NW-Gipfel steigt man den Grat, der WNW herabzieht gegen den Col Eccles, so weit wie möglich ab. Dann quert man gegen den Col de Peuterey (2 Std., eventuell einmal abseilen; man kann auch direkt den steilen Hang zum Col Peuterey vom NW-Gipfel absteigen und hier abseilen, mind. 3 mal 40 m). Vom Col de Peuterey wie bei R 211 zum Gipfel.

● **214   Klassische Route vom Refuge Monzino**

L. Obersteiner und R. Schreiner, 30.—31. Juli 1927. **IV**, meist II und III. Kombiniert. Im Eis bei **55°**. **D.** Einer der absoluten Klassiker, jedoch nicht mehr so oft angegangen. Heute wird direkt vom Ref. Monzino (R 75) aus gestartet und über das Schneidercouloir die steinschlaggefährdete Rinne zur Brèche N (R 78) vermieden. Vom Refuge Monzino bis zum Mont Blanc rd. 2500 m HD. Zeit 14—20 Std. Geht man über das Biv. Craveri, 10—14 Std. von dort. Vgl. Foto S. 107.

Übersicht: Von der Hütte über den Col de l'Innominata auf den Glacier de Frêney. Anschließend das Schneidercouloir auf den SO-Grat der Aig. Blanche de Peuterey zum SO-Gipfel (oder Pointe Seymour King, 4107 m), weiter über den Mittelgipfel (oder Pointe Gußfeldt, 4112 m) zum NW-Gipfel (oder Pointe Jones, 4104 m) und hinab zum Col de

---

Brèche-Nord des Dames Anglaises; Pointe Gugliermina, Südpfeiler

R 214   Klassische Route   *R 284   Südwestpfeiler*
R 216   Peuterey Integral   *R 78   Bivouac Craveri*

Peutrey, 3934 m, wieder ansteigend über den Grand Pilier d'Angle, 4244 m, zum Mont Blanc de Courmayeur, 4748 m und weiter zum Mont Blanc, 4807 m.

Route: Von der Hütte über Gras- und Geröllhänge zum kleinen, fast ausgeaperten Glacier du Châtelet. Dieser wird diagonal bis zum Fuß des Col de l'Innominata aufgestiegen. Rechts über eine Felsbarriere und wieder links über einen Firnhang und ein brüchiges Felscouloir zum Col. Jenseits über steile brüchige Felsen hinab (1—2 mal abseilen) auf den Glacier de Frêney (3—3½ Std.). Den sehr spaltenreichen Gletscher an den Fuß der Felsen der Pte. Guglermina überqueren. Über den Bergschrund rechts an einer kleinen Felsinsel vorbei. Über ein Band, das unter überhängendem Fels aufwärts zieht, zu einem Kamin. Diesen hoch (III) und so zu einem schrägen Felscouloir (Schneidercouloir). Durch das Couloir hoch bis zu einer Scharte im SW-Grat (ein Sekundärgrat). Hier trifft man R 216. Weiter wie dort zum Col de Peuterey (6—8 Std.).

● **216 Peuterey Integral**
R. Hechtel und G. Kittelmann, 24.—26. Juli 1953. V+ meist IV und V am S-Grat der Aig. Noire, III und IV in den übrigen Felspassagen; kombiniert, Eiswand zum Mont Blanc de Courmayeur bis 55°. TD+. Die Gratüberschreitung der Aig. Noire, S-Grat, Abstieg über die NW-Kante, Umgehung der Dames Anglaises und Weiterweg zum Mont Blanc wird als Peuterey Integral bezeichnet. Längster kombinierter Gratanstieg in den Alpen. Abwechslungsreich mit großartigen Eindrücken. Während sich auch alpinistische Normalverbraucher an den „normalen" Peutereygrat wagen können, bleibt der „gesamte" Peutereygrat nur sehr ausdauernden Seilschaften vorbehalten. Allein die bisher nur wenig durchgeführte Abseilerei über die 450 m hohe NW-Kante der Aig. Noire de Peuterey stellt ein nicht zu unterschätzendes Problem dar. Immer ein, nicht selten zwei Biwaks. Die schwierigeren Kletterpassagen liegen am Anfang (S-Grat der Aig. Noire de Peuterey). Doppelseil für das Abseilmanöver erforderlich. Vom E des S-Grates der Aig. Noire bis zum Mont Blanc knapp 2800 m HD im Aufstieg. Je nach Verhältnissen 2—4 Tage vom Refuge de la Noire (R 77). Vgl. Foto S. 107.

Übersicht: Der „gesamte" Peutereygrat setzt sich aus verschiedenen Anstiegen zusammen, im einzelnen wie folgt: Vom Refuge de la Noire im Fauteuil des Allemands (2316 m, siehe R 77) über den S-Grat der

Aig. Noire de Peuterey (3772 m, siehe R 292) und Abstieg über die NW-Kante und teilweise Überschreitung (oder Umgehung) der Dames Anglaises. Dann folgt die Überschreitung der Aig. Blanche zum Col de Peuterey. Nach dem Aufstieg zum Pilier d'Angle über einen Firngrat zum Gipfel des Mont Blanc (vgl. R 211).
Route: Wie bei R 292 auf die Aig. Noire de Peuterey (8—12 Std.). Einige Meter unterhalb (westl.) des Gipfels befindet sich die erste Abseilstelle. Zweimal 40 m abseilen auf eine geneigte Platte, die am oberen Rand des oberen, teils senkrechten, teils überhängenden Aufschwungs im NNW-Grat der Aig. Noire liegt. Zweimal 40 m abseilen entweder in der W-Flanke nahe an der Gratkante oder in der O-Flanke (teilweise überhängend, schlechter Stand). Man erreicht so eine Schulter in halber Grathöhe. Durch den großen Kamin der W-Flanke 200 m teilweise überhängend abseilen (Stein- und Eisschlaggefahr, besonders am Nachmittag). Am Ende über gestuften Fels nach N (rechts) queren. Über Platten weiter abseilen bis in das Schneecouloir, das aus der Brèche S des Dames Anglaises entspringt. Durch das Couloir in die Scharte (4—5 Std.). Nun über Felsstufen und Bänder zu einer Schulter auf der W-Flanke der Pte. Casati. 20 m vor der Schulter eine 20 m hohe brüchige Felsrinne, dann einen Riß (III) hoch und nach links zum SW-Grat der Pte. Casati. Über den Grat (III und IV) unter deren Gipfel. Zweimal abseilen in die Brèche Centrale des Dames Anglaises. Den folgenden Turm (Isolée) zunächst über ein glattes steiles Wandl 10—12 m (IV) hoch, dann 4 m nach links (brüchig). Über einen schrägen Riß und einen Kamin (III) erreicht man die Schulter der Isolée. Links ansteigend queren (zuletzt IV) bis oberhalb der Brèche N des Dames Anglaises. Zweimal abseilen in diese Scharte (2—3 Std.). Biv. Craveri (R 78).
Variante: Aus der Brèche S kann durch Abseilen auch das Couloir, das zur Brèche N (R 78) heraufzieht, erreicht werden. Von der Brèche S den Grat kurze Zeit verfolgen. Die Dames Anglaises werden links (also auf der Frêney-Seite) umgangen. Steinmann am Beginn einer weiteren Abseilpiste. Durch eine brüchige Rinne wird viermal 40 m abgeseilt. Anschließend rechtshaltend (nördl.) abklettern, bis man durch weiteres zweimaliges Abseilen (je 30 m) ins Couloir gelangt, das sich weiter oben teilt und dessen linker Ast zur Brèche Nord des Dames Anglaises verfolgt wird; im Couloir trifft man auf R 78; wie dort weiter (vgl. zu dieser Variante auch die Skizze in KSW, S. 145).
Von der Biwakschachtel quert man horizontal über brüchige Felsen nur wenig auf- und absteigend die linke Gratseite (Frêney) am Fuß des ersten Grataufschwunges des SO-Grats der Aig. Blanche de Peuterey. Durch einen kurzen Kamin überwindet man einen Vorsprung. Nun weiterqueren über ein Band von 40 m. Durch eine plattige Rinne in eine

Scharte in einem Sekundärgrat (SW-Grat), rechts eines kleinen Gratturms (III). Hier Zusammentreffen mit R 214.

Rechts durch ein 10-m-Couloir und über unschwierigen Fels auf den SO-Grat der Aig. Blanche. Man folgt diesem und umgeht dann auf der Brenva-Seite durch schräges Ansteigen — ziemlich tief haltend — die Pointe Gugliermina. Nach einem schrägen Ansteigen über Rippen und Couloirs erreicht man über die dritte Rippe wieder den Grat und folgt ihm bis zu einer Scharte (etwa 3900 m). Von dieser Scharte auf der Brenva-Seite hinab, zurück zum Grat, nun eher auf der Frêney-Seite halten, bis der Felsgrat in Firn übergeht und zum SO-Gipfel, 4107 m, führt (3 Std.). — Man kann auch von der Scharte den Turm relativ leicht links (sehr ausgesetzt) umgehen (IV). Danach wieder hinauf zum Grat und auf der Frêney-Seite des Grates weiter, bis dieser in den Firngrat übergeht. Nun durch einen kurzen Kamin zum Firngrat oberhalb der N-Wand. Über den ausgesetzten Grat (große Wächten) bis an den Turm des Zentralgipfels, den man rechts (Brenva) umgeht. Zum NW-Gipfel über verschneiten Fels (1—2 Std.). Weiter zum Col de Peuterey wie bei R 212 und zum Mont Blanc wie bei R 211.

● **218 Notabstiege vom Col de Peuterey**
Wenn man am Col de Peuterey wegen schlechten Wetters umkehren muß, sind alle sich anbietenden Rückzüge schwierig und teilweise ziemlich gefährlich. Um eventuell Notsignale zu geben, ist die Sichtverbindung Col de Peuterey — Col du Trident (R 80) am geeignetsten. Der Weg zur nächsten Biwakschachtel führt zum Biv. Eccles (R 76). Auf diesem ist man aber bei stärkeren Schneefällen ziemlich abgeschnitten. Der ebenfalls schwierige Abstieg über die Gruberfelsen ist insgesamt sicherer als derjenige über die N-Wand des Col de Peuterey, der vor allem bei Schneefällen äußerst lawinengefährdet ist (bis zum Col Moore).

● **219 Abstieg über Gruberfelsen**
Spaltenreiche Gletscherbegehung. **AD**. Mehrfaches Abseilen. 6—10 Std. (je nach Verhältnissen) bis zum Ref. Monzino (R 75).

Übersicht: Vom Plateau am Col de Peuterey zunächst die Felsen am linken Ufer des Eisbruchs (der vom obersten Gletscherplateau auf den zerrissenen Glacier de Frêney führt) hinab. Über den Gletscher bis unter den Col de l'Innominata und über diesen zur Hütte.

Route: Vom Col de Peuterey nach links (SSW) über den mäßig steilen Firnhang. Man erreicht so einen schwach ausgeprägten Firnrücken, der bald in einen steilen Schnee- und Felsgrat übergeht. Mit mehreren Abseilstellen bis zum Bergschrund abseilen. Man steigt den erreichten Glacier du Frêney zuerst an seinem linken, dann an seinem rechten Ufer ab und gelangt so an das Couloir, das vom Col de l'Innominata herabzieht. Diese Rinne hoch über mäßigen Fels. Jenseits um die Aig. Croux herum und über den Glacier de Châtelet zur Hütte.

● **220** **Frêneypfeiler**
Die Frêneyflanke, bestehend aus drei markanten, parallel stehenden Felspfeilern, die wiederum durch teils ausgefüllte Riesenverschneidungen voneinander getrennt sind, wird rechts (nördl.) vom Peutereygrat und links (südl.) vom Innominatagrat begrenzt. Sie erhebt sich über der obersten Mulde des Glacier du Frêney, dem Plateau Supérieur du Frêney. Eine große, steile Eisrinne teilt die Flanke in zwei Hälften. Das rechte Ufer dieser Rinne bildet ein großer roter Pfeiler. Über diesen Pfeiler, also über den rechten der drei oben genannten Pfeiler (gesehen von SO, etwa von der Aig. Blanche de Peuterey) führt der ältere klassische Anstieg, der als „Rechter Frêneypfeiler" oder „Gervasuttipfeiler" bekannt ist. Der mittlere, durch die schreckliche Tragödie 1961 bekannt und berühmt gewordene Pfeiler (vgl. Pierre Mazeauds „Schritte himmelwärts"), wird als zentraler Frêneypfeiler bezeichnet. Über diesen Pfeiler verläuft auch die neuzeitliche Route „Jori Bardill". Der Anstieg über den westl. der drei aufragenden Strebepfeiler ist als „Linker Frêneypfeiler" oder „Harlinpfeiler" bekannt. Alle Routen sind aufgrund des langen Zustiegs (eigene Bergfahrt) als ernste Unternehmen anzusehen. Die oberste Mulde des Gletschers (zwischen Col Eccles und Col de Peuterey) kann auf den unter R 221–223 beschriebenen Anstiegen erreicht werden.

● **221 Zustiege zu den Frêneypfeilern**
Alle Zustiege zum oberen Plateau des Glacier de Frêney (zwischen Col de Peuterey und Col Eccles gelegen) sind schwirige lange Bergfahrten. Am schnellsten erreicht man das Plateau über den Col de Peuterey (R 211) in $4^{1}/_{2}$–$6^{1}/_{2}$ Std. vom Col du Trident (R 80). Die anderen Anstiege vom Ref. Monzino (R 75) über Bivouac Eccles (R 76) in 6—10 Std. (vgl. R 222) und über die Gruberfelsen in 8—10 Std. (vgl. R 223) zum Plateau. Da der Bergsturz in der Brenva-Flanke diesen Zustieg (R 211) deutlich gefährlicher gemacht hat, dürfte der Zustieg über das Bivouac Eccles (R 76/R 222) am besten sein.

● **222 Über das Bivouac Eccles**
Lange schwierige Gletschertour. **AD**. 6—10 Std. vom Ref. Monzino (R 75) bei rd. 1600 m HD.
Route: Von der Hütte wie bei R 76 zur Biwakschachtel. Hinter der obe-

ren (alten) Biwakschachtel nach N einen steilen Hang 30—40 m bis auf den oberen Teil des Glacier du Brouillard hinab. Entlang des Grats der Pte. Eccles und über den Gletscher zum Col Eccles (100 m HD, 45°). Auf der anderen Seite die sehr brüchigen Felsen am rechten Ufer des Couloirs, das am Col entspringt, auf den Gletscher hinab, eventuell abseilen. Ohne Höhenverlust zum Pfeilereinstieg. 2-3 Std. von der Biwakschachtel.

● 223 **Zustieg über die Gruberfelsen**
III, langer spaltenreicher Gletscheranstieg. **AD**. 1500 m HD. 8—10 Std. vom Ref. Monzino.

Route: Von der Hütte (R 75) wie bei R 214 auf den Glacier de Frêney. Über diesen zuerst nordöstlich., später nordwestl. aufsteigen. In manchen Jahren, auch im Spätsommer, erfordert dieser Gletschergang harte Eisarbeit. Schließlich wird der Eisbruch des oberen Glacier de Frêney erreicht, der, eingezwängt zwischen der Pte. Eccles und dem NW-Gipfel der Aig. Blanche, von der obersten Gletschermulde unter der Frêneyflanke wie eine Eiskaskade abbricht. Schon vor Erreichen dieser Eiskaskade betritt man an geeigneter Stelle die ebenfalls rechts befindlichen Gruberfelsen, etwa an der tiefsten Stelle, wo diese Felsrippe dem Gletscher entsteigt. Es ist dies die Felsrippe, die das linke Ufer der Eiskaskade bildet. Nun schwierig (III, im Abstieg wird abgeseilt) dem Verlauf der Rippe folgend, dabei die Eiskaskade zur Linken, auf das oberste Plateau des Gletschers.

● 224 **Zentralpfeiler**
Chris Bonnington, Ian Clough, Jan Dlugosz und Don Whillians, vom 27. bis 29. August 1961 sowie durch die einen Tag später eingestiegene Seilschaft R. Desmaison, P. Julien, J. Piussi und Y. Pollet-Villard. **VI** und **A 1**, überwiegend V, V+ und A0 in den 3 SL an der Chandelle, sonst IV und V. Zustieg und Weiterweg zum Mont Blanc kombiniert. **TD+**. Sehr interessante und schöne Kletterei, muß aber im Hinblick auf den langen Zustieg und auf Vereisungsgefahr bei Wettersturz als kombinierte Route besonders großen Stils gezählt werden, zweifelsohne einer der berühmtesten Routen im gesamten Alpenraum. Fester Fels, relativ steinschlagsicher. Mehrere gute Biwakmöglichkeiten. Pfeilerhöhe ca. 500 m, dann noch 300 m HD bis zum Gipfel. Zeiten: Vom Col du Trident (R 80) in 5—6 Std. zum E, 6—8 Std. an den Fuß der Chandelle, zum Gipfel der Chandelle 4 Std. und zum Gipfel des Mont Blanc 3 Std., zusammen 18—21 Std.

Übersicht: Die Begehung des zentralen Frêneypfeilers teilt sich in mehrere Abschnitte: Zustieg (vgl. R 221) normalerweise über R 211 zum Pfeilerfuß.
Dann am tiefsten Punkt des Pfeilers einsteigen und auf seiner rechten Seite hoch bis unter den senkrechten Turm, Chandelle (Kerze) genannt, und über diesen zum Pfeilergipfel.
Weiter über kombiniertes Gelände auf den obersten Teil des Brouillardgrats und über diesen zum Gipfel.
Zustiege: Vgl. R 221–223. E am tiefsten in den Gletscher reichenden Felsvorsprung unter einer großen Verschneidung.
Route: Die meist vereisten Felsen unter der Verschneidung hoch, nun aber nicht in die Verschneidung, sondern rechts eine abgespaltene Schuppe hoch und nach rechts queren entlang eines waagrechten Risses (IV+).
Eine kurze Verschneidung hinauf zu einem Absatz (IV). Rechts durch einen Riß hoch (35 m, V). Über die teilweise verschneiten Felsen des ersten Aufschwungs zuerst etwas links, dann nach rechts hoch auf den ersten großen Aufschwung des Pfeilers. Der Pfeiler wird nun insgesamt steiler.
Rechts der Pfeilerkante über Platten und Orgelpfeifen hoch (40 m, IV+). Eine Verschneidung mit markantem Überhang (VI—) hoch und auf die Pfeilerkante durch einen vereisten, breiten Riß (IV). Weiter durch ein verschneites Couloir rechts hinauf, dann über ein Rißsystem (IV, 2 SL).
Die Neigung des Pfeilers nimmt nochmals zu. Über Orgelpfeifen rechts eines vereisten Kamins hoch (IV). Ein Schneehang und ein kurzer Firngrat führen an den Fuß der Chandelle (hier letzter guter Biwakplatz vor dem Pfeilergipfel). Eine kurze SL (V) auf einen Block. Nun durch einen feinen, links geneigten Riß durch eine Platte bis unter die Überhänge hoch (A1). Unter den Überhängen nach rechts queren, man quert dabei die Pfeilerkante, bis zum Fuß einer Verschneidung, die ein großes Dach geschlossen ist. Durch die Verschneidung bis zum Dach, dann durch den Kamin, der das Dach teilt hoch (A1 mit Stellen V+ und VI).
Über ein kurzes Wandl (V) auf ein schmales Band. Man folgt dem Band nach links. Am linken Rand der Chandelle durch eine kurze Verschneidung (IV+) und eine Platte (V) hoch. Oberhalb bringt eine Platte von 30 m (IV) zum Gipfel des Pfeilers. Nach einer kurzen Abseilstelle jenseits und einem schmalen Firngrat erreicht man einen guten Biwakplatz.
Über kombiniertes Gelände zum Brouillardgrat (R 245) und zum Mont Blanc.

- **226 Harlinpfeiler**
Tom Frost und John Harlin, 1.—2. August 1963. **VII** meist V+, VI und VI+ in der roten Mauer. Sonst deutlich leichter mit kombiniertem Gelände. **ED**. Ehemals in teils freier, teils künstlicher Kletterei eröffnet, wird der Pfeiler heute frei geklettert. Insgesamt ist die sehr harte Kletterei ziemlich kurz. Der Pfeiler, auch Pilier Dérobé (versteckter Pfeiler) genannt, ist weniger offensichtlich als die anderen Frêney- oder Brouillardpfeiler. Biwakplatz unter der roten Mauer. Vom Pfeilergipfel entweder aufsteigen zum Mont Blanc (vgl. R 224) oder weniger empfehlenswert abseilen, wie bei R 229. Pfeilerhöhe 300 m. Die übrigen rd. 450 m HD vom Col de Peuterey bis zum Mont Blanc de Courmayeur entfallen auf kombiniertes Gelände. Bei zeitigem Aufbruch vom Col du Trident (R 80) ohne Biwak.

Übersicht: Der Harlinpfeiler liegt links des Zentralpfeilers versteckt, er ist etwas mehr nach S ausgerichtet. Man erreicht ihn vom Plateau des Glacier de Frêney durch das Couloir links des tief in den Gletscher reichenden Zentralpfeilers. Man begeht den Pfeiler über eine Rißreihe von links beginnend bis zu einer Blockzone (oft verschneit). Es folgt die rote Mauer, dann steigt man etwas rechts aus. Oberhalb des Pfeilers kombiniertes Gelände bis zum Brouillardgrat.

Zustieg: Wie bei R 221 beschrieben, an den Fuß des Zentralpfeilers. Nun das etwa 50 Grad steile Firncouloir hoch. Steinschlaggefahr (nur am frühen Morgen aufsteigen). Man gelangt so an den Pfeilerfuß (6—8 Std. vom Col du Trident R 80).

Route: Durch einen senkrechten Riß am linken Rand des Pfeilers hoch. Dann über Risse und Kamine ein wenig rechts weiter zu einem großen Überhang (insgesamt IV). Rechts um den Überhang über einige Bänder. Eine heikle, nach rechts ansteigende Querung und ein direkter Anstieg von 40 m (VI—) bringen zur rechten Seite einer Blockzone. Von der oberen linken Kante dieser Zone aus beginnt eine auffällige rote Mauer mit seichten, senkrechten Rissen. Weite Teile dieser Wand sind überhängend, während der Rest vertikal verläuft. Zunächst direkt hoch, wobei man links über zwei kleine Überhänge zu einem Band gelangt. Dann über Risse hinauf bis zu schlechtem Stand unter Überhang. Vom Stand aus über den Überhang und 10 m weiter in Riß, dann nach links in überhängenden Kamin und durch ihn zu Absatz (VII, VI+ vom Beginn der roten Mauer). Von hier schräg rechts aufwärts und über vereiste Platten zu dem kaminartigen Couloir zwischen linkem und zentralem Pfeiler. Im Couloir hoch und über einen Eisüberhang, dann weiter links aufwärts über brüchige Platten zum Gipfel des linken

Pfeilers (überwiegend V und V+). Über kombiniertes Gelände hinauf zum Brouillardgrat. Weiter wie bei R 245 zum Gipfel.

● 229　　Abstieg von der Chandelle
　　　　Anstatt den Weiterweg über den Brouillardgrat zu nehmen, kann auch abgeseilt werden. 50-m-Seile erforderlich.
Abstieg: Vom Gipfel des Harlinpfeilers geht die Abseilstrecke durch die Schlucht zwischen diesem Pfeiler und dem Zentralpfeiler. Abseilstellen auf 50 m Abstand eingerichtet. Man erreicht so den Wandfuß.

● 230　　Innominatagrat
　　　　S.L. Courtauld, E.G. Oliver, Adolf Aufdenblatten und Adolphe und Henri Rey, 19.—20. August 1919. Große kombinierte Bergfahrt. Stellen bis **54°** und **IV+**. Die Schwierigkeiten sind überwiegend geringer, aber sehr anhaltend. **D**. Große, kombinierte Route über einen der drei Grate, die vom Mont Blanc nach Süden ziehen. Als eigentlicher Gratanstieg kann nur die Verbindung von der Aig. Croux, 3251 m, über die Pointe de l'Innominata, 3730 m, bis zum Col Eccles, ca. 4000 m, angesprochen werden. Vom Col Eccles ab führt der Anstieg mehr über einen charakteristischen Vorbau in dieser von Couloirs, Firnfeldern und Granitpfeilern durchsetzten, riesigen Felsflanke, die sich von den Brouillardpfeilern im Westen bis zu den Frêneypfeilern im Osten streckt. Weniger begangen als der berühmtere, aber geringfügig leichtere, klassische Peutereygrat (R 214). Durchwegs im festen Fels, fügt sich diese rassige Route dem natürlichen Verlauf des Geländes an. Direkte Steinschlaggefahr besteht nur im großen Couloir. Vom Ref.-Biv. Eccles (R 76) 1000 m HD, 7—12 Std. Vom Ref. Monzino (R 75) 11 bis 17 Std. Begeht man von Monzino den S- und N-Grat der Pte. Innominata, 13 bis 18 Std. (vgl. R 272). Bei dieser Routenführung ersteigt man den Mt. Blanc, ohne einen Gletscher zu begehen.
Route: Vom Col des Eccles (vgl. R 222) nordwestlich über den schmalen Firngrat an die erste Wandstufe. Hier geradeaus den Grat (III) hinauf, der stellenweise sehr steil wird. Mehr links auf der Brouillardseite gehend, bis fast zum Fuß von zwei markanten roten Türmen. Rechts des ersten Turmes wird ein Kamin durchstiegen (40 m, IV+, sehr anstrengend, gelegentlich auch mit V bewertet), der auf einem schmalen Band endet. Die hier aufragende, etwa 5 m hohe Wand wird durch einen kleinen Riß (IV) überwunden. Um wieder auf den Grat zurückzu-

kommen, muß in der direkt (nördl.) hinter dem Turm liegenden Scharte hochgestiegen werden. Dazu ist der Turm rechts (östl.) zu umgehen. Der anfangs noch steile, jedoch gut griffige Grat (IV) wird in der Fortsetzung leichter. Ein kurzer und schmaler, nahezu ebener Firngrat leitet zum Fuß des zweiten Wandaufschwunges, der mit riesigen Granitsäulen bestückt ist. Hier schräg links aufwärts in die steilen Felsen zu dem großen Eiscouloir, das zwischen den Anstiegsfelsen und einer weiteren links (westl.) stehenden, felsigen Wand liegt. Das Couloir wird an der schmalen Stelle (eine SL) in etwa 4250 m Höhe nach links zum rechten Ufer gequert. Als Markierung dient eine gegenüberliegende, sich nur schwach abhebende Felsrippe. Das Couloir ist hier sehr steil und zwischen felsigen Platten eingeengt. An dieser etwas unangenehmen Stelle ist auf Eis- und Steinschlag zu achten. Über die Rippe geht es in leichter Kletterei auf eine gleich links anschließende weitere Rippe hinauf, bis man auf ein schmales Eiscouloir stößt. Dieses mündet von links oben kommend wieder rechts unten im eben gequerten großen Couloir. Jetzt dieses schräge Couloir nach links in seiner ganzen Länge aufsteigen. (Am Anfang dieses Couloirs steht oben ein roter Turm mit einem auffallenden großen Überhang in seiner Gipfelnähe.) Mit dem Ausstieg ist der Kamm der steilen Felswand erreicht. Im weiteren Verlauf geht der Anstieg über diesen Felsenkamm. Man befindet sich jetzt etwas unterhalb der Grathöhe in der Westflanke und orientiert sich allmählich wieder halbrechts schräg aufwärts. Es folgt eine Reihe von Felsaufschwüngen, unterbrochen nur von kurzen Eishängen oder überwächteten Firnkämmen, die alle zu dem letzten steilen Schneegrat führen. Je nach den Verhältnissen kann man sich von hier entweder über den etwa 150 m hohen Schneegrat, immer noch halbrechts haltend, auf den Hauptgrat (Brouillardgrat) hocharbeiten, oder man steigt geradeaus durch die links (westl.) vom Schneegrat liegende mit Fels und Eis durchsetzte Flanke, die in etwa 4650 m Höhe am Brouillardgrat endet. Dem Grat aufwärts folgend umgeht man links (westl.) die Felsstufe des Mont Blanc de Courmayeur und quert anschließend schräg hinauf zum höchsten Punkt des Mont Blanc.

● 235 **Brouillardflanke**
Vielleicht die wildeste aller Ecken im Mt.-Blanc-Gebiet. Sie bietet großartige Fels- und Eiskletereien sowie eine lange kombinierte Bergfahrt von mittlerer Schwierigkeit, den Brouillardgrat. Die sog. Broillardpfeiler, 4 an der Zahl, sind 300 m bis 400 m hoch. Zwischen ihnen liegen steile Eisrinnen. Hier wurden etliche Routen gefunden, die einen Besuch lohnen. Der allgemeine Ausgangspunkt (Ref.-Biv. Eccles, R 76) kann allerdings ziemlich überfordert sein. Durch die große Abgeschie-

denheit der Brouillardflanke — bedingt durch den langen Zustieg — herrscht hier immer eine besondere Atmosphäre. Bei schlechtem Wetter muß man u. U. längere Zeit in der Biwakschachtel Eccles ausharren, da Passagen des Abstiegs lawinengefährdet sein können.

- **236** **Hypercouloir du Brouillard**
    Patrick Gabarrou und P.-A. Steiner, 13.—14. Mai 1982. **90°** und leicht überhängende Passagen. Mehrere aufeinander folgende Eisschläuche, davon 3 überhängend bzw. betont senkrecht. Dazwischen steiles, teilweise kombiniertes Gelände. **ED**—. Eine ganz große Eisroute. Durch die Abgeschiedenheit und den verbleibenden Aufstieg zum Mont Blanc über den Brouillardgrat sehr lang. HD im Couloir 700 m. 16—19 Std. vom Biwak bis zum Gipfel.

Übersicht: Das Couloir ist zwischen dem rechten Brouillardpfeiler und dem großen Felssporn neben den Pfeilern eingeschnitten. In den ersten beiden Dritteln sehr steil, weiter oben weniger steil bis zum Brouillardgrat, über den man den Gipfel erreicht.

Zustieg: Vom Biv. Eccles (R 76) steigt man nach N einen ziemlich steilen Hang 30 bis 40 m ab und gelangt so auf den obersten Glacier du Brouillard. Nun quert man horizontal an den Beginn des Couloirs.

Route: Nach einem kurzen Eishang an den ersten Eisschlauch. Oben heraus nach links über kombiniertes Gelände. Über einen Firn- / Eishang zu einer schmalen Rinne mit einem sehr steilen Eisschlauch. Ein weiterer Firn- / Eishang führt zu einem Eisschlauch, der eine schwierige kombinierte Passage in der ersten Hälfte aufweist. Nach einem erneuten Firn- / Eishang gelangt man an einen Eisschlauch, der anfangs leicht überhängend scheint. Man erreicht so die oberen Firnhänge (11 Std.; Zeit der Erstbegeher). Nun schräg nach links über Firnhänge und kombiniertes Gelände zum Brouillardgrat (2—4 Std.). Weiter über R 240 in 3 Std. zum Gipfel (nach Angaben der Erstbegeher).

- **237** **Gabarrou-Long** (Pilier rouge du Brouillard)
    Patrick Gabarrou und Alexis Long, 28.—29. Juli 1984. **VIII**— und **A 3**; überwiegend VI und VII. **ED +** . Besonders schöne Kletterei mit sehr anhaltenden Schwierigkeiten. Wenige H, die notwendigen BH stecken. 50-m-Seile erforderlich. Wandhöhe 400 m. 15 Std. für den Pfeiler.

Übersicht: Die Führe beginnt am tiefsten Punkt des roten Pfeilers und zieht ziemlich gerade durch die annähernd senkrechten Pfeilerplatten.
Zustieg: Wie bei R 245 zum Pfeilerfuß (1 Std.).

Route: Durch eine nach rechts geneigte Verschneidung bis zu kleinem Absatz (V). Links über eine Schuppe, dann gerade zu Stand (VI+, dann V). 2 SL gerade hoch (VII; VI). Man erreicht so das rechte Ende des Bandes, das den Sockel des Pfeilers begrenzt. Über eine Schuppe (VI) ca. 15—20 m hoch, dann nach links über eine Platte (VIII—), einen kurzen senkrechten Riß hoch (A 2), weiter etwas nach links, dann schräg nach rechts (VII) und über sehr feine Risse schräg rechts hoch (A 3). SL von 50 m, 2 BH am Stand. Über kleine Schuppe (VII) hoch, dann rechts eines markanten Daches eine Rißverschneidung hoch und oben rechts am Überhang vorbei, der die Verschneidung abschließt (VII) und durch eine links geneigte Verschneidung (IV+) zu einem Band. SL 50 m. Erst gerade hoch, dann einen Überhang rechts umgehend und 10 m oberhalb zu bequemem Stand (VI+). Über nicht allzu festen Fels hoch zu Band (III, dann V). Eine SL auf der Pfeilerkante führt zu einem Band am Fuß einer Verschneidung (V+). Diese 10—15 m hoch (VI), dann nach links in eine andere Verschneidung und diese hoch (VI+), zurück nach rechts in die Verlängerung der ersten Verschneidung und zu Stand auf einem Band rechts der Pfeilerkante (VII+). Über Felsschuppen hoch und nach links zur Pfeilerkante (VI). Gerade hoch in 2 SL (V+ und VI+) zum Gipfel des roten Pfeilers. Weiter wie bei R 238.

● **238** **Bonatti-Oggoni** (Pilier Rouge du Brouillard)
Walter Bonatti und Andrea Oggoni, 5—6. Juli 1959. **VI** meist V und V+. **TD+**. Die erste in der Brouillardflanke eröffnete große Kletterfahrt. Lohnende und anhaltend schwierige, anstrengende Rißkletterei. Falls die Risse, besonders im oberen Teil, eisgefüllt sind, evtl. auch einige Passagen künstlicher Kletterei A 1 und A 2. Es stecken sehr wenige H. Der eigentliche Pfeiler ist knapp 400 m hoch, danach folgt kombiniertes Gelände 300 m HD bis zur Pte. Louis Amédée und weitere 400 m bis zum Mont Blanc. Zeit für den Pfeiler 10 Std., dann weitere 6—8 Std. bis zum Gipfel. Man kann auch über die Route abseilen, 45-m-Abseilstellen.

Übersicht: „Roten Pfeiler" nennt man den linken der drei großen Brouillardpfeiler; er ist rechts und links von Firn-/Eisrinnen begrenzt. Die Führe beginnt in dem Couloir links des roten Pfeilers, zieht aus dem Couloir auf das Ringband, das den Sockel des Pfeilers abschließt. Im allgemeinen auf der linken Pfeilerseite hoch durch die markanten Riß- und Kaminreihen zum Pfeilergipfel. Von dort nach links und über die kombinierten Hänge hoch zum Brouillardgrat.

Zustieg: Wie bei R 245 zum Pfeilerfuß.
Route: Über den Bergschrund und das steinschlaggefährdete Couloir etwa 1½ SL hoch. Nach rechts an den Fels und durch eine wenig markante Verschneidung auf der linken Flanke des Pfeilers auf die Pfeilerkante (IV und V). Über die Kante zu einer kleinen Scharte mit Schneeresten (IV+). Ein überhängendes Wandl nach rechts übersteigen, dann schräg rechts aufwärts zu einem schmalen Band (V, dann IV) 8 m nach rechts queren zum Beginn einer links geneigten Verschneidung (weißer Fels). Durch die Verschneidung (IV+) und in den großen Kamin, der das untere Drittel des Pfeilers markiert. Durch die enger und überhängend werdende Verschneidung, die der Kamin bildet, hoch (V+, VI). Durch senkrechte und überhängende Risse hoch (V+, wenn vereist auch A1). Der Kamin wird breiter und weniger steil. Über etwas brüchigen Fels auf einen Absatz in halber Pfeilerhöhe. Oberhalb wird der Pfeiler ziemlich glatt und hat hier seinen markanten rötlichen Fels. Eine 25 m hohe Platte schräg links aufwärts bis zu einem überhängenden Wandl am Beginn eines Riß- und Kaminsystems. Durch einen Kamin hoch (VI—, oft vereist; wenn zu sehr vereist rechts über das überhängende Wandl und über Rißspuren oberhalb weiter; A2, dann VI+). Weiter durch den Kamin hoch (VI—, Piazstelle) und rechts an einem Dach vorbei. Oberhalb 2—3 SL durch Risse und senkrechte Verschneidungen hoch (V+ / VI, anstrengend). Nach einem 5-m-Riß (V+, anstrengend) nach links über Platten und Blöcke 15—20 m aufwärts (IV und V). Durch eine überhängende Verschneidung (V) und nach rechts in eine weitere Verschneidung (V). Leicht rechts haltend weiter über leichtere Platten (IV). 25 m nach links hoch an den letzten senkrechten Aufschwung des Pfeilers, den man durch einen 6-m-Riß überwindet. Nun entweder über die Führe abseilen oder wie folgt weiter: Auf der S-Wand des Pfeilers etwas absteigen, dann 2 SL nach links queren über Platten (IV) bis zu einem schmalen Couloir am Fuß eines rötlichen Wandls von 8—10 m. Hier hoch (V) und zu einem schmalen Firngrat, über den man die Hänge unter der Pte. L. Amédée erreicht. Über brüchigen Fels und leichtere Firnhänge zum Brouillardgrat (3—4 Std.) und weiter zum Gipfel (3—4 Std.).

● **245**   **Brouillardgrat**
Karl Blodig, H.O. Jones, G.W. Young mit Josef Knubel, 9. August 1911. Großer hochalpiner Anstieg. **IV** (zwei Stellen), überwiegend leichter, kombiniert. **D—**. Der Brouillardgrat zählt zu den großen Mont-Blanc-Routen, kann sich aber nicht ganz mit dem Peuterey- und Innominatagrat mes-

sen. Insgesamt kürzer und etwas leichter als diese, die Zugänge mit eingeschlossen, gilt er dennoch als großer Mont-Blanc-Anstieg. Wie der Innominatagrat wird auch der Brouillardgrat viel seltener begangen als der Peutereygrat. Mehr als der Innominatagrat stand er, besonders wegen des Aufstiegs zum Col Emile Rey, 4012 m, im Rufe objektiver Gefährlichkeit. Dieser Zustieg wird heute nur noch selten benutzt und kann nicht empfohlen werden, da er vergleichsweise erheblich länger und gefährlicher ist als der Zustieg über das Ref.-Biv. Eccles. In der Steilrinne unterhalb der Pointe Louis Amédée, 4469 m, besteht Steinschlaggefahr und je nach Verhältnissen auch Lawinengefahr. Die Querung unterhalb der Brouillardpfeiler ist sehr ausgesetzt und mehr gefährlich als wirklich schwierig. HD vom Biwak 1000 m, 7—11 Std.

Übersicht: Vom Biwak quert man zunächst unterhalb der Brouillardpfeiler die abschüssigen Schneebänder des obersten Teils des Glacier du Brouillard zum Col Emile Rey. Nun über den eigentlichen Grat über den Pic Louis Amédée zum Gipfel.

Route: Vom Ref.-Biv. Eccles (R 76) rd. 40 m nordseitig einen ziemlich steilen Hang absteigen, um so auf den oberen Teil des Glacier du Brouillard zu gelangen. Man quert nun das abschüssige Gletscherband unterhalb der Brouillardpfeiler und steigt schließlich direkt zum Col Emile Rey auf (1½ Std.).

Vom Col E. Rey steigt man zunächst eine halbe SL in die Brouillardseite (O) ab. (Keinesfalls in dem links (S) vom Col ansetzenden Abbruch der Pointe Louis Amédée aufsteigen, der weiter oben ungangbar wird.) Man folgt dann einer sich links aufsteilenden plattigen Rinne, am besten an deren linken Seite. In der Rinne wird eine 8 m hohe, fast senkrechte Passage überwunden (IV, 3 H, oft auch vereist und entsprechend schwieriger). Steinschlag und nasser, oft vereister Fels machen diese Rinne zum unangenehmsten Teil des ganzen Anstiegs. Nach etwa 3 SL verflacht die Rinne. Das Gelände wird leichter und schräg links (W) klettert man in eine kleine Scharte des von der Pointe Louis Amédée kommenden Grates. Links (S) der Scharte steht ein auffallender Gendarm. Aus der Scharte heraus zunächst nördlich über Geröll, Firn und danach wieder über brüchigen Fels auf die Pte. Louis Amédée, 4469 m, 2½ bis 5 Std. Vom Gipfel der Pointe Louis Amédée wiederum östlich eine halbe SL in die Brouillardseite zu einer kleinen Scharte absteigen. Diese wird ein paar Meter unterhalb waagerecht gequert. Etwa zwei SL führen zahlreiche senkrechte Felsstufen (IV, 15 m, dann leichter) zur Höhe des ersten Grataufschwunges. Nach einem kurzen ebenen Firngrat mit anschließenden Felsen folgt ein zweiter, etwa gleich hoher Aufschwung. Leichter Aufstieg auf der rechten Seite. In der Fortsetzung über den schmalen, schwach geneigten Firngrat, kommt man zu der Stelle, wo der Innominatagrat von rechts (S) auf den Brouillardgrat stößt, 4650 m. Von dieser markanten Stelle aus dem Grat aufwärts folgend, umgeht man links (W) die Felsstufe des Mont Blanc de Courmayeur und quert die Westhänge des Mont Blanc de Courmayeur schräg zum höchsten Punkt des Mont Blanc (2½—4 Std.).

● 250   Mont-Blanc-Südwestflanke

Die sog. Miageflanke des Mont Blanc ist zweifellos dessen einsamste Seite. Man kann diese im Durchschnitt etwa 45° geneigte kombinierte Wand von keinem Tal aus sehen, sie eröffnet sich erst den Besteigern der Aig. de Trélatête oder des Dôme de Miage. Die ansprechendste Route führt über den Tournettessporn.
Insgesamt ist die Flanke sehr kalt, da die Sonne erst spät in die Wand scheint. Andererseits schützt dies vor Steinschlag. Wegen der Einsamkeit, die hier normalerweise herrscht, sind die Anstiege alle etwas ernsthafter.

● 251   Tournettessporn

T. S. Kennedy mit Jean-Antoine Carrel und J. Fischer, 2. Juli 1872. **III** meist II. Kombiniert. 30 bis **45°** im Eis. **AD-**. Eleganter, abwechslungsreicher Anstieg auf den Mont Blanc. Nicht bei windigem oder unsicherem Wetter zu empfehlen, da sehr dem Wind ausgesetzt. Zum Absteigen nicht geeignet. Vom Ref. Sella (R 74) ca. 1550 m HD (Wandhöhe ca. 1100 m) 7—9 Std. Vgl. Foto S. 122.

Übersicht: Von P. 4677 m, Tournette, zieht ein Felssporn nach SW auf den Glacier du Mont Blanc. Über diesen verläuft die Route.

Route: Von der Hütte einen steilen spaltenreichen Gletscher bis auf den Firnsattel am SO-Fuß des Rocher du Mont Blanc (1½ Std.). — Wenn der Gletscher zu zerklüftet ist, quert man den Gletscher etwas oberhalb der Hütte und ersteigt die Felsrippe zu dem spaltenreichen Gletscher. So gelangt man in 1¾ Std. zu dem Firnsattel. — Nun leicht auf den Glacier du Mont Blanc absteigen. Dann Richtung N, später NO, an den Fuß des Felspfeilers, der links und oberhalb der Felsinsel P. 3620 beginnt.

Über den oft schwierigen Bergschrund und rechts durch ein Couloir oder dessen Uferfelsen hoch bis auf den Grat, der die Felswand nach SO begrenzt. Über diesen Grat hinauf (steile, teilweise auch brüchige, aber insgesamt wenig schwierige Felsen II und III). Hindernisse werden

Mont Blanc von Westen
R 74   Zum Refuge Q. Sella   R 251   Tournettessporn
R 181 Normalweg

rechts umgangen. Weiter über den folgenden Firngrat mit einigen Felsinseln. Die oberste Felsinsel wird rechts umgangen und diagonal zum Bossesgrat aufgestiegen. Über den Grat zum Gipfel.

● **252** **Von Italien über Aiguille Grises**
L. und J. Bonin, A. Ratti, der spätere Papst Pius XI, Joseph Gadin und Alexis Proment, 1. August 1890 im Abstieg. Teilweise spaltenreicher Gletscheranstieg mit ausgesetzten Firnpassagen 40°. Kleinere Felspassagen **II. PD+**. Der einfachste Aufstieg direkt von Italien. Insgesamt aber, wegen der sehr viel größeren Einsamkeit, dem recht zerklüfteten Glacier du Dôme und den ausgesetzten Gratpassagen zwischen Piton des Italiens und Dôme du Goûter, deutlich schwieriger als die „Normalwege" von Frankreich inkl. R 188. 1800 m HD. 6—8 Std. vom Refuge Gonella (R 73).
Übersicht: Von der Hütte über die Aig. Grises zum Piton des Italiens. Nun über den Grat zum Dôme du Goûter und über den Bossesgrat zum Gipfel. Vgl. Foto S. 82.
Route: Wie bei R 172 zum Col des Aig. Grises. Nun direkt nördl. über den Grat (einigen kleineren Felserhebungen westl. ausweichen) zu einer Schulter im Hauptkamm, die sich etwa 120 m östl. des Col de Bionnassay erhebt (Piton des Italiens, 4002 m, 3—4 Std.). Nun nach rechts dem Grat folgen, über eine zweite Schulter und über den dem Sturm sehr ausgesetzten SW-Grat rechts am Dôme du Goûter vorbei zum Col du Dôme. Weiter wie bei R 181 auf den Gipfel.

● **255** **Überschreitung über Aiguille de Bionnassay**
Teilweise ausgesetzte, schmale Firngratpassagen. **AD**. Die Überschreitungsmöglichkeiten über die Aig. de Bionnassay sind vielfältig. Häufig begangen ist die Linie über die NW-Wand der Aig. de Bionnassay. Logischer ist jedoch der hier vorgeschlagene Weg vom Biv. Durier (R 54). Etwa 1650 m HD. 8—12 Std. von der Biwakschachtel.
Übersicht: Man folgt dem Grat vom Biwak über Aig. de Bionnassay und Dôme du Goûter zum Mont Blanc. Vgl. Foto S. 82.
Route: Wie bei R 171 auf die Aig. de Bionnassay. Weiter über den sehr schmalen O-Grat bis zum Col de Bionnassay (zuerst steil, teilweise große Wächten; ½—2 Std.) Vom Col den nun etwas angenehmeren Grat bis zum Piton des Italiens, wo man R 252 erreicht. Wie dort zum Gipfel.

● **259** **Abstiege vom Mont Blanc**
Vom Gipfel des Mont Blanc werden regelmäßig vor allem die relativ einfachen Abstiege nach Frankreich angegangen. Der einfachste von diesen führt über den Bossesgrat (vgl. R 181) über die Aig. du Goûter nach Nid d'Aigle. Dieser Abstieg ist nur durch die hohe Frequentierung

des Normalaufstiegs belastet. Der schnellste und bei schlechter werdendem Wetter günstigere Abstieg verläuft über den Bossesgrat und dann über Grand und Petit Plateau nach Grands Mulets (vgl. R 182). Auf diesem Abstieg verliert man vor allem sehr schnell an Höhe. Die Spuren auf dem Grand Plateau sind allerdings bei Schneetreiben auch ziemlich schnell verweht. Der längste und auch sehr lohnende Abstieg ist derjenige zur Aig. du Midi. Der am seltensten begangene Abstieg über die Aig. Grises direkt nach Italien ist hier nicht beschrieben. Man folgt hier R 252 in Gegenrichtung. Möchte man nach Italien zurück, ist es besser, über die Route zur Aig. du Midi zu gehen und vom Col du Midi direkt zum Col du Géant und von dort mit der Seilbahn zu Tal zu gelangen.

● **260**   **Abstieg über Refuge du Goûter**
Kombinierte Gletscherbegehung. **PD**. Die Vorbemerkungen zu R 180 und 181 gelten auch hier. Im Abstieg bis Nid d'Aigle ca. 2500 m HD. 4—5 Std. vom Gipfel.
Abstieg: Vom Gipfel des Mont Blanc den teilweise schmalen Grat hinab bis zum Ref. Vallot (³/₄ Std.). Nun weiter zum Col du Dôme, dann den Dôme du Goûter rechts (NO) umgehend über die weiten Hänge zur Aig. du Goûter absteigen. Vom Ref. du Goûter über die steile Felsflanke hinab bis an das Grand Couloir. Dieses steinschlaggefährdete Couloir besonders achtsam überqueren (Drahtseil). Man gelangt so auf einen bequemen Weg, der zum Nid d'Aigle hinabführt.

● **261**   **Abstieg über Grands Mulets nach Plan de l'Aiguille**
Langer, spaltenreicher Abstieg. Im unteren Teil ist der Durchstieg durch den Eisbruch „Jonction" meist gut gangbar, aber dennoch abenteuerlich. **PD**. Bis nach Plan de l'Aiguille (R 31 und 59) vom Gipfel 5—6 Std. (vgl. R 182).
Abstieg: Vom Gipfel des Mont Blanc den teilweise schmalen Grat hinab bis zum Ref. Vallot. Weiter bis zum Col du Dôme (1 Std.). Nun nach rechts (NO) abbiegen auf das Grand Plateau. In nördl. Richtung, im allgemeinen einer breiten Spur folgend, hinab über einen steilen Hang zum Petit Plateau. Weiter teilweise sehr spaltenreich an den Fuß der Felsen, die das Refuge des Grands Mulets (R 57) tragen. Nun über den steiler werdenden Hang zum Eisbruch Jonction, den man ziemlich

Das allmorgendliche Schauspiel der langen Kette von Bergsteigern, die von der Seilbahnstation an der Aiguille du Midi zu ihren Zielen hinabstreben.

waagrecht durchsteigt. Über den meist aperen Gletscher an das rechte Ufer des Glacier des Bossons und weiter über die Ruinen des Gare des Glacier einem Weg folgend bis zum Glacier des Pelerins. Da dieser sehr mit Schutt bedeckt ist, ist seine Querung meist mühsam. Nicht zu sehr absteigen. Über einen guten Weg nach Plan de l'Aiguille.

● 262   **Abstieg zur Aiguille du Midi**
Langer Gletscherabstieg. **PD**. Diese schönste, aber auch ziemlich anstrengende Abstiegsroute (Gegenanstiege) hat eine kritische Stelle beim Abstieg vom Col du Mont Maudit. Hier muß manchmal über den Bergschrund abgeseilt werden. Insgesamt rd. 500 m HD im Gegenanstieg und 1550 m HD im Abstieg. 5—7 Std. bis zum Stollenloch der Aig. du Midi.

Abstieg: Vom Mont Blanc den breiten Rücken nach N hinab über die Petits Rocher Rouge an die steile Mur de la Cote. Diesen meist eisigen Steilhang mit Vorsicht hinab zum Col de la Brenva. Nun mit nur wenig Höhengewinn entlang des zum Mont Maudit aufsteigenden Grats bis zum Col du Mont Maudit, 4345 m. Über die steile N-Flanke hinab und über den meist hohen Bergschrund (oft Abseilen erforderlich). Vom erreichten Col Maudit, 4035 m, nach NW ansteigen auf den Rücken, der zum Mont Blanc du Tacul leitet. Man muß diesen Rücken aufsteigen, bis man die über die NW-Flanke heraufziehende Spur erreicht, über die man weiter absteigt. Sollte wider Erwarten keine Spur vorhanden sein, z. B. nach großen Neuschneefällen, ist vor allem auf Lawinengefahr zu achten. Normalerweise liegt die beste Route auf der rechten (NO) Hälfte der Flanke. Vom Col du Midi unter der S-Wand der Aig. du Midi hindurch, über einen Bergschrund auf den Rücken, der von der Aig. du Midi gegen die Aig. du Plan verläuft. Diesen Rücken sehr ermüdend hoch bis zum Stollenloch.

3. Trabanten des Mont Blanc

● 271   Pointe Louis Amédée, 4469 m
Dieser wuchtige, mit einer steilen SO-Flanke zum Glacier du Brouillard abfallende Berg war in deutschsprachigen Bergsteigerkreisen nur jenen ein Begriff, die über den Brouillardgrat, R 245, aufgestiegen sind. Wie so oft im Mont-Blanc-Gebiet war es auch hier Walter Bonatti, der einem weniger bekannten Gipfel durch Eröffnung einer schwierigen modernen Führe zu Ansehen verhalf (R 238). Eine völlig unbekannte Route im Niveau D/TD führt von SW auf diesen Gipfel. Vgl. Vallot Bd. 1 Nr. 269. Erstbesteigung G. B. und G. F. Gugliermina mit J. Brocherel, 18.—20. Juli 1901.

● 272   Innominata, 3729 m
Relativ leicht erreichbarer Gipfel inmitten der wilden Ecke zwischen Brouillard und Frêney. Sehr beeindruckende Aussicht. Vom Gipfel kann man relativ leicht zum Col du Frêney gelangen und weiter zum Biv. Eccles. Begeht man dann den Innominatagrat (R 230), gelangt man ohne größere Gletscherbegehung zum Mont Blanc. Erste Besteigung durch E. Mackensie mit L. Croux und C. Ollier, 28. Aug. 1895.

● 273   Südostgrat
Erstbegeher vgl. R 272. **II**, kombiniert. **PD**. Anfangs der Sommersaison interessanter, da noch verschneiter Grat. Insgesamt nur mäßige Felsqualität. Rd. 1150 m HD von Monzino (R 75), 4¹/₂—5¹/₂ Std.

Übersicht: Der SO-Grat der Innominata teilt sich in zwei Abschnitte: vom Col de l'Innominata (3205 m) zum Vorgipfel (P. 3620 m) und von dort zum Hauptgipfel. Man erreicht den SO-Grat von SO etwa auf halber Strecke zwischen Vorgipfel und Col de l'Innominata.

Route: Von der Hütte über Gras- und Geröllhänge auf den kleinen fast ausgeaperten Glacier du Châtelet. Dieser wird in nördl. Richtung gequert und weiter in das Halbrund zwischen S-Grat des Vorgipfels und SO-Grat aufgestiegen. Man steigt über leichten Fels (je nach den Verhältnissen mit Schneefeldern vermengt) gegen den SO-Grat an (2¹/₂ Std.).

Auf dem Grat ohne besondere Schwierigkeiten aufsteigen. Ein Gratturm wird links oder rechts umgangen, und man erreicht den Vorgipfel, sich vor allem zuletzt rechts (Frêney) haltend (1¹/₄—2 Std.) über den meist verfirnten Grat zum Hauptgipfel (³/₄ Std.). Der Abstieg vollzieht sich auf gleichem Weg.

● **274** **Nordgrat im Abstieg**
Nur für den Weiterweg zum Biv. Eccles (R 76) von Interesse. Kombiniert. **PD**. Vom Gipfel zum Biwak 2½ Std.
Route: Vom Gipfel über den Firngrat und schlechten Fels zum Col du Frêney, evtl. 1mal abseilen. Von dort wie bei R 76 zum Biwak.

● **275** **Aiguille Croux**, 3256 m
Kleiner, an sich unbedeutender Gipfel, der aber wegen der nahen Hütte (R 75) ziemlich häufig besucht wird. Insbesondere die Ottozführe in der SO-Wand wird oft gemacht. Erstbesteigung Frl. M. Mazzucchi mit J. und H. Croux, 25. August 1900.

● **276** **Südgrat**
Erstbegeher vgl. R 275. **IV** 40 m, sonst II mit kurzem Gletscher. **AD**. Kurze Bergfahrt mit zwei kurzen schönen SL IV. 3 Std. vom Refuge Monzino (R 75).
Übersicht: Über den Glacier du Châtelet an die SW-Wand. Diese hoch bis zum S-Grat vor der großen Platte. Über den Grat zum Gipfel.
Route: Von der Hütte gelangt man über Gras- und Geröllhänge zum kleinen Glacier du Châtelet. Man steigt den Gletscher gegen den Col de l'Innominata. Ein wenig vor dem Fuß der Flanke unter dem Col überwindet man nach rechts eine Felsrippe. Man gelangt so zu dem Schneefeld am Beginn der SW-Wand. Schräg rechts haltend durch diese Wand (II) zu einer kleinen Scharte im S-Grat unterhalb einer etwa 40 m hohen Platte im Grat. Die Platte ziemlich direkt hoch (IV). Weiter zu einer breiten Schulter und zum Gipfel.

● **277** **Ottozführe**
H. Hurzeler mit A. Ottoz, 5. Juli 1935. **V**, anhaltende Schwierigkeiten IV und V. **TD—**. Schöne, ziemlich steile und ausgesetzte Kletterei. H. stecken. Schon sehr früh im Jahr (bzw. nach Wetterstürzen) in akzeptablem Zustand. Wandhöhe 300 m. 4 Std. vom E.
Übersicht: Die Route verläuft durch die schwache Einwölbung von schwarzem Fels, die von einer Scharte im S-Grat unterhalb der Platte (vgl. R 276) zum Firnfeld am Wandfuß herabzieht.
Zustieg: Vom Refuge Monzino (R 75) folgt man dem Pfad, der am Fuß des S-Grates vorbei zum Wandfuß (Firnfeld) leitet. Rechts abgerundeter Sporn, der den Glacier du Frêney überragt. Über den rechten Teil des Firnfeldes gelangt man auf den wenig geneigten Sporn. E (1 Std.).
Route: Über Platten auf den Sporn (III). Nach links queren in die Einwölbung. Die ersten überhängenden 25 m werden links umgangen,

dann quert man nach rechts zurück (V, H) zu einem Kamin in der Einwölbung. Hier 50 m (IV u. V) hoch. Der Kamin teilt sich und man folgt dem linken Arm bis zu einem Aufschwung, der von einem Riß (Weg der Erstbegeher) durchzogen ist. Rechts von diesem Riß durch die oben leicht überhängende Wand (V) und nach links auf eine Rampe. Ein Wandl hoch (V) und nach links in ein schräges Couloir, das oberhalb des Risses der Erstbegeher gelegen ist. Man durchklettert einen tiefen Kamin, den man nach links verläßt (IV u. V), und einen weiteren Kamin. Auf einer Platte schräg nach rechts hinauf, dann oberhalb wieder zurück nach links (V), wo man ein Couloir erreicht, das zu der 40-m-Platte leitet. Über diese zum Gipfel.

● **279 Abstieg**
Man kann entweder über R 277 abseilen (10 Abseilstellen, davon 7 zu 40 m, H stecken) oder über R 276 absteigen, wobei die 40-m-Platte mit ein- oder zweimal Abseilen überwunden wird (H vorhanden).

● **280**   **Aiguille Blanche de Peuterey,** 4112 m
Der schwierig zu ersteigende Gipfel hat drei Spitzen: Den eine Firnhaube tragenden SO-Gipfel oder Pte. Seymour King, 4107 m, den felsigen Mittelgipfel oder Pte. Güßfeldt, 4112 m, als Kulminationspunkt und den ebenfalls felsigen NW-Gipfel oder Pte. Jones (4104 m, ohne Höhenangabe auf der IGN-Karte), der steil zum Col de Peuterey abbricht. Der Gipfel wird heute nicht mehr als eigenes Ziel besucht. Nur der Gratturm Pte. Gugliermina, 3893 m, stellt ein eigenständiges Ziel dar (R 282). Wird auf den anderen Routen auf die Aig. Blanche de Peuterey aufgestiegen, geht der Weiterweg regelmäßig über den Peutereygrat (R 211) weiter. Erstbesteigung des Gipfels durch Emile Rey, H. Seymour King, Ambros Supersaxo und A. Anthamatten, 31. Juli 1885 vom Col de Peuterey. Der SO-Grat, vgl. R 214, wurde erstmals von Paul Preuß, A. Bonacossa und C. Prochownik am 28. August 1913 begangen. Die N-Wand (vgl. R 212) wurde erstmals durch R. Chabod und A. Grivel am 4. September 1933 durchstiegen. Da nach diesen Anstiegen die Abstiege vergleichsweise lang, umständlich oder auch gefährlich sind (vgl. R 218), kann nur der Weiterweg zum Mont Blanc empfohlen werden.

● **282**   **Pointe Gugliermina,** 3893 m
Bevor sich der SO-Grat der Aiguille Blanche de Peuterey steil zur Brèche Nord des Dames Anglaises absenkt, erheben sich die Gratfelsen

zu einem schönen Turm, der nach den Gebrüdern Gugliermina benannt wurde, die in den ital. Steilflanken des Monte Rosa und Mont Blanc hervorragende Erschließer-Arbeit leisteten. Als selbständiger Gipfel von untergeordneter Bedeutung, bricht die Pte. Gugliermina nach S mit einer eindrucksvollen Wand ab. Erstbesteigung G. B. Gugliermina und F. Ravelli 23.—24. August 1914 über den SO-Grat.

● **284 Südwestpfeiler**
G. Boccalatte und G. Gervasutti, 17.—18. August 1938. **VI**—, eine Passage **A1** und A0 oder VII. Überwiegend IV+, V und V+ auf rd. 400 m. **TD**+. Besonders schöne und anhaltend schwierige Kletterei in einer wilden Umgebung. Der Fels ist insgesamt wenig gegliedert und fast dolomitenartig steil. In den leichteren Passagen nur mäßige Felsqualität. Die meisten H stecken. Wandhöhe vom E 600 m. Vom Ref. Monzino (R 75) 10—12 Std. zum Gipfel. Vgl. Foto S. 107.

Übersicht: Die Pte. Gugliermina weist nach SW einen großen Pfeiler in ihrer SW-Wand auf. Rechts des Pfeilers eine hohe Plattenwand (Mrozführe 1971; ED—, VI/A2). Im oberen Teil verläuft sich der Pfeiler, und links beginnt ein kurzer SW-Grat. Nach einem kombinierten Vorbau an den Pfeiler und diesen hoch bis zu seinem Gipfel. Dann nach rechts und den SW-Grat zum Gipfel.

Zustieg: Wie bei R 214 auf das Band unter den senkrechten Felsen (Schneiderband). Dieses Band wird etwa bis zur Hälfte des Weges zwischen Gletscher und Couloir Schneider begangen. 3—4 Std. E.

Route: Etwa 100 m hinauf in Richtung auf die große Vertiefung, welche den großen auffallenden Pfeiler der Wandmitte links begrenzt, bis auf eine kleine Terrasse unterhalb und rechts einer kleinen Schulter. Eine heikle 40-m-Querung leitet auf die Pfeilerkante. Nun 6—7 SL an der Pfeilerkante aufwärts (IV+, V). Man erreicht eine von der Wand abgespaltene 5—6 m hohe Platte, die einen Kamin bildet. Rechts aus dem Kamin hinaus und eine SL in einer offenen Verschneidung empor (V+). Man verläßt die nun überhängend werdende Pfeilerkante und steigt leicht schräg nach links um eine Rippe herum in Richtung auf eine gut sichtbare kaminartige Rinne, die den oberen Teil der am Anfang erwähnten großen Vertiefung bildet (ausgesetzt, VI—). Die kaminartige Rinne (erst IV) wird bald leichter und führt 40 m höher auf ein aus Blockwerk bestehendes Band. Dieses verfolgt man bis zu seinem linken Ende. 10 m weiter oben erblickt man etwas links einen großen, von Abseilschlingen umhängten Block. Über die kleine glatte Verschneidung, welche oberhalb des Endes des Bandes ansetzt, hoch (VII, oder A1/0, oben V). Nun nicht rechts Stand machen, sondern nach links abwärts klettern, dabei werden 2 Verschneidungen und 2 kleine Grate gequert, zuletzt heikel auf ein Band (VI—, man kann zu Anfang auch einen Seilquergang machen). Über Terrassen und kurze Risse (VI— dann V/V+), danach leichter auf den SW-Grat, der die Wand links begrenzt, und auf ein Band hinaus, das sich etwa 30 m oberhalb der großen Schulter dieses Grates befindet. Die Folge des Anstieges bewegt sich jenseits des SW-Grates. Knapp links dieses Grates über die folgenden Platten (V bis V+), dann weniger schwierig auf den Gipfel.

● **289 Abstieg**
III, kombiniert, Abseilstellen. **AD**. Schwieriger Abstieg bei viel Schnee im Couloir Schneider (vgl. Foto S. 107), nicht unkritisch. 4—5 Std. bis zur Hütte.

Abstieg: Vom Gipfel auf der N-Seite absteigen und in die Scharte zwischen Gipfel und einem kleinen Gratturm (l'Epée) abseilen. Man umgeht diesen Turm 10 m auf der Brenvaseite und seilt dann in leichteres Gelände ab. So erreicht man R 214. Nun rd. 300 m auf der Brenvaseite absteigen, dann nach rechts auf den SO-Grat der Aig. Blanche. Den Grat etwa 100 m hinab bis zu einem rechteckigen Gratturm, etwa in der Gipfelhöhe der Dames Anglaises. Auf der Frêneyseite hinab und durch eine Rinne (Wegspuren) absteigen. Über Abseilstelle bei einem Kamin (40 m) erreicht man das Schneiderband. Weiter über das Band zum Gletscher. Man quert den Gletscher auf den Col de l'Innominata zu und erreicht über diesen (vgl. R 219) das Ref. Monzino.

● **290 Aiguille Noire de Peuterey,** 3772 m
Ungeheure, kühngeformte Nadel, die sich als wilde Gestalt über das Val Veni erhebt. Auch der leichteste Anstieg verlangt eine gewisse Kletterfertigkeit und gutes Orientierungsvermögen. Die Aig. Noire wird heute vor allem über den S-Grat, weniger über die W-Wand und kaum über den O-Grat, den Normalweg, begangen. Erste Besteigung durch Lord Wentworth, Emile Rey und J. B. Bich am 5. August 1877.

● **291 Ostgrat**
E. Allegra, L. Mussilon und H. Brocherel, 27. Juli 1902. **III** meist II. **PD**. Abwechslungsreicher Gratanstieg, relativ lang, schwierig zu finden, kein Abstieg nach S-Gratbegehung (vgl. R 299). Die beschriebene Route ist nicht ganz identisch mit der Erstbegeherroute in der Fauteuilflanke. Vom E rd. 1000 m HD. 5—7 Std. im Aufstieg von der Hütte (R 77).

Übersicht: Durch ein Rinnensystem auf den O-Grat am tiefsten Punkt zwischen Mont Noire de Peuterey und der Aig. Noire. Über den Grat zum Gipfel.

Route: Vom Refuge de la Noire (R 77) erreicht man in ¾ Std. den E, indem man westl. schwach absteigend den Abfluß des Kares überschreitet. Man ersteigt eine Moräne, um das zur Aig. Noire hinaufziehende Firnfeld zu erreichen. Nun wendet man sich mit einem langen Quergang nach rechts dem Rinnensystem zu, das zur Grateinsenkung zwischen dem Mont Noir und dem Ende des O-Grates der Aig. Noire zur Höhe zieht. Man strebt der obersten der verschiedenen Rinnen zu. Zuerst auf deren orogr. linken Begrenzungsrippe empor, betritt man die Rinne selbst erst kurz vor ihrer Gabelung, wo sie steiler wird. Nun im linken Ast mit einer links ansteigenden Querung über Platten und Schrofen weiter empor bis zum Fuße eines auffallenden, viereckigen Gendarmen (eine halbe Seillänge unterhalb der Grathöhe). Man bleibt vorerst auf der Fauteuil-Seite der Aig. Noire etwa 1—2 SL unterhalb des Grates, betritt ihn dann selbst, bis man zwei nahe beisammenstehende Gendarmen, 3291 m, erreicht. Den ersten umgeht man rechts (Brenva-Seite), um die Scharte zwischen beiden Türmen zu betreten.

Aiguille Noire, Südgrat
R 292 Südgrat

Der zweite Turm dagegen ist links (S) zu umgehen. Auf dem Grat bis zum nächsten, nicht direkt erkletterbaren großen Gratturm, 3374 m. Diesen umgeht man ebenfalls auf seiner S-Seite (links), begeht ein plattiges Couloir und folgt wieder dem Gratfirst zum dritten Hindernis, einem mit 3519 m vermessenen Gendarmen, den man wieder in der Fauteuil-Flanke über Geröll und durch einen Kamin umgeht, um den Grat wieder etwa eine Seillänge westl. des Gendarmen zu betreten. Dem Grat folgend (man halte sich ein wenig in der N-Seite) kommt man zum Fuße eines senkrechten Gendarmen, der mit einer waagrechten Querung über große, lose Blöcke auf der S-Seite (links) umgangen wird, Man steigt wieder zum Grat an, der — unterhalb des eigentlichen Gipfelaufbaues — eine Art Gratschulter bildet. Nun in leichter Kletterei schräg nach links zum Gipfel.

● **292** **Südgrat**
K. Brendel und H. Schaller, 26./27. August 1930. **V+** (1 SL), meist III und IV mit Stellen IV+ und V. Die Schwierigkeit liegt vor allem in der Länge der Kletterei. Knapp 50 SL. **TD**.

Ausgesprochen schöner und großzügiger Gratanstieg. Fester, rauhgriffiger Fels, nicht immer ganz leicht zu finden. Zügiges Klettertempo erforderlich, soll nicht bereits im Aufstieg ein Biwak bezogen werden. Genügend gute Biwakplätze. H vorhanden, trotzdem fehlen häufig SH. Vom E, ca. 2700 m, bis zum Gipfel gut 1300 m (mehrfach auf- und absteigend). DS empfehlenswert. 7—11 Std. vom E, 8 bis 12 Std. von der Hütte. Vgl. Foto S. 132.

Übersicht: Der S-Grat steilt sich aus einer Folge von Türmen auf, im einzelnen wie folgt: Pic Gamba (1. Turm, wird nicht erstiegen, sondern auf seiner rechten, östl. Seite umgangen), zwei unbedeutende Gendarmen (2. Turm), Pointe Welzenbach, 3355 m, Pointe Brendel, 3499 m, Pointe Ottoz und Pointe Bich, 3753 m.

Zustieg: Von der Hütte (R 77) im Fauteuil des Allemands steigt man nach Überqueren des Karabflusses über eine Moräne in westnordwestl. Richtung an und erreicht in 1 Std. den Fuß des Felssporns, welcher der O-Wand des Pic Gamba (1. Turm) vorgelagert ist. E bei P. 2675 m, etwas links der Fallinie dieses Sporns.

Route: Nach etwa 2 SL wird nach einem guten Stand eine Platte erreicht. Man hat zunächst das Couloir zu gewinnen, das von der nördl. des Pic Gamba gelegenen Scharte zum Fauteuil abfällt. Nun diese Platte (IV) erklettern, sich dann etwas links haltend über grasdurchsetzte

Risse zu einer Reihe grasiger Bänder, die man nach rechts begeht, um so das erwähnte Couloir zu erreichen. Im Couloir etwa eine SL hoch, wird eine Rinnenteilung erreicht und die Mittelrippe der beiden Couloirarme etwa 50 m erstiegen. Nach der Überquerung des rechten Couloirarmes nördl. steigt man in die SO-Wand der Pte. Welzenbach ein. Sich rechts auf ein Grasband und über schrofige Felsen haltend, wird eine von zwei Gendarmen abfallende Gratrippe erreicht. Diese beiden, im Vergleich zu den übrigen gewaltigen Grattürmen des S-Grates unbedeutenden Gendarmen, die der Pte. Welzenbach südl. vorgelagert sind, sind als zweiter Turm bekannt. Über die Gratrippe, dann etwas links zu einem Steilaufschwung, den man rechts umgeht. Von hier ab steigern sich die Schwierigkeiten mit zunehmender Höhe. Zwei aufeinander folgende Kamine führen bis nahe südl. der beiden Gendarmen. Nach einer Platte (IV) und einem Block (IV) wird ein 4 m hoher Überhang überwunden und nach rechts über eine Platte in die zwischen den beiden Gendarmen befindliche Scharte abgestiegen.

Den zweiten Gendarmen rechts (östl.) umgehend, wird der Grat betreten. Über seine Kante oder rechts davon zu einem kleinen Zacken, den man entweder umgeht oder in das folgende Schärtchen absteigt; nach einer 8 m hohen ebenmäßigen und kleingriffigen Plattenkante folgen eine Reihe kleinerer Zacken, die man übersteigt. Den Grat gehts in der steiler werdende Turmkante bis zu einem senkrechten Gratabsatz weiter. Dieser zwingt in die rechte Flanke auszuweichen. Über eine Reihe von Bändern und Gesimsen wird eine 60 m lange ansteigende Querung ausgeführt, bis eine vom Grat herabziehende plattige Verschneidung erreicht wird. Über schlecht geschichtete Platten (IV+) nach links zurück. Weitere Platten und ein Kamin führen wieder zum Grat, den man nach Überschreitung einiger Zacken bis zum Gipfel der Pte. Welzenbach, 3355 m, verfolgt (3—4 Std.).

Man steigt 20 m rechts der Gratkante in der O-Flanke ab und seilt sich dann 25 m in die Scharte ab. Der wild aufstrebenden Pte. Brendel ist eine markante Schulter vorgelagert. Von der Scharte zuerst in die O-Seite (rechts) querend, wird dann durch eine Art Couloir eine knappe Seillänge aufgestiegen und nach links über eine Felsrampe in Form eines plattigen Bandes wieder die Gratkante erreicht. Man verläßt sie sofort und steigt in der W-Seite (links) bis zum Fuß des senkrechten Turmabbruchs empor. 10 m unter einer kleinen Scharte 3 m Querung über eine Platte unter einem Überhang und ein Rißsystem hoch zu einer Plattform (IV+). — Man kann auch die Scharte mit einem Spreizschritt überwinden und auf der ziemlich breiten Kante zunächst etwas links, dann nahezu direkt bis zur Plattform emporklettern (V+, mehrere H). Man erklettert einen langen Riß (IV u. V) links des Grates, ohne bis zu den beiden alten einzementierten Haken zu gehen. Weiter durch den Riß (V) bis zu einer Rille für die Hände, die nach links leitet und die Umgehung eines Überhangs ermöglicht. Zurück nach rechts und gerade hinauf bis zu einem Band, das zum Grat führt und über dieses zum Gipfel der Pointe Brendel oder des vierten Turms, 3497 m). Über brüchigen Fels steigt man zur nächsten Scharte ab. Der kleine, freistehende, etwa 10 m hohe Pfeiler, der Pte. Bich südl. vorgelagert, wird links in seiner NW-Seite über brüchige Felsen umgangen und durch einen Kamin in die folgende Scharte. Mit einem weiten Spreizschritt geht man die rotgefärbte senkrechte Wand des schwersten (fünften) Turmes des S-Grates an. Etwa 10 m (V) empor, leicht links haltend, bis man einen großen Schritt nach links queren kann. Nun gerade empor zu einem großen Block mit H. Von ihm einige Meter nach links querend, wird eine in der W-Seite eingelagerte schmale Plattenflucht erreicht, die durch eine glatte Verschneidung überwunden wird (35 m, V). Gelbe Überhänge stoppen den Weiteranstieg. Unter diesen quert man über ein nur andeutungsweise vorhandenes abschüssiges Plattenband (V+) nach rechts (einige Meter) zur Gratkante zurück, die man am ersten Absatz, oberhalb seines senkrechten Abbruches, erreicht. Auf dem Grat über seine weiteren Absätze (Biwakmöglichkeit) bis zur Spitze des 5. Turms (Pte. Ottoz).

Leicht zur folgenden Scharte, ein kurzes Gratstück hinab, dessen Zacken man entweder übersteigt oder rechts entlang bis zu einer Scharte am Fuß der Pte. Bich quert. Diese fällt in die Scharte mit einer ungegliederten Schulter ab. Etwas rechts der Gratkante über einige feine Risse, dann folgen zwei Überhänge (V, 6 m), nach ihnen quert man 15 m nach rechts, und durch einen Kamin links eines von der Wand abgesprengten Blocks. Nun 3 m (IV) gerade hoch, dann, über ein Plattenband zum Grat zurückgekehrt, folgt man diesem bis zur erwähnten Schulter. Rechts an der Gratkante über ein Band in die wenig auffallende Scharte vor der Gipfelwand. Einige Risse führen schräg nach rechts zu einem Couloir, das man bis zu seinem oberen Ende begeht. Ein kurzer Kamin führt wieder zum Grat, dem man bis zur Pte. Bich, 3753 m, folgt. Die vor der Aig. Noire liegende Scharte erreicht man durch Abseilen von 25 m und über einen Blockgrat. Nun einige Meter rechts durch die Fauteuilseite absteigen und über grasbedeckte Bänder nach rechts queren, um wieder zum Grat aufzusteigen, den man bis zum Gipfel verfolgt.

● 294 **Ratti-Vitali (Westwand)**
V. Ratti und G. Vitali, 18.—20. August 1939. **V+** und **A 1** (eine SL). Überwiegend III und IV im unteren Teil und IV,

IV+ und V im oberen Teil. In der SL vor der künstlichen Kletterei Stellen A0 oder VI+. **TD**. Sehr bekannte Kletterei, deren Ruf etwas die Wirklichkeit übertrifft. Nur in den schwierigen Passagen guter Fels. Die überhängende Verschneidung kann ziemlich hart sein (Rucksack, mangelnde Übung in künstl. Kletterei). Man kann über die Wand abseilen (vgl. R 298). Wandhöhe 650 m. 9–10 Std. vom E. Vgl. Foto S. 136.

Übersicht: Man kann die Wand in drei Abschnitte teilen: den ziemlich steilen Sockel, den man nach einer kurzen Querung direkt durchsteigt, die diagonal zu durchsteigende, weniger schwierige Zwischenzone und die sehr steile, in ihrer Mitte direkt zu überwindende Gipfelwand.

Zustieg: Wie bei R 214 vom Ref. Monzino (R 75) über den Col de l'Innominata auf den Glacier de Frêney und zum Wandfuß. Unter dem Couloir der südlichen Scharte der Dames Anglaises vorbei und 50 bis 60 m rechts des Bergschrunds dieses Couloirs hinüber auf den Fels. E.

Route: Über wenig schwierigen Fels auf ein Band und dieses nach rechts hochsteigen (III, 40 m) bis zum Fuß eines schmalen Kamins mit 2 Klemmblöcken. Durch den Kamin, Ausstieg rechts auf einen von einem Überhang überragten kleinen Pfeilerkopf. Mit einem Spreizschritt nach links erreicht man einen Durchschlupf. In diesem hinauf und wieder nach rechts, so daß man über

Aiguille Noire, Westwand
R 294   Ratti-Vitali (Westwand)

den Überhang kommt. Etwas rechts durch eine Folge von Rißkaminen hinauf (IV+, dann IV) bis zu der waagrechten Scharte eines Grates, der den Zugang zu einer weiten Blockrinne vermittelt, die die Verlängerung eines aus der Scharte links der Pointe Bich kommenden Risses bildet. Durch die Rinne etwa 60 m hoch. Links heraus auf den kleinen Pfeiler, der die Rinne nach links begrenzt. Etwas rechts der Pfeilerkante (die weiter unten in die senkrechte Wand neben dem Durchschlupf übergeht) über ein Rißsystem (III und IV) aufwärts bis auf den Pfeilerkopf. Über den meist verschneiten Grat in die Scharte, die den Pfeilerkopf von der Wand trennt. Eine SL hinauf, links ein kleines, aus der Gipfelwand kommendes Couloir queren. Weiter nach links über schlechten Fels (III) zu einem kaminartigen Couloir und dieses hinauf. Weiter oben 3 SL eine Folge von schrägen, rechtsgeneigten Verschneidungen, die von kleinen Wandln mit manchmal vereisten Kaminen durchzogen sind (IV+), ersteigen und nach links zu einer geneigten Platte.

Eine Verschneidung zuerst im Grund, dann in der linken Wand, dann wieder im Grund hoch und auf einen Klemmblock (30 m V, dann V+ und A0 oder VI+). Die folgende Verschneidung ist erst senkrecht, dann stark überhängend oben rechts heraus auf eine Platte unter Überhang (V, A1; wenn H fehlen A2). Nun einen Riß 6 m hoch (IV+) und 15 m auf einer Platte queren (V/V+, ausgesetzt). Über ein rißdurchzogenes Wandl (V) und Felsschuppen (5 m, IV+) hoch, dann nach links in eine Terrassenzone, die ein Halbrund bildet. — Hierher auch vom 6-m-Riß direkt hoch; 2 SL, V+ und VI—. Etwas nach links und eine Verschneidung hoch (IV) und oben links heraus. Etwas nach rechts und eine enge Rinne in eine kleine Scharte des S-Grats nahe am Gipfel.

● 298 **Abstieg**
Der Normalabstieg verläuft über eine Route parallel und unterhalb des O-Grats (R 299). Eine andere Möglichkeit besteht darin, über die W-Wand (Ratti-Vitali) abzuseilen. In etwa 20-maligem Abseilen zunächst entlang der W-Wand-Führe, dann näher am Firncouloir, das von den Dames Anglaises herabzieht, auf den Glacier du Frêney. Diese Abseilstellen sind von den Führern von Courmayeur eingerichtet worden (keine weiteren Einzelheiten bekannt). Über den Col de l'Innominata (R 219) zum Ref. Monzino.

● 299   **Ostgrat im Abstieg**
   III, im allgemeinen I und II mit Abseilen. **PD**. Langer, komplizierter Abstieg, der von der Aufstiegsroute nicht unwesentlich abweicht. Vom Gipfel zur Hütte 4 Std.

Übersicht: Man hält sich fast immer in der S-Flanke und begeht nur im unteren Teil den Grat. Etwas unterhalb der Scharte, die den tiefsten Punkt zwischen Aig. Noire und dem Mont Noir bildet, biegt man endgültig in das Fauteuil des Allemands ab.

Abstieg: Vom Gipfel direkt nach S die steile Flanke über Felsstufen und Kamine rd. 150 m absteigen (brüchiger Fels, Steinschlaggefahr). Nun biegt man nach links auf einen Absatz ab, der eine kleine Schulter unter dem obersten großen Aufschwung des O-Grats bildet. Ohne daß man den O-Grat selbst erreicht, rechts haltend absteigen über ein Bändersystem, bis es offensichtlich möglich erscheint, nach links zum O-Grat zurückzukehren. Man gelangt so an den Fuß eines zweiten kleineren Aufschwungs im Grat. Nun nach links über brüchige Felsen und Bänder in der S-Flanke des Grates abwärts unterhalb eines charakteristischen Gendarmen hindurch. Man erreicht eine steile Rippe von brüchigem Fels, die ein Felshalbrund zwischen dem oberen Gendarmen und einem zweiten Gendarmen bildet. Direkt durch ein steiles, breites Felscouloir absteigen. Weiter durch einen plattigen Kamin abseilen. Nun schräg nach links (O) absteigen, am Fuß eines anderen Gratturms vorbei, in Richtung des höchsten Punkts eines abgerundeten Felssporns. Man umgeht diesen links und steigt durch eine breite Felsrinne ab auf einen zweiten abgerundeten Felssporn zu. Diesen umgeht man links und steigt dann ein steiles plattiges Couloir rd. 90 m ab. Am Ende des Couloirs quert man nach links waagrecht ein Band und an dessen Ende 3–4 m Aufstieg zum O-Grat am Fuß eines Gendarmen.

Über den Grat auf zwei Grattürme zu. Kurz vor diesen steigt man durch einen Kamin in die S-Flanke ab. Bänder leiten an den Fuß der Grattürme. Den ersten umgeht man rechts (S), den zweiten links (Brenva). Durch Felsrinnen und kleinere Linksquerungen steigt man ab bis an den Fuß eines großen viereckigen Gratturms. Nun direkt in die S-Flanke absteigen. Man folgt einem wenig ausgeprägten Felssporn bis zu einer Scharte, wo der Sporn in einen Grat übergeht. Rechts über erdiges Gelände abwärts. Die Neigung nimmt zu, man erreicht ein schmales Couloir (Steinschlaggefahr). Man steigt durch dieses Couloir 80 m ab und verläßt es dann nach links auf eine Schulter. Auf der anderen Seite durch erdiges Gelände abwärts. Man quert nun nach rechts, quert das Couloir westl. des Grates und geht fast horizontal über Bänder weiter (Wegspuren). Nach etwa 200 m erreicht man das Schneefeld. Über das Schneefeld und den folgenden Weg zur Hütte.

● **300**   **Mont Maudit,** 4465 m

Der Mont Maudit wird oft als reiner Trabant des Mont Blanc abgetan und als selbständiges Ziel weniger aufgesucht. Der Berg weist jedoch eine Reihe eigenständiger Führen auf, die einen Besuch lohnen. Seinen interessantesten Grat entsendet dieser Berg, dem franz.-ital. Grenzverlauf folgend, nach SO zum Col de la Fourche, R 303. Neben der hier ebenfalls beschriebenen Cretierführe gibt es viele andere SO-Wand-Anstiege, die aber überwiegend kaum wiederholt worden sind. Erste Besteigung durch W.E. Davidson, H. Seymour Hoare, Johann Jaun und Johann von Bergen am 12. September 1878.

● 301   **Nordflanke**
P. Cassan, P. Kornacker und H. Kuhn, 31. Juli 1901. **45°**. Reiner Firn- oder Eisanstieg. Durchschnittsneigung 35° auf 400 m. **PD** + . Interessanter Aufstieg auf den Mont Maudit, wenn man vom Mont Blanc du Tacul (R 320) noch diesen Gipfel mitnehmen möchte oder bei der Überschreitung vom Col du Midi (R 188) eine andere Routenführung nehmen will (für den Fall, daß der Bergschrund unter dem Col du Mont Maudit zu offen ist). 1½—3 Std. für die Flanke. Insgesamt von der Aig. du Midi 4—6 Std.

Übersicht: Die Route bewegt sich in der Gipfelfallinie. Der Gipfel selbst wird von W erstiegen.

Route: Wie bei R 321 auf die Firnschulter des Mont Blanc du Tacul. Nun abwärts auf den Col Maudit, 4035 m, zu, an den Wandfuß. Durch die Firnflanke hoch auf den Grat links des Gipfelturms. Soweit sich ein Eisabbruch in der Wand befindet, steigt man links von diesem auf. Rechts (N) am Turm vorbei und von W auf den Gipfel.

● 302   **Nordostgrat**
J.S. Masterman mit A. und B. Supersaxo, 31. Juli 1898. **40°**, kombiniert, Stellen **III**— meist II. **PD**. Lohnender Gratanstieg, die interessanteste Route vom Mont Blanc du Tacul kommend zum Gipfel. 430 m HD, 3 Std. vom Col Maudit, 5½—6 Std. von der Aig. du Midi.

Übersicht: Der Grat beginnt am Col Maudit, 4035 m, zunächst mit einer felsdurchsetzten Firnflanke. Danach wird der Grat ausgeprägter. Über die Firnflanke und den Grat zum Gipfel.

Route: Vom Col Maudit (R 301) über die steile Firnflanke hoch, wobei man sich rechts der eigentlichen Gratschneide hält. Unter den Felsen der Schulter P. 4336 m links aufwärts; man erreicht den NO-Grat etwa dort, wo von links der SO-Grat (Tour-Ronde-Grat, R 303) heraufzieht. Über Felsen auf die Schulter und erst links, dann rechts auf dem Grat zum Gipfelturm. Von W auf den Gipfel.

● **303** **Tour-Ronde-Grat** (SO-Grat)
M. von Kuffner mit Alexander Burgener, H. Furre und einem unbekannten Träger, 2.—4. Juli 1887. **50°**, kombiniert, Stellen **IV** meist III. **D**. Großartige Hochtour über einen insgesamt wenig ausgeprägten Grat. Ganz überwiegend in Eis und Firn aufsteigend, hat die Route einige sehr exponierte Stellen an den kurzen Passagen direkt am Grat. Anhaltende Schwierigkeiten vom E bis zum NO-Grat. Objektiv relativ ungefährlich, zählt die Route zu den schönsten ihrer Art in den Alpen. Nach dem „Touristen" bei der Erstbegehung wird der Grat oft auch Kuffnergrat genannt. Vom E bis zum NO-Grat gut 500 m HD. 4—6 Std. für den eigentlichen Grat. 200 m HD am NO-Grat, R 302, zum Gipfel, 1 Std. Je nach Zustieg (vgl. dort) ergibt sich die Gesamtzeit. Vom Biv. de la Fourche $5^{1}/_{2}$—$7^{1}/_{2}$ Std. Vgl. Foto S. 141.

Übersicht: Der SO-Grat ist eine überwiegend eher schmale Flanke. Vom E zieht nach links ein Firn-/Eisfeld hoch, das man begeht und die felsige Gratschneide rechts liegen läßt. Darüber folgt eine große Wächte im Gratverlauf, die überschritten wird. Ein großer Gratturm wird links umgangen. Die folgende kombinierte Flanke wird bis zum NO-Grat erstiegen, über den man den Gipfel erreicht.

Zustiege: Vom Biv. de la Fourche (R 79) über den Grat zum letzten Schneesattel, bevor sich der SO-Grat aufschwingt ($^{1}/_{2}$ Std.).
Vom Ref. Turino (R 81) wie bei R 80a in $1^{1}/_{2}$ Std., bzw. von der Aig. du Midi (R 510) wie bei R 80b in 2 Std. in den Cirque Maudit. Nun auf das vor dem 1. Aufschwung des SO-Grats herabziehende Firncouloir. Über den oft schwierigen Bergschrund und die Firnrinne (45°) in den Schneesattel am Beginn des eigentlichen Grats.

Route: Über den Firngrat hoch bis unter den ersten hohen Aufschwung am Grat. Nach links ein Firn-/Eisfeld hinauf, oben wieder rechtshaltend über den nunmehr ausgeprägten Grat bis zu einer horizontalen Gratpassage mit einer riesigen Wächte. Die Wächte sehr exponiert links (W) passieren (50—60 m) bis an den Fuß eines roten großen Felsturms (Pte. de l'Androsace). Man umgeht den Turm links und gelangt an ein kurzes Gratstück zwischen dem Turm und der folgenden Felswand. Etwas links hochsteigen und in ein Couloir auf der linken Seite des Grats. Das Couloir ist nicht sehr ausgeprägt im weiteren. Man steigt den steilen Firnhang, mit Felsen durchsetzt, hoch bis zu einem kleinen Absatz

auf dem NO-Grat, deutlich unter der Schulter P. 4336 m des Grats. Weiter über den NO-Grat (vgl. R 302) zum Gipfel.

● 305　Cretierroute (SO-Wand)
L. Binel, R. Chabod und A. Cretier, 4. August 1929. Große Bergfahrt mit erheblichen, insgesamt sehr anhaltenden Schwierigkeiten in Fels, Eis und kombiniertem Gelände. Durchschnittsneigung **58°**. Im Fels normalerweise nicht über **IV. D**+. Eine sehr alpine, aber auch sehr sichere Aufstiegslinie. Kaum H. 650 m HD vom E. 7—10 Std. Vgl. Foto S. 141.

Übersicht: Der Anstieg erfolgt zunächst über den zentralen Pfeiler (in Gipfelfallinie) bis etwa 4100 m, zieht dann nach links aufwärts über ein Band auf den linken Pfeiler. Der Pfeiler läuft in etwa 4300 m in einen Firngrat aus, der bis zum Gipfel führt.

Zustieg: Vom Col de Trident (R 80) auf den oberen Glacier de la Brenva und anschließend an den Fuß des zentralen Pfeilers. Über den Bergschrund und die folgende steile Eiswand an den Beginn der langen Kaminreihe.

E rechts der Rinne, die den zentralen vom linken Pfeiler trennt, beim ersten Kamin.

Route: Zunächst einige Meter durch einen Kamin, dann links eine 30-m-Verschneidung (IV) hoch. Rechts durch einen zweiten Kamin (IV) auf die Pfeilerkante. Über Platten und kleine Pfeiler (III und IV) über die Kante hoch. Weiter durch einen glatten Kamin (10 m, IV), worauf die Neigung abnimmt. Man umgeht den folgenden Aufschwung rechts und erreicht einen Schneegrat, der den Kopf des Pfeilers bildet. Nach dem Grat beginnt in etwa 4100 m ein nach links ansteigendes Band mit verschneiten Felsen und vereisten Platten. Das Band wird bis zu einer Schneeschulter im linken Pfeiler verfolgt. Über den steilen Grat des Pfeilers hoch (III und IV). Der anschließende steile, ausgesetzte Firngrat leitet zum SW-Grat, dem man ohne Schwierigkeiten bis zum Gipfel folgt.

● 319　Abstieg vom Mont Maudit
Lange Gletscherwege mit teilweise erheblichen Gegenanstiegen. **PD.** Es gibt grundsätzlich zwei Abstiege:
Entweder über den Gipfel des Mont Blanc (R 188) oder über den Col du Mont Maudit (R 262).
Die Abstiege über N-Flanke (R 301) und NO-Grat (R 302) und weiter über R 262 sind im allgemeinen im Abstieg ziemlich unangenehm zu begehen.

Mont Blanc du Tacul, Nordflanke

R 321 Nordwestflanke
R 323 Chèrécouloir
R 325 Nordwand des Felsdreiecks

● **320** **Mont Blanc du Tacul,** 4248 m

Der Mont Blanc du Tacul ist einer der meistbesuchten 4000er in der Mont-Blanc-Gruppe. Durch die Seilbahnnähe steigen jeden Morgen bei brauchbarem Wetter an die 50—80 Bergsteiger, über die Seilbahn aus dem Tal kommend, auf den Gipfel. Da der Normalweg nach NW orientiert ist, sind die Verhältnisse bis Mittag oft ziemlich gut. Daneben bietet der Mont Blanc du Tacul eine große Anzahl schwierigster Fels- und Eisführen, sowie mehrere berühmte klassische Bergfahrten mittlerer Schwierigkeiten wie den Diablegrat (R 345) oder das Gervasutticouloir (R 335). Die Trabanten des Mont Blanc du Tacul bieten einige der lohnendsten Granitklettereien der Alpen. Erste Besteigung des Mont Blanc du Tacul nicht eindeutig bekannt. Erste namentlich bekannte Besteigung durch Hudson und Kennedy am 8. August 1855.

● **321** **Nordwestflanke**

40°, meist weniger. **PD.** Sehr schöne Gletscherroute mit einigen mehr oder minder großen Bergschründen. In manchen Jahren sind große Leitern erforderlich, um die Bergschründe einigermaßen leicht zu überwinden. Nach Neuschneefällen teilweise große Lawinengefahr (Schneebretter), auch mitten im Hochsommer. Die Nähe der Seilbahn vermittelt hier nur eine scheinbare Sicherheit. Beim Besteigen des Berges nach Benutzen der Seilbahn hat man u. U. erhebliche Schwierigkeiten mit der Höhenanpassung. 700 m vom Col du Midi. 2½ Std. Vgl. Foto S. 143.

Übersicht: Die NW-Flanke wird diagonal von rechts nach links ersteigen bis auf die lange Firnschulter des Mont Blanc du Tacul. Über diese in östl. Richtung bis zu den beiden Gipfeltürmchen, von denen das erste (W) der höchste Punkt ist.

Zustieg: Von der Aig. du Midi wie bei R 505 zum Col du Midi (½ Std.)

Route: Vgl. R 188.

● **323** **Chèrécouloir**

R. Chèré und J. Tranchant, 18. August 1973. **80°** kurze Stelle, 1 SL 70°, restl. 50—60°. **D+.** Kurze, aber interessante Eisführe. Gute Standplätze am Couloirrand. Häufig begangen. 300 m. 3—4 Std. vom E bis zum Gipfel des Felsdreiecks. Vgl. Foto S. 143.

Übersicht: Am rechten Rand des eisdurchsetzten Felsdreiecks zieht ein schmaler Eisschlauch hoch, durch den die Führe geht.

Zustieg: In wenigen Min. vom Col du Midi (R 501).

Route: Über den Bergschrund und im Eisschlauch an die erste Steilstufe. Über steiler werdendes Eis hoch (60, dann 70, zuletzt 80 Grad). Nach einer weniger steilen Couloirstrecke über einen zweiten Eisaufschwung von 75°. Weiter oben gelangt man auf den rechten Begrenzungsgrat des Felsdreiecks und über kombiniertes Gelände zum Gipfel des Felsdreiecks. Nun entweder in 1 Std. auf den Mont Blanc du Tacul oder abseilen, was sowohl durch das Couloir selbst oder über die W-Flanke des Felsdreiecks möglich ist. Je nach den Verhältnissen quert man auch in die NW-Flanke und steigt dort ab (R 349).

● 325   Nordwand des Felsdreiecks
55°, IV. Meist leichter. **AD/D—**. Durch die kleine N-Wand des Felsdreiecks führen mehrere kombinierte Anstiege mit etlichen Varianten. Alle diese Routen können als kurze Eingehtouren für längere kombinierte Fahrten im Gebiet angesehen werden. Regelmäßig wird durch die Eis-/Firnfelder in Wandmitte und über den linken Grat aufgestiegen. Bei 350 m Wandhöhe 4—5 Std. bis zum Gipfel des Felsdreiecks und in 1 Std. von hier zum Mont Blanc du Tacul. Vgl. Foto S. 143.

● 327   Ostwand
Die breite, von Eisrinnen und Pfeilern durchzogene Ostwand zieht mit ihren Vorbauten, die teilweise markante eigene Gipfel sind, die Bergsteiger ganz besonders an. Neben den bekannten Renommiertouren wie Gervasuttipfeiler und -couloir gibt es noch einige neuere Modetouren, insbesondere das Chèreouloir, das viel besucht wird. Die Zustiege (vgl. R 328) sind ziemlich kurz von der Aig. du Midi, etwas länger, aber immer noch komfortabel vom Ref. Turino.
Der Abstieg wird bei einigen Felsrouten durch Abseilen über die Aufstiegsroute vorgenommen. Im allgemeinen ist aber der Abstieg über die NW-Flanke (R 349) vorzuziehen. Durch die Exposition nach O sehr früh Steinschlaggefahr in den Rinnen. Der Fels ist bis auf die obersten 100—200 m in der O-Wand des Mont Blanc du Tacul hervorragend.

● 328   Zustieg von der Aiguille du Midi
Leichte Gletscherbegehung. **F**. Nächtliche Gletscherzustiege sind trotz vieler Spalten nur nach größeren Schneefällen und einer dann noch fehlenden Spur wirklich mäßig schwierige Gletscherbegehungen. Anseilen ist aber in jedem Falle angeraten.
Route: Von der Aig. du Midi (R 510) über den schmalen Firngrat aus dem Stollenloch auf einen breiten Firnrücken. Rechts herunter unter die S-Wand der Aig. du Midi. Nun in einem großen Bogen rechts aus-

holend zum Col du Gros Rognan. Nun kurz steiler abwärts unter das markante Gervasutticouloir. Je nach angestrebter Route an die Einstiege. In wenigen Min. erreicht man absteigend auch die Pyramide du Tacul und den Pte. A. Rey. 1—½ Std. je nach E.

● **329**   **Zustieg vom Col du Géant**
Leichte Gletscherbegehung. **F.** Der meist nächtliche Zustieg ist nur bei Neuschnee (fehlende Spur) problematisch. 2½ Std. bis in das oberste Gletscherbecken unter Gervasutticouloir und Martinettipfeiler bei rd. 250 m HD im Aufstieg von 3250 m bis 3400 m am E.
Route: Vgl. R 504.

● **334**   **Gabarroucouloir**
J.P. Albioni und P. Gabarrou, 5. Juli 1974. **80°**, Durchschnittsneigung knapp 60°. **IV**, kombiniert. **TD**—. Sehr schönes schmales Eiscouloir mit einigen extrem steilen Passagen. 600 m vom E. 4—6 Std. Vgl. Foto S. 147.
Übersicht: Das Couloir ist zwischen zwei Felspfeilern tief eingeschnitten (links vom Cecchinelpfeiler und rechts vom Martinettipfeiler, dem nördlichsten Pfeiler rechts vom Gervasutticouloir). Zwischen der Felsrippe am linken Ufer des Gervasutticouloirs und dem Cecchinelpfeiler liegt noch das Jaegercouloir (D, 55°).
Zustieg: Wie bei R 328. Nun in die Firnbucht rechts des massiven Pfeilerfußes des Martinettipfeilers.
Route: Die erste Hälfte des Couloirs hoch (55°) und dann nach links in den schmaler werdenden anschließenden Eisschlauch. Diesen hoch (70 und 80°). Unter einer Couloirverbreiterung rechts durch einen sehr schmalen Eisschlauch und danach einige Felsen zum Gipfeleis des Gletscherrückens.

● **335**   **Gervasutticouloir**
Erstbegehung des eigentlichen Couloirs: Giusto Gervasutti und R. Chabod, 13. August 1934; der unterste Teil des Couloirs mit Weiterweg über die Uferfelsen wurde bereits am 1. September 1929 durch P. Filippi, P. Ghiglione und F. Ravelli durchstiegen. **55°**, Durchschnittsneigung 50°. **D**—. Berühmte Eistour. Objektiv nicht ungefährlich wegen Stein- und Eisschlag, bzw. Lawinen von der Steilstufe am

Ausstieg. Der normale Ausstieg folgt dem Weg von Lionel Terray und Louis Lachenal nach rechts heraus. Gervasutti ist nach links ausgestiegen, was über deutlich steileres Eis führt und näher zum Gipfel bringt. Die Tour ist nur bei guten Firnverhältnissen zu empfehlen, damit man sich nicht zu lange im Couloir selbst aufhalten muß. Die Rinne wurde schon öfters mit Ski befahren. HD vom E 700 m. Zeit vom E bis zum Gipfelgrat 2—6 Std. Vgl. Foto S. 147.

Übersicht: Das breite Gervasutticouloir zieht vom Gipfelgrat rechts neben Pfeilern hoch. Rechts in der Wand mehrere Firn-/Eisrinnen. E auch nachts gut zu finden.

Zustieg: Wie bei R 328 unter das Couloir und nach rechts hoch an den Bergschrund. 1½ Std. von der Aig. du Midi (R 510) oder 2 Std. vom Ref. Torino (R 81).

Route: Über den Bergschrund meist durch die schmale Stein- und Lawinenrinne des unteren Couloirteils. Im unteren Couloir hält man sich mehr links, im weiteren mehr rechts. Oben nach rechts heraussteigen; hier eventl. eine kleinere Wächte, die durch die Felsen am linken Ufer (N) umgangen werden kann.

● **336** **Boccalattepfeiler**
N. Pietrasanta und G. Boccalatte, 28. August 1936. **V+**, überwiegend IV, selten V, **TD—**, teilweise sehr steiles kombiniertes Gelände. Kaum H. HD vom E 800 m. 6—9 Std. vom E. Vgl. Foto S. 149.

Übersicht: Der Boccalattepfeiler ist am tiefsten in den Glacier du Géant hineinreichenden Felssporn zu finden, er wird deshalb auch als Zentralpfeiler bezeichnet. Der untere Teil des Pfeilers wird links umgangen und die eigentliche Pfeilerkante bei etwa 3600 m betreten.

Route: Wie bei R 338 in die Gletscherbucht unter dem Gervasuttipfeiler. Bei etwa 3430 m überquert man den Bergschrund und steigt in einem Plattencouloir auf. Nun nach links queren und durch ein zweites Couloir hinauf, das von der ersten Scharte im Pfeiler herunterzieht. Rechtshaltend aufwärts über verschneite Felsen bis zu einem wenig ausgeprägten Sporn, den man aur seiner Nordflanke erreicht. Nun folgt man der Gratschneide selbst (IV, dann V und V+) bis zu einem Pfeilerkopf, den man links umgeht und darüber wieder an den Grat gelangt. Über den Grat gewinnt man eine Schneeschulter. In der Nordflanke des Pfeilers schräg links aufwärts und in der Scharte unter dem Tour Rouge (Roter Turm) wieder auf den Grat zurück.

Auf der linken Flanke des Tour Rouge durch ein Couloir über einige Felsen zur Scharte oberhalb des Tour Rouge. Grattürme werden nun

Pfeiler des Mont Blanc du Tacul und Diablecouloir

R 335 Gervasutticouloir	R 342 Pilier des Trois Pointes
R 336 Boccalattepfeiler	R 343 Totem
R 338 Gervasuttipfeiler	R 345 Diablecouloir
R 340 Supercouloir	

rechts umgangen, der letzte wird über seine Kante erstiegen (IV, IV+).
Über einen Schneehang zum Gipfel. Man kann auch den Tour Rouge

direkt übersteigen. Variante G. Rébuffat / del Campo, 7. Aug. 1946. TD.

● **338** **Gervasuttipfeiler**
P. Fornelli und G. Mauro, 29.—30. Juli 1951. **VI+** (eine Stelle oder A0) meist V, V+ und VI—. **TD**. Sehr elegante Führe mit anhaltenden Schwierigkeiten. Der stark von Rissen durchzogene Fels ist insgesamt ziemlich fest. KK lassen sich sehr bequem verwenden. Für eine absolute Modetour wenig H. Der Pfeiler ist nach Giusto Gervasutti benannt, der hier 1946 bei einem Rückzug im Wettersturz abstürzte, als er versuchte, ein verklemmtes Seil zu lösen. Pfeilerhöhe vom E 800 m. 7—10 Std. Vgl. Foto S. 149. Skizze vgl. Bergsteiger 8/98.

Übersicht: Links des markanten großen Gervasutticouloirs stehen mehrere Pfeiler. Über den am weitesten herabreichenden sog. Zentralpfeiler führt R 336. Links dieses Pfeilers führt der hohe, schlankere Gervasuttipfeiler hinauf, den man von S erreicht.

Zustieg: Wie bei R 328 unter die Ostwand des Mont Blanc du Tacul. Nun um den weit in den Gletscher reichenden Zentralpfeiler herum und von S an den Bergschrund eines kleinen Schneehangs, der in eine Firnrinne zum Zentralpfeiler ausläuft. E bei 3430 m.

Route: E einige Meter rechts der Pfeilerkante in einem leicht nach links führenden Riß, der 30 m oberhalb des Pfeilerfußes auf dessen Kante leitet (V). Entweder 4 m links queren (mit einer heiklen Unterbrechung) und dann gerade hoch auf eine bequeme Terrasse (V) oder vom Stand direkt hinauf durch einen schönen Riß zu Stand auf der Kante (V+).

In leichtem Gelände aufwärts zum Beginn einer Rißreihe, die links der Kante hochzieht. Links der Kante 25 m durch eine graue Verschneidung aufwärts, einige Meter links queren und einen anstrengenden Riß hinauf (IV+). An einem von einem Block gebildeten Loch vorbei und über eine abgespaltene Platte überhängend hinauf (anstrengend, VI— oder V, A0). Die Risse weiter etwas linkshaltend 2 SL aufwärts. (IV und V+). Am Ende der Risse Querung nach rechts auf die Pfeilerkante. 10 m unschwierig ein Band rechts empor, dann um die Kante 3 m links in die Platte hineinqueren (frei und heikel, V+), anschließend in herrlicher Kletterei 7 m hoch unter ein rotes Dach (rechts gute Klemmkeilabsicherungsmöglichkeit) und in guten Griffen darüber hinweg zu Stand (kein Haken und keine Begehungsspuren, VI—). Alternativ das unschwierige Band weiter, bis links eine Hakenreihe hochzieht, die nach 10 m auf denselben Standplatz leitet (A2).

Links über ein schmales Band (IV), durch einen Kamin (IV+) und Blöcke in eine Scharte oder rechts einen kleinen Turm umgehend in die Scharte (schwierig und heikel, V—VI). Über Blöcke gerade hinauf, dann um sie herum in eine schöne Scharte (III+). An den Fuß eines Kamins links der Pfeilerkante. Durch diesen Kamin, der weiter oben in einen Riß übergeht, auf eine Terrasse (70—80 m, III, IV, V+). Über eine glatte Platte und einige Blöcke (Biwakmöglichkeit) an den Fuß einer 10 m hohen Verschneidung mit abgesprengter Platte (III). Auf die Platte hinauf sowie durch die Verschneidung empor auf die Pfeilerkante (V). Über einen kleinen Block und ein vereistes Band 5 m aufwärts, dann nach links an den Fuß einer senkrechten Wand (IV).

Die Wand empor, am oberen Rand an guten Griffen nach rechts in eine Nische queren (10 m, mehrere Haken, VI). Quergang an weißer Bandschlinge nach rechts (2 m, A0) und einen Rißkamin 5 m hinauf (VI—), dann leichter zu einer 10 m hohen Verschneidung mit Haken; gerade die Verschneidung aufwärts zu Standplatz (VI oder V A0).

Ab hier leichter ein meist vereistes Band an der Nordseite des Pfeilers hinaus (III und IV). Kurz vor der Scharte zwischen beiden Türmen wird eine Wandstelle im Zickzack (links, rechts, links) überwunden (V). Von der Scharte Querung nach rechts zum Fuß zweier Kamine (III). Entweder den linken Kamin hinauf (IV+ und Eis), unschwierig um den Turm in eine Scharte am Fuß des großen roten Turms oder den rechten Kamin in sehr schöner Kletterei aufwärts in eine Scharte, dann — sich am rechten Turm abspreizend — eine Wand links überwindend zu einem Block mit Standplatz (50 m, V+). Eine halbe SL linkshaltend über Platten zum Gipfel des Gervasuttipfeilers (IV+).

40 m abseilen in eine Scharte am Fuß des roten Turmes. Links des Turmes eine Eisrinne etwa 150 m hinauf (45°). Am Ende über eine Wandstelle (III) in eine Scharte links des Turmgipfels. In kombiniertem Gelände etwa 150 m empor, bis man auf eine steile Kante trifft. Diese 1 SL aufwärts (IV). Von dort unschwierig zum Gipfelaufbau des Mont Blanc du Tacul abklettern, von wo man über einen kurzen Eishang den Gipfel erreicht. (W. Koller)

● **340** **Supercouloir**
Jean-Marc Boivin und Patrick Gabarrou, 18.—20. Mai 1975. **85°**, **V+**, eventuell **A1**. **ED—**. Berühmte Eiskletterei mit auf 400 m anhaltenden Schwierigkeiten. Die schwankenden Verhältnisse sind hier nicht mehr als in anderen Rinnen dieser Art ausschlaggebend für die tatsächlichen Schwierigkeiten und die Routenführung. Vor allem im Frühjahr waren die Verhältnisse meist sehr brauchbar. Vom

E bis zum Mont Blanc du Tacul 800 m HD. 8—10 Std. Vgl. Foto S. 149.
Übersicht: Das Supercouloir ist tief und schmal eingeschnitten zwischen dem Gervasuttipfeiler rechts und dem Pilier des Trois Pointes links. Am Ende der Rinne quert man nach rechts und erreicht R 338 (Gervasuttipfeiler) nahe des Pfeilergipfels.
Zustieg: Wie bei R 338.
Route: Über einige vereiste Risse bis zu kleinen Absätzen hoch (V+ 40 m, vereist). Ins Couloir links um einen Eiswulst herum (V, A1, 30 m). Eine SL im Eis führt zu einem vereisten Felsaufschwung. Diesen hoch (35 m, V, vereiste Risse). Nun über sehr steiles Eis in der Rinne hoch (85°, dann 75°; 200 m; Standplätze am rechten Ufer). Weiter durch einen Eisschlauch (85°, 50 m) und durch das weniger geneigte Couloir. Etwas rechts haltend zu R 338 am Fuß des roten Turms. (Nach Angabe der Erstbegeher.)

● **341 Einstiegsvariante**
Etwas weniger schwierig als R 340. Bei geringer Eisauflage im untersten Teil werden die ersten drei SL am Gervasuttipfeiler (R 338, IV und V) erstiegen. Dann wird über steile Schnee- und Eisbänder das eigentliche Couloir erreicht.
In einigen Wintern konnte das Couloir auch inkl. der direkten Einstiegsseillängen über gutes Eis erstiegen werden, was die Schwierigkeiten erheblich verminderte.

● **342 Pilier des Trois Pointes,** 3855 m
(Cavalieriführe)
E. Cavalieri, A. Mellano, R. Perego, B. Tron, 13. bis 14. August 1959. **VI+**, meist V und V+. 1 SL **A2** und 1 SL mit Stellen A1. **TD+**. Sehr elegante Kletterei. Schöner und schwieriger als der Gervasuttipfeiler. Die letzten beiden SL sind künstl. Kletterei. Es stecken nur wenige H. Im Abstieg mindestens 11mal abseilen. Wandhöhe 400 m. 10 Std. vom E.
Übersicht: Der Pilier des Trois Pointes ist als eigenständiger Gipfel anzusehen. Von hier wird meist nicht weiter zum Mont Blanc du Tacul aufgestiegen. Der Pfeiler befindet sich zwischen Supercouloir (R 340) und Diablecouloir (R 345). E auf der linken Seite. Auf dieser linken Flanke bewegt sich auch der Aufstieg.
Zustieg: Wie bei R 338 in die Gletscherbucht zwischen dem am weitesten in den Glacier du Géant reichenden Ausläufer des Mt. Blanc du

Tacul und der Pyramide du Tacul. Man steigt in Richtung des vom Teufelsgrat (R 346) herabziehenden breiten Eiscouloirs (R 345) bis in etwa 3450 m Höhe an (2 Std.; E).
Route: Über den Bergschrund nach rechts und über einen sehr steilen Eishang in Richtung auf einen grauen Kamin, der den ersten senkrechten Teil der Pfeilerwand durchzieht. In zwei SL durch den Kamin (V) auf einige Absätze unter einem gelben Turm. Rechtshaltend durch eine enge Rinne (2 SL), am Ende ein Aufschwung (V). Man ist nun am Fuß roter, rißdurchzogener Granitplatten, denen man im weiteren Anstieg folgt. Eine kleine graue Verschneidung, dann eine Platte (10 m, V+), weitere 10 m hoch (V), etwas rechts queren und über eine zweite 10-m-Platte (VI+) zu Stand.

Nun in Richtung zweier kleiner Blöcke, die man rechts umgeht und über einen schwachen Überhang (V). Rechts folgt man Rissen (V). Wo die Risse ungangbar werden, quert man nach links über eine schmale Schuppe, folgt einem Riß links und steigt über einen kleinen Grat bis zu einer großen Plattform hoch. Darüber steigt man eine graue, überhängende Platte hoch (30 m, A2, Ausstieg V+). Die folgende graue Verschneidung mit Überhang hoch (25 m A1, dann VI/VI+). Man gelangt so zum Gipfelblock.

● **343** **Totem**
Michel Piola und Pascal Strappazzon, 18.—19. Juni 1988.
VIII—. Sehr anhaltende Schwierigkeiten VII und VII+ auf den ersten 8 SL. **ED+.** Stellen VII+ obligat. Mitnahme von mind. einem Satz Rocks o. ä. und Friends empfohlen. 35 BH und 6 H stecken. Alle Angaben nach M. Piola. Totem wird heute als eine der lohnendsten Routen überhaupt angesehen. Abseilen über die Route Tobbogan. Vgl. Foto S. 149. Die Route ist durch eine Felsausbruch im unteren Teil verändert (Genaueres unbekannt). Im übrigen ist der Gletscher stark abgesunken, so daß mindestens 1 SL mehr zu klettern ist. Vgl. Skizze S. 155.

Übersicht: Der Anstieg verläuft auf der rechten Seite des Pilier des Trois Pointes über den wenig ausgeprägten Pfeiler einer Schulter dieses Turms.
Zustieg: Vgl. R 342. E knapp rechts des tiefsten Punkts.
Route: Vgl. Skizze S. 155.

● **344** **Toboggan**
F. Bessonne, M. Piola und P. Strappazzon 26. Juli 1998 in der heutigen Routenführung. **VII+**, durchgängig VI—VII.

ED. Mit neuen Bohrhaken an den Standplätzen und einige zur Sicherung. Wo immer möglich, müssen aber zusätzliche Sicherungen selbst gelegt werden. Mehrere SL ohne jegliche Bohrhaken.

● **345** **Diablecouloir**
G. Antoldi, G. Boccalatte, R. Chabod, M. Gallo und P. Ghiglione, 31. August 1931. **55°**, Durchschnittsneigung 50°. **D**. Sehr schöne Eisfahrt.
Etwas schwieriger und abwechslungsreicher als das sehr viel berühmtere und entsprechend stärker frequentierte Gervasutticouloir. Die ersten SL bis ins breite Couloir können sehr schwierig sein, falls es an Firn und Eis im Couloir mangelt. 800 m vom E bis zum Gipfel. 6—9 Std. Vgl. Foto S. 149.

Übersicht: Das Diablecouloir verläuft links der markanten OSO-Pfeiler des Mont Blanc du Tacul. Es ist etwas gebogen und verläuft im obersten Teil in spitzem Winkel zum obersten SO-Grat (R 346).
Zustieg: Wie bei R 338.
Route: Über den Bergschrund und die meist schwierige erste Stufe in das eigentliche Couloir. Dieses hoch bis zum SO-Grat, den man oberhalb der Isolée erreicht und von dort zum Gipfel.

● **346** **Arête du Diable, Teufelsgrat** (SO-Grat)
Frl. M. O'Brien und R.L.M. Underhill, mit Armand Charlet und G. Cachat, 4. August 1928. **V**, meist IV. Kombiniert. **D+**. Eine der großen Touren im Gebiet. Hier sind es weniger die Schwierigkeiten der einzelnen Kletterstellen als vielmehr der hochalpine und sehr abwechslungsreiche Ablauf der Bergtour, der den Ton angibt. Teilweise sehr ausgesetzte Kletter- und Abseilstellen wechseln mit kombinierten Passagen ab. Da man sich am Grat durchweg über 4000 m bewegt, sollten unbedingt gute Verhältnisse abgewartet werden. Die H, insbesondere AH stecken. 2 Seile erforderlich. Die HD am Grat ist unerheblich. Im Zustieg zum Grat 700 m HD. 8—10 Std. vom Cirque Maudit.

Übersicht: Von einem Schneesattel unterhalb der Felstürme im Teufelsgrat zieht zum Cirque Maudit eine Firnrinne hinab. Im unteren Teil wird rechts der Rinnenverlängerung aufgestiegen, dann durch die Rinne selber bis auf den Grat, den man am Col du Diable betritt. Der eigentliche Teufelsgrat beginnt erst nordwestl. des Col du Diable. Die erste Nadel (Corne du Diable) wird anfangs umgangen und von der

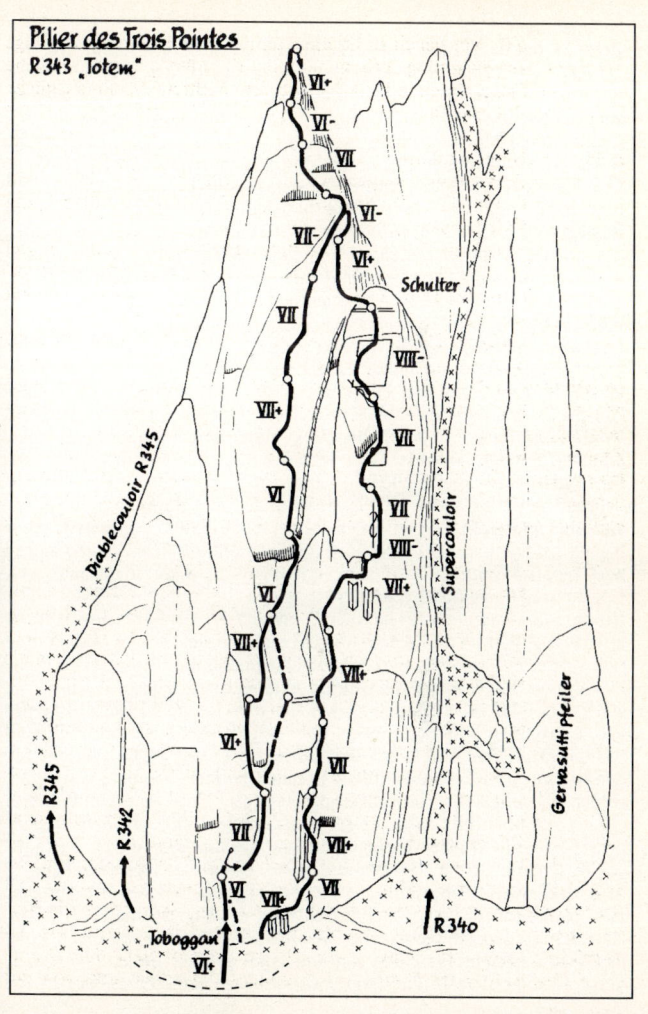

Brèche Chaubert (zwischen Corne du Diable und Pte. Chaubert) erstiegen. Die Pte. Chaubert wird ebenfalls erstiegen, der folgende kleine Gratturm umgangen und die darauffolgende Pte. Médiane wieder erstiegen. Die anschließend folgende Pte. Carmen besteht aus zwei ungleich hohen Hörnern, dem östl. und dem westl. Horn. Das erstere (östl.) wird umgangen, das zweite und höhere (westl.), die eigentliche Pte. Carmen, erstiegen. Nun die abseits (südl.) liegende Isolée erklettern und weiter zum Mont Blanc du Tacul aufsteigen.

Zustieg: Vom Cirque Maudit (vgl. R 303) an den Fuß der SW-Flanke des unteren Gratteils. Mehrere Couloirs führen vom Cirque Maudit durch diese Flanke. Am vorteilhaftesten benützt man die zweite Rinne, vom Clocher du Tacul in NW-Richtung gerechnet. E etwa in 3570 m Höhe. Den Bergschrund übersetzend, steigt man ein gutes Stück im Firn des Couloirs selbst an (im Spätsommer über ausgeaperte brüchige Felsen), erreicht dann linker Hand Felsen, nach deren Erkletterung man sich im Wechsel über Fels und Firn dauernd schräg nach links zum Col du Diable hält und dabei einige Nebenrinnen quert. — Auch im Couloir, das vom Col du Diable direkt zum Cirque Maudit herabzieht, kann aufgestiegen werden. Dazu wird der Bergschrund noch nordwestl. überschritten an einer Stelle, die genau unter der ersten Gruppe der Nadeln des Teufelsgrates (Pte. Chaubert und Corne du Diable) liegt. Zuerst über plattigen Fels in die Nähe des Unterbaues beider erwähnter Nadeln, steigt man dann über Firn (im Spätsommer über Schutt) schräg nach rechts an, um das große Couloir zu gewinnen, durch das man zum Col aufsteigt (2—2½ Std.).

Route: Man folgt dem firnigen Grat, bis sich der Grat aufschwingt. Die erste Nadel (Corne du Diable) umgeht man auf der S-Seite, indem man sich wechselnd auf Fels und Schnee hält und einen Firnsattel erreicht. Nach einer SL gewinnt man durch eine südseitig gelegene Rinne die 4047 m hohe Brèche Chaubert (zwischen dem Corne du Diable und der Pte. Chaubert). Nun nach rechts über den kurzen, steilen NW-Grat in festem gutgriffigem Fels auf das Corne du Diable (4046 m). Der für den Rückweg zum Abseilen in die Brèche Chaubert benutzte Haken befindet sich ein Stück unterhalb des Gipfels. Über eine glatte Platte (IV+) und über die Gratkante zur Pte. Chaubert (4074 m). Die folgende Scharte, die Brèche Médiane, 4017 m, gewinnt man durch dreimaliges Abseilen über die NW-Wand der Pte. Chaubert. Den zwischen der östl. und westl. Schartenkerbe stehenden kleinen Gratturm umgeht man rechts (nördl.) zum Steilaufschwung der Pte. Médiane (2 Std.). Zuerst schräg nach rechts über Wandstufen, dann etwas nach links kletternd, erreicht man den Anfang einer großen hohen Verschneidung. 15 m hoch (IV), dann mit einer Traverse nach rechts bis 1 m vor den Grat und durch einen 15 m-Riß (IV) zu einer im O-Grat der Médiane befindlichen kleinen Plattform. Man begeht von ihr ein Band etwa 6 m nach rechts und klettert dann über Platten 8—10 m wieder zum Grat empor, von dem man aber sogleich wieder 2 m nach links absteigt, um den oberen Teil der großen Verschneidung zu queren. — Man kann auch die ganze Verschneidung erklettern (IV + / V). — Nun in der SO-Wand, klettert man über zwei kleine Terrassen schräg nach links empor, erklimmt einen kurzen Riß, der auf eine dritte Terrasse zieht, die man dem Gipfel folgt. Dieser selbst besteht aus drei Blöcken mit zwei dazwischenliegenden Fenstern. Durch das linke Fenster und von der Rückseite (SW) des Gipfelblocks auf die Pte. Médiane, 4097 m, 1—2 Std.

Die Brèche Carmen, 4057 m, erreicht man vom linken Fenster durch 30 m freies Abseilen. Weiter aus der Brèche Carmen über die nördl. im O-Grat befindlichen Risse, dabei das östl. Horn rechts (nördl.) umgehen. Über den SO-Grat auf das westl. Horn der Pte. Carmen, 4109 m. Nun wieder zurück in die soeben verlassene flache Scharte, von der man sich in die 4054 m hohe Brèche du Diable zweimal abseilt.

Da der letzte Gipfel des Teufelsgrates, die Isolée, nicht im Hauptkamm, sondern etwas abseits (südl.) von ihm liegt, was ja ihr Name schon sagt, kann man bei Zeitmangel direkt über den Grat, ohne die Isolée besteigen zu müssen, zum Mont Blanc du Tacul aufsteigen. Ein leichtes Gratstück führt von der Brèche du Diable zur Brèche de l'Isolée, 4078 m, hinauf, die zwischen dem Hauptgrat und der Isolée liegt (2 Std.).

Von dieser Scharte steigt man auf der SO-Seite 15 m durch ein Couloir ab, quert 4 m horizontal in die N-Wand der Isolée und klettert durch Risse zu einem Felsabsatz empor. Weiter anschließende Risse vermitteln den Aufstieg zu einer schon vom Einstieg sichtbaren vorstehenden Felsschuppe, von der man durch einen links davon befindlichen Riß 2 m empor und dann nach links zu einem schmalen Grat hinausklettert. (V). Über ihn im Reitsitz und durch einen anschließenden kurzen Riß auf eine kleine Plattform, von der leichte Felsen auf die Isolée, 4114 m, führen. Nun von der kleinen Plattform bis zum unteren Ende der Felszunge abseilen (2 Std.). Im Hauptkamm umgeht man anfänglich einige kleinere Gratürme auf ihrer N-Seite und hält sich später etwas links der Grathöhe. Ohne besondere Schwierigkeiten erreicht man den O- und bald darauf den Hauptgipfel (1 Std.).

● 349   **Abstieg vom Mont Blanc du Tacul**
Mäßig schwieriger Gletscherabstieg. **PD.** Der über die teilweise ziemlich steile NW-Flanke führende Abstieg bietet normalerweise keine

Probleme. HD bis zum Col du Midi (R 500) rd. 700 m. 1 Std. Von dort zur Aig. du Midi mit mühsamem Gegenanstieg in 1 Std., 250 m HD. Zum Col du Géant (vgl. R 852) in 2½ Std.

Abstieg: Vom Gipfel auf dem Firnrücken ziemlich weit nach N, dann rechts in die steile Flanke, die im allgemeinen von links oben nach rechts unten abgestiegen wird. Zuletzt direkt auf den Col du Midi zu. — Will man zur Aig. du Midi, so quert man unter der S-Wand hindurch und steigt über den folgenden Firnrücken (Bergschrund) und den anschließenden Firngrat zum Stollenloch.

● 350 **Pointe Lachenal,** 3613 m

Eigentlich ist dieser Gipfel nur ein Gratausläufer des Mont Blanc du Tacul. Sein Name erinnert an den franz. Bergführer Louis Lachenal, der im Vallée Blanche 1958 bei einer Skiabfahrt tödlich verunglückte. Durch die leicht und schnell von der Aig. du Midi erreichbaren SO-Abstürze ziehen mehr als 10 Routen, aber die Kletterer konzentrieren sich auf ein bis zwei Routen, insbesondere die Contaminführe.

● 351 **Contamineroute**

André Contamine, P. Labrunie und R. Wohlschlag, 30. August 1959. **VII** (2 SL oder A1 und A0), meist V und V+. **ED**—. Sehr schöne und viel begangene Kletterei. Die H in den beiden schwierigen SL nehmen tendenziell ab. Große KK und Friends insgesamt sehr empfehlenswert. 250 m Wandhöhe. 3—4 Std.

Zustieg: Von der Aig. du Midi in 1 Std. wie bei R 328 unter die SO-Wand. E rechts von einer Kaminverschneidung bei einem schmalen Riß, der durch eine glatte Platte zieht.

Route: Durch den Riß hoch (V). Links über eine Platte (IV) an einen breiten Riß. Diesen hoch bis zu einigen Blöcken und Terrassen (V). Durch eine kurze Verschneidung zu einem Quarzband (V). Rechts haltend einen Riß bis zum SO-Grat (V, 40 m). Am Grat bis zu einem geräumigen Absatz (IV+). Nun nach links (V+) zu einer Rißreihe und diese hoch (VII oder A1, Schlingenstand, 2 SL). Nahe am Grat hoch (IV und IV+, 90 m) zum Grat (IV+), dann über eine Felsbrücke und ein Wandl (IV). Zum Gipfel über brüchige leichtere Felsen.

● 354 **Marylene**

G. Margota und P. Sombardier, 23. August 1978. **V+**, meist IV+ und V. **D+**. Sehr schöne, etwas leichtere Kletterei. Keine H. Sicherung ausschließlich über KK, Friends etc. Wandhöhe 220 m. 4 Std. vom E.

Übersicht: Aus dem links des weit in den Gletscher hinein ragenden Sporns (R 353) liegenden kleinen, zwischen Fels eingeschlossenen Schneefeld zieht ein nicht sonderlich markanter Pfeiler direkt zum Gipfel hoch, über den die Route verläuft.
Zustieg: Wie bei R 351. Zum E über den Bergschrund und das kleine Schneefeld hoch an den Pfeiler, an seiner linken Flanke.
Route: Den Pfeiler über schwach ausgeprägte Orgelpfeifen 60 m leicht links haltend hoch (IV und IV+). Rechts hoch zu einer Plattform (IV). Die folgende Kaminverschneidung mit zwei Überhängen hinauf (IV+ und V, 60 m). Rechts eine Rampe hoch zu einem schönen Riß. Diesen hinauf bis zum Klemmblock (IV+ und V). Noch 5 m hoch, dann nach links queren (V+, nicht weiter durch den Riß oberhalb). Man gelangt an eine weitere Verschneidung, die man hochpiazt (V) bis in Höhe eines Daches, unter dem man nach links quert (V—). Gerade hoch unter Plattenüberhänge (IV), die man rechts über eine kleingriffige Platte (V) umgeht und so zum Gipfel gelangt.

● 359   **Abstieg**
Der Abstieg vollzieht sich entweder über die kurze N-Flanke (evtl. abseilen, oft vereist) oder durch Abseilen über R 351; man muß dann aber einen längeren Gegenanstieg zur Aig. du Midi in Kauf nehmen.

● 360   **Pyramide du Tacul,** 3468 m
Kleiner Gipfel am Fuß der ONO-Flanke des Mont Blanc du Tacul. Der O-Grat ist eine absolute Modetour geworden.
Erstbesteigung des Gipfels am 2. Juli 1934 durch R. Chabod und M. Mila.

● 361   **Ostgrat**
E. Croux, L. Grivel, A. Ottoz, 29. Juli 1940. **IV+**, meist IV. **D—**. Sehr schöne, häufig begangene Kletterei mit kurzem Zustieg. Ein zweites Seil zum Abseilen nötig. Wandhöhe 270 m. 2½ Std. vom E. Vgl. Foto S. 160.
Zustieg: Vom Ref. Torino (R 81) wie bei R 504 an den Wandfuß. Von der Aig. du Midi wie bei R 328 an den Wandfuß. Je 1½ Std. E etwa 40 m über dem tiefsten Punkt des Grats in der Südwand.
Route: Von dort rechts aufwärts auf den Grat, dem man 1 SL bis unter ein Wandl folgt. Links über eine Platte queren (IV), durch eine offene Verschneidung (IV) und nach rechts auf die Gratkante zurück. Einen Riß hoch (IV, 20 m) bis unter einen Überhang aus (grauen) Blöcken. Man ersteigt eine rißdurchzogene Platte (IV) und durch einen nach links ziehenden, breiten Riß den Überhang (IV+, anstrengend). Das

folgende Wandl ersteigt man mit Hilfe eines Risses (IV), dann rechts des Grats über geneigte Platten (IV) hoch und schließlich wieder auf dem Grat weiter. Über Risse und Blöcke zum Gipfel (III).

● **369 Abstieg**
Normalerweise wird über den O-Grat 6—7mal abgeseilt. Diese Abstiegsroute empfiehlt sich nur, wenn die Route nicht allzu stark frequentiert ist. Zur Not kann auch über den N-Grat zweimal abgeseilt werden in die Scharte zwischen dem Turm „Le Chat" und der Pyramide. Von dort nach NW auf den Glacier du Géant. Vom E Rückweg zur Aig. du Midi 2 Std., zum Col du Géant 1 Std.

Abstieg über O-Grat: Zunächst etwas abklettern, dann 7mal bis zum E abseilen. Falls die obersten Passagen naß sind, auch hier abseilen.

Pic Emile Rey; Petit Capucin

R 361 Ostgrat
R 372 Gervasuttiführe

R 383 Salluardführe
R 384 Bettembourgführe

● **370 Petit Capucin,** 3693 m
Etwas versteckt liegender schöner Turm mit besonders lohnenden Ausblicken auf die umliegenden Gipfel, insbesondere den Grand Capucin. Relativ selten besucht, insoweit recht empfehlenswert. Die meisten Anstiege bis auf die O-Wand werden jedoch praktisch nie begangen. Erstersteigung L. de Riseis mit A. und H. Rey, 25. August 1914.

● **372 Gervasuttiführe** (O-Wand)
C. Arnoldi, G. Gagliardone und Giusto Gervasutti, 16. August 1946. **V**, meist III und IV. Zustieg kombiniert. **D**. Teilweise anstrengende Kletterei. Wenige H. Insgesamt sehr lohnend und abwechslungsreich. HD 250 m. 3—4 Std. vom Fuß des Berges. Vgl. Foto S. 160.

Übersicht: Zunächst zur Scharte Pte. A. Rey—Petit Capucin. Man quert die N-Wand bis an die O-Wand, die durchstiegen wird.

Zustieg: Wie bei R 80 auf den Cirque Maudit genannten Arm des Glacier du Géant. Nun auf die Südseite der Pte. Rey an den Fuß des Couloirs, das von der Scharte zwischen Pte. A. Rey und dem Petit Capucin herunterzieht. 1¹/₂ Std.

Route: Über die Felsen des linken Ufers in die Scharte. Von hier quert man etwa 2 SL in die Nordwand über Eis und steile Felsen bis zu einigen kleinen Absätzen am Rand der Ostwand. Durch einen Riß (IV) hoch an den Fuß eines markanten Kamins mit Klemmblöcken. Durch den Kamin (mühsam, 25 m). Nun über einen kleinen Aufschwung links haltend (III), dann nach rechts zurück an den Beginn einer Wand mit Orgelpfeifen und diese hoch (IV+, V, 30 m). Weiter gerade hoch über einen Riß und eine Verschneidung (IV—, 30 m). Man umgeht einen großen Block rechts, kehrt nach links über eine Platte zurück (IV) und steigt links über ein Wandl. Danach rechts haltend über rißdurchzogene Felsen (IV, 40 m). Über leichteren Fels (III) an den Beginn des Gipfelaufbaus. Auf den Gipfel über einen schrägen, von rechts nach links ziehenden Riß (IV).

● **379 Abstieg**
III, kombiniert. **PD**. Kurzer Abstieg. 1 Std. bis zum Gletscher.

Abstieg: Vom Gipfel folgt man dem schmalen W-Grat, um dann links einen Kamin von 60 m abzusteigen. Über unschwierige Stufen ereicht man nach links die Scharte zwischen Petit Capucin und einem großen Felsturm in der S-Wand, dem Roi de Siam. Durch das SW-Couloir aus dieser Scharte absteigen (ca. 3 SL kombiniert). Über Felsstufen nach rechts in das Firncouloir, das von der Brèche du Carabinier (zwischen

Petit und Grand Capucin) nach S herabzieht. Hier zum Gletscher hinab.

● **380**   **Pointe Adolphe Rey,** 3536 m
Östlichster der Trabanten des Mont Blanc du Tacul. Interessanter Felsturm mit zahlreichen lohnenden Felsanstiegen. Die Routen Gervasutti, Salluard, Terray und Bettembourg zählen zu den schönsten ihrer Art. Zustiege zu den S- und SO-Wänden vom Col du Géant (über den Col des Flambeaux, dann etwas westl. haltend ohne größeren Verlust an Höhe unter die Pte. A. Rey) in 1 Std. oder von der Aig. du Midi wie bei R 328 in 1½ Std. Erstbesteigung Frl. N. Pietrasanta, G. Boccalatte, R. Chabod und G. Gervasutti, 16. Juli 1935.

● **383**   **Salluardführe** (OSO-Pfeiler)
T. Busi mit F. Salluard, 6. September 1951. **VI—**, meist IV+ und V. **TD**. Ziemlich anstrengende Kletterei in gutem Fels. 300 m Wandhöhe. 4—6 Std. Vgl. Foto S. 160.
Übersicht: Der OSO-Pfeiler besteht aus zwei großen Pfeilern, die eine Riesenverschneidung trennt. Über den rechten niedrigeren Pfeiler (ONO) verläuft die Guillaume-Terray-Route (TD+, V+/VI), über den linken die Salluardführe (OSO). Im oberen Teil geht die Route mehr über einen Felsgrat.
Zustieg: Wie bei R 380 an den Fuß des rechten Pfeilers, der am weitesten in den Gletscher hereinragt. Links oberhalb beginnt der linke Pfeiler, den man über eine kurze Firnflanke erreicht.
Route: Ein Wandl hoch (IV+) über einen Überhang (VI—), und durch einen Riß (V, 35 m) zu einer guten Terrasse. Gerade hoch über einen Aufschwung (V+/VI—), dann links durch eine Verschneidung (IV) zu einer Terrasse. Durch einen Kamin (V), der von einem Überhang geschlossen ist und den man links piazend umgeht (V+). Etwas nach links in einen breiten schrägen Riß, über ein kleines Wandl (V) und geneigte Platten hoch. Ein senkrechter Aufschwung wird über Risse zu einer kleinen Scharte auf der Gratschneide erklettert (IV+). Darüber eine SL hoch (IV), dann über ein kleines Wandl (VI—) schräg links aufwärts weiter (IV+) und durch ein Felsloch. Links queren und durch eine Verschneidung rechterhand eines eines Kamins hoch (IV+, H). Nun schräg nach links zu einer Scharte am Fuß eines großen Gendarmen. Nordseitig über ein Wandl (IV+), ein gelegentlich vereistes Band und ein zweites Wandl (IV) zu einer Scharte. Südseitig 2 m absteigen und nach links bis zu einer Verschneidung, die man durchsteigt (V). Man quert eine schräge Platte unter dem Grat (20 m, III), kehrt zum Grat zurück und erreicht über einige Aufschwünge den Gipfel.

● 384   **Bettembourgführe** (SO-Wand)
G. Bettembourg und H. Thivierge, 25. April 1975. VII (eine Stelle) meist V+ und VI. Anhaltend schwierige und schöne Kletterei, die der diagonalen rötlichen Rißverschneidung folgt. Ursprünglich mit einigen FH erklettert, gilt die Route heute als lohnende Freikletterei. Die H stecken normalerweise 200 m HD für die eigentliche Route, weitere 100 m zum Gipfel über R 383 oder den hier beschriebenen Anstieg. Vom Ende der Route kann auch sechsmal auf den Gletscher abgeseilt werden. 4—5 Std. bis zum 6. Standplatz, 6—8 Std. bis zum Gipfel.

Übersicht: Die SO-Wand wird durch zwei diagonal verlaufende Rißsysteme durchzogen, von denen die rechte, rötliche Rißreihe durchstiegen wird. Sie verläuft etwa in Fallinie eines großen Gendarmen des OSO-Pfeilers, vgl. R 383. Im untersten Teil weist die Rißreihe zwei parallele Risse auf. Vgl. Foto S. 160.

Zustieg: Vgl. R 380. E im rechten Riß.

Route: Im rechten Riß hoch (Piaz, VII) und weiter durch die Rißverschneidung (V+ und VI) bis zu einer Felseinwölbung unter einem senkrechten Riß. Eine Platte nach links queren (7 m, V+ / VI, heikel) zu einem breiten Riß (oben Blöcke im Riß), den man 10 m bis zu einem Band hochsteigt (V). An den Beginn von zwei Rissen, von denen man zunächst etwa 10 m den rechten (VI / VI+), dann 20 m den linken (VI) bis zu einem geneigten Band hochsteigt. Durch die Verschneidung hoch, die im Verlauf enger und tiefer eingeschnitten ist, bis zu einer großen abgespaltenen Schuppe unter einer überhängenden Verschneidung. Nur drei Möglichkeiten:
a) Abseilen zum Wandfuß;
b) über Risse und Blöcke nach rechts (IV+) zur Scharte vor dem großen Gendarmen bzw. der N-Wand-Passage von R 383 und weiter wie dort;
c) durch die überhängende Verschneidung (V+ und VI—), 10 m nach links in die S-Wand queren und durch einen Rißkamin auf den großen Gendarmen (V+, 30 m).

● 389   **Abstieg über die Südwand**
Abstieg überwiegend mit Abseilen. Zwei 45-m-Seile erforderlich. 1 Std. bis zum Gletscher.

Übersicht: Der Abstieg vollzieht sich über die kurze Südwand in die Rinne aus der Scharte Petit Capucin — Pte. A. Rey.

Abstieg: Vom Gipfel über den ONO-Grat an den Fuß des Gipfelblocks. Nun auf der S-Seite 25 m abseilen. Nach rechts (W) etwas absteigen bis neben einen Überhang, der einen tiefen Kamin in der SW-Wand abschließt. Entlang der Begrenzungswand des Kamins gut 40 m abseilen bis auf einen Block, von dem aus sich der Kamin geteilt fortsetzt. Nochmals 30 m abseilen bis in das Couloir, über das man leicht auf den Gletscher gelangt.

● **390**   **Grand Capucin,** 3838 m
Der Grand Capucin erhebt sich senkrecht als ein wunderbarer Felsobelisk aus dem Glacier du Géant. Obwohl die Wandhöhen keine 400 m erreichen und der Berg auch nur vom Gletscher und den umliegenden Gipfeln zu sehen ist, steht er seit 40 Jahren im steten Interesse der Kletterer. Nach der ersten Durchsteigung der O-Wand durch Walter Bonatti und L. Ghigo war die Bonattiführe 30 Jahre lang das Ziel der Extremkletterer. 1981 und in den Folgejahren wurden sehr schwierige Sportklettereien erschlossen, die heute die Mehrzahl der Besucher anziehen. Neben der Kombination „Triple Directe" ist es vor allem die Führe „Voyage selon Gulliver", die sich des besonderen Interesses sicher sein kann. Erste Besteigung des Gipfels durch E. Augusto, Adolphe und Henri Rey und L. Lanier am 24. Juli 1924.

● **391**   **Zustiege zum Grand Capucin**
Insgesamt leichte Gletscherwanderungen. **F.** Die Zugänge zum Grand Capucin sind von der Aig. du Midi wie vom Col du Géant fast gleich lang (2 Std. bzw. 1½ Std.). Der Unterschied liegt im Rückweg, wo man zur Aig. du Midi einen erheblichen Gegenanstieg von 500 m HD zu überwinden hat. Wie bei R 80 erreicht man den Cirque Maudit von der Aig. du Midi zuletzt über den spaltenreichen Gletscher vom Fuß der Pte. A. Rey ziemlich steil aufsteigend oder vom Col du Géant über den Col des Flambeaux am Fuß des N-Grats der Aig. de Toule vorbei und ziemlich direkt ohne Höhenverlust an den Fuß des Gr. Capucin. Von hier auch in wenigen Minuten zu den umliegenden anderen E.

● **393**   **Bonattiführe**
Walter Bonatti und Luciano Ghigo, 20.—23. Juli 1951.
VIII–, überwiegend VII mit Stellen VII+ auf 8 SL. **ED+**.
Bereits 1977 kletterte Jean-Claude Droyer die Wand mit nur 9 FH, die erste freie Begehung gelang am 15. Juli 1983 durch D. Chambre und J.B. Tribout, E. Escoffier und T. Renault. Künstlich oder frei geklettert bleibt die Führe eine besonders lohnende, sehr steile und anhaltend schwierige Kletterei. Die H sind nicht immer von bester Qualität.

Mitnahme von reichlich Karabinern, Schlingen und einem Satz KK und Friends erforderlich. Die Beschreibung geht von freier Kletterei aus. Bei künstlicher Kletterei soweit die H stecken, meistens A0 und V, selten V+ und einige Passagen A1. Fehlen H, Passagen A2. Die berühmte Bonattiführe wird wohl noch überwiegend künstlich geklettert, weshalb z. Z. noch sehr viele H stecken. Es bleibt abzuwarten, ob die Tour einmal ausgenagelt wird, was zu bedauern wäre, weil es nur wenige Hakenklettereien dieser Klasse im Gebiet gibt. Durch die vielen neuen Routen am Gr. Capucin verteilt sich der Andrang am Berg. Wandhöhe vom Bergschrund knapp 400 m. Reine Kletterhöhe gut 300 m. Die Kletterlänge ist durch etliche Quergänge deutlich größer. Vom E 6—12 Std. Vgl. Fotos S. 171, 173.

Übersicht: Nach einem Aufstieg in der Firnrinne, quert man nach rechts auf eine Terassenzone rd. 80 m über dem Wandfuß. Am rechten Ende der Terrassen gerade hoch bis unter den linken von drei großen Überhängen im rechten Wandteil. Zwischen dem linken und dem mittleren Überhang durch, ziemlich gerade hoch und dann wenig links der NO-Kante hoch und an der Kapuze, die den Gipfel kennzeichnet (= Capucin), rechts vorbei zum höchsten Punkt.

Zustieg: Wie bei R 391 unter die O-Wand. Nun links an die Firnrinne. Über den Bergschrund und das Couloir hoch bis man nach rechts die Terrassenzone erreichen kann (ca. 100 m, 45°), dann kombiniert. Man quert über die Terrassen, steigt dann etwas ab bis zu einer Unterbrechungsstelle. Schräg rechts eine 10 m hohe, glatte Platte hoch (V). Dann eine kleine Verschneidung hinab auf ein Band bei einer kleinen Höhle. Nun auf dem Band nach rechts bis zur dritten Verschneidung. E (1 Std. vom Bergschrund).

Route: Die dritte Verschneidung 15 m hoch (VI), dann 2 m nach links zu Absatz. Eine weitere Verschneidung hoch (15 m, IV dann VI+), Quergang nach links entlang einer Schuppe (V+) und auf ein kleines Band. Durch kurzen Kamin (V+, dann IV) und weiter durch eine längere glatte Verschneidung (VI, dann VII und VII+). Am Fuß einer steilen Platte unter dem großen Dach, dem linken der größten Dächer in der Mitte der O-Wand, Rechtsquergang (V+) bis zu einer schrägen Verschneidung, die unter das Dach führt; Quergang unter dem Dach nach rechts (VII) zu kleiner Terrasse (1. Biwakplatz Bonatti). Über gerillten Fels 20 m hoch und rechts 3 m zu kleinem Band (VI). Eine tief eingeschnittene Verschneidung hoch bis unter ein Dach (IV+), das man rechts überklettert (VII). Nun nicht weiter in der großen Verschneidung, sondern Rechtsquergang entlang eines feinen Risses und

durch einen Kamin (V—) auf ein Band auf einer Schuppe. Nun durch die das Band überragende 40-m-Wand (VII+; evtl. Schlingenstand, nicht ratsam). Man gelangt so auf eine größere Terrasse mit Felsstufen und Bändern am Rand der N-Wand (2. Biwakplatz Bonatti).
Links über Felsstufen hoch und über ein Wandl (IV+) auf das oberste Band. Querung zu einem schmalen und glatten Riß; diesen Riß hoch und dann rechts einen Überhang umgehen (VII). Über Risse unter ein Dach (VI), Rechtsquergang zu einer kleinen Terrasse und durch den Riß oberhalb hinauf bis zu einer Nische unter einem Dach (VII+ und VIII—). Linksquerung unter dem Dach und überhängende Verschneidung hoch, die man nach links verläßt (VII+). Durch einen breiten Riß in geneigter Platte, dann Vertikalriß hoch (VII und VII+) und nach rechts haltend über Platten bis zu wenig ausgeprägter Nische (VI).
Links Riß hoch bis unter das große Dach (VI, dann IV+), Plattenquergang nach rechts (V+) und auf ein Band. Eine Verschneidung führt zur Schulter (IV+). Etwas absteigen und Querung in der N-Wand (IV), dann durch Verschneidung wieder hoch (V—) bis auf verschneite Bänder nahe des höchsten Punkts. Vgl. Skizze S. 174.

● **394** **O Sole Mio** (Südwand)
M. Piola und P. A. Steiner, 21.—22. April 1984. **VII+**, meist VI und VII. Stellen VII— obligatorisch. **ED**. Sehr schöne abwechslungsreiche Kletterei. Nach Piola eine der lohnendsten Routen am Berg. Es stecken 20 H und 15 BH. KK und Friends erforderlich. Mind. 45-m-Seile. 280 m Wandhöhe. 6 Std.
Übersicht: Die Route führt aus dem Couloir des Aiguillettes links (W) des Berges vom Beginn der Terrassenzone im unteren Wandteil (vgl. R 393) ziemlich gerade zum Gipfel.
Zustieg: Wie bei R 393 an den Beginn der Terrassenzone. Noch etwas höher im Couloir und deutlich links einer großen Verschneidung (Voie des Suisses, R 395) an einen feinen Riß, der den Pfeiler links der Verschneidung durchzieht. Eine kürzere SL hoch auf Plattform (IV) an den Beginn der Schwierigkeiten. Pfeil in den Fels geritzt. E.
Route: Vgl. Skizze S. 167.

● **395** **Schweizerführe** (Voie des Suisses)
C. Asper, M. Bron, M. Grossi, M. Morel, 24.—26. Juli 1956. **VII, A 0** (1 Passage), überwiegend V+ und VI. **ED—**.
Von den Erstbegehern mit 140 H überwiegend mit künstlichen Hilfsmitteln erstbegangen, wird die Route heute überwiegend oder auch vollständig frei geklettert. Die Schwierig-

Grand Capucin

R394 „O Sole Mio"; R395 Schweizerführe; R396 „Sourire de l'Été"

keiten sind dabei kürzer und weniger anhaltend als bei den anderen Routen am Berg. Einige H stecken. 280 m Wandhöhe. 6 Std. vom E. Vgl. Foto S. 171.

Übersicht: Im unteren Teil der S-Wand verläuft eine markante Verschneidung, die durchstiegen wird. Oberhalb der Verschneidung zieht eine Rißreihe durch eine rote, sehr steile Wand, durch die sich der weitere Aufstieg vollzieht.

Zustieg: Man folgt R 393 bis zum Beginn der markanten Terrassenzone. Nun nicht rechts queren, sondern leicht links haltend an den Fuß der großen Verschneidung (IV).

Route: Durch die Verschneidung und einen Riß rechterhand hoch (V+, VI+, V+, V). Die rechte Wand der Verschneidung wird durch eine große rote Plattenwand überragt, die von schwarzen Dächern durchzogen wird. Durch sie bewegt sich die weitere Kletterei. Etwas rechts durch eine kleine Verschneidung erreicht man zunächst den Beginn der roten Wand (V+). Ein erstes Dach wird rechts überwunden, einen Riß hoch und über ein zweites Dach (VII, A0). Mittels eines Risses durch eine glatte Wand hoch (VI, VII—). Über Platten und eine Verschneidung erreicht man eine Plattform (V, IV). Von hier durch eine Verschneidung und über Platten (V) zum Gipfel.

● **396**   **Sourire de l'Été**
G. und R. Vogler, 24.—25. August 1981. **VII, A2**, anhaltend VI und VI+. **ED**. Die ersten 7 SL der Führe können frei geklettert werden. Stellen VI+ / VII— obligatorisch. Darüber künstl. Kletterei A2, hier fehlen die H. Von der 7. SL ab kann über den Schweizer Weg weitergestiegen werden (vgl. R 395). HD vom E rd. 280 m. 6 Std. bei Ausstieg über R 395. Sonst deutlich länger. Vgl. Foto S. 171.

Übersicht: Von der höchsten Plattform der Terrassenzone im unteren Wandteil (vgl. R 393) diagonal nach links hoch in die S-Wand und dort über die rote Wand, wo man R 395 unter dem großen Dach erreicht.

Zustieg: Wie R 393 auf die Terrassenzone. Hier auf die höchste Plattform (IV), die sich ziemlich weit links in der O-Wand befindet.

Route: Vgl. Skizze S. 167.

● **398**   **Voyage selon Gulliver**
Michel Piola und Pierre-Allain Steiner, 18. und 19. August 1984 nach Vorarbeiten in den ersten 4 SL mit Patrick Steiner. **VIII—**, Pendelquergang **A0**. Anhaltende Schwierigkeiten VI+ bis VII. **ABO—**. Sehr abwechslungsreiche, besonders schöne Kletterei. Stellen VII obligatorisch. M. Piola

Grand Capucin
R398 „Voyage selon Gulliver"; R 400 „Flagrant Délire"; R401 „Elixir d'Astaroth"

hat 1997 mit neuen (12 mm) BH die Standplätze verbessert und auch einige BH gesetzt. Insgesamt stecken aber weniger H als früher. KK und Friends erforderlich. 45-m-Seile. Wandhöhe rd. 300 m. 6—8 Std. vom E. Vgl. Fotos S. 171, 173.

Übersicht: Die Route beginnt knapp neben der höchsten Plattform der unteren Terrassen. Sie zieht den insgesamt wenig ausgeprägten Pfeiler zwischen O- und S-Wand hoch.

Zustieg: Wie bei R 393 auf die Terrassen. 10 m rechts unterhalb der höchsten Plattform der Terrassenzone. E.

Route: Über den Riß unter das Dach, rechts queren und wieder hoch, dabei etwas links haltend bis zu weniger steilen Platten unter einem großen Überhang (VI+). Waagrecht nach links und eine glatte Platte hoch mit Aussicht nach rechts (VII, dann VI, Ausstieg VII+). Rechts weiter hoch unter Überhänge, dann links schräg unter den Überhängen hoch (VII, dann VI+). Links weiter, dann Pendelquergang (A0, oder VIII—) und einen Riß hoch. Man folgt diesem Riß 1 SL (VI—). Etwas oberhalb schräg rechts hoch, dann direkt durch Verschneidung, um rechts an zwei kleineren Dächern vorbeizusteigen (VI, dann VII). Oberhalb der Dächer 1 SL hoch (VI+, dann VII+). Bei zwei BH Pendelquergang nach links, über eine Rißreihe hoch in die Fallinie der linken Ecke eines großen Dachs in der S-Wand (VII+); etwas unterhalb des Dachs Pendelquergang nach rechts zu Stand. Rechts weiter und unter das große Dach, dann schräg rechts hoch und zwischen dem großen Dach und einem weiter rechts gelegenen Dach hindurch (VI+, dann VI). Einen Kamin hoch (V). 2 leichtere SL bis zum Gipfel (V— und IV+). Vgl. Skizze S. 169.

● **400**   **Flagrant Delire**
J.M. Boivin und M. Piola, 12.—14. August 1983. **A4** und **VI+**, überwiegend A2 und A3. **ED+**. Überwiegend künstl. Kletterei. Die künstl. Stellen gehören zu den schwierigsten im Gebiet. Copperheads und Skyhooks erforderlich. Es stecken kaum H, jedoch die notwendigen 9 BH. Biwak vorsehen. 400 m Wandhöhe.

Übersicht: Die Route führt durch die glatten, oft senkrechten Platten im linken Teil der O-Wand, unterbrochen von überhängenden Passagen. Den E kennzeichnet die am weitesten links befindliche Verschneidung des untersten Wandteils.

Zustieg: Wie bei R 391 unter die O-Wand. Am linken Rand der O-Wand bis an den Beginn der Verschneidung.

Route: Vgl. Skizze S. 169.

Clocher du Tacul, Pointe Lépiney und Grand Capucin von Süden

R 393	Bonattiführe	R 412	Lépineyführe
R 395	Schweizerführe	R 419	Abstiegsroute
R 398	Voyage selon Gulliver		

● **401 Elixier d'Astaroth**
M. Piola, P. A. Steiner und R. Vogler, 18.—20. August 1981. **VII+, A3**. Meist VI und VI+. **ED+**. Erste der neuen Sportklettereien am Berg. Stellen VII— obligatorisch. 1 SL schwierige künstl. Kletterei. Es stecken wenige H, jedoch die nötigen 3 BH. KK, Friends, Copperheads und Skyhooks nötig. Wandhöhe 400 m. Vgl. Foto S. 173.

Übersicht: Knapp links des tiefsten Punkts der O-Wand finden sich zwei Verschneidungen, die von dreieckigen Überhängen abgeschlossen sind. Vom E durch die rechte Verschneidung. Danach ziemlich gerade, die Terrassenzone schneidend hoch, dabei überwiegend rechts der Führe von 1968 (Lecco) und links der Bonattiführe.
Zustieg: Wie bei R 391 an die beiden Verschneidungen.
Route: Vgl. Skizze S. 169.

● 403   **Directe des Capucines**
E. Bellin, J.M. Boivin und M. Moioli, 9.—10. Juli 1983. **VII+**, meist VI+ und VII—. Bei Originalausstieg über die N-Wand bzw. NO-Grat Stellen A 0 oder A 1. **ED+**. Sehr direkte Route durch ein Rißsystem, das die ganze rechte O-Wand-Hälfte durchzieht. Die mittlerweile ziemlich berühmten Schlüsselstellen sind obligatorisch, d.h. VII+, sehr anstrengend, u.a. ein 15 cm breiter Piazriß durch ein Dach. Einige H stecken. Die annähernd durchgehende Rißkletterei wird fast ausschließlich durch KK und Friends (inkl. Nr. 4) gesichert. Nach der 10. SL mehrere Möglichkeiten des Ausstiegs über die Bonattiführe, Eau et gaz . . . und den Originalausstieg, der aber ziemlich schattig ist. 400 m Wandhöhe. 10 Std. Vgl. Foto S. 173.

Übersicht: In Fallinie der Gipfelkapuze zieht vom Terrassenband (3. Biwak Bonatti) ein ziemlich durchgehendes Rißsystem zum Wandfuß rechts und deutlich oberhalb des tiefsten Punktes. In der Passage zwischen linkem und mittlerem Überhang in Wandmitte (vgl. Übersicht R 393) verläuft die Route knapp rechts der Bonattiroute. Am 3. Bonattibiwak kreuzt sie diese Route erneut und verläuft mehr rechts der O-Wand.
Zustieg: Wie bei R 391 unter die O-Wand. 30 m rechts des tiefsten Punktes der Wand. E bei dem durchgehenden Rißsystem.
Route: Vgl. Skizze S. 174.

● 407   **Triple Directe**
VIII, anhaltend VII, **ABO**. Diese Kombination von Elixir d'Astaroth, Voyage selon Gulliver und Panoramix stellt ei-

Grand Capucin von Südosten

| R 393 | Bonattiführe | R 401 | Elixier d'Astaroth |
| R 398 | Voyage selon Gulliver | R 403 | Directe des Capucines |

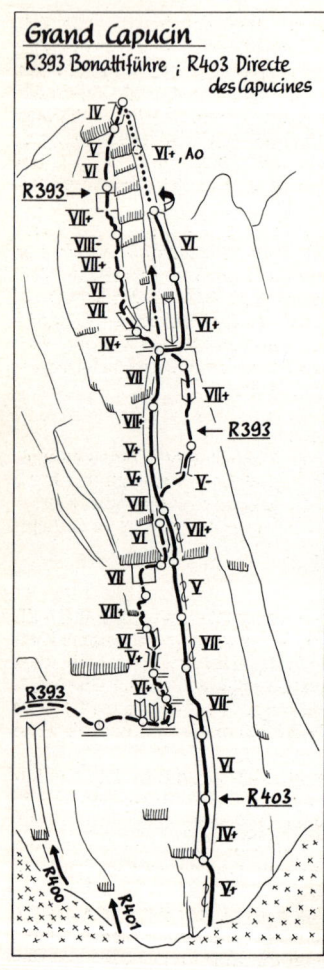

Grand Capucin
R393 Bonattiführe ; R403 Directe des Capucines

ne außergewöhnliche, sehr anhaltende schwierige Kletterei dar. Panoramix ist eine von M. Pedrini am 22.7.83 begangene Variante zu Voyage s. G. über ein großes Dach. Bis auf den 2. und 3. Pendelquergang A0, freie Kletterei. 400 m Wandhöhe. 10 Std.

Zustieg: Wie bei R 391 bzw. R 401.

Route: Die ersten 3 SL von R 401 (Elixir d. A.) hoch. Dann links hoch bis etwa 10 m rechts unterhalb der höchsten Plattform der Terrassenzone zu kleiner Plattform (IV). Nun weiter wie bei R 398 (Voyage s. G.) bis nach dem letzten Pendelquergang. Nun gerade hoch unter das Dach. Anstatt unter dem Dach nach rechts zu queren (VI), über das 2,50 m vorspringende Dach mittels eines Hand- bzw. Faustrisses (VIII, 2 BH). Oberhalb nach rechts und über die leichteren zwei letzten SL zum Gipfel.

● **409   Abstieg**
Der Abstieg vollzieht sich ganz oder überwiegend durch Abseilen. Das untere Couloir des Aiguillettes kann auch ab der unteren Terrassenzone über kombiniertes Gelände abgestiegen werden, z. B. wenn man bis zur Terrassenzone mit den schweren Stiefeln aufgestiegen ist und nicht

am Wandfuß eingestiegen ist. Das Abseilen vollzieht sich überwiegend über O Sole Mio (R 394) und die Schweizerführe (R 395) in der S-Wand. Im Couloir oberhalb des Bergschrunds oft erhebliche Steinschlaggefahr. Deshalb wurde eine neue Abseilpiste über Flagrant Delire — Voyage — Elixir eingerichtet, die direkt zum Wandfuß führt. Der Abstieg durch die N-Seite, wie früher üblich, wird kaum noch gemacht. Zwei 45-m-Seile erforderlich. Die Abseilstellen sind im allg. eingerichtet.

Abstieg: Durch die S-Wand direkt gegenüber des Clocher du Tacul 4—5mal abseilen. Entlang „O sole Mio" (R 394) bis zu einer Schulter mit einer geräumigen Plattform. Nun 3mal durch die markante Verschneidung im unteren Teil der S-Wand (vgl. R 395) abseilen. Dann 45 m abseilen an den Rand des Firncouloirs, und entlang des Couloirs abseilen zum Bergschrund. 2—3 Std. Alternativ über eine Linie Flagrant Delire — Voyage — Elixir abseilen. Keine weiteren Informationen. Vermutlich 50-m-Doppelseil erforderlich.

● **410**   **Trident,** 3639 m

Sehr schöner Felsturm neben dem Grand Capucin mit einer genußvollen Kletterei im mittleren Schwierigkeitsgrad. Einige Routen in künstl. Kletterei und moderne Sportkletterei finden sich hier ebenfalls. Erstbesteigung durch Frau A. Damesme, M. Damesme und Jacques de Lépiney, 13. September 1919 über R 412.

● **412**   **Lépineyführe**

Erstbegeher vgl. R 410. **V**+ (oder IV+, A0 mit 3 H), 3 SL IV und IV+, Rest leichter. **D**. Sehr schöne klassische Kletterei mit einer spektakulären Passage, die Lépiney seinerzeit ohne jegliche Hakenunterstützung kletterte, die aber heute entschärft ist. Wunderbare Aussicht auf den nahen Capucin nach der 4. SL. Wandhöhe 200 m. 3—4 Std. Vgl. Foto S. 171.

Übersicht: Der Anstieg ist nicht direkt. Man beginnt in dem Couloir links (W) des Trident, steigt durch die SW-Flanke, traversiert den S-Grat und beendet den Anstieg über die O-Wand.

Zustieg: Wie bei R 391 unter den Gr. Capucin. Nun auf die W-Seite des Trident an den Beginn der links (W) vom Trident beginnenden Firnrinne.

Route: Das Firncouloir etwa 60 m hoch, dann über die Felsen des linken Ufers weiter. Dann die von Bändern getrennten kleinen Wandl rechts haltend hoch bis zu einer guten Plattform unter einem großen

Rißkamin (III und IV). Durch einen schrägen Riß, dann den Rißkamin hoch, der oben in eine Verschneidung ausläuft, und nach dieser nach rechts auf den S-Grat (V und V+). Nun diagonal schräg rechts in 2 SL (III und III+) bis an die Gipfelwand aufsteigen (hier Rucksackdepot möglich). Durch einen Kamin hoch (IV+, mühsam) und weiter über breite Risse bis zu einer Plattform (Stand). 10 m gerade hoch, dann rechts in einen Riß und diesen hoch (IV+, dann IV). Über den ausgesetzten Grat zum höchsten Punkt (IV).

● **419** **Abstieg**
III, kombiniert. **AD**. Mehrere Abseilstellen, teilweise eingerichtet. Man kann auch komplett abseilen. 1½ Std. bis zum Gletscher. Vgl. Foto S. 171.

Abstieg: Vom Gipfel zweimal 40 m bis zum Rucksackdepot abseilen. Nun schräg nach links über kombiniertes Gelände absteigen bis zu einer meist vereisten steilen Rinne, die auf das Couloir des Aiguillettes herabführt. Dieses Couloir beginnt oberhalb des Trident und liegt zwischen diesem und dem Gr. Capucin. In das Couloir 40 m durch die steile Rinne abseilen und das Firncouloir absteigen. Falls der Schnee sehr weich ist, kann am rechten Ufer des Firncouloirs abgeseilt werden.

● **430** **Clocher du Tacul,** 3863 m
Der Clocher stellt das südl. Ende des großen SO-Grats des Mont Blanc du Tacul dar. Da der Gipfel sich nicht sonderlich von den anderen Gratausläufern abhebt, war er lange ohne besondere Beachtung geblieben. Zwischen 1978 und 1981 eröffnete Jean Marc Boivin hier mit verschiedenen Partnern mehrere Routen, die einige spektakuläre Passagen und vor allem viel Rißkletterei aufweisen. In diesen Führen stecken wenige H, auch fehlen Standhaken sowie BH. Insgesamt sind die Routen damit schon ziemlich alpin und verlangen ein größeres Engagement als die BH-Plattenwege. Der Zustieg zum Wandfuß (vgl. R 391) ist insbesondere vom Col du Géant recht kurz, 1—1½ Std.; von der Aig. du Midi ½ Std. mehr, jedoch ist hier der Rückweg deutlich länger. Erstbesteigung des Gipfels über eine kaum wiederholte, hier nicht beschriebene Route (vgl. Vt Bd. I, 518) durch T. de Lépiney, R. Picard und P. Tézenas du Montcel, 19. August 1926.

● **432** **Yosemitac Ethics**
J. M. Boivin und C. Profit, August 1981. **VII+**, im zweiten Teil überwiegend VI und VII mit vielen Rißpassagen. **ED**. Sehr schöne, aber mächtig anstrengende Rißkletterei. Einige H stecken. KK und Friends bis Nr. 4. Nach der 8. SL wird über die Führe abgeseilt. 250 m Wandhöhe. 5 Std.

Clocher du Tacul

R432 „Yosemitac Ethics"; R433 „Caprice des Diables"; R434 „Profiterole"; R435 „Borithon"

Übersicht: Die S-Wand des Clocher ist in ihrem rechten Teil von einer großen Kaminrinne durchzogen, die einen großen roten Pfeiler von der Wand trennt. Etwa 60 m links und etwas oberhalb beginnt eine Rißreihe, die unterhalb einer riesigen senkrechten Platte am Rand der S-Wand verläuft. Die Route geht durch die Rißreihe bis unter diese Platte, dann rechts durch eine weitere Rißreihe mit Rißdach.
Zustieg: Wie bei R 430. E 60 m links der großen Kaminrinne bei einer Platte.
Route: Vgl. Skizze S. 177.

● 433   **Caprice des diables**
J. M. Boivin und C. Profit, 2. Juli 1981. **VII** (eine SL), meist V und VI. **TD +**. Einige H stecken. 350 m Wandhöhe. 5½ Std.

Übersicht: Die Route verläuft in Wandmitte und zieht insgesamt etwas nach rechts.
Zustieg: Wie bei R 430. E etwa 50 m links der großen Kaminrinne, vgl. R 432.
Route: Vgl. Skizze S. 177.

● 434   **Profiterole**
J. M. Boivin und C. Profit, 18. August 1980. **VII +**, VII (eine SL), sonst V + und VI. **ED—**. Sehr schöne Rißkletterei mit einer spektakulären Schlüsselstelle; die ersten und letzten drei SL sind deutlich leichter. Einige wenige H stecken. KK und Friends erforderlich. 350 m Wandhöhe, 4—5 Std.

Übersicht: Etwas links der Wandmitte ist etwa 80 m über dem Bergschrund eine große abgespaltene Schuppe. Die Rißreihe links dieser Schuppe wird von rechts einsteigend erreicht. Das weiter oben befindliche dreieckige Dach wird überstiegen.
Zustieg: Wie bei R 430. E 20 m links der großen Kaminrinne (vgl. R 432).
Route: Vgl. Skizze S. 177.

● 435   **Borithon**
E. Alexandre und J. M. Boivin, 26. August 1978. **VII** eine SL, **A 0** 1 Stelle. Meist V + und VI. **ED—**. Anhaltend schwierige Rißkletterei. Die Erstbegeher verwendeten keine H. Die bekannteste der Routen am Clocher, jedoch ohne so schwierige und spektakuläre Stellen wie R 432 und R 434. 350 m Wandhöhe. 6—7 Std.

Übersicht: Die Führe verläuft in Gipfelfallinie und beginnt knapp links der großen Kaminreihe, die den rechten roten Pfeiler von der S-Wand trennt. In Wandmitte ein markantes graues Dach.

Zustieg: Wie bei R 430. E am linken Rand der Kaminrinne.
Route: Vgl. Skizze S. 177.

● **439 Abstieg**
Der Abstieg vollzieht sich durch Abseilen über bzw. rechts von R 435. 2 Std. bis zum E.

● **450**   **Tour Ronde, 3792 m**
Leicht erreichbarer Gipfel mit einer außergewöhnlichen informativen und beeindruckenden Rundsicht auf Peuterey, Brenva, Maudit, Tacul und Capucin. Sehr viel besucht. Erstbesteigung J. H. Backhouse, T. H. Carson, D. W. Freshfield, C. C. Tucker, D. Balleys und M. Payot, 22. Juli 1867.

● **451 Südostgrat**
Erstbegeher vgl. R 450, im Abstieg. **II**, kombiniert. **PD**. Sehr viel begangener, nicht uninteressanter Gratanstieg. Vom Col d'Entrèves, 3527 m, rd. 600 m langer Grat bei gut 250 m HD. 3—4 Std. vom Col du Géant.
Übersicht: Man hat zunächst das Gletscherbecken nordöstl. des SO-Grats zu erreichen. Aus diesem Becken gibt es mehrere Möglichkeiten, den SO-Grat zwischen dem Col d'Entrèves und dem Gipfel zu erreichen, wobei man meist über steilen Firn aufsteigt. Beste Möglichkeit: Den Col d'Entrèves selbst angehen und dann dem Grat folgen.
Zustieg: Vom Col du Géant (R 41, 81, 850) überschreitet man den Col des Flambeaux und umgeht nördl. den Fuß des N-Grats der Aig. de Toule leicht absteigend. Nun nach links schwenkend in allgemeiner SW- dann S-Richtung zum Col d'Entrèves, 3522 m (1¼ Std.).
Route: Man folgt dem Grat auf der NO-Seite bis zu einigen Grattürmen, die man auf der SW-Seite umgeht und erreicht einen Firnsattel, den Col Freshfield, 3625 m. Nun gerade gegen den Gipfel über einige Felsen und einen Firnhang.

● **454 Westcouloir**
R. Chabod und G. Gervasutti, 27. Juli 1934. **50°**, Durchschnittsneigung 48°. **AD**. Kurzes, tief eingeschnittenes Couloir. 250 m HD vom E. 3½ Std. vom Col du Géant.
Übersicht: Das schwer einsehbare Couloir durchzieht die W-Flanke der Tour Ronde. Am Ende quert man die N-Wand und erreicht den Gipfel von O.
Zustieg: Wie bei R 451 an den Fuß des N-Grats der Aig. de Toule. Nun unter der N-Wand der Tour Ronde hindurch unter die W-Flanke an den Couloirbeginn, der ziemlich weit hinten im Winkel Arête de la Brenva — Tour Ronde liegt (1½ Std.).

Route: Durch das steile Couloir hoch bis zu einer Firnschulter am Fuß des 30 m hohen Gipfelturms. Man umgeht diesen nördl. und erreicht den Gipfel über die O-Flanke.

● 455 **Nordwand**
F. Gonella mit A. Berthod, 23. August 1886. **55°**, kurze Passage. Durchschnittsneigung 50°. Gelegentlich schwieriger Bergschrund. **D—**. Kurze, häufig überlaufene Eistour. Nicht zu unterschätzen, wenn die Verhältnisse bereits nur mäßig sind. Heutzutage wird die Route häufig vormittags (nach einer morgendlichen Seilbahnauffahrt), also teilweise in der Sonne begangen; hiervon ist unbedingt abzuraten. Wandhöhe 350 m. 2—3 Std. vom E.

Übersicht: Die N-Wand besteht aus einem größeren unteren und einem kleineren oberen Eisfeld, das durch den „Flaschenhals" verbunden ist. Der Anstieg erfolgt meist in Gipfelfallinie.

Zustieg: Wie bei R 454 (1½ Std.).

Route: Über den Bergschrund und hoch bis zum Flaschenhals, einem kurzen, sehr steilen Couloir. Normalerweise hier hoch. (Evtl. bei sehr schlechten Verhältnissen auch rechts über einige Felsen und kombiniertes Gelände). Weiter gerade hoch bis an den Gipfelturm. Auf den Gipfel über die O-Flanke.

● 456 **Nordostpfeiler**
J.-L. Bernezat und C. Colomb, 17. Juni 1962. **VI—**, meist IV und V mit Stellen V+. **TD—** Die schwierigsten Stellen lassen sich auch A0 klettern, dann V/A0. Sehr schöne und lohnende Kletterei. Einige H stecken. Etwa 250 m Pfeilerhöhe, darüber kombiniertes Gelände. 4—5 Std. vom E.

Übersicht: Der NO-Pfeiler zieht sehr steil aus dem Gletscher etwa 250 m hoch. Die Route beginnt nicht an dem am tiefsten in den Gletscher reichenden Felssporn, sondern etwas links (S) davon. Man erreicht dann von dort nach links ansteigend die Pfeilerkante. Vom Pfeilergipfel über einen Grat zum Gipfel.

Zustieg: Wie bei R 454 an den Pfeiler. E bei einem in den Gletscher hineinragenden Felssporn, oberhalb von dem bequeme Stufen nach links zu einem kleinen Pfeiler leiten (1 Std.).

Route: Nach links schräg aufwärts an den Fuß des kleinen Pfeilers. Links durch oft verschneite Kamine hoch auf den Pfeilergipfel (III und IV). Die folgende Verschneidung über ihre rechte, graue Platte, dann durch die Verschneidung selbst hoch (V und VI—, oder A0), weiter durch Riß zu kleiner Plattform (IV). Durch einen kurzen Riß, dann rechts queren und mittels eines überhängenden Risses zu einem Band (IV+, V). Das darüberliegende Wandl hoch (V+), weiter durch einen kurzen Kamin, den man links heraus auf ein schmales Band verläßt, und über steile, leichte Platten rechts zu bequemer Plattform. Über ein Wandl (V+) in leichteres Gelände. Man folgt dem anschließenden Grat etwa 90 m (III). Dann Linksquerung (30 m) und 2 SL schräg nach rechts weiter (teilweise sehr verschneit). Nun dem Grat folgen, wobei der erste Gratturm links, die zwei folgenden rechts umgangen werden (III+). Man gelangt so unter den Gipfelturm, den man von O ersteigt.

● 458 Abstiege
Normalerweise erfolgt der Abstieg über den SO-Grat bis zum Col Freshfield und dann über dessen NO-Flanke (R 459). Man kann jedoch auch nach Durchsteigung der N-Wand am frühen Vormittag das Westcouloir absteigen und bereits um 10 Uhr am E einer der sonnenbeschienenen Touren vis à vis stehen.

● 459   Abstieg über Südostgrat
       II, kombiniert. PD. Normaler Abstieg 2—3 Std. bis zum Col du Géant.
Abstieg: Die Gipfelfelsen hinab, dann kurze Zeit unter dem SO-Grat in den Schneefeldern auf der Brenva-Seite, zuletzt steil über den Felsgrat zum Col Freshfield hinab. Aus dem Col ziehen zwei Felsrippen in das östlich gelegene Firnbecken hinunter. Über die (im Sinne des Abstieges) linke in wenig schwieriger Kletterei absteigen und über den Gletscher und den Col des Flambeaux zurück zur Hütte.

Man kann auch (etwas länger) vom Col Freshfield den SO-Grat weiter verfolgen, wobei man die ersten beiden Gratürme auf der brüchigen Brenvaseite, die nächsten beiden in der meist vereisten Nordflanke umgeht. Weiter dann am Kamm zum Gletscher hinunter, den man in Nähe des Col d'Entrèves erreicht.

4. Aiguilles von Chamonix

● **500** **Die Aiguilles von Chamonix**
Die Kette der Aiguilles von Chamonix, von der Aig. de l'M bis zur Aig. du Midi reichend, gehört heute zu den bekanntesten Klettergebieten der Welt. Seitdem das Sportklettern hier seinen Einzug gehalten hat, muß man schon von einer Hyperfrequentierung sprechen.
Die Qualität des oft rötlichen Granits ist sprichwörtlich. Die Klettereien sind sehr verschieden; sind die älteren Anstiege vielfach durch harte, manchmal fast brutale Rißkletterei gekennzeichnet, findet man in den neuen Klettereien lange, scheinbar grifflose Plattenpassagen, die erst durch den Einsatz von Bohrhaken zur Sicherung gangbar gemacht wurden.
Abgesehen von den sehr bequem zugänglichen Routen der unteren Enversplatten, dem Pilier Rouge de Blaitière oder der unteren NW-Wand der Aig. du Peigne, sind die Routen durchaus durch ihre Zu- und vor allem Abstiege oft sehr alpin. Auch sollte man die Gipfelhöhe nicht unterschätzen, was wegen der umliegenden höheren Gipfel leicht geschieht.
Die Freunde des klassischen Bergsteigens müssen schon solides Klettervermögen besitzen, wenn sie die Felsklassiker in den mittleren Graden IV bis V in den Aiguilles von Chamonix mit Genuß klettern möchten. Gerade die Rißklettereien in diesen Routen, seien es nun die Charmoz-Grépon-Überschreitung, der Aig. du Fou-SW-Grat oder der Ryangrat auf die Aig. du Plan, haben alle die typischen „Chamonixrisse" gemeinsam.
Man tut gut daran, sich zunächst einmal an etwas kürzeren Routen zu versuchen, bevor man in die langen Routen einsteigt.
An extremen Klettereien besteht kein Mangel, und selbst die örtlichen Topoführer sind schon nicht mehr um Vollständigkeit bemüht. Eine Auswahl hier zu treffen, war somit auch extrem subjektiv. Neben den Felsanstiegen finden sich in den Aiguilles auch einige wenige Eisrouten und Eisschläuche, die in der Regel bis in den Juli hinein meist gute Verhältnisse haben.

● **501** **Col du Midi,** 3532 m
Kein eigentlicher Übergang, sondern vielmehr Ausgangspunkt verschiedener Routen. Seit Mitte der 80er Jahre wurde hier ziemlich viel gezeltet, insbesondere nach dem Brand des Ref. des Cosmiques. Der Neubau der Hütte durch den Bergführerverein Chamonix bedeutet hier eine Verbesserung. Das Zelten ist offiziell verboten.

- **502   Von Montenvers**
    Sehr langer Gletschergang mit einigen spaltenreichen Passagen. F. Eigentlich eine großartige alpine Bergwanderung, die aber wegen der Seilbahn (R 31) selten unternommen wird. Knapp 1900 m HD. 6—7 Std.

Route: Wie bei R 60 zum Ref. du Requin. Weiter wie bei R 853 in die flachere Gletscherzone von La Bedière. In allg. südl. Richtung, bis man nach SW Richtung Pte. A. Rey über wenig steile Gletscherhänge aufsteigen kann. Wenig unter der Pyramide du Tacul erst biegt man nach NW ab und hält auf den Col du Gros Rognan zu. Knapp unterhalb nach links (W) abbiegen und in einem Bogen zum Col du Midi. Weiter zur Aig. du Midi, diese unter der S-Wand hindurch queren. Nun wieder steiler (über einen Bergschrund) auf eine Firnschulter. Man wendet sich nach links und gelangt an den kurzen Firngrat, der zum Stollenloch führt.

- **504   Vom Col du Géant**
    Leichte Gletscherbegehung F. Bis zum Col du Midi 400 m HD. 2 Std.

Route: Vom Col du Géant (R 41, 81 und 850) überschreitet man den Col des Flambeaux, 3407 m, und steigt westl. zum Glacier du Géant ab. Weiter auf den Fuß der Pte. A. Rey zu, wo man R 502 erreicht.

- **505   Von der Aiguille du Midi**
    Kurzer ausgesetzter Firngrat und kleine Gletscherbegehung. F. ½ Std.

Route: Aus dem Stollenloch im S-Gipfel der Aig. du Midi (R 510 und R 31) heraus auf den Firngrat. Anseilen. Den kurzen etwas ausgesetzten Grat hinab, dann rechts in S- dann SW-Richtung unter die S-Wand der Aig. du Midi. Nun fast eben zum Col du Midi.

- **510   Aiguille du Midi, 3842 m**

Die Aig. du Midi erscheint aus dem Tal von Chamonix ungemein anziehend und mächtig durch ihre zerklüfteten N-Abstürze. Bestiegen wird vor allem die sog. Midi-Südwand (eigentlich SO-Wand, durch die fast 20 Sportkletterein führen). Die erste Route, von Gaston Rébuffat 1956 begangen, war die erste aller Sportkletterein im Mt.-Blanc-Gebiet. — Weitaus mehr als die Kletterer bevölkern die Seilbahntouristen die Aig. du Midi, die den aussichtsreichen Gipfel per Aufzug erreichen. Die Erstbesteiger des N-Gipfels 1818 und J. A. Devouassoud, A. und J. Simond, die am 5. August 1856 den höchsten Punkt (S-Gipfel) erreichten, mußten hierzu noch einen sehr langen Aufstieg leisten. Im

Frühjahr startet man von der Aig. du Midi zur Vallée-Blanche-Skiabfahrt.

● **512 Südwand**
Die S-Wand der Aig. du Midi ist ein leicht abgerundeter Felsturm, der sich aus dem Gletscher ganz abrupt erhebt. Von seinem Gipfel, 3800 m, erreicht man durch einen kurzen Abstieg die Seilbahnanlagen. Die S-Wand bietet etliche Sportklettereien, die teilweise sehr frequentiert sind. Man tut gut daran, bei der Auswahl der Führe flexibel zu sein, um nicht zu lange an den Standplätzen warten zu müssen. Die S-Wand der Midi liegt zwischen 3600 m und 3800 m. Diese große Höhe muß man einfach respektieren, selbst wenn man neidvoll einige Locals im T-Shirt und ohne die übliche Ausrüstung klettern sieht. Das scheinen jeden Sommer (bei einem nachmittäglichen Gewitter oder gar einem richtigen Wettersturz) viele Kletterer erst durch leidvolle Erfahrung zu begreifen. Im allgemeinen ist das Abseilen aus den unteren SL und der Rückweg über den Grat auch bei schwerem Wetter immer möglich. Ist man bereits auf Höhe der SO-Schulter bzw. unter dem Gipfelturm, kann man von der Scharte bzw. der Schulter am rechten oberen Rand 40 m in das Couloir nach NO abseilen und diese Rinne aufsteigen, was keineswegs im Schneesturm zu unterschätzen ist (vgl. R 528). Zu den Kletterführen gibt es zwei Zustiege, entweder über R 505 zu Fuß über den Firngrat und den Gletscher an den Wandfuß oder von der SW-Schulter des Gipfelturms der S-Wand durch mehrfaches Abseilen. Bei ersterer Methode muß man letztendlich die Überschuhe o. ä., Steigeisen und Eisgerät, (zumindest für eine Person einer Zweierseilschaft) durch die Wand tragen. Das Abseilen kann jedoch sehr fatal werden, wenn man — warum auch immer, Wettersturz o. a. — zu Fuß mit den Kletterschuhen versuchen muß, über den Firngrat aufzusteigen.
Der Vollständigkeit halber ist hier der Zustieg von oben beschrieben. Hat man vom N-Gipfel die Brücke zwischen den beiden Gipfeln der Aig. du Midi überschritten, biegt man an der Teilung des Höhlengangs nicht links ab Richtung Ausgang Vallée Blanche, sondern rechts Richtung Aufzug (ascenseur). Man geht an dem Aufzug und zwei Telefonkabinen vorbei; der Tunnel endet links und man gelangt rechts durch eine Türe auf ein Schneeband, das man bis zum Fuß des Gipfelturms der S-Wand begeht. Über eine kurze Kletterei (IV) zur SW-Schulter. Von hier wird an den Fuß der Wand abgeseilt, 4mal 50 m oder 6mal 45 m.

● **514 Kohlmannführe**
M. Bréban, G. Dassonville, P. Kohlmann und B. Mevel,

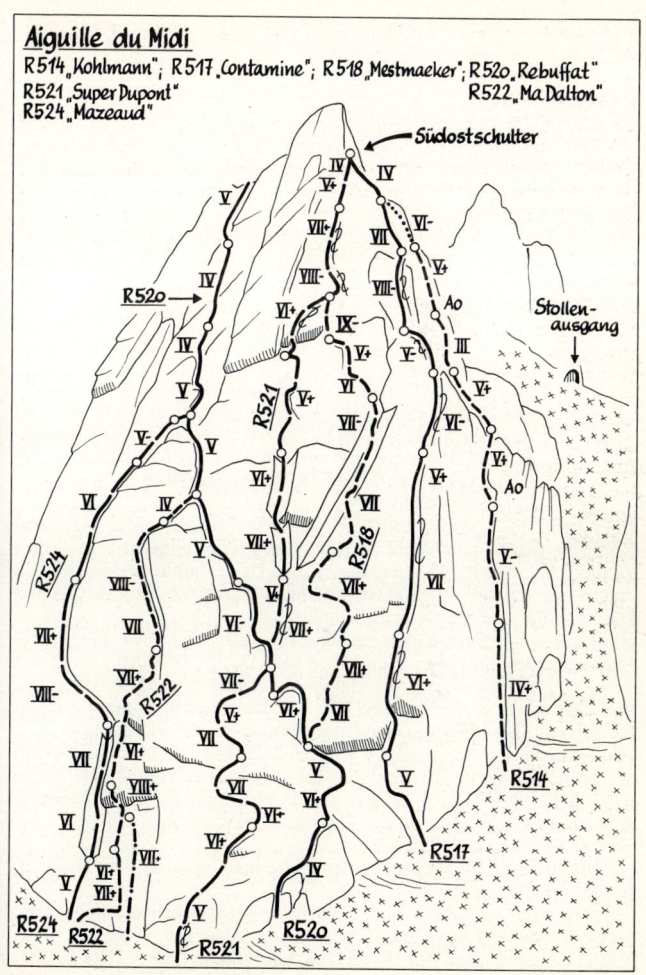

17. Juli 1960. **VI**— und **A 0**, meist IV+ und V—. **TD**. Heute relativ wenig begangener, dennoch recht lohnender Anstieg. 160 m HD. 3 Std.
Übersicht: Am rechten Rand weist die SO-Wand eine ca. 80 m hohe Verschneidung auf. Nach deren Durchsteigung hält man sich am rechten Rand der Wand bis zur SO-Schulter (R 517).
Zustieg: Wie bei R 505 unter die S-Wand. Nach rechts die Firnrinne hinauf an den Verschneidungsbeginn (20 Min.).
Route: In 2 SL durch die Verschneidung (IV/IV+). Unter einem Dach nach links (VI— oder A 0/V) und über eine Kante zu einer Terrasse (V). Über Blöcke und ein Schneefeld zu einer 50 m hohen Verschneidung (IV). In 2 SL durch die Verschneidung (A 0/V; VI— oder A 0/V). Weiter über eine Platte (V—) zur SO-Schulter. Ausstieg über R 517 bzw. vgl. R 528. Vgl. Skizze S. 185.

● **517**   **Contamineführe**
M. Bron, C. Bozon, A. Contamine, J. Juge und P. Labrunie, 1. September 1957. **VIII**—, meist VI und VII. Je nach Ausstieg Stelle A 1. **ED+**.
Berühmte Kletterei, die lange wegen ihrer schlechten HK berüchtigt war. In künstl. Kletterei Stellen A 2. Wandhöhe 200 m, 3—4 Std.
Übersicht: Die Contamineführe zieht am rechten Rand der SO-Wand hoch, wo diese einen wenig ausgeprägten Pfeiler bildet.
Zustieg: Wie bei R 505 unter die Wand. Der E befindet sich deutlich rechts des tiefsten Punktes in Fallinie der rechten Begrenzung des Dachs in der rechten unteren Wandhälfte.
Route: Durch eine nach links geneigte Verschneidung hoch (IV), kurzer Linksquergang und über Platte unter das Dach (V). Rechts am Dach vorbei, dann links durch Verschneidung, weiter über einen Überhang und über Risse hoch (V+ und VI/VI+). Über weitere Risse und Überhang hoch (VII—/VII, dann V+). Weiter etwas rechts durch Verschneidung bis zu Terrassen (V+/VI—). Links einen kurzen Riß hoch an den Fuß einer hohen Wand (V—). Die Wand hoch durch den zentralen Riß (VII+/VIII—). Weiter gerade hoch und auf den Pfeilergrat (VII, dann V). Leichter an den Gipfelturm (IV) zu einer Scharte, bzw. zur SO-Schulter auf der O-Seite.
— Nun mehrere Möglichkeiten neben der hier beschriebenen Originalführe; vgl. hierzu R 528.
— Von der erreichten Scharte 3—4 m senkrecht absteigen (abseilen). Nun in der NO-Seite des Gipfelturms aufsteigen (vereiste Risse, V/A 1), zuletzt über eine 4-m-Platte zum Gipfel. Vgl. Skizze S. 185.

● 518   „Monsieur de Mestmaeker"
Michel Piola und Pierre-Allain Steiner, 23. April 1982 nach einigen Vorarbeiten; erste freie Begehung der 5. SL durch A. Ghersen. **IX—** (7c, 1989), 1 SL anhaltend VII bis VII+ mit Stellen VIII—; Stelle VII+ obligatorisch. **ABO—**. Die erste der neuen Sportklettereien an der Midi-S-Wand. Neben sehr schwieriger Plattenkletterei und nun der neuen Schlüsselstelle in der 5. SL, ist der Riß in der 6. SL ein echter Hammer! 200 m HD. 4—5 Std.

Übersicht: Vom linken Rand des Daches in der rechten unteren Wandhälfte zieht die Führe über die Platten ziemlich direkt hoch bis zur Schulter (R 517).

Zustieg: Wie bei R 505 unter die Wand. Man steigt wie bei R 517 ein und quert nach links unter das Dach (V+). Hierher auch über die Rébuffat (R 520).

Route: Vgl. Skizze S. 185.

● 520   **Rébuffatführe**
M. Baquet mit G. Rébuffat, 13. Juli 1956. **VI+**, meist V und V+. **TD+**. Eine der berühmtesten Klettereien der Alpen überhaupt. Insgesamt eine elegante, abwechslungsreiche Route. Während die erste VI+-Stelle rel. leicht mit KK auch A1 geklettert werden kann, verlangt der S-Riß je nach H-Zahl bis zu VI+ obligatorisch. Meist hoffnungslos überlaufen, trotzdem ein absolutes Muß. HD 200 m, 3—4 Std.

Übersicht: Die Route schlängelt sich in einer links aufwärts ziehenden Diagonale bis unter den Gipfelturm, der von SSW aus erstiegen wird.

Zustieg: Wie bei R 505 unter die Wand. E etwas rechts der Gipfelfalllinie unter dem markanten Dach in der rechten Wandhälfte. Je nach Höhe des Gletschers mehr oder weniger knapp links eines kleinen angelehnten Felspfeilers.

Route: Vom Gletscher nach rechts auf ansteigenden Bändern queren an den angelehnten Pfeiler und durch kurzen Kamin auf den Pfeilerkopf (IV). Links über eine Platte, dann Querung nach rechts, auf eine Schuppe und links hoch über Platte bis in den Winkel unter dem Dach (VI+, dann V). Links um das Dach herum, den S-förmigen Riß hoch (V, dann VI/VI+), und links zu Stand. Rechts Riß hoch, dann Quergang nach links auf kleines Band (V+ und VI); links über luftige Kletterstellen entlang von Rissen auf breiten Absatz (V und V+). Über Risse gerade hoch, weiter erst rechts, dann links haltend zu bequemem Band; links durch eine rechts geneigte Verschneidung hoch, die von abdrängendem Wandl unterbrochen wird (V). Von dem erreichten kleinen Pfeiler einen Rißkamin hoch (V), dann rechts über Wandl und links über Blöcke zu einem horizontalen Band (IV+). Einen kleinen Aufschwung mittels Riß hoch (V), dann durch die folgende Verschneidung hoch (IV+). — Die Originalroute zieht nun nach rechts auf die kleine SO-Schulter (vgl. R 517 bzw. R 528) —. Besser links über Blöcke hoch, 2 m absteigen und 6 m nach links queren (V) und einen Riß, der eine große Platte durchzieht, hinauf (IV). Sobald der Riß kurz waagrecht verläuft, um eine Ecke herum und ausgesetzt nach links queren (IV); einen Riß, der von einem Überhang unterbrochen ist, hinauf auf die SW-Schulter des Gipfelblocks (IV). Über die linke Gratflanke und eine Platte zum Gipfel (V). Vgl. Skizze S. 185.

● **521** „Super Dupont"
M. Piola und P.-A. Steiner, 9. Juni 1984. **VII+**, anhaltend VI+ bis VII. **ED+**. Sehr lohnende Kletterei auf 6 SL. Stellen VII— obligatorisch. Ausstieg über R 518 (VIII— oder A0, dann anstrengender Riß VII+) oder die Desmaisonverschneidung VII+ bzw. Abseilen über die Führe. 160 m HD.
Übersicht: Vom tiefsten Punkt der Wand, die Rébuffat kreuzend, gerade gegen die markante Desmaisonverschneidung ansteigen.
Zustieg: Wie bei R 505 unter die Wand. E am tiefsten Punkt der Wand bei einem Riß rechts einer gelben sternförmigen Markierung.
Route: Vgl. Skizze S. 185.

● **522** „Ma Dalton"
G. Hopfgartner und M. Piola, 9. Juli 1984; erste freie Begehung des großen Daches Thierry Renault 1985. **VIII+**, sehr anstrengend, meist VII bis VIII— auf 4 SL. **ABO**. Heute mit die begehrteste Sportkletterei an der Midi-S-Wand, vor allem wegen des imposanten 6-m-Dachs der 2. SL, das je 2 Friends Nr. 2 und Nr. 4 verlangt. Durch nicht immer ganz kompetente Begehungsversuche kommt es gelegentlich zu einigem Anstehen. 120 m HD, 3 Std.
Übersicht: In Fallinie des großen Dachs in der Mitte der unteren Wandhälfte hoch und weiter durch markante Verschneidungen bis auf den kleinen Felspfeiler der Rébuffatführe.
Zustieg: Wie bei R 505 unter die Wand. E links der Fallinie des Dachs.
Route: Vgl. Skizze S. 185.

● **524** **Mazeaudführe**
P. Lafond, P. Mazeaud und A. Tsinant, 30. August 1963; erste freie Begehung J.-C. Droyer. **VIII—**, anhaltend VII im

unteren Teil, dann V+ bis VI. **ED**+. Sehr schöne Riß- und Verschneidungskletterei. Bis zur Rébuffatführe 150 m HD.
Übersicht: Links vom großen Dach von Ma Dalton (R 522) zieht eine Verschneidung hoch. Nach dieser Verschneidung zieht ein Riß nach links, wo eine zweite längere Rißverschneidung beginnt, an deren Ende man die Rébuffat erreicht.
Zustieg: Wie bei R 505 unter die Wand. E in Fallinie der Verschneidung links des großen Dachs.
Route: Vgl. Skizze S. 185.

● **528 Ausstiege**
Die Ausstiege der S-Wandrouten sind z. T. in den einzelnen Beschreibungen bzw. Skizzen enthalten. Von dem leichteren Gelände unterhalb des Gipfelturms kann man bei Wetterverschlechterung entweder wie bei R 520 (Rébuffat) aussteigen (V), oder bei entsprechender Ausrüstung (Steigeisen) von der kleinen Schulter auf der NO-Seite des Gipfelblocks (vgl. R 517) in die Rinne 40 m abseilen und über steiles, aber insgesamt leichtes kombiniertes Gelände zu den Seilbahnanlagen hochsteigen. Der Anstieg über den obersten Teil von R 517 empfiehlt sich weniger bei schlechterem Wetter, da er sehr schnell vereist, wenn auch hier die meisten H stecken.

● **530 Cosmiquessporn**
Der Cosmiquessporn ist die größte der Felspartien, die vom gleichnamigen Grat herabziehen. Hier gibt es etliche kürzere Klettereien, von denen die Rébuffat-Pierre am Sporn selber die mit Abstand am häufigsten begangene ist. Sehr ausführlich sind diese kürzeren Klettereien im Führer von Romain Vogler, Chamonix-Granite, beschrieben.

● **531 „Rébuffat-Pierre"**
B. Pierre und Gaston Rébuffat, 13. August 1956. **VI—** 1 Stelle, sonst IV und IV+. Der Weiterweg über den Cosmiquesgrat (R 533) ist kombiniert. **D.** Häufig überlaufene, lohnende Kletterei. Die Schlüsselstelle kann auch A 0 oder A 1 geklettert werden, sie bleibt aber ziemlich anstrengend. HD 120 m, 2 Std. bis zum Grat.
Übersicht: Der Cosmiquessporn sieht wie eine kleinere Ausgabe der Midi-S-Wand aus. In seiner unteren Hälfte wird er von einer Überhangzone durchzogen. Man erreicht diese von links etwa in der Mitte und steigt oberhalb ziemlich gerade hoch bis zum Cosmiquesgrat.
Zustieg: Wie bei R 505 unter den Sporn. E links bei einer rechts ansteigenden Rampe.

Route: Über die terrassenförmigen Absätze der Rampe rechts hoch (III und IV); über einen Riß hinauf (IV+), den man nach rechts verläßt und unter den markanten Überhang. Kurze Querung unter das Dach (V) und darüber hinweg (VI—, anstrengend). Nun in mehreren SL über Orgelpfeifen und ausgeprägte Risse hoch (IV+) zum Gipfel des Sporns. Über kombiniertes Gelände auf den Grat unterhalb des großen Turms. Weiter wie bei R 533.

● **533 Cosmiquesgrat**
G. und F. Finch, 2. August 1911. **IV+** (6 m), meist II, selten III, kombiniert **AD**. Recht kurzer, aber außerordentlich schöner Anstieg über einen abwechslungsreichen Fels- und Firngrat. Gelegentlich hoffnungslos überlaufen. Abseilstelle. 200 m HD am Grat. 2—4 Std.

Übersicht: Zunächst hat man das Gletscherplateau unterhalb der Südwand der Aig. du Midi zu erreichen. Nach Umgehung des SSW-Grats entlang der Südflanke erreicht man den Beginn des Grats, am Ende des SSW-Grats betritt man wieder die Seilbahnstation.

Zustieg: Wie bei R 505 unter die Südwand. Nun entlang der Südwand bis zum nicht mehr benutzbaren Refuge Simond, 3600 m, am Beginn des SSW-Grats.

Route: Nun steigt man rechts des Grats hoch bis zum Gendarm, 3731 m, den man umgeht. Man folgt dem Grat, umgeht einen großen Turm rechts (15 m abseilen), weiter über den Grat zu einem zweiten Turm, der umgangen wird. Nun durch ein Couloir absteigen und waagrecht zum letzten Aufschwung. Gerade hoch (IV+, 6 m, keine Sicherung, heikel), dann durch eine Eisrinne und schließlich über Risse auf der Westseite (III) hinauf. Man erreicht eine Schneeschulter und eine Plattform der Seilbahnstation.

● **540 Nordwand**
Durch die breite N-Wand der Aig. du Midi zwischen Col du Plan und dem eigentlichen Gipfelaufbau ziehen mehrere Pfeiler mit eingelagerten Hängegletschern. Über alle einigermaßen selbständigen Anstiegsmöglichkeiten führen teilweise recht extreme Routen. Die meisten sind allerdings sehr stein- und vor allem eislawinengefährdet. Letztlich erfreut sich nur der Frendopfeiler großer Beliebtheit. Der in Gipfelfallinie befindliche Seigneurpfeiler ist noch näher an der Seilbahn, was je nach Einstellung sehr störend oder auch einladend sein kann. Letztlich hat aber die „Seilbahnüberwachung" dazu geführt, daß der Seigneurpfeiler sehr wenig begangen wird.

● **541** **Frendopfeiler**
E. Frendo und R. Rionda, 11. Juli 1941. **60°**, IV. Meist leichter. Kombiniert je nach Ausstieg max. 55° mit kurzen Stellen V. **D**. Großartiger kombinierter Anstieg. Recht häufig begangen.
Der früher übliche Ausstieg über die obersten Felspassagen wird heute weniger gemacht. Heute wird üblicherweise über die sehr steilen Eishänge rechts der letzten Felsen aufgestiegen. HD 1100 m 6—8 Std. vom E. Vgl. Foto S. 192.
Übersicht: Der Frendopfeiler ist ein ausgeprägter Grat, der links der Fallinie der Aig. du Midi herabzieht und deutlich unterhalb des Gipfels endet. Im unteren Teil weist er einen breiten Felsrücken auf, der in einen feinen, immer steiler werdenden Firngrat ausläuft. Kurz unter dem Grat befindet sich ein Felssporn, der heute meist rechts im Eis umgangen wird. E von links in den unteren Felsrücken.
Zustieg: Von Plan de l'Aiguille (Ausgangspunkt R 31/590. Biwak) folgt man dem Weg bis zum Glacier des Pélerins (vgl. R 611), den man in Richtung des Fußes der Felsen P. 2582 m quert (1 Std.).
Route: E von links her. Über kombiniertes Gelände hoch bis unter steileres Gelände, welches man über nach links ansteigende Bänder umgeht. Über ein System von Rinnen und Kaminen rd. 100 m hoch. Rechts hoch auf den Grat und hier hoch bis zu einer meist verschneiten Scharte auf einer Schulter. Risse und Kamine (IV) links der Gratkante hoch bis an den Beginn des Firngrats. Man folgt dem steiler werdenden Firngrat, bis er sich in einem Eishang unterhalb eines Firnsporns verliert. Nun rechts den Sporn, über steile Eishänge querend, umgehen, bis man gerade hoch auf den Grat steigen kann.
Variante über den Felssporn:
Links um die ersten Felsen des Sporns herum und über große rißdurchzogene Platten an den Anfang eines sehr steilen Eiscouloirs. Rechts von diesem Couloir finden sich zwei Risse; den linken hoch, bis er überhängend wird, dann im rechten weiter (V). Nach einigen Metern wieder zurück in den linken Riß. Am Ende des Risses umgeht man einen Überhang durch einen waagrechten Linksquergang zu dem Eiscouloir. Man erreicht den Grat kurz darauf.

● **550** **Col du Plan,** 3475 m
Der Col du Plan ist eigentlich kein eigenständiges Ziel, wenn auch die N-Flanke voller großer Eisabbrüche und imponierender Felspfeiler einiges verspricht. Die vorgeschlagene Route von Devies/Lagarde von 1934 ist die einzige häufiger begangene Führe. Ansonsten wird der Col du Midi beim Midi-Plan-Grat (R 561) erreicht. Nach Durchsteigung

der NW-Flanke kehrt man über den Midi-Plan-Grat zur Aig. du Midi üblicherweise zurück. Erste Überschreitung NW—SO durch Frau A. Millot, A. Millot mit Johann Jaun und Henri Devouassoud, 8. August 1873.

● 551　　**NW-Couloir**
Lucien Devies und Jacques Lagarde, 20. Mai 1934. **55°**, kombinierte Passagen **IV. D**. Abwechslungsreiche Eistour mit einer ziemlich steilen Passage. 600 m HD vom E. 4—6 Std.

Übersicht: Vom Col du Plan fällt ein großer Eisabbruch auf den Glacier des Pélerins herab. Der Eisbruch wird im unteren Teil von zwei Felspfeilern zusammengeschoben. Links (O) des linken Pfeilers zieht ein schmales Couloir hoch, durch das aufgestiegen wird.

Zustieg: Von Plan de l'Aiguille (R 31) folgt man dem Weg, der am rechten Ufer der Moräne des Glacier des Pélerins hochzieht. Man folgt der Moräne bis an ihr Ende und steigt dann den Gletscher bis unter das Firncouloir hoch. E.

Route: Über den Bergschrund, meist ziemlich weit links, und das Firncouloir hinauf. Im oberen Teil wird dieses steiler und schmaler. Man verfolgt es fast bis an sein Ende, quert dann nach rechts schräg aufwärts über kombiniertes Gelände (IV) auf den linken Pfeiler und zu dem Firngrat, der oberhalb des Felspfeilers beginnt. Nun mehr oder minder direkt zum Col hinauf.

Variante: Man bleibt im Couloir und überwindet eine extrem steile Stufe (85°). Durch die Rinne leichter bis zu dem Firngrat, der oberhalb des Felspfeilers beginnt. Diese Variante war der Weg der Erstbegeher, ist aber durch den Gletscherrückgang sehr viel schwieriger geworden und in trockenen Jahren in der Steilstufe völlig eisfrei.

● 559　　**Abstieg nach Süden**
Kombinierter, spaltenreicher Gletscherabstieg. **PD**. Kurzer Abstieg zum Ref. du Requin, der bei fortgeschrittener Saison jedoch sehr spaltenreich und mühsam werden kann. 2—4 Std. bis zum Ref. du Requin (R 60).

Abstieg: Vom Col steigt man entlang des O-Sporns des Rognans du Plan ab. Weiter unten hält man sich links, um bei etwa 3100 m den Glacier d'Envers du Plan zu erreichen. Weiter wie bei R 579 zur Hütte.

Frendopfeiler der Aiguille du Midi
R 541　Frendopfeiler

● **560** **Aiguille du Plan,** 3673 m

Der zweithöchste Gipfel der Aiguilles von Chamonix bietet mehrere große klassische Anstiege, die aber insgesamt z. Z. etwas aus der Mode gekommen sind: Ryangrat (R 572), N-Wand (R 570) und W-Wand (Brown-Patey R 565). Regelmäßig sehr viel begangen ist der Midi-Plan-Grat (R 561) als Tagestour. Vom Gipfel gehen nach SO zum Dent du Requin und nach NW über Aig. des Pèlerins und Aig. du Peigne zwei große Grate, von denen der letztere von Zeit zu Zeit überklettert wird. Erste Besteigung Anfang Juli 1873. J. Eccles mit M. und A. Payot.

● **561**   **Midi-Plan-Grat**

G.W. Young mit J. Knubel, 10. August 1907. Kombinierte Gratbegehung. **III**, kurze Stellen; meist leichter. **40°**. AD. Der heutige Normalweg auf die Aig. du Plan. Sehr häufig begangen. Eine sehr schöne Gratüberschreitung, die direkt aus dem Tal unternommen werden kann. Man fährt mit einer der ersten Bahnen auf die Aig. du Midi, begeht den Grat und kehrt über Ref. du Requin und die Montenversbahn zurück. Da die Tour relativ kurz ist, kann man bereits am Nachmittag in Chamonix sein. Die Schwierigkeiten liegen in der Schärfe des Grats und beim Aufstieg des markanten Couloirs, wogegen die felstechnischen Schwierigkeiten untergeordneter Natur sind. 4—5 Std. von der Aig. du Midi (R 31) zur Aig. du Plan. Vgl. Foto S. 195.

Übersicht: Vom Gipfel der Aig. du Midi zieht ein langer Firngrat bis in den Col du Plan. Ein Grataufschwung wird überstiegen oder umgangen, dann folgt ein Couloiraufstieg auf den Rognan du Plan, über dessen O-Flanke man zum Col sup. du Plan absteigt. Nun über den SW-Grat zum Gipfel.

Zustieg: Vgl. R 31 bzw. R 500 ff. (Col du Midi).

Route: Vom Stollenloch der Aig. du Midi den Firngrat hinunter, dem man im weiteren Richtung O ohne Schwierigkeiten folgt, bis er steil abfällt. Nun entweder dem schmalen Grat folgen oder (je nach Verhältnissen) die steile Schneewand rechts des Grats absteigen. In beiden Fällen weiter zum Col du Plan (3475 m). Wenig links der Gratkante weiter bis unter die Felsen von P. 3532 m. Normalerweise kann man diesen Gendarmen bequem links (Chamonix) umgehen; er kann je nach Verhältnissen überstiegen werden (III). Dazu steigt man durch eine schmale, steile Rinne hoch und ostseitig über ein Wandl (heikel) zurück auf den Grat. Über den scharfen Grat erreicht man den Schneesattel 3477 m. Nun das markante Couloir hoch (Eis oder Firn) auf einen ebe-

Aiguille du Plan vom Glacier du Géant

R 60	Ref. du Requin	R 579	Abstiegsroute
R 61	Ref. d'Envers des Aiguilles	R 589	Abstiegsroute
R 561	Midi-Plan-Grat	R 591	Normalweg
R 562	Von Süden	R 602	Südostgrat

nen Sattel. Über einige Felsen auf den Gipfel des Rognan du Plan (3601 m). Zunächst über den flachen Grat, dann abwärts durch eine Rinne auf einige Bänder, die man nach links bis zu ihrem Ende verfolgt. Hinunter auf den Schnee (u. U. abseilen) und ziemlich waagrecht zum Col supérieur du Plan (3535 m). Den Firngrat zu den Gipfelfelsen der Aig. du Plan hoch und über die Chamonixseite oder von Süden auf den Gipfel (III).

● **562**   **Über Col sup. du Plan von Süden**
Erstbegeher vgl. R 560. Spaltenreicher Gletscheranstieg mit steilem Firnhang **45°**. Am Gipfelturm **III. PD**. Der frühere Normalanstieg wird heute nur noch selten als alleiniges Ziel begangen und meist nur im Abstieg (vgl. R 579). HD 1100 m. 4–5 Std. vom Ref. du Requin (R 60). Vgl. Foto S. 195.

Übersicht: Vom Col sup. du Plan, 3535 m, nicht zu verwechseln mit dem westl. gelegenen Col du Plan, 3475 m, zieht nach S ein mitunter sehr zerrissener Gletscher hinab. Man betritt diesen Gletscher von rechts her am Fuß des SO-Grats des Dent du Requin und folgt ihm bis in den Col. Von dort über den Grat zum Gipfel.

Führe: Von der Hütte begeht man den Weg über die Moräne aufwärts, die die zwei Gletscherzungen des Glacier d' Envers du Plan teilt. Man quert die rechte Gletscherzunge und begeht das kleine Schneefeld unterhalb der O-Wand des Requin. Links haltend steigt man über eine Felsstufe aus (Eis- und Steinschlaggefahr). Man gelangt so an die äußersten Ausläufer des SO-Grats des Requin. Man umgeht diese links und gelangt so auf den Gletscher. Dieser wird je nach den Verhältnissen aufgestiegen, wobei man sich normalerweise mehr am linken Ufer (NO) hält. Zuletzt über einen Bergschrund und den steilen Hang hoch zum Col sup. du Plan. Weiter zum Gipfel nach rechts wie bei R 561.

● **565 Westwand (Brown-Patey)**

J. Brown und T.W. Patey, 18. Juli 1963; Erstbegehung des unteren Teils bis zur „verschneiten Scharte" R. Gréloz u. A. Roch, 25. Juli 1946. **V+**, in der unteren Hälfte meist IV, im oberen Teil überwiegend V. **TD**. Diese großartige, wenig begangene Freikletterei zählt zu den lohnendsten längeren Felsrouten der Aiguilles von Chamonix und des gesamten Mt.-Blanc-Massivs in diesem Schwierigkeitsgrad. Wenige Haken vorhanden. Wandhöhe 700 m. Zeit vom E 8—9 Std.

Zustieg: Von Plan de l'Aiguille (R 30) zunächst über R 621 zum oberen Rand des Glacier des Pélerins, an den Fuß des (zentralen) großen Pfeilers. 1¹/₂ Std., 2900 m.

Führe: Über den Bergschrund rechts des Pfeilers, 30 m über Eis, dann in leichte, brüchige Felsen. Einige Risse hoch in eine flachere Zone mit Blöcken und einem Schneefeld. Das Schneefeld links aufwärts, durch einen 50—60 m hohen Kamin, über leichtere Felsen, dann Querung eines Eiscouloirs, das rechts eines kleinen Pfeilers liegt. Ein zweiter 50—60-m-Kamin, dann entlang eines kleinen Risses ein kleines Wandl hoch. Einige Stufen und ein Wandl über ein nach rechts ansteigendes Band hinauf. Nun nicht in Richtung der großen Wand, sondern durch ein kleines Eiscouloir auf den kleinen Pfeiler rechts. Das erste Hindernis dieses Pfeilers umgeht man rechts: nach rechts etwas abseilen / absteigen, ein kurzer Quergang und schwieriger Wiederaufstieg (3 Haken, kurzer Pendel). Man hat nun den Gipfel des ersten großen Pfeilers erreicht. 2¹/₂—3 Std. (Schwierigkeiten III und IV).

Von der folgenden verschneiten Scharte 30 m nach links absteigen (N). 60 m nach links über Platten und Stufen queren (Pendelquerung bei einer glatten Platte, 2 H, V). Einen Kamin mit wackeligen Blöcken hoch (20 m, IV), über leichte Stufen und nach rechts zurück zu einer Scharte (1½ Std.). Nun schräg links aufwärts (50 m) bis zu einer großen Plattform am Fuß einer großen Verschneidung.

Eine SL hoch (V+); 30 m mit Rissen (V); 40 m mit Hilfe des engen Risses im Verschneidungsgrund (IV+, V); weiter hoch über einen schwachen Überhang (V+) und zu leichten Stufen (3 Std.).

Rechts weiter über einen Schneegrat, dann ein Schneecouloir zum Gipfelhang. Über die Südwand oder die Chamonixseite auf den höchsten Punkt.

● 570 **Nordwand über den Hängegletscher**
P. Dillemann mit Armand Charlet und J. Simond, 19. Juli 1929. **IV**, meist II und III im Felsteil, auf dem Hängegletscher **50°**, selten mehr, bis auf einige sehr wechselnde Steilstufen. **D.** Früher sehr regelmäßig begangene Nordwandführe, die zur Zeit den vielen Couloirs Tribut zollen muß. Insgesamt lohnend und abwechslungsreich. Von den N-Anstiegen auf die Aig. du Plan der leichteste bei normalen Bedingungen. Die Route läßt sich von unten sehr gut einsehen und studieren. Ausgangspunkt Biwak bzw. R 59. Wandhöhe 1050 m. 6—10 Std. vom E.

Übersicht: Die Route teilt sich in den 400 m hohen Fels- und den gut 600 m hohen Eisteil. Der Felssporn wird von links nach dem ersten Gratturm erstiegen.

Überwiegend auf der rechten Seite werden der zweite und der dritte Turm umgangen. Der Hängegletscher selbst wird über in der Regel drei Steilstufen erstiegen.

Zustieg: Von der Seilbahnstation Plan de l'Aiguille (R 31) führt nach links NO ein Weg unterhalb des Lac Bleu hindurch auf die Moräne am linken (SW) Ufer des Glacier de Blaitière. Man folgt der Moräne bis zu ihrem Ende. Über den Gletscher an den großen Felssporn und um dessen Fuß herum auf seine linke (NO) Flanke. E hinter dem ersten Gratturm.

Route: Hoch in die Scharte hinter den ersten Gratturm. Über den Grat weiter. Kurz vor Erreichen des zweiten Gratturms umgeht man diesen rechts, um oberhalb wieder zum Grat zurückzukehren. Knapp vor dem dritten Gendarm wendet man sich nach rechts. Ein Band leitet an den Fuß des vierten, spitzesten Gendarms. Zwei Kamine leiten in gleicher Weise (jeder IV) auf die Kante zurück. Man verfolgt sie bis an den Fuß

Pain de Sucre, Aiguille du Plan von Osten

R 572 Ryangrat
R 582 Nordostwand
R 642 Ostgrat

des Hängegletschers (etwa 3080 m). Je nach den Verhältnissen den steilen Hängegletscher hinauf, über Wülste oder um sie herum, bis an den Fuß der Gipfelfelsen. Auf der Normalführe zum Gipfel.

● **572 Ryangrat**
V. J. E. Ryan mit Franz und Josef Lochmatter, 20. Juni 1906. **IV+**, sehr anstrengend, überwiegend IV. Schwieriger Bergschrund. **D+**. Berühmte Rißkletterei, vielleicht die schönste in diesem Schwierigkeitsbereich im Gebiet. Die Risse haben durchweg festen Fels, sind aber nicht immer leicht abzusichern. Wenige H. Der Bergschrund ist in vielen Jahren ein sehr ernstes Hindernis gewesen, Stellen mit schwieriger Eiskletterei etc. Grathöhe 550 m. 6—7 Std. vom E. Vgl. Foto S. 198.

Übersicht: Der markante O-Grat (Ryangrat) wird vom Bergschrund links angegangen. Man quert nach rechts auf die N-Seite des Grats und erreicht die markante Schulter nach dem ersten Drittel des Grats. Nun wird über den Grat selbst, bzw. seine S-Flanke im oberen Teil aufgestiegen.

Zustieg: Vom Ref. d'Envers des Aiguilles (R 61) quert man über Firn- und Geröllfelder unter dem N-Arm des Glacier d'Envers de Blaitière und gelangt so auf den S-Arm dieses Gletschers. Man quert weiter unter dem SO-Grat der Aig. de Blaitière hindurch und steigt gegen die Aig du Plan in das obere Gletscherbecken auf. Über ein oder zwei erste Bergschründe an den abschließenden sehr schwierigen Bergschrund. 1½ Std.

Route: Normalerweise übersteigt man den Bergschrund in Fallinie des Couloirs vom Col du Pain de Sucre. Hier zunächst zwei SL hoch, dann nach rechts zum Grat. Ist der Bergschrund links nicht zu überschreiten, kann man versuchen, entweder die Felsen des ersten Aufschwungs vom Grat direkt zu erklettern (zwei Risse von 20 m, IV), oder knapp links des Couloirs Plan-Crocodile den Bergschrund zu überschreiten und dann nach links zu queren, um über Bänder und Stufen die linke Gratseite zu erreichen. — Nun gemeinsam über Blöcke und rißdurchzogene Platten, links an einem breiten Band vorbei und über weitere Platten etwas rechts haltend in Richtung auf ein zweites Band. Man folgt diesem Band, quert hinter einer Felsplatte und erreicht über eine Verschneidung (III) das Couloir Plan-Crocodile. (Hier Abzweigung zum Crocodile-Ostgrat, R 642). Man steigt am rechten Ufer des Couloirs hoch und erreicht über sehr steile verschneite Felsen (IV, heikel) eine markante Schulter des Ryangrats (3300 m) — Hierher auch auf einer Variante, die bei stark verschneiten Felsen auf der Nordseite des Grats empfehlenswert ist (siehe am Schluß).

Von der Schulter erreicht man über die Gratkante einen ersten Aufschwung. Zwei aufeinander folgende Risse (IV) leiten zu einem tiefen, eisgefüllten Kamin. Über einen Eselsrücken (IV, sehr heikel) in den Ka-

min und diesen hinauf. Man folgt im weiteren der Gratkante über mehrere Aufschwünge (IV), die man durch Risse und Kamine überwindet. (Ein Riß IV +, der Großmutterriß, der leicht schräg verläuft.) Kurz vor dem Gipfelaufschwung des Grats vermeidet man einen senkrechten Riß in Y-Form, indem man direkt der Gratschneide über einen Überhang (IV) folgt. Einige leichte Meter leiten zum Beginn des Gipfelaufschwungs, der auf seiner linken Flanke erstiegen wird. Einen Meter nach links absteigen, dann einen sehr heiklen Riß hoch (IV +). Einem Band folgend (leicht absteigend) zu einem Kamin, der zum Grat führt. Man verläßt den Kamin in seinem oberen Teil durch einen heiklen Spreizschritt (IV +) und erreicht so leichteres Gelände. Hier leicht links haltend in drei SL über einige Absätze hoch. Man sieht nun über sich den oberen Teil des Aufschwungs, der durch einen Y-Riß geteilt ist. Um dorthin zu gelangen, zunächst links über einen Rißkamin mit zwei Klemmblöcken (IV), darüber durch einen tiefen Kamin mit einer verklemmten Schuppe (IV +). Nun den Y-Riß hinauf. Ein Band führt nach links, von wo man bequem über Stufen den Gipfel erreicht.
Variante: Anstatt nach rechts auf das ‚zweite Band' zu steigen, hält man sich mehr links und gewinnt ein Couloir rechts vom Couloir vom Col du Pain de Sucre. Das Couloir endet in einer Art Sackgasse zwischen einem Gendarmen links und der Flanke des Ryangrats. Weiter gerade hoch, zunächst etwas rechts (IV) und zur Scharte zwischen der Gratflanke und dem erwähnten Gendarmen. Über eine Platte (IV +) und einen engen Kamin (IV +) weiter in der Verlängerung des Couloirs. Nun schräg rechts haltend in Richtung der ‚markanten Schulter'.

● 576   **Brèche du Caiman**
Scharte zwischen Dent du Caiman und Dent du Crocodile, die normalerweise nur bei der Überschreitung der Aiguilles von Chamonix erreicht wird. Auf der N-Flanke der Scharte zieht das berühmte Lagardecouloir hoch, das Jacques Lagarde und Henry de Ségogne am 24. bis 25. Juli 1926 erstmals begangen haben und das erst 1972 wiederholt wurde. Die 300 m Eisrinne weist eine Neigung von 64° im Durchschnitt auf. Die Erstbegeher benötigten für diesen Teil des Aufstiegs 4 Std. bei fortwährendem Stufenschlagen und ohne Eishaken, Frontzacken oder gar neue Eishauen.

● 577   **Lagardecouloir**
Erstbegeher vgl. R 650. **64°** auf 300 m, **V +**, kombiniertes, sehr schwieriges Gelände IV und V. Im unteren Teil je nach Verhältnissen auch senkrechte Eispassagen in einem Eisabbruch. **TD**. Sehr abwechslungsreiche Eisführe von großer

Klasse. Die Verhältnisse lassen sich aus der Blaitière-W-Wand gut studieren. HD vom E 800 m bis zur Brèche du Caiman.

Von dort nochmals 200 m HD bis an den Fuß des Gipfelturms der Aig. du Plan. Vom E bis zur Scharte 7—9 Std. Weiter zur Aig. du Plan 3—4 Std.

Übersicht: Aus der Brèche du Caiman zieht zum Glacier de Blaitière ein nicht einsehbares Eiscouloir hinab. Dieses Couloir erreicht man, indem man die Felsen am rechten Ufer des Glacier de Blaitière ersteigt und den Hängegletscher traversiert; dann wird über kombiniertes Gelände das Eiscouloir erreicht, das zur Scharte führt.

Zustieg: Wie bei R 570 auf den Gletscher und an dessen rechtes Ufer. Im Winkel zwischen Aig de Blaitière und dem Steilabbruch unter dem Hängegletscher E (1 Std.)

Route: Ein Firncouloir, das aus der W-Wand der Blaitière herabzieht 30 m hoch bis man nach rechts ansteigende Felsbänder erreicht. Über die Bänder an den Fuß des Hängegletschers (Stellen IV). Je nach Verhältnissen meist ziemlich links über den ersten Steilaufschwung. Nun ansteigend nach rechts an den Bergschrund des Eiscouloirs aus der Brèche du Caiman (3—4 Std.). Über steiles, kombiniertes Gelände an das eigentliche Eiscouloir (IV, V, Stelle V+, 120 m). Das Couloir hoch (64° 300 m; im oberen Teil oft ausgeapert).

Von der Scharte quert man deutlich unterhalb des NO-Grats des Dent du Crocodile über steile Firn- und Eishänge, unterbrochen von Felsrippen, bis man den Grat kurz vor der Aig du Plan erreicht (vgl. R 834).

● **579   Abstieg**
Teilweise sehr spaltenreiche Gletscherbegehung. **PD**. Der Abstieg vom Berg über den Glacier d'Envers du Plan ist immer sehr spaltenreich und oft schon von Mitte der Sommersaison ab sehr kompliziert im Wegverlauf. Gelegentlich ist auch Abseilen bei der Felsinsel P. 3063 erforderlich. 1½—3 Std. bis zum Ref. du Requin (R 60).

Abstieg: Vom Gipfelturm auf den Firngrat und zum Col Sup. du Plan (3535 m) hinab. Nun über den steilen Firnhang auf den Glacier d'Envers du Plan hinunter. Dieser Gletscher wird im Verlauf des Abstiegs immer zerrissener und spaltenreicher. Normalerweise hält man sich etwas links der Gletschermitte. Am Fuß der Felsen des Dent du Requin nach links halten und über eine Felsstufe absteigen (teilweise heikel, Steinschlaggefahr) zum Schneefeld am Fuß der O-Wand des Requin. Dieses Schneefeld 100 m absteigen. Dann nach rechts und über die Gletscherzunge auf die Moräne, die zur Hütte führt. — Wenn der unterste Teil des Gletschers aper ist, kann man auch, statt sich nach links zu der Felsstufe zu wenden, direkt über Felsinsel P. 2742 m Richtung Hütte absteigen. Vgl. Foto S. 195.

● **580   Pain de Sucre,** 3607 m

Markanter Gipfel in dem von der Aig. du Plan ausgehenden SO-Grat. Insbesonders die NO-Wand, Pan de rideau genannt, ist ein besonderes Schaustück. Die übrigen Anstiege sind kaum besucht. Der Normalweg ist durch den komplizierten Zustieg über den Glacier d'Envers du Plan ebenfalls kaum besucht. Erste Besteigung Guido Mayer mit Angelo Dibona, 18. August 1913.

● **582   Nordostwand**

R. Gréloz und F. Marullaz, 13. August 1931. **55°**, durchschnittlich 50°, einige kombinierte Stellen in der Wand je nach den Verhältnissen. Am Gipfelgrat Stellen **IV. D**. Sehr schöner Eisanstieg über die mit eisigen Orgelpfeifen bewehrte Flanke. Da nach NO orientiert, ist ein extrem früher Aufbruch mit vorabendlicher Erkundigung vom Ref. d'Envers des Aiguilles unbedingt ratsam. HD vom E 450 m bis zum Grat, dann noch rd. 50 m HD bis zum Gipfel. 5—7 Std. vom E.

Übersicht: Die NO-Wand des Berges hat zwei Firn-/Eisfelder, die durch ein Felsband diagonal getrennt sind. Man beginnt den Anstieg in Fallinie der steilen Rinne, die vom Col du Pain de Sucre herabzieht, überwindet den Felsriegel nach links und erreicht den SO-Grat unweit des Gipfels. Vgl. Foto S. 198.

Zustieg: Wie bei R 572 bis an den letzten Bergschrund. E.

Route: Links über den oft schwierigen Bergschrund. Über den steilen Firn-/Eishang hoch, dabei leicht links haltend. Die Unterbrechungsstelle zwischen den beiden Firnfeldern weist oft glatte Felsplatten auf, die nur leicht schneebedeckt sind. Sie werden je nach den Verhältnissen ansteigend gequert (sehr heikel). Das zweite Firnfeld gerade hoch. Unter dem Grat wird die Flanke von einem kleinen Felssporn geteilt; durch das rechte Couloir zum Grat. Je nach Ausstieg zum Gipfelturm, der in 2 SL erstiegen wird. Zunächst rechts über rißdurchzogene Platten hoch, dann auf dem Grat selbst über eine Schuppe und weiter auf der linken Seite des Grats hoch durch eine Verschneidung (III). Nun über Blöcke erst rechts, dann links über eine Platte (IV) und Risse zum Gipfel.

Pain de Sucre von Nordosten

● **589** **Abstieg**
Spaltenreicher Gletscherabstieg. Anfangs einige Felspassagen **II** und Abseilstellen. **PD**. 1½—3 Std. bis zum Ref. du Requin (R 60). Vgl. Foto S. 195.
Abstieg: Vom Gipfel zweimal entlang des SO-Grats abseilen. Man gelangt so auf den weniger steilen Teil des Grats, dem man bis in einen Firnsattel folgt. Nun durch eine Rinne mit wenig festem Fels bis auf den Glacier d'Envers du Plan hinab. Im weiteren folgt man R 579 bis zur Hütte.

● **590** **Dent du Requin**, 3422 m
Sehr interessanter, vielbesuchter Gipfel in den Aiguilles von Chamonix. Auf den Berg führen eine ganze Reihe von lohnenden Routen, die aber alle insgesamt den IV. Grad verlangen. Die neueste Zeit hat auch einige Sportklettereien an den Satelliten des Berges gebracht. Die Erstbesteigung des Gipfels am 25. Juli 1893 durch eine rein britische Seilschaft, G. Hastings, A. F. Mummery, J. N. Collie und W. C. Slingsby am 25. Juli 1893 ohne Bergführer war die erste bedeutende führerlose Bergbesteigung jener Zeit im Mont-Blanc-Gebiet.

● **591** **Südwestwand (Normalweg)**
E. Fontaine mit J. und A. Simond, 25. Juli 1898. **IV**, meist III am Gipfelturm, im Zustieg kombiniert, spaltenreicher Gletscher. **AD**. Kurze luftige Kletterei in gutem Fels am Gipfelturm. Der kombinierte Zustieg verläuft über den sehr zerklüfteten Gletscher, wobei sich die beste Route immer wieder ändert. Wandhöhe 230 m vom Bergschrund. 4 Std. von der Hütte. Vgl. Foto S. 195.
Übersicht: Über den Glacier d'Envers du Plan bis unter den Col du Requin. Nun auf dem linken Ufer der Rinne, die aus dem Col du Requin herabzieht, hoch unter den Gipfelturm, den man von O besteigt.
Zustieg: Vom Refuge du Requin (R 60) folgt man dem Weg über die Moräne aufwärts, die die zwei Zungen des Glacier d'Envers du Plan teilt. Nun quert man die rechte Zunge und steuert auf das Schneefeld zu, das am Fuß der Dent du Requin-Ostwand liegt. Über eine Felsbarriere schräg links hoch und um den unteren Ausläufer des SO-Grats (R 602) herum auf den Gletscher. Über den sehr zerklüfteten Gletscher hoch bis an den Fuß des Couloirs, das vom Col du Requin herunterzieht.
Route: Man überschreitet den Bergschrund, steigt etwas im Couloir hoch, um es bald nach rechts zu verlassen. Nun steigt man schräg rechts über z. T. verschneite Stufen und kurze Kamine hoch. Zuletzt links auf

einen Absatz im SO-Grat mit einer Terrasse auf der Ostseite. Man steigt einige Meter ab, quert dann nach rechts in die Ostwand über ansteigende Bänder bis zu einem kleinen Couloir. Dieses einige Meter hoch, dann quert man z. T. als Hangel bis an den Beginn eines Rißsystems unter dem großen Überhang. Einen kurzen Kamin hoch, dann den mittleren von drei senkrechten Rissen und nach rechts zu einem Absatz. Einen senkrechten Riß hoch, dann über eine kleine schräge Rinne unter einem überhängenden Block zu einer Plattform in Höhe des großen Überhangs. Auf einem Band nach rechts und durch einen tiefen Kamin auf eine weitere Plattform. Etwas nach rechts und durch einen Kamin zu einem Absatz. Durch drei breite Risse zu einer Schulter am Fuß des Gipfelblocks. Durch einen kurzen Kamin über einige große Felsschuppen und einen exponierten Aufschwung auf den Gipfel.

● **594   Nordwand**
J. Couttet und Gaston Rébuffat, 22. Juli 1945. **V, A1**. Kombiniert. Meist IV und IV+. **TD**. Große kombinierte, aber überwiegend Felsführe. Wenig begangen, dennoch lohnend. Kaum H. 700 m Wandhöhe, 7—8 Std. vom E.

Übersicht: Die Wand weist drei Eisfelder auf, die im Laufe des Sommers sehr stark abnehmen. Die sie verbindenden Felspassagen werden dann länger, ohne jedoch die Schwierigkeiten zu erhöhen. Im unteren Teil weist die Wand einen Felspfeiler etwas links der Gipfelfallinie auf, der mit einer kleinen Scharte zur N-Wand endet. Im mittleren Teil weist die Wand einen großen Felsteil auf. Danach ein kurzes Eisfeld, dem ein schmaler Pfeiler zwischen zwei Eisrinnen folgt, und über den die Führe verläuft. Über das obere Eisfeld erreicht man links haltend den NO-Grat und über diesen den Gipfel.

Zustieg: Wie bei R 572 unter den SO-Grat der Aig. de Blaitière. Man quert den S-Arm des Gletschers und hält auf den Felspfeiler am Beginn der N-Wand zu. E. 1 Std.

Route: Man hat zunächst die oben erwähnte Scharte am Ende des ersten Pfeilers zu erreichen. Dies geschieht

a) indem man rechts deutlich oberhalb des tiefsten Punkts und rechts des Pfeilers eine Firn- und Eisrinne hochsteigt bis zur Scharte (teilweise auch kombiniert) oder

b) durch E links des Pfeilers, wobei man bis in Fallinie der Scharte die Felsen am Rand des Firncouloirs hochsteigt. Nun schräg eine Platte hoch, weiter über Rißkamine und über eine Rinne hoch. Links unter einem Überhang aus der Rinne heraus und zu einem Absatz. Querung nach rechts und über Risse erst links haltend, dann direkt in die Scharte (IV, Stellen V—). Von der Scharte aus erblickt man rechts oben eine

hohe, durch drei Rißreihen charakterisierte Wand, die in einem sekundären Grat endet. Ein gut ausgeprägtes Band entlang (IV), das zu den mittleren Rissen führt, aber ehe man sie noch erreicht, über einen senkrechten und nassen Kamin (IV+) direkt in die linken Risse hinein. Über diese Risse (III und IV, schlechtes Gestein) gelangt man auf den sekundären Grat am Rand des kleinen mittleren Eishanges. Rechts oben erblickt man einen wenig ausgeprägten Pfeiler zwischen zwei Eisrinnen. Den Eishang hinauf, dann an der Felswand entlang und schließlich eisdurchsetzt, an die Westflanke des wenig ausgeprägten Pfeilers heran. Ziemlich genau auf der Pfeilerkante über eine senkrechte 10 m hohe Verschneidung (A1) in die linke Flanke hinüber und direkt über steile Platten etwa 80 m hinauf (V) an den Beginn des oberen Eisfeldes. An seinem rechten Ufer (O) über steile und wenig feste Felsen empor (III) bis auf eine Bänderzone. Vier links ansteigend hoch in eine Scharte des NO-Grats etwa 100 m unter dem Gipfel am Fuß des 50-m-Aufschwungs im NO-Grat (vgl. R 597). Weiter wie dort (IV+).

● **597** **Nordostgrat**
G. Mayer mit A. Dibona, 23. August 1913. **IV+**, mehrere Passagen, IV bei insgesamt nicht anhaltenden Schwierigkeiten. **D**. Lohnender Anstieg, insgesamt wenig begangen. Die Route folgt nicht dem Grat selbst. 600 m HD. 6—7 Std. Vgl. Foto S. 206.

Übersicht: Der NO-Grat weist im unteren Teil eine markante Scharte auf, zu der eine Kaminreihe von O hochzieht. Nach Durchsteigen der Kaminreihe deutlich unter der Gratschneide durch die O-Wand parallel zum Grat weiter. Kurz unter dem Gipfel bei einem Aufschwung von 50 m wechselt man auf die N-Seite und erreicht den Gipfel über den Grat selbst.

Zustieg: Wie bei R 562 auf das Schneefeld unterhalb der O-Wand. Nun rechts haltend auf die Kaminreihe zu. E. 45 Min.

Route: Durch die Kaminreihe hoch, die drei Überhänge (große Blöcke) aufweist. Der erste wird links über eine Platte umgangen (IV+), der zweite links durch einen kurzen Kamin durchstiegen (IV) und der dritte

Dent du Requin, Ostwand
R 597 Nordostgrat   R 602 Südostgrat
R 600 Ostwand (Renaudie)

links umgangen. Von der Scharte durch einen kurzen Kamin zu einem System von Bändern und Stufen auf den hier wenig scharfen Grat. Links der Gratkante hochsteigen bis unter die steile Felswand am NO-Grat, über der einige markante Gusttürme stehen. Unter den gelben Felsplatten des ersten Gratturms nach links zu einer kleinen Schulter. Über senkrechte Risse an den Fuß des Risses, der den hellen Gratturm spaltet. Durch diesen Riß zu einer Scharte, von der eine breite Rinne in die O-Wand entspringt. 10 m in dieser Rinne absteigen (abseilen); über ein Wandl links hoch und zu einem Absatz, von dem Bänder nach links durch die O-Wand (in deren oberen Teil) ziehen. Eine senkrechte Verschneidung (40 m, IV) hoch und über eine Platte auf den Grat. Weiter am Grat hoch bis zu einem Aufschwung von 50 m. Hier 20 m links der Gratschneide hoch (IV+) zu Absatz. Links über senkrechte Platte hoch auf den Aufschwung. Man umgeht einen kleinen Gratturm nordseitig und erreicht eine Scharte. Über den schmalen Grat an den Gipfelblock, wo man R 591 erreicht.

● **600   Ostwand (Renaudieroute)**
Herr und Frau J. Renaudie, 4. August 1946. **V**, meist III und IV. **D**. Schöner Anstieg in gutem Fels. Da durch die Wand mehrere Anstiege verlaufen, ist der richtige Weg nicht immer leicht zu finden. Wandhöhe 570 m, 4 bis 5 Std. von der Hütte. Vgl. Foto S. 206.

Übersicht: Im oberen Wandteil finden sich zwei markante Pfeiler, von denen der rechte erstiegen wird. Im unteren Teil ist die große, insgesamt wenig ausgeprägte Rinne, die von dem hellen Gratturm des NO-Grats herabzieht, die Hauptanstiegslinie.

Zustieg: Wie bei R 562 auf das Schneefeld unterhalb der O-Wand. Nun erst nach rechts, dann nach links (eventuell einige Bergschründe) aufsteigen bis kurz unterhalb an das Ende des Couloirs, das vom SO-Grat herabzieht. E. 1 Std.

Route: Rechts über ansteigende Bänder und eine Terrassenzone bis in die Rinne vom NO-Grat. Wo das bis dahin leichte Gelände (I und II, überwiegend) steiler wird, hält man nach links. Durch eine Rinne hoch in Fallinie der Verschneidung, welche die beiden markanten Pfeiler trennt, und zu einem erdigen Band (3100 m, 1 Std.). Am rechten Ende dieses Bandes Risse nach rechts hoch (III) an den Beginn des rechten Pfeilers. Nun 3 SL hier hoch, zuletzt links haltend. Der Pfeiler wird nun senkrecht. Man ersteigt einen Riß nach links (IV), dann einen zweiten senkrechten Riß (V und IV+). Mitten auf dem Pfeiler weiter auf 3 SL (IV und IV+) bis an den Fuß eines Felsturms, der den Gipfel des rechten markanten Pfeilers bildet. Man umgeht den Pfeiler rechts und erreicht in 2 SL (IV) die oberste Pfeilerkante. Den anschließenden Grat 1 SL hoch, dann nach rechts auf den NO-Grat, den man in halber Höhe des 50-m-Aufschwungs erreicht. Weiter wie dort (R 597).

● **602** **Südostgrat**
R.G. Mayor, C.D. Robertson, G.W. Young mit Josef Knubel und einem unbekannten Träger, 3. August 1906
IV zwei Stellen, überwiegend II und III. **AD**. Sehr lohnende und viel begangene Kletterei. Weitaus empfehlenswerter als der Normalanstieg (R 591). Wegen des Abstiegs ist auf den sehr spaltenreichen Gletscher zu verweisen. Kaum H. Grathöhe 500 m. 5 Std. von der Hütte.
Übersicht: Vom Gratfuß unterhalb zweier markanter Gratttürme hoch auf den Grat. Man umgeht die zwei Türme wie die folgenden nahe des Grats. Von der Schulter folgt der Aufstieg dem Normalweg über „Les Colonnes" zum Gipfel. Vgl. Fotos S. 195, 206.
Zustieg: Wie bei R 562 zum Fuß des SO-Grats. E links eines kleinen Felskessels unterhalb der beiden markanten Felstürme.
Route: Über den Bergschrund und dann ziemlich glatte und nasse Felsen hoch (unangenehm, IV). Man quert nach rechts über breite Bänder bis zu einer Linie von Verschneidungen, die zu einer Scharte am Grat führt. Man umgeht einen Felszahn rechts und folgt dem Grat bis zu den beiden markanten Türmen. Man quert diese auf der rechten Flanke unterhalb, und kehrt durch einen Kamin zum Grat zurück (IV, heikler Ausstieg aus dem Kamin). Man folgt dem Grat bis zu dem „Chapeau á Cornes", einem ebenen Gratabsatz mit mehreren Türmchen. Dieser wird rechts mittels Verschneidungen umgangen. Erst etwas unterhalb (rechts) des Grats, dann über den Grat ziemlich direkt zur Schulter, wo man auf R 591 stößt. Weiter wie dort.

● **605** **Les Doigts de Pieds en Epouvantail**
J.-M. Boivin, M. Moioli, D. Lecroix und A. Sebahi
5. August 1984. **VIII,** anhaltend VII und VII+. **ABO**—.
Kurze, aber schöne und anhaltend schwierige Kletterei durch die SO-Wand von P. 2977 m. Abstieg durch Abseilen über die Wand. 50-m-Seile. Wandhöhe 170 m.
Übersicht: Die Pointe 2977 m liegt am Rand des Glacier d'Envers du Plan. Durch die markante SO-Plattenwand zieht ziemlich zentral die Führe.
Zustieg: Wie bei R 562 ansteigen, bis man unter der SO-Wand angelangt ist. E rechts der Fallinie des großen Dachs im unteren Teil nahe einer Verschneidung unter einem kleinen Dach 30 m oberhalb.

Route: Gerade hochsteigen, dann links queren und so zum linken Winkel des kleinen Daches (VI + / VII). Feine Risse gerade hoch (2 SL VII— / VII mit Stelle VIII) zu Stand am rechten Rand der Wand. Querung nach links (VII) zu einer anderen Rißreihe, die man hochsteigt (VIII—) und die man nach links zu Absatz verläßt (VI). Eine Verschneidung (VII+) und ein Riß (VI) leiten zu einem kleinen Stand. Zum Gipfel von P. 2977 durch eine Verschneidung (VI).

● **609 Abstieg**
II, 35 m abseilen, kombinierter Abstieg über einen zerklüfteten Gletscher (**PD**). 3 Std. bis zur Hütte (R 60).

Route: Vom Gipfel steigt man nach rechts die letzte Plattform bis zu einer nördl. Schuppe ab. Nun nördl. bis zu einer Plattform. Nach W öffnet sich hier ein Kamin. Man steigt noch 2 m ab bis zu Abseilschlingen. 35 m abseilen. Man quert einige Meter und erreicht einen kleinen Grat (Verlängerung des SO-Grats). Man folgt diesem Grat bis zu dem Absatz im SO-Grat (R 591). Nun schräg abwärts an den Bergschrund des Couloirs vom Col du Requin hinab (keinesfalls den vermeintlich leichten Direktabstieg wählen). Man erreicht den zerklüfteten Gletscher, den man je nach den Verhältnissen absteigt. (Die Passage nach Umgehung der SO-Grat-Ausläufer beim Abstieg über die Felsbarriere kann stein- und eisschlaggefährdet sein.)

● **610 Aiguilles des Pélerins,** 3318 m
Erstbegehung des Gipfels durch A. Brun, R. O'Gorman mit Joseph Ravanel und E. Charlet, 9. Juli 1905. Ein interessanter Gipfel in einer wilden Umgebung. Der Normalweg kann aufgrund seiner Länge und seiner Schwierigkeiten als sehr geeignete Eingehtour für eine Reihe kombinierter hochalpiner Fahrten gelten. Im übrigen handelt es sich um den leichtesten der empfehlenswerten Anstiege in den Aiguilles von Chamonix.

● **611 Normalweg (Südwand)**
H. Beaujard mit J. Simond und zwei Trägern, 10. Juli 1905. Kombinierter Anstieg. **II**, die Neigung des Glacier des Pélerins bis **35°**. (**PD**), HD: Kletterei 250 m, im Couloir des Col des Pélerins rund 400 m. $4^{1}/_{2}$ Std. von der Seilbahnstation Plan de l'Aiguille. Vgl. Foto S. 220.

Übersicht: Zunächst das Couloir aus dem Col des Pélerins hoch, dann durch eine schmalere Rinne links davon bis oberhalb des Col des Pélerins. Nun nach links zum Gipfel.

Zustieg: Von Plan de l'Aiguille wie bei R 621 zum Schneefeld am Beginn des Normalweges der Aig. du Peigne (Névé du Peigne, 2600 m).

Nun in südöstl. Richtung um den Fuß des langen Grats herum, der von der Aig. des Pélerins herunterzieht (Grüttergrat).
Route: Nahe an den Felsen des rechten Ufers des Glacier des Pélerins hoch. Den in ein schmales Couloir auslaufenden Gletscherarm bis etwas oberhalb 3000 m hoch, wo man nach links über ein breites Schieferband in Richtung des Gratturms 3103 m im Grüttergrat aufsteigen kann. Man folgt dem Band rund 80 m. Man wendet sich dann nach rechts und steigt in einer Felsrinne parallel zu dem schmalen Couloir auf. 50 m unterhalb des Col des Pélerins steigt man etwas links haltend zum OSO-Grat auf, den man auf der halben Strecke zwischen Col des Pélerins und einem 10 m hohen Gendarmen erreicht. Der Gendarm wird rechts (N) umgangen oder überschritten, und man erreicht der Gratschneide folgend leicht den Gipfel.

- **612** **Grüttergrat (Südwestgrat)**
    Erstbegehung: R. Aubert und M. Grütter, 21. Juli 1935.
    V, meist IV, selten leichter. **D**. Sehr interessante Kletter-

Die Kette der Aiguilles von Chamonix

tour. Lohnende, recht gut besuchte Führe. Wandhöhe 250 m. Vom E 3 Std. Plan de l'Aiguille — E 2½ Std. Vgl. Foto S. 220.

Zustieg: Von Plan de l'Aiguille (R 30) wie bei R 611 auf das breite Schieferband. Etwa 50 m vor einer Scharte im SW-Grat liegt der Einstieg.

Route: Eine Reihe von Rissen hoch. Zunächst einen tief eingeschnittenen Riß (40 m, IV), nach einer Plattform über wenig ausgeprägte Risse in zwei SL hoch (60 m, IV) zu einem Standplatz unter einem Überhang. Links oder rechts darüber, dann links rißdurchzogene Platten hoch zu einem Band mit einer Quarzader. Über dieses Band und eine Platte zu einer kleinen Grotte. Eine Rißverschneidung (30 m, kurz V), dann 6 m auf einem Band nach rechts. Man überwindet einen kleinen Überhang und steigt durch eine Rißverschneidung (IV). Links unter einem Überhang hindurchqueren zu einem breiten Kamin unter einem großen Dach. Die senkrechte Wand, die den Kamin rechts des Überhangs begrenzt, hoch (III), über Bänder nach rechts, zurück nach links, durch eine Verschneidung auf eine geneigte Terrasse unter einem Gendarmen. In die folgende Scharte und den Grat hoch bis zu einer Höhle. Rechts queren und über Risse auf die Gratkante zurück. Ein ansteigendes Band und einen Riß hinauf, dann zwei Parallelrisse entlang des Gratfirstes hoch (20 m, V). Rechts um einen eckigen Gratturm herum, weiter über den Grat, sich dabei leicht links (NW) haltend (IV) bis 15 m unterhalb des Gipfels. Auf den Gipfel über eine glatte Platte und eine kurze Kante (V).

● **614   Nordwestwand (Carmichaelführe)**
E. und Y. Carmichael mit Armand und Georges Charlet, 10. September 1925. **IV +**, meist IV. **D**. Anhaltend schwierige, insgesamt selten begangene Kletterei, die nur bei verhältnismäßig warmem Wetter empfohlen werden kann. Die Kombination mit der Besteigung der Aig. du Peigne ist für ortsunkundige Seilschaften als Tagestour nicht zu empfehlen, es sei denn mit Ausgangs- und Zielpunkt einer Übernachtung auf Plan de l'Aiguille (R 59). HD der ernsteren Kletterei 200 m. Langer, nicht immer leichter Zustieg mit Stellen III. 6 Std. vom Plan de l'Aiguille.

Übersicht: Man hat zunächst die Scharte 3043 m (ohne Kote auf der IGN-Karte) zwischen der Aig. du Peigne und dem Roten Gendarmen (P. 3078) zu erreichen. Von der Scharte erblickt man gegenüber in der NW-Wand der Aig. des Pèlerins ein nach rechts in eine Scharte ziehendes Riß- und Kaminsystem, durch das zum SW-Grat (R 612) aufgestiegen wird. Der Beginn dieses Rißsystems wird durch Abstieg in das Couloir erreicht, das aus dem Col du Peigne entspringt, sowie über die Felsen an dessen linkem Ufer.

Zustieg: Von Plan de l'Aiguille (R 31 und R 59) wie bei R 621 in die Scharte 3043 m. Nun 2 SL durch eine Rinne abklettern (II und III) bis in das Couloir, das dem Col du Peigne entspringt. Man erreicht das Couloir etwa 50 m oberhalb seiner Dreiteilung. Bei einem großen Block ansteigend erklettert man eine gerillte Platte (III) in einer kleinen Wand, die rechts durch einen Kamin begrenzt ist, der an die NW-Wand anschließt.

Über gestuften Fels steigt man Richtung N-Grat der Aig. des Pèlerins bis zum Wandfuß an, den man kurz unterhalb des N-Grats erreicht (4 Std.).

Route: Einen rechtsgeneigten Riß hinauf (IV). Ein Überhang wird rechts durch einen Riß umgangen und nach links zurück über einen Reitgrat (IV). Rechts Risse hoch zu dem normalerweise vorhandenen Schneefeld (IV). Man quert das Schneefeld und erreicht den SW-Grat hinter dem viereckigen Gratturm (Gendarm Carre). Wie dort zum Gipfel (IV und IV+).

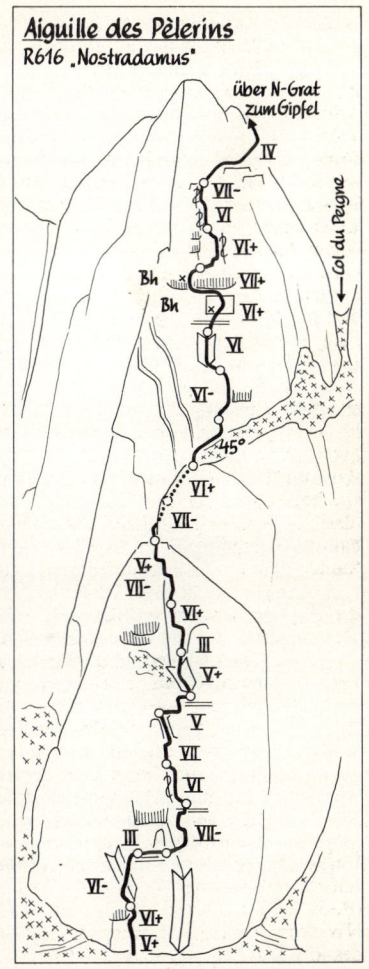

- **616** **Nostradamus**
M. Piola und P. Sprüngli, 10.—11. August 1980.
VII +, 1 SL; 1 SL VII, meist VI— bis VII—. Kombinierte Passagen. **ED +**. Anhaltend schwierige und lange Plattenkletterei. Wenige H vorhanden. Die beiden BH der Erststeiger kennzeichnen den Beginn einer neuen Erschließungswelle im Granit, d. h., Plattenkletterei, die nur mit BH zu sichern ist. HD 600 m. 10—12 Std.

Übersicht: Die N-Wand der Aig. des Pélerins weist einen schwach ausgeprägten N-Pfeiler auf, auf dessen rechter Flanke sich im wesentlichen der Anstieg bewegt. Im mittleren Teil wird die Wand von einem meist verschneiten Band von links unten nach rechts oben zum Col du Peigne (3121 m) durchzogen.

Zustieg: Wie bei R 570 auf den Glacier de Blaitière und nach rechts an den tiefsten Punkt der N-Wand der Aig. des Pélerins (1½ Std.).

Route: Vgl. Skizze S. 213.

- **619** **Abstieg**
Steiler, kombinierter Abstieg **II, 40°**. PD. 2—3 Std. bis Plan de l'Aiguille.

Abstieg: Vom Gipfel zunächst den Gratturm des SO-Grats überschreiten oder links umgehen (heikel). Nun südseitig durch eine relativ schmale Fels- und Firnrinne absteigen, die rechts neben der breiten Firnrinne verläuft, die im Col des Pélerins entspringt. Man steigt hier ab, bis man ein von links unten nach rechts oben ansteigendes Schieferband erreicht (vgl. R 611). Man folgt dem Band nach links abwärts und erreicht das sich hier verbreiternde Firncouloir des Col des Pélerins. Hier hinab bis auf den Glacier des Pélerins. Nun um den Fuß des SW-Grats des Berges herum und zur Moräne am rechen Ufer des Gletschers nahe P. 2468 am Névé du Peigne. Weiter über den Weg nach Plan de l'Aiguille.

- **620** **Aiguille du Peigne,** 3192 m
Wenn der Peigne auch in der Kette der Aiguilles von Chamonix von seiner Höhe her von untergeordneter Bedeutung ist, so haben doch die Nähe zur Seilbahn und die sehr schönen Anstiege dazu geführt, daß er viel besucht wird. Blitzschlaggefahr am Gipfel besonders hoch. Ausgesetzter Gipfel, kein Klettergarten. Erstbesteigung vgl. R 621.

Aiguille du Peigne, Nordwand

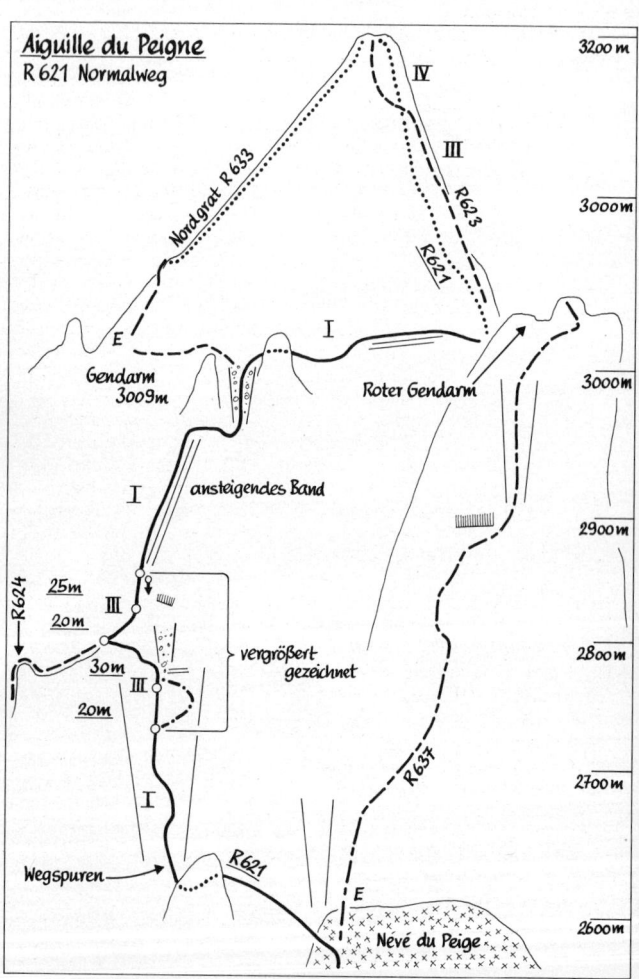

● **621 Normalweg**
G. Liégeard und R.O. Gorman mit Joseph Ravanel und J. Couttet am 23. Juli 1906; die Dreiteilung des Couloirs vom Col du Peigne wird heute auf einer anderen Route erreicht, nachdem ein Felsausbruch in der W-Wand den unteren Teil des Couloirs verändert hat. **IV**, meist II und III, im Anstieg zur Brèche, 3034 m, auch längere Passagen I sowie Gehgelände, **AD**. Interessante, lohnende Klettertour in einer wilden Szenerie. Als längere Eingehtour, die einiges Orientierungsvermögen verlangt, bestens geeignet. Relativ selten begangen. In der Schlüsselstelle einige Haken. Bei einer Wandhöhe von etwa 600 m sind insgesamt etwa 25 SL Kletterei im Auf- und Abstieg zu bewältigen. Je nach den Verhältnissen liegt unterhalb der Brèche noch Schnee oder Eis in den Rinnen und auf den Bändern, was zusätzliche Sicherungen erforderlich machen kann. Von der Seilbahnstation Plan de l'Aiguille (R 31) 5½ Std. im Aufstieg. Vgl. Fotos S. 220, 222.

Zustieg: Von der Seilbahnstation folgt man einem nur leicht ansteigenden Weg in SSO-Richtung auf die orogr. rechte Moräne des Glacier des Pèlerins. Über das Steiglein auf der Moräne bis auf ein Schneefeld (Névé du Peigne, 1 Std.). Man steigt das Schneefeld hoch, bis man über ein bequemes Band nach links queren kann. Man folgt den deutlichen Steigspuren in ein weiteres Couloir. Erst auf der rechten, dann auf der linken Seite das Couloir hinauf (I) bis unter einen Aufschwung.

Route: Durch eine Art Rißverschneidung auf einen Absatz (III, 15 m). Über ein anfangs wenig ausgeprägtes Band nach links aufwärts queren in Richtung einer Scharte im Grat (Papillonsgrat, R 624). Von der Scharte senkrecht hoch, um den Grat selbst oberhalb zu erreichen, dem man dann bis zum Beginn eines unschwierigen Bandes folgt (3 SL, II und III). (Im Abstieg wird hier 20 m direkt ins Couloir abgeseilt, Abseilschlingen.) Man folgt dem Band bis an sein Ende. Der darüber aufragende Turm (3009 m) wird rechts umgangen. Vom Band nach rechts hochsteigend erreicht man eine Scharte. Einige Meter absteigen und durch eine Rinne hoch in eine zweite Scharte (stellenweise II). Nun rechts haltend durch die W-Wand des Peigne queren; dabei werden einige Aufschwünge über Blöcke erstiegen, und man erreicht die Brèche 3043 m (2 Std.) In einer Rinne Richtung der Dreiteilung des Couloir vom Col du Peigne absteigen, erst auf der linken Seite, dann in der Rinne selbst bis auf ein Band wenig oberhalb der Dreiteilung (80 m). 15 m links des Couloirs vom Col du Peigne parallel zu diesem 2 SL hoch. Auf eine breite, waagerechte Terrasse kurz an den Couloirrand bei großem, im Couloir liegenden Block, dann links 2 SL hoch zu einer großen, leicht geneigten Terrasse (Salle à manger). Hier deponiert man die Rucksäcke. Wieder rechts hoch, parallel zum Couloir in markanter Verschneidung, die nach 2 SL zum Grat hin steiler wird. (Bis hierhin von der Brèche 3043 m überwiegend II mit Stellen III, eine Stelle IV—, H.) Durch die Verschneidung und über ihre rechte Begrenzung auf den Gipfelgrat und diesen hoch zum Ostgipfel (IV, 3 H). Der Gratkante entlang bis zum Turm vor dem Gipfel. 4 m abseilen und auf den Gipfelblock (2½ Std.). Vgl. Skizze S. 216.

● 623   Südwestgrat
P. Dalloz, Jacques und Tom Lépiney, 11. August 1922, der hier beschriebene Weg Gaston Rébuffat und Lionel Terray, 6. Juni 1942. **V**, **A0**, meist IV und IV+. **D**+. Schwierige, aber sehr schöne Gratkletterei. Sehr lohnender Abschluß einer Besteigung der Aig. du Peigne. 7 SL von der Scharte 3043 m, rd. 150 m HD. 2 Std.

Route: Von der Scharte 3043 m (vgl. R 621) folgt man dem SW-Grat teils direkt auf dem Grat, teils knapp rechts der Gratkante bis auf den Absatz unter der Gipfelwand (IV und V). Nun den schräg links aufwärts verlaufenden Riß (Lépineyriß) hoch (V), dann mittels eines Kamins (5 m, IV+, mühsam) links auf ein Band. Das Band nach links zu H-Riß und über diesen (A0) und die folgende Verschneidung (IV+) zum Gipfelgrat.

● 624   Papillonsgrat
H. Caméré und R. Dewas, 12. Juli 1926. **V**+, meist III+/IV, 2 SL V. Sehr schöne und beliebte (regelmäßig absolut überlaufen) Klettertour in bestem Granit. **D**. Mitnahme einiger Schlingen und Klemmkeile unerläßlich. 12 SL bis zum Normalweg, R 621. HD 200 m, 2—4 Std. vom E Zustieg von der Seilbahnstation 30 bis 45 Min.

Übersicht: Es handelt sich um den unteren Teil des von der Aig. du Peigne in Richtung Plan de l'Aig. herunterziehenden Grats, der mit einer Reihe von 4 unterschiedlich markanten Türmen besetzt ist, dabei allerdings ziemlich flach erscheint.

Zustieg: Von der Seilbahnstation (R 31) zunächst 300—400 m R 621 folgend, steigt man dann nach links den Grashang bis auf den Gratrücken hoch. Man folgt nun dem Grat, z. T. über große Blöcke und Aufschwünge (I) bis zum Beginn der Schwierigkeiten an einem quer zum Grat liegenden Band unterhalb eines Turms, der gespalten ist.

Route: Durch den Felsspalt auf die S-Seite des Turms (15 m, III—).

Einen senkrechten Riß hoch (III+, anstrengend) und nach rechts auf eine Plattform. Über eine Rillenwand (IV), Blöcke und mit Hilfe eines schrägen Risses (IV—) auf ein Türmchen. Stand mit H. Von hier auf die andere Wand hinüber, dann erst rechts, dann links haltend hoch (V+, oder A0, IV+, 25 m). Nun erst waagrecht, dann dem Grat folgend hoch 2—3 SL (III). Vom nun erreichten Turm südseitig um einen weiteren Gratturm herum in eine Scharte (III+) und nach einigen Metern auf der N-Seite zu Stand. Entlang eines schmalen Risses hoch, weiter über einen schrägen Riß, der in ein Band ausläuft, zu einer geräumigen Scharte (40 m, IV). Durch einen Riß links der Kante hoch (III+) und in einen Durchschlupf mit Klemmblock. Links hoch zu H, dann waagrecht nach rechts queren (H), 5 m hoch und wieder nach rechts (H), bis man an der Kante mit guten Griffen hochsteigen kann, weiter über Schuppen senkrecht zu Stand (V— und V, dann III+). Etwa 20 m in eine Scharte. Den folgenden Aufschwung mit kleinen Tritten und Griffen längs eines schmalen Risses hoch (V), links um den Turm und über leicht überhängende Schuppen hinauf. Etwas absteigen und waagerecht in eine Scharte, wo man den Normalweg erreicht.

Abstieg: Von der Scharte leicht schräg abwärts auf eine große

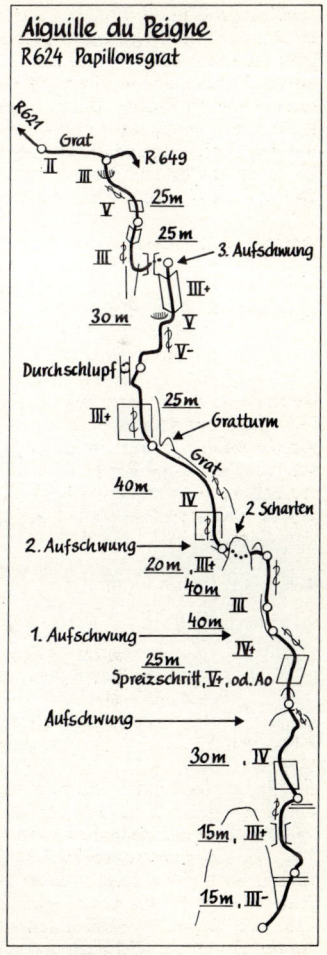

Aig. de Deux Aigles

Aig. des Pèlerins

611

612

Aig. du Peigne

Col du Peigne

Gendarme

621

637

611

Terrasse. Hier ist man am Normalabstieg nach der letzten Abseilstelle (oberhalb der Rißverschneidung, vgl. R 639). Vgl. Skizze S. 216. Man kann auch über die NW-Wand abseilen (vgl. R 625), 50-m-Doppelseil erforderlich. Die Abseilpisten sind aber meist recht besetzt, und alpinistisch ist ohnehin der hier vorgeschlagene Abstieg lohnender.

● **625** **Nordwestwand des Gendarme**, 3009 m

Die ab Mittag sonnige Plattenwand im unteren Teil der NW-Wand der Aig. du Peigne stellt mit ihren mehr als 12 Plattenführen eines der meistbesuchten Sportkletterziele in den Aiguilles von Chamonix dar. Nachdem die Wand bis Anfang der 80er Jahre nur von zwei Technoführen durchzogen war, eröffneten vor allem Michel Piola und seine Kameraden mehr als 10 Routen und Varianten. Die meistbegangene Route „Le Ticket", R 626, war auch die erste der neuen Sportkletterereien. Die Führen Dimanche Noir VIII— und Le Mol Os à Moelle" („der weiche Markknochen"), VIII obl. auf Reibungsplatten, verlangen schon sehr großes Können. Gerade die Bewertung dieser Plattenpassagen ist extrem subjektiv, und die Kletterei bedarf der Gewöhnung. Wegen der Abseilerei und für einige lange SL 50-m-Doppelseil angeraten (z. B. aber für R 626 nicht zwingend).

● **626** **Ticket**

G. Hopfgartner und M. Piola, 18. Juli 1983. **VII+**, meist VI+ und VII—. **ED**. Die klassische Sportkletterei am Peigne. Eine Stelle VII obl. Obwohl es zahlreiche Routen am Peignesockel gibt, wird das Ticket (eigentlich Le Ticket, le Carré, le Ronde und la Lune nach den Kontrollknipsungen der Seilbahn genannt) deutlich häufiger begangen. Ab Mittag in der Sonne. Einige lange Run outs zwischen den H. Friends Nr. 1—2 und ein Satz Rocks o. ä. erforderlich. Gute Standplätze. Wandhöhe 200 m. 4 Std. vom E. Vgl. Foto S. 222.

Übersicht: Im unteren Teil der NW-Wand weist die Aig. du Peigne eine 200—250 m hohe Plattenwand auf. Oben ist die Wand durch das lange

---

Aiguille du Peigne und Aiguille des Pélerins, von Westen

R 611 Normalweg (Südwand)	R 621 Normalweg
R 612 Grüttergrat	R 637 Contamine-Vaucher

Band des Normalweges begrenzt (vgl. R 621). Der Aufstieg vollzieht sich in der rechten Hälfte.

Zustieg: Von Plan de l'Aiguille (R 31) steigt man gegen den Papillonsgrat (R 624) an. Unterhalb des Gratfußes nach links in einen Firnsattel. Über den rechten Rand des folgenden Firnfeldes (Achtung, oft harter Firn), oder besser über die Felsen in einem ausholenden Linksbogen über Bänder unter den Sockel unterhalb der Plattenwand. Eine Stufe wird durch Risse erstiegen (IV, 20 m). Über Bänder und Stufen unter die Wand. E. bei einem Riß rd. 30 m unter einem markanten weißen Fleck (1 Std.).

Route: Über Piazrisse zu Stand bei dem weißen Fleck (V). Unter dem folgenden Überhang nach links queren, über ihn hinweg (VII oder VI+ / A0) und über Platten zu Stand (VI—). Kurz gerade hoch, Quergang nach links; weiter hoch entlang einer Verschneidung; oben kurz nach rechts und schließlich links zu Stand (VI+, lange Hakenabstände). Gerade eine Platte hoch (VII+ oder A0, 3 BH), nach rechts in Verschneidung und aus dieser weiter oben links heraus (VI+). Nun ge-

Aiguille du Peigne, Nordwestplatten

R 621 Normalweg
R 626 Ticket
R 628 Dimanche Noir

R 630 Mol Os à Moelle
R 633 Nordgrat

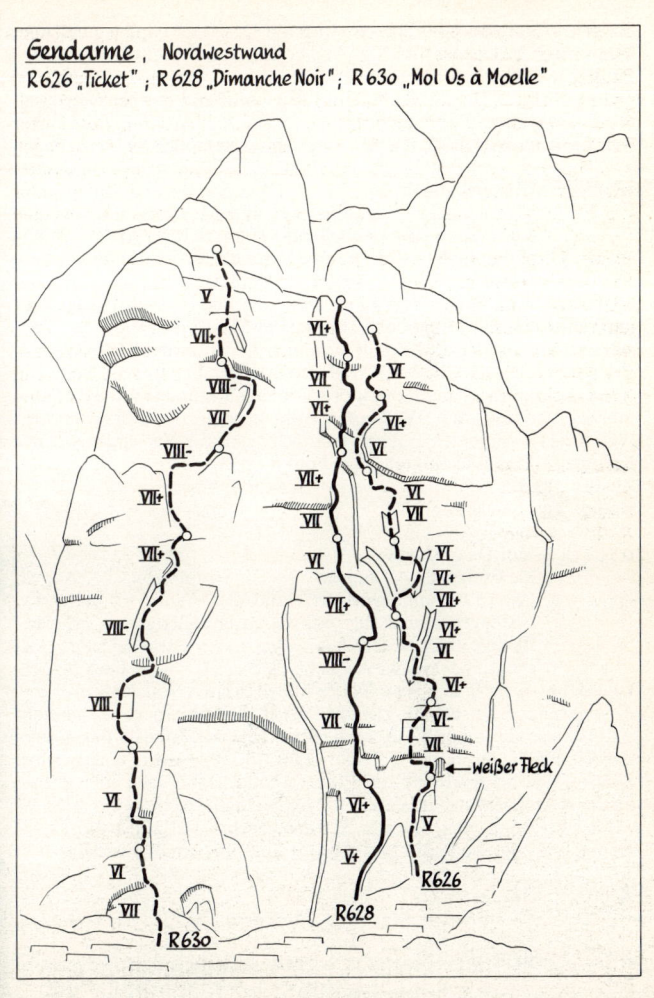

rade eine Platte hoch bis an Schuppen mit Untergriffen, die nach links leiten (nach 2 H bietet die Platte die berüchtigte Stelle, rd. 10 m VI+ bis VII je nach Empfinden ohne H). Links um Überhang herum und rechts schräg zu Band (VI+). Links Riß zum Band des Normalweges. Abstieg wie dort, oder Abseilen über die Route links (NO) vom Ticket (um nicht nachfolgende Kletterer zu behindern). Vgl. Skizze S. 223.

● **628** **Dimanche Noir**
M. Armand, G. Hopfgartner und M. Piola, 27. und 28. Juli 1985. **VIII—**, anhaltend VII und VII+. **ABO—**. Wunderbare, aber sehr extreme Plattenkletterei. Deutlich ernsthafter als z. B. Le Ticket. 250 m HD.
Übersicht: Etwa in der Wandmitte zieht vom Fuß der NW-Platten eine markante Verschneidung hoch (Kohlmann-Mazeaud, 1960). Auf dem rechen Rand der Verschneidung beginnen zwei Führen, links Carmencita (ABO—) und nach rechts zunächst ansteigend Dimanche Noir. Die Route zieht ziemlich gerade empor bis zu den Stufen, über die der Normalweg von dem die NW-Platten oben begrenzenden Band abbiegt (vgl. R 621). Im oberen Teil hält man sich rechts der Verschneidung der Kohlmann-Mazeaud-Route). Vgl. Foto S. 222.
Zustieg: Vgl. R 626
Route: Vgl. Skizze S. 223.

● **630** **Mol Os à Moelle**
M. Piola, P.-A. Steiner und P. Strappazon, 21. August 1987. **VIII**, anhaltend VII+ und VIII— auf 5 SL. **ABO**. Lt. Erstbegeher eine der schwierigsten Klettereien im Mt.-Blanc-Gebiet. Nach den beiden ersten etwas leichteren SL anhaltende Schwierigkeiten. 250 m HD. Vgl. Foto S. 222.
Übersicht: In der linken Wandhälfte finden sich am Wandfuß zwei große abgerundete Felsblöcke, zwischen denen die Führe beginnt. Sie zieht ziemlich gerade empor bis unter die überhängende Zone im linken oberen Wandteil, die mit einer Rechts-Links-Schleife durchstiegen wird.
Zustieg: Wie bei R 626 auf das Einstiegsband. Dann nach links queren an der Verschneidung in Wandmitte (Kohlmann—Mazeaud) vorbei bis zu den beiden großen Blöcken. E knapp rechts des linken Blocks.
Route: Vgl. Skizze S. 223. Im Abstieg über die Route abseilen.

● **633** **Nordgrat**
F. Aubert, J. Martin, J. Ménégaux, M. Schatz, 2. August 1947.
VI—, durchgehend IV+ bis V, anstrengend. Kurze Passage

A0. **TD**. Obwohl der Peigne-N-Grat etwa 600 m hoch ist, werden meist nur die oberen 200 m geklettert. Die unteren 400 m sind im wesentlichen leichtere Kletterei, man benötigt aber mehr Zeit dazu als bei dem hier beschriebenen Zustieg, bei dem man, mit einer der ersten Seilbahnen hochfahrend, die Tour gut in einem Tag machen und per Seilbahn nach Chamonix zurückkehren kann.

Als schwierige Rißkletterei sehr interessante Eingehtour für noch schwierigere Routen im Massiv. 170 m HD.

Ein Doppelseil ist generell entbehrlich, jedoch notwendig bei einem Rückzug oberhalb des 32 m langen Risses.

Vom E 3—4 Std., Zustieg 2 Std.

Zustieg: Man folgt dem Normalweg (R 621) bis zum Gendarmen, 3009 m.

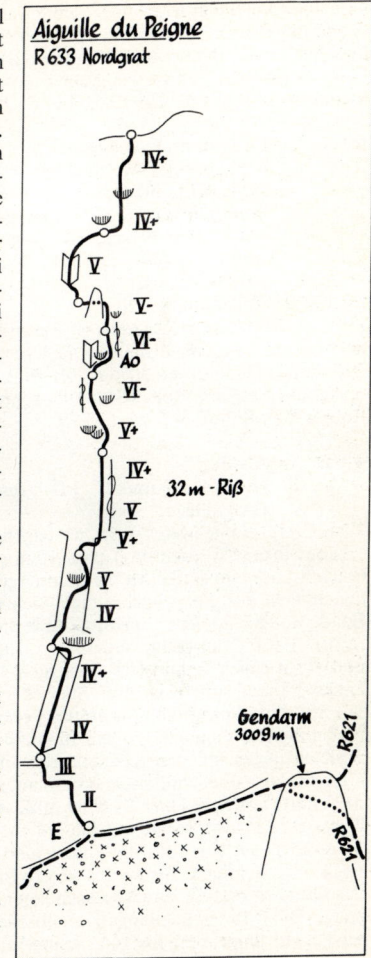

Nun links haltend abwärts über Schutt und Schnee an den Fuß der NW-Wand des Peigne. Etwa 20 m vor einer Scharte im N-Grat steigt man über Schuppen, Bänder und Wändchen (II / III) auf einen Absatz im N-Grat. Beginn der Schwierigkeiten.
Route: Vgl. Skizze S. 225 und Foto S. 222.

● 637 **Contamine-Vaucher**
P. Labrunie, M. Vaucher mit A. Contamine, 12. August 1957. **VI+**, überwiegend V im oberen und IV im unteren Wandteil. **TD**. Sehr interessante Kletterei, die sich überwiegend durch Verschneidungen und breite Risse bewegt. Mit einigen H V+ und A0. 3 bis 4 Std. bis zum Gendarm 3078 m vom E.
Übersicht: Vgl. Foto S. 220.
Zustieg: Von Plan de l'Aiguille (R 31) wie bei R 621 zum Névé du Peigne. Man verläßt den Normalweg nach rechts und steigt links der Gipfelfallinie des Gendarmen 3078 m bis zum Bergschrund, den man 10 m rechts des Couloirs Boeuf-Sara überschreitet. 1 Std.
Route: Vgl. Skizze S. 225.

● 639 **Abstieg**
III, meist I und II. **PD**. Abseilstellen. 4 Std. bis Plan de l'Aiguille.
Vom Gipfel einige Meter westl. absteigen zu Abseilschlingen. 20 m abseilen. Links (SW-Richtung) etwa 10 m absteigen. Nun links hinunter (auch wenn es im ersten Moment unmöglich aussieht: man läßt sich an den Armen auf ein zunächst nicht sichtbares Band herunter) auf ein Band, weiter eine Verschneidung abklettern auf ein schmales, waagerechtes Band. Nun rechts zum Grat zurück, durch eine Verschneidung und einen engen Kamin (III) absteigen zu Abseilhaken. 8 m abseilen. Links haltend in 2 SL zum Salle à manger (Stellen III und II). 1½ Std. Nun links hinab bis an das Felscouloir, das vom Col du Peigne herabzieht (nahe bei großem Block im Couloir). Entlang der Rinne 2 SL absteigen bis man rechts wieder aufsteigend die Scharte 3043 m erreicht. Nun über ein Bändersystem unter der W-Wand hindurch in eine Scharte vor dem Turm P. 3009 m. Dann links hinab und hinter dem Turm wieder nach rechts auf die N-Seite, wo ein Band diagonal nach W abwärts verläuft, das die untere plattige Wand des Peigne (R 625) nach oben begrenzt. Bis an das untere Ende des langen Bandes. Links des Grats 20 m abseilen (Abseilschlingen)! Weiter auf dem Normalanstieg. (Die Rißverschneidung u. U. abseilen oder auch (heikel, III) links ausholend umgehen.) Bis zum Schneefeld (Névé du Peigne) 2 Std.

● **640 Dent du Crocodile,**
3640 m

Mächtiger Felsturm nahe der Aig. du Plan. Neben dem O-Grat weist der Berg kaum interessante Anstiege auf. Erste Besteigung E. Fontaine mit J. Ravanel und E. Charlet, 31. Mai 1904.

● **641 Von Süden**

Erstbegeher vgl. R 640. Kurze Kletterei und Gratbegehung vom Gipfelaufbau der Aig. du Plan aus. **II**. **PD**. ½ Std.

Übersicht: Vom Gipfelaufbau der Aig. du Plan ziehen Firnbänder bis unter den Dent du Crocodile, der nach deren Begehung von NW bestiegen wird.

Zustieg: Vgl. R 561

Route: Um den Gipfelturm der Plan auf der N-Seite herum. Weiter über den Grat. Ein Aufschwung wird westl. umgangen. Man quert ein Couloir und gelangt über den NW-Grat zum Gipfel.

● **642 Ostgrat**

P. Allain, J. und R. Leininger, 29.—30. Juli 1937. **V** und **A1**, meist IV und IV+. Zustieg kombiniert mit schwierigem Bergschrund. **TD—**. Schöne, heute wenig begangene Führe. Insgesamt relativ anstrengende Kletterei

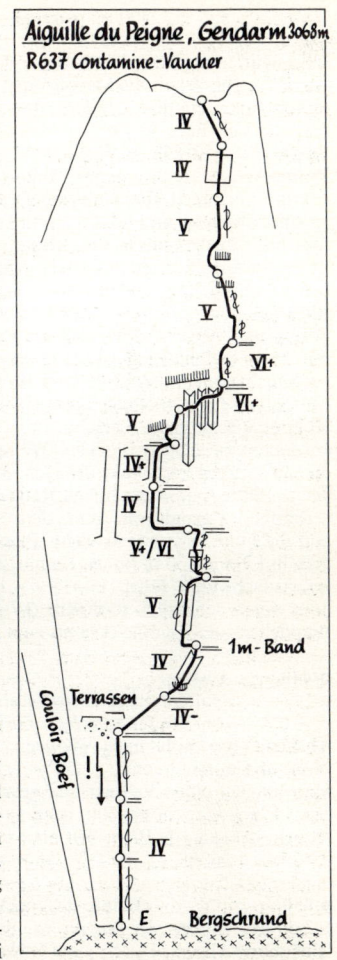

auf gut 300 m. Insgesamt vom Bergschrund 500 m HD. 6—7 Std. vom E.

Übersicht: Vom Dent du Crocodile fällt nach O ein markanter Grat in den Enverskessel hinab. Man erreicht den Grat erst kurz vor seiner Mitte von links aus dem Couloir, das der Scharte Plan—Crocodile entspringt. Vgl. Foto S. 198.

Zustieg: Vgl. R 572

Route: Wie bei R 572 an das Couloir Plan—Crocodile. Man quert das Couloir und steigt über ein System von schrägen Bändern (z. T. III) bis zu einer Terrasse am Fuß des ersten Grataufschwung des Ostgrats. Nun weit links ausholend an den Beginn eines zweiten Aufschwungs (IV). Zunächst auf die rechte Gratseite (Caiman) und an den Fuß einer großen Verschneidung. Einen Rißkamin 25 m hoch (V), dann einen 20-m-Riß (V) empor und über einen kurzen Grat zu einer Zone von kleinen Stufen und Absätzen, die sich am Beginn einer großen, steilen Platte mit einem kleinen Pfeiler am Fuß befindet. Auf den Pfeilerkopf, dann nach rechts queren (A1/V, 3—4 H) zu einer Verschneidung, die zu einer Terrasse mit Blöcken führt (IV). Am rechten Rand der Terrasse 10 m eine senkrechte Verschneidung hoch (V), heikel nach links herausqueren zu großen Blöcken. Weiter über Stufen und Kamine (III), die im weiteren nach links drängen. Man erreicht eine große, leicht geneigte Platte. An ihrem linken Rand beginnt ein schräg links aufwärts verlaufendes Band von 20 m, dem man folgt (z. T. Hangelquerung) und die linke Gratseite erreicht (Plan). Über geneigte Platten gewinnt man links einen 30 m hohen Kamin, der zum Grat am Beginn des letzten Aufschwungs führt (IV, IV+). In leichter Kletterei erreicht man links einen schmalen 10-m-Riß (IV+). Darüber ersteigt man einige Wändchen und Kamine (IV) bis zum N-Gipfel des Dent du Crocodile.

● 649   **Abstieg**
Spaltenreicher Gletscherabstieg. **PD.** Vgl. R 579. 3—4 Std. vom Gipfel zum Ref. du Requin (R 60).

Abstieg: Vom Gipfel nach NW den Grat absteigen, dann nach links ein vereistes Couloir queren.

Man umgeht einen Vorbau und gelangt auf die Hänge unterhalb des Grats Plan—Crocodile. Nun hoch auf diesen Grat und bis an den Gipfelturm der Aig. de Plan, den man rechts (N) umgeht. Weiter wie bei R 579.

● 650   **Pointe de Lépiney,** 3429 m
Neben den Gipfeln der Aig du Fou und der Aig de Blaitière etwas unscheinbarer Gipfel. Durch seine O-Wand führen mehrere schöne Fels-

klettereien, von denen „Securité und Liberté" sehr bekannt geworden sind. Erstbesteigung durch J. und T. Lépiney, 9. September 1920.

● **653** **Südostpfeiler**
J. Collaer, P. Cordier und J. Ramouillet, 26. Juli 1975.
VI, lange Passagen V und V +. Insgesamt aber keine anhaltenden Schwierigkeiten. **TD**. Alpinhistorisch bedeutsame und insgesamt sehr lohnende Kletterfahrt. Die Erstbegeher sicherten ausschließlich ohne H. HD vom E 500 m. 6—7 Std.

Übersicht: Der SO-Pfeiler fällt mit einer fast senkrechten Wand auf den Gletscher hinab. Rechts dieses Abbruchs zieht eine riesige Verschneidung hoch bis auf die Pfeilerkante. Im weiteren hält man sich links der Kante. Oben über die O-Wand oder den Pfeiler zum Gipfel.

Zustieg: Wie bei R 572 bis oberhalb des SO-Grats der Aig. de Blaitière. Nun den Gletscher bis an den Fuß der O-Wand ansteigen. E in Fallinie der großen Verschneidung, wo der Schnee weit heraufreicht (1½ Std.).

Route: Durch die große Verschneidung ca. 300 m hoch. (Die letzte SL bietet nur eine Zwischensicherung auf 50 m, V +; man kann den zweiten Teil der Verschneidung auch über ein Rißsystem 30—40 m links der Verschneidung umgehen; III und IV). Man gelangt so in eine Felsrinne links der Pfeilerkante, durch die man den großen Aufschwung umgeht, der die Verschneidung überragt. 2 SL durch die Rinne (IV) und nach rechts hoch eine SL auf eine kleine Terrasse am Pfeiler. Den folgenden gelblichen großen Aufschwung ersteigt man links der Pfeilerkante durch ein Rißsystem (IV und V, 6 m VI) bis zu einem Band. Nun auf die Ostflanke und in 4 SL in die Scharte rechts unterhalb des Gipfels.

● **654** **Securité et Liberté**
P. Cordier und E. Decamp, 16. August 1981. **VII**, überwiegend V+ bis VI+. **ED**. Eine der besonders schönen Kletterreien. Sehr abwechslungsreich und noch sehr die naturgegebenen Möglichkeiten nutzend. Insgesamt sehr exponiert. Kaum H oder BH. Mitnahme auch von H deshalb empfohlen. Aus der Plattenzone im mittleren Teil ist ein Abseilen kaum mehr möglich; insbesondere da vielfach die Standplätze nur mit KK, Friends etc. ausgerüstet werden und beim Abseilen die langen Quergänge nicht zurückgeklettert werden können. 500 m HD, 5—7 Std.

Übersicht: Vom Fuß der 300 m hohen Verschneidung des SO-Pfeilers (R 653) über eine von Überhängen unterbrochene Plattenzone hoch an

die mittlere Plattenzone, die links aufwärts zum SO-Pfeiler erstiegen wird, über den man zum Gipfel gelangt.
Zustieg: Wie bei R 653 an den E, der etwa 20 m rechts des Beginns der großen Verschneidung liegt.
Route: Gerade hoch in die Wand bis zu einem Überhang, den man links umgeht; weiter gerade hoch bis zu einigen kleinen Terrassen (100 m, V+ und VI). Rechts der Terrassen weiter, eine kompakte Platte hoch und mittels Rechtsquerung (mäßige Felsqualität) an den Fuß einer Verschneidung (3 SL V und V+). Diese hoch bis zu einer Terrasse (3 SL V und V+). Rechts der Terrasse eine Platte hoch (VI+). Weiter durch breiten Riß (V). Nun über große Platten hoch, wobei insgesamt nach links geklettert wird, kurze Aufstiege und teilweise sehr exponierte Querungen wechseln sich ab (anfangs VII, dann anhaltend VI, die letzte Querung sehr ausgesetzt VII). Eine SL schräg links hoch zum SO-Pfeiler. Weiter in der O-Wand (rechts vom Pfeiler) zum Gipfel (IV), oder direkt über die Pfeilerkante (V und V+, 130 m).

● **657**   **Col du Fou,** 3365 m
Ausgangspunkt für den Aig.-du-Fou-SW-Grat und Etappenziel bei der Überschreitung der Aiguilles von Chamonix. Vom Col du Fou führt eine Abseilpiste nach O, die aber zugunsten des Abseilens über die neue Führe Ailes du Desir weniger frequentiert ist.

● **658**   **Von Westen**
         B. Arsandeaux, R. Gaché, J. und R. Jonquière, 30./31. August 1930. **III**, teilweise kombiniert. **AD**. Ein ziemlich komplizierter Anstieg von N zum Col du Fou. HD von der Moräne am Glacier des Nantillons knapp 900 m. 5—7 Std.
Übersicht: Nach Ersteigen des Rognan des Nantillons traversiert man deutlich höher den NW-Grat der Aig. de Blaitière, durchquert deren W-Wand über die Fontainebänder, und nach Querung eines Couloirs von der Brèche de Blaitière erreicht man rechts den Col du Fou über Bänder.
Zustieg: Wie bei R 681 auf die Moräne des Glacier des Nantillons.

Aiguille de Blaitière, Westwand

R 658	Westroute	R 703	Fidel Fiasco
R 668	Südwestgrat	R 705	Williamine Dada
R 697	Majorette Thatcher	R 707	Brown-Whillans

Route: Wie bei R 682 auf den Rognan des Nantillons. Nun nicht links gegen Charmoz und Grépon ansteigen, sondern nach rechts unterhalb eines großen Eisabbruchs hindurch. Über einen steilen Eishang hoch bis zu einer weniger geneigten Gletscherzone. Man hält etwas rechts und erreicht einen Grat, der aus einer Scharte im NW-Grat entspringt. Über den Grat in diese Scharte (ca. 3230 m; 3—4 Std. von Plan de l'Aiguille). Nun nicht über die hier beginnenden Bänder, sondern 20 m oberhalb durch eine Querung auf der O-Seite in eine kleine Scharte in Form eines Fensters. Hier hindurch und durch die W-Wand über Bänder und kleine Kamine (II) queren. In Wandmitte teilen sich die Bänder, und man folgt den oberen Bändern. Am Ende rd. 20 m absteigen in das Couloir, das von der Brèche de Blaitière herabzieht. Man quert dieses Couloir unterhalb der Ciseaux. Über die folgenden ansteigenden Bänder (III) zum Col (2—3 Std.). Vgl. Foto S. 231.

● **659** **Abstieg nach Osten**
Kombinierter Abstieg, ganz überwiegend mit Abseilen. Im unteren Teil (Couloir zur S-Wand der Aig. du Fou) stark steinschlaggefährdet. 3—4 Std. vom Col bis zum Ref. d'Envers des Aiguilles.

Abstieg: Vom Col seilt man über die schmale Rinne nach O rd. 200 m ab bis zum Fuß der Fou-S-Wand. Dann durch das steile Firncouloir hinab. Die Felsbarriere wird am rechten Ufer (W) abseilend überwunden. Unterhalb entweder weiter durch die Firnrinne oder am rechten Ufer abseilen bis auf den Glacier d'Envers de Blaitière. Nach links (O) zur Hütte.

● **660** **Aiguille du Fou,** 3501 m
Die Aig. du Fou hatte, obschon einer der markanten Gipfel in den Aiguilles von Chamonix, insgesamt nur wenige Bergsteiger im Vergleich zu Charmoz, Grépon, Blaitière und Plan angezogen und war ziemlich unbekannt geblieben. Mit der ersten Durchsteigung der S-Wand änderte sich dies; die Fou-Südwand ist unter Kletterern ein Begriff geworden, und noch heute, wo es viele großartige und leichter zu erreichende Führen gibt, ist der Andrang infolge des Nimbus der Wand groß. Der SW-Grat, früher regelmäßig begangen, ist etwas in Vergessenheit geraten, obwohl der Anstieg über die Fontainebänder zum Col du Fou und weiter über den SW-Grat mit Abstieg über die Aig. de Blaitière eine große Berg- und Klettertour bleibt.

Erste Besteigung durch Emile Fontaine mit Joseph und Jean Ravanel am 16. Juli 1901.

● **661** **Normalweg von der Aiguille de Blaitière**
Erstbegeher vgl. R 660. **V**, am Gipfelblock einige Meter, meist II und III. Kombiniert. **AD+**. Abwechslungsreiche Kletterei, selten begangen, lohnend. Bei Überschreitung der Ciseauxspitzen etwas länger. Da die anderen Führen auf den Berg schwieriger sind, erfolgt der Abstieg in der Regel auf der gleichen Route. Kaum HD. 2—3 Std.

Übersicht: Von der Brèche de Blaitière über den Grat, die Ciseaux überschreitend oder umgehend, an den Gipfelblock, der über seine NO-Kante erstiegen wird.

Zustieg: Wie bei R 682 oder 683 zur Scharte zwischen Zentralgipfel und N-Gipfel der Aig. de Blaitière.

Route: Von der Scharte hinüber auf die SW-Seite. Mittels eines bequemen Bandes umgeht man Zentral- und S-Gipfel und gelangt zur Scharte Blaitière—Ciseaux. Hinter der Scharte auf den Enversflanke. Nun entweder die Ciseaux umgehen oder überschreiten.

a) Umgehung: 40 m absteigen, dann unterhalb der Gipfelwand queren und schließlich Richtung Scharte Ciseaux—Fou aufsteigen, zuletzt durch einen Kamin (mühsam, III).

b) Überschreiten: Nur 20 m absteigen, dann schräg links aufwärts steigen bis unter den N-Gipfelturm. Durch einen Riß in die Scharte zwischen den beiden Gipfeltürmen. Der N-Gipfel wurde bisher nur mit Seilwurf bezwungen. Mit einem Spreizschritt zu einem Band auf der NW-Seite des S-Gipfels, auf den man über die schmale N-Kante gelangt. Zurück zur Scharte zwischen den Gipfeln, von wo man auf der NW-Seite (Chamonix) abseilt auf ein Band, das in die Scharte Ciseaux—Fou führt.

Von dort auf der O-Flanke gegen den Gipfel der Aig. du Fou ansteigen. Über einen leichten Kamin, eine Plattenquerung (III) und einige Blöcke gelangt man auf eine Schulter nördl. des Gipfelturms. Dieser etwa 10 m hohe Turm wurde früher mit Seilwurf erstiegen, heute ersteigt man die abgerundete NO-Kante knapp links der Kante (V).

● **665** **Südwand (Klassische Route)**
T. Frost, S. Fulton, J. Harlin und G. Hemming, 25./26. Juli 1963. **VIII+**, viele Passagen VII bis VIII. **ABO**. Berühmte Kletterei, die ursprünglich mit mehreren SL rein künstlicher Kletterei A2/A3 begangen wurde. Auch heute stecken noch etliche FH, so daß in teils künstlicher, aber überwiegend freier Kletterei mehrere SL VI+ und Stellen VII oblig. sind. Die Route wurde weitestgehend bereits 1970 frei geklettert. Die erste freie Begehung (mit mehrmaligem

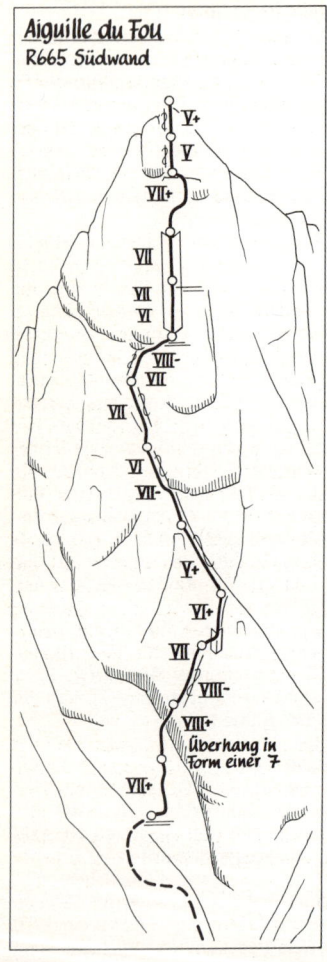

Aiguille du Fou
R665 Südwand

Ruhen) durch E. Escoffier und T. Renault, 16. Juli 1983. Die H stecken normalerweise. Achtung vor alten Schlingen. Die Kletterei ist sehr anstrengend und anhaltend schwierig. 50-m-Seile empfohlen. Der Zustieg ist äußerst unangenehm, vor allem, wenn die Saison fortgeschritten, bzw. der Firn im S-Couloir zum E nicht durchgefroren ist (erhebliche Steinschlaggefahr).

Um im Zustieg das Couloir zu vermeiden, bieten sich mehrere Möglichkeiten an, die jedoch alle deutlich mehr Zeit in Anspruch nehmen. Wer den Anstieg von W zum Col du Fou kennt (R 658), kann ausgehend von Plan de l'Aiguille in ca. 6 Std. am E der S-Wand stehen. Wandhöhe 350 m. 8—12 Std.

Übersicht: Den Beginn der großen Schwierigkeiten markiert ein großer Dachüberhang in Form einer 7. Hierhin durch das kombinierte S-Couloir. Vom Dachüberhang rechts aufwärts zu einem links geneigten Diagonalriß. Nach 3 SL verläßt man den Diagonalriß nach rechts und steigt durch Verschneidungen ziemlich direkt zum Gipfel.

Zustieg: Vom Ref. de l'Envers des Aiguilles (R 61) wie bei R 653 unter das S-Couloir. Je nach den Verhältnissen übersteigt man den Bergschrund direkt oder umgeht ihn links über glatte Platten. Nun durch den unteren, meist verfirnten Teil der Rinne. Eine Felsstufe wird links überstiegen (2 Platten zu 25 m, IV). Weiter durch die Rinne an den Wandfuß, so sich die Rinne teilt. 60 m links hoch entlang der engen, fast kaminartigen Rinne, die vom Col du Fou herabzieht, entweder durch die Rinne selbst oder links davon, bis man ein Band rechterhand erreicht (IV und V, vereist). 3–4 Std. von der Hütte.

Route: Rechts sehr steile, rißdurchzogene Platte unter dem Dachüberhang hoch (VI dann VII+). An den Überhang und über ihn hinweg zu gutem Stand, von dem man die Wand gut einsehen kann (VIII/VIII+). Nicht schräg rechts, sondern besser gerade hoch an eine kleine Verschneidung, 2 m nach rechts queren zu kurzer Verschneidung, der einige Piazschuppen folgen (VIII—, dann VII). Zu gutem Standplatz im ersten Drittel des Diagonalrisses (VII, VI). Den Riß hoch (35 m V+/VI). Den folgenden Aufschwung überwindet man mittels eines breiten Risses (VII—), weiter zum Überhang im Diagonalriß, der links (Piazstelle) überwunden wird (VI+). Nun nicht rechts den feinen Riß weiter (A0 und VI+), sondern weiter dem Diagonalriß folgen, bis man rechts hochsteigen kann zu Stand auf Schuppe (VII). Erst gerade hoch, dann rechts haltend zu geneigter Terrasse (VIII—; einziger Biwakplatz in der Wand). Die folgende Verschneidung hoch (30 m, VI dann VII). Nun nicht 10 m nach rechts queren und eine 50 m hohe Wand in 2 SL durchsteigen A0/A1 und VI/VII, sondern weiter durch die Verschneidung hoch (VII). Noch etwas gerade hoch, dann Querung rechts an den Ausstieg der 50-m-Wand und wieder links zurück zu einem Riß in Verlängerung der Verschneidung (VII+). Das folgende Rißsystem hoch zum Gipfel (50 m, V+). Vgl. Skizze S. 234.

● **668** **Südwestgrat**
Pierre Allain und R. Latour, August 1933. **V**, meist IV und IV+. **TD**—. Schöne und sehr lohnende Rißkletterei. Anhaltend schwierig und anstrengend. Einige H stecken. HD 140 m, 2 Std.

Übersicht: Der SW-Grat zieht vom Col du Fou zum Gipfel. Er ist wenig ausgeprägt und hat mehr die Form eines breiten Rückens.

Zustieg: Vgl. R 658

Route: Vgl. R 831 und Foto S. 231.

● **669 Abstieg**
Der Abstieg vom Berg ist auf drei Seiten möglich. Relativ lang, aber sicher ist der Abstieg über den Normalweg, wobei die Ciseauxspitzen rechts (Envers) umgangen werden, vgl. R 661. Weiter von der Brèche de Blaitière wie bei R 719. Ein anderer Abstieg führt über den Col du Fou und die Fontainebänder durch die W-Wand der Aig de Blaitière. Dieser Abstieg ist eigentlich nur als Abstieg vom Col du Fou zu empfehlen.
Der beste Abstieg nach SO zum Refuge d'Envers des Aiguilles geht abseilend an den Wandfuß über die neue Route Ailes du Desir. Weiter absteigend wie bei R 659, 3—4 Std. Alternativ kann man auch den SW-Grat absteigen und abseilen, wie nachfolgend beschrieben.
Abstieg bis zum Col du Fou (R 657). Vom Gipfelblock 10 m abseilen. Nun zu einer Schulter südl. des Gipfels. Dann entlang des obersten Kamins auf der Envers-Seite des SW-Grats abseilen und zu einer Terrasse. Mit viermaligem Abseilen je 30—35 m zum Col du Fou.

● **670   Aiguille des Ciseaux**, 3479 m
Zweigipfeliger Berg von untergeordneter Bedeutung, dessen zwei Gipfel, N und S, von zwei schmalen Felsplatten gebildet werden und die den Eindruck von einer Schere (= Ciseaux) vermitteln. Auf der SO-Seite hat die Ciseaux einen schönen Felssporn, der mit der Troussierführer einen lohnenden Anstieg im Niveau D (Schwierigkeitsgrad IV und V) aufweist. Der Anstieg auf den Gipfel folgt meist R 661, während die Begeher von R 672 in der Regel zum E der Route abseilen. Man kann allerdings auch bei rel. geringen Schwierigkeiten (II/III mit Stellen IV) den Gipfelgrat erreichen. Dies ist eine interessante Möglichkeit, relativ leicht und sicher auf die Aig. du Fou zu kommen bzw. per Abseilen (vgl. R 669) an deren Wandfuß. Erstbesteigung der Ciseaux Frau Berthelot mit J. und E. Ravanel, 22. August 1906.

● **672   Südostpfeiler**
G. Prioreschi und J.-M. Troussier, 25. Juli 1978. **V**, überwiegend IV. **D**. Sehr schöne Kletterei in bestem Fels. Einige wenige H stecken. KK und Friends erforderlich. Die Wandhöhe vom E beträgt 580 m. Davon entfallen auf den eigentlichen Pfeiler 400 m. Sehr viele Parteien seilen nach diesen 400 m wieder ab über die gleiche Route. 3—4 Std. vom E.
Übersicht: Der SO-Pfeiler, rechts vom S-Couloir zur Fou-S-Wand gelegen, wird ziemlich in seiner Mitte hochgestiegen.
Zustieg: Wie bei R 653 unter den SO-Pfeiler. Sobald man den SO-Grat

der Blaitière passiert hat, wird über den Gletscher direkt angestiegen. E ist links neben dem Couloir aus der Scharte Blaitière—Ciseaux (1 Std.).
Route: Durch einen markanten breiten Riß, der nach links geneigt ist, hoch (2 SL, IV). Nicht weiter dem Riß folgen, der sich nach rechts fortsetzt, sondern nach links eine Platte queren bis zu einer kleinen Felsstufe, dann die Platte hoch (IV+). Nach einer weiteren Plattenseillänge (III+) einen Rißkamin hoch (IV), dann eine Terrassenzone (III+) bis unter einen weißen Flecken. Man umgeht diesen Flecken rechts und hält oberhalb nach links zurück (V). Die folgenden rißdurchzogenen Platten 3 SL hoch (IV) und über Stufen zum Gipfel des Sporns. Nun entweder über die Route abseilen oder weiter durch eine Rinne rechts des Sporngipfels bis zum Grat in Gipfelnähe.

● **680**   **Aiguille de Blaitière,** 3522 m
Berühmter dreigipfeliger Berg, der auf den Normalwegen verhältnismäßig leicht bestiegen werden kann. In den letzten Jahren wurde insbesondere die W-Wand des Berges systematisch von den Sportkletterern erschlossen. Hier finden sich heute mehr als 15 Sportklettereien, von denen jedoch die Engländerführe (J. Brown und D. Whillans, 1954) doch die bekannteste und begehrteste geblieben ist. 1947 und 1952 gab es in der W-Wand jeweils gewaltige Bergstürze, die immer daran erinnern sollten, wie relativ der Begriff Sicherheit auch in sog. Sportkletterrouten im Gebirge sein kann.
Der Berg hat drei Gipfel, den Zentralgipfel, 3522 m, den Südgipfel ohne Höhenangabe auf der IGN-Karte, ca. 3521 m, und den Nordgipfel Pte. de Chamonix genannt, 3507 m. Erstbesteiger des höchsten Punkts E.R. Whitwell mit C. und J. Lauener, 6. August 1874. Die Routen der Bergsteiger im 19. Jahrhundert über die Felsen am Hauptkamm und am rechten Ufer des Spencercouloirs werden heute kaum mehr begangen und deshalb hier nicht beschrieben.

● **681**   **Zustiege zum Glacier des Nantillons**
Die Moräne am linken Ufer (W) des Glacier des Nantillons ist Ausgangspunkt für zahlreiche Routen zwischen Aig. de l'M und Aig. de Blaitière, weshalb der Zugang hier separat beschrieben ist.
Grundsätzlich gibt es drei Möglichkeiten, die alle keine nennenswerten Schwierigkeiten aufweisen. Die Querung des Glacier de Blaitière kann im fortgeschrittenen Jahr mühsam sein. In diesem Falle eventuell unterhalb des Gletschers queren und die Moräne am rechten Ufer des Gletschers hochsteigen.

Im folgenden sind 3 Zustiege zum Glacier des Nantillons beschrieben, wo die eigentliche Bergfahrt beginnt.
a) Von Plan de l'Aiguille (R 31)
Von der Seilbahnstation folgt man jenem Weg, der zunächst knapp unterhalb des Lac du Plan de l'Aig. vorbeiführt, auf die orogr. linke Moräne des Glacier de Blaitière. Schräg auf den Gletscher hinunter, wo sich der Weg verliert. Nun mühsam über den Gletscher, etwas an Höhe gewinnend, auf die andere Moräne bei etwa 2475 m. Dann ziemlich waagrecht auf die Moräne des Glacier des Nantillons. Steil hinab auf den Gletscher (1 Std.).
b) Von Montenvers (R 33)
Von Montenvers folgt man zunächst dem Henri-Vallot-Weg in Richtung Plan de l'Aiguille, bis man in einer grasigen Einbuchtung unterhalb der Crête des Charmoz eine Wegkreuzung erreicht. Man nimmt den linken Weg, der steil aufwärts führt und dann in allgemein südlicher Richtung die orogr. rechte Moräne des Glacier des Nantillons erreicht. Man bleibt auf dem Moränenkamm bis zu seinem Ende, wo man zum Gletscher absteigt (1¾ Std.).
c) Von Chamonix zu Fuß
Dieser Weg ist u. a. wichtig, wenn man nicht mit der Seilbahn oder der Zahnradbahn nach Chamonix zurückkehren will oder dies aus zeitlichen Gründen nicht mehr kann.
Man folgt von der Talstation der Aig.-du-Midi-Seilbahn R 31, bis man in 1600 m Höhe den Blaitièrebach überschreiten kann — hierher auch von der Gite d'etape am Friedhof. Nun über die Blaitièrealm, 1708 m und 1926 m, auf den Henri-Vallot-Weg. Gut 100 m folgt man dem Weg Richtung Plan de l'Aiguille. Dann steigt man links hoch, einem schwachen Weg folgend. Man erreicht einen kleinen See, 2290 m, und steigt weiter durch ein Moränental auf, bis der Weg sich nach links (O) auf den Kamm der orogr. linken Moräne des Glacier des Nantillons wendet. Nun steil hinab auf den Gletscher. Im Aufstieg bis zum Gletscher 3½—4 Std. Im Abstieg 2 Std.

● **682** **Spencercouloir, Normalweg**
S. Spencer mit Chr. Jossi und H. Almer, 7. August 1898. Steile Eisrinne mit Felspassagen im Zustieg und an den Gipfeltürmen. **51°, III (AD)**. Der heutige Normalweg auf die Blaitièregipfel ist z. Z. stark frequentiert und im Abstieg nicht zu empfehlen. Vgl. R 719. Höhe des Couloirs 200 m. Von Plan de l'Aiguille auf den höchsten der drei Gipfel 5 Std. bei HD 1200 m.

Übersicht: Man hat zunächst auf einem der bei R 681 beschriebenen

Zustiege den Glacier des Nantillons zu erreichen. Nun über den zerrissenen Gletscher in einer Schleife über den großen Felssporn an den Fuß des markanten Firncouloirs, das zwischen den Gipfeln der Aig. Blaitière entspringt. Durch die Rinne zu den Gipfeltürmen.
Zustieg: Vgl. R 691 bis zum Glacier des Nantillons.
Route: Man quert den Gletscher waagrecht bis in seine Mitte, dann steigt man in einem weiten Rechtsbogen aufwärts, immer in deutlichem Abstand zu dem Serakabbruch bleibend, an den Fuß des großen Felsens mitten im Glacier des Nantillons (Rognon). Man ersteigt die Felsen der NO-Seite des Rognon (I und II). Nun in südöstl. Richtung weiter aufwärts über einige mehr oder weniger breite Spalten, dann genau in östl. Richtung, um einem zweiten Eisabbruch auszuweichen. Rund 60 m unterhalb des nun erreichten Couloirs Charmoz—Grépon wieder südlich weiter, dann südsüdwestl. steil hoch, worauf man eine flachere Zone unterhalb des Spencercouloirs der Aig. de Blaitière und des Col des Nantillons erreicht (2 Std.). Über den Bergschrund und das Couloir hoch bis in Scharte zwischen N- und Zentralgipfel. 1 Std. (Von hier in 15 Min. über leichte Felsen (I und II) zum Nordgipfel.) Man hat nun einen Firn-/Eisgrat zu erreichen, der über dem rechten Ufer des Spencercouloirs hochzieht. Über den Grat gelangt man zu den Felsen des Zentralgipfels. Oberhalb eines abgeflachten Blocks ersteigt man einen Kamin von 10 m (III). Nun links einen schrägen Riß hoch. Weiter in das Couloir, das zwischen Zentral- und Südgipfel herabzieht bis in die Scharte. Über einen Kamin auf der SW-Seite und einen nachfolgenden Durchschlupf auf die N-Seite erreicht man den Zentralgipfel (45 Min. vom Ende des Spencercouloirs). Der S-Gipfel ist durch einen schmalen Kamin (III) zu erreichen.

● **683 Nordostgrat des Nordgipfels**
T. Thomas und H. Bregeault mit A. und P. Blanc, 7. August 1906. **III**, meist II kombiniert. **PD**. Im Aufstieg weniger begangen als das Spencercouloir, jedoch empfehlenswert, wenn dort schlechte Verhältnisse vorherrschen. Grathöhe rd. 200 m. 1½ Std. vom Bergschrund am Beginn des Grats.
Übersicht: Der NO-Grat bildet das linke Ufer des Spencercouloirs.
Zustieg: Wie bei R 681 und 682 bis auf die flachere Zone unter dem Spencercouloir. 3 Std. von Plan de l'Aiguille (R 31 und 59).
Route: Über den Bergschrund und über die steilen blockigen Felsen ohne wesentlichen Schwierigkeiten (II) hoch. Unter dem Gipfelturm entweder (einfacher) etwas links ausholen oder direkt gegen den Gipfel ansteigen.

● **690 Pilier rouge de Blaitière**
Bis vor wenigen Jahren war dieser rd. 8 SL hohe, rötliche Felspfeiler vollkommen unbekannt; dies änderte sich mit der Eröffnung von zahlreichen Sportklettereien in dieser leicht zugänglichen Zone der Blaitière-Westwand. Eine der ersten hier, „Majorette Thatcher", ist heute schon ein Klassiker der Rißkletterei. Der Zugang, wie auch der zu den weiter rechts liegenden Westwandführen, wird wie nachfolgend beschrieben, am besten ziemlich weit links ausholend und nicht mehr direkt über den Glacier de Blaitière genommen.

Zustieg: Von Plan de l'Aiguille (R 31) wie bei R 681 auf die rechte (NO) Moräne des Glacier de Blaitière. Nun die Moräne hochsteigen, 2475 m, bis man auf das Schneefeld zwischen den Ausläufern des Pilier rouge de Blaitière rechts und dem NW-Grat-Ausläufer links gelangt. Hinter der in Verlängerung der Moräne befindlichen Plattenwand in Form einer riesigen aufgestellten Schuppe „Lames Fontaines" (Überschreitung IV und V) hindurch über Blöcke in einen Sattel zwischen Lames Fontaines und dem Fuß des Pfeilers. Einige Meter Abstieg auf dem nun beginnenden Band führen zu einem ersten Grat im Band. Rund 15 m nach diesem Grat beginnt „Eau Rance d'Arbie". Man folgt dem Band weiter etwas ansteigend. Bei einer im Band steckenden Schuppe beginnt die Route, die durch die markante Verschneidung des roten Pfeilers auf seiner linken Seite leitet, „Diamants du President". Diese Route ist verhältnismäßig leicht, ausgesprochen schattig und nur an heißen Tagen zu empfehlen (TD, V+ und VI, keine H). Einige Meter weiter gelangt man unter das markante Rißdach von Majorette Thatcher (R 697) und wenige Meter weiter an die Verschneidung von Gauloiserie (R 698). Bis hier etwa 1½ Std. von Plan de l'Aiguille.

● **697 Majorette Thatcher**
M. Piola und P.-A. Steiner, 17. Juli 1984. **VII**, eine Stelle, meist VI und VI+. **TD+**. Steile Rißkletterei. Das Dach in der 2. SL kann rechts etwas leichter (VI+) überwunden werden. 180 m HD. 5 SL.

Zustieg: Vgl. R 690.
Übersicht und Route: Vgl. Skizze S. 241 und Foto S. 231.

● **698 Gauloiserie**
C. Carli und J.-P. Chassagne, Herbst 1984. **VIII—** und VII+ (je eine Stelle), sonst VI und VI+. **ED**. Schöne Rißkletterei. Es stecken hier mehr H als in den benachbarten Führen. Abseilen über die Route oder links davon über die Verschneidungslinie von Tripoli. HD 180 m, 5 SL. Man

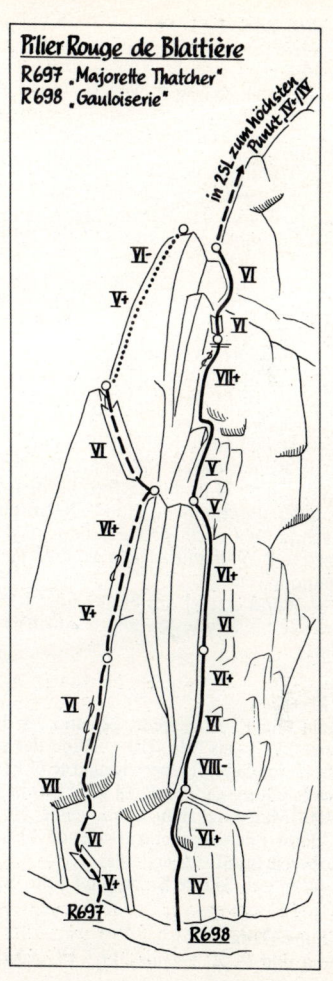

kann auch noch 2 SL auf den Pfeilerkopf steigen (IV +), normalerweise wird jedoch nach der 5. SL abgeseilt.
Zustieg: Vgl. R 690
Übersicht und Route: Vgl. Skizze S. 241.

● **700 Westwand**
Die breite Wandflucht der Aig. de Blaitière, die sie imposant und einladend nach Chamonix ausweist, ist eigentlich nach WSW ausgerichtet und hat so schon am Beginn des Nachmittags Sonne. Nach der Erstersteigung der W-Wand gab es zweimal, 1947 und 1952, große Felsstürze in der Wand, welche die hellgraue Plattenzone geschaffen haben. Die Wand wird in ihrem oberen Teil von einer Bänderzone, den Fontainebändern, durchzogen. Heute beendet man in der Regel die Kletterei am unteren Rand der Bänderzone und seilt über die Aufstiegsroute ab. Die Kletterei ist meistens durch Risse bestimmt. Heute noch sehr oft begangen und überaus klassisch ist der Brown-Whillans, die Engländerführe mit dem berüchtigten Brownriß, durch die W-Wand. Joe Brown kletterte dabei den Riß weder technisch noch richtig frei, er klemmte an einigen Stellen einen Stein im Riß durch Drehen fest und zog sich daran hoch. Robert Paragot aus Paris kletterte den Riß einige Jahre später mit nur einem H praktisch frei, bevor für viele Jahre der Riß mehr oder minder durch etliche Holzkeile entschärft wurde. Die beiden anderen, schon bald nach ihrer Erstbegehung recht bekannten Führen Fidel Fiasco und Williamine Dada gehören heute schon zu den Klassikern in Chamonix.
Der Zustieg zur W-Wand erfolgt am besten über R 690. Man begeht das Band dann weiter bis an die jeweiligen Anstiege in 1¾ Std. von Plan de l'Aiguille.

● **703 Fidel Fiasco**
M. Piola und P.-A. Steiner, 22. und 30. Juli 1984. **VII +**, anhaltend VI + bis VII. **ED +**. Eine der schönsten Sportklettereien im Gebiet. Überwiegend Rißkletterei. VII oblig.; insgesamt gut eingerichtet, 18 BH. 350 m HD. 13 SL.
Zustieg: Vgl. R 690. Man folgt dem Band weiter. In dem nun häufig schneebedeckten Band reichen zwei auffallende Felszungen ziemlich weit hinab. Am oberen Rand der ersten E.
Übersicht und Route: Vgl. Skizze S. 243 und Foto S. 231.

● **705 Williamine Dada**
M. Piola und P.-A. Steiner, 18./19. August 1983. **VIII—**

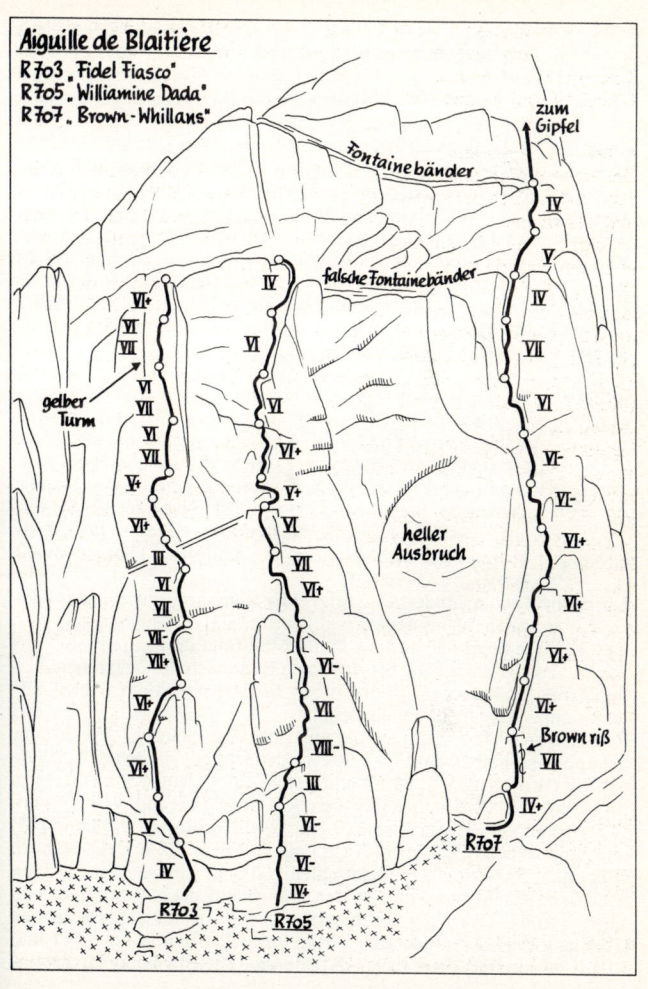

(eine SL), meist VI. **ED**. Sehr viel begangene schöne Kletterei. Insgesamt sehr abwechslungsreich. Da man die 4. SL (VIII—) auch A0 klettern kann und auch die VIIer-Stelle vermeidbar ist, wird die Führe so (in ihrer weniger extremen Variante) recht oft geklettert. 18 BH und mehr als 20 normale H. Abseilen über die Route. Man seilt am besten bereits nach der 11. SL ab, da die letzte SL auf die unteren Fontainebänder sehr gefährlich ist. HD 300 m. 11 SL.

Übersicht: Die Route verläuft über den ziemlich ausgeprägten Pfeiler, der nach etwa 100 m eine graue, sehr glatte und steile Platte aufweist.

Zustieg: Wie bei R 690 auf das Band und weiter nach rechts bis auf das hier meist vorhandene Schneefeld. Hier ragen zwei Felsstufen in das Schneefeld. An der linken Felsstufe beginnt R 703, an der rechten Williamine Dada. Hier erhebt sich ein ziemlich ausgeprägter Pfeiler. E.

Route: Vgl. Skizze S. 243 und Foto S. 231.

● **707**   **Brown-Whillans,** Engländerführe
J. Brown, D. Willans, 25. Juli 1954. **VII** (sehr anstrengend), meist VI und VI+. **ED—**. Anstrengende, aber insgesamt lohnende Rißkletterei. Nicht der gleiche H-Komfort wie in den Plattenführen mit ihren BH und guten Standsicherungen, Friend Nr. 4 erforderlich. Nach der 11. SL wird normalerweise abgeseilt. Nach der 13. SL erreicht man die oberen Fontainebänder (vgl. R 658). 350 m HD, einschließlich 13. SL 5—6 Std.

Übersicht: Die Engländerführe folgt einer Rißreihe auf der linken Flanke des zentralen Wandpfeilers (vgl. Foto S. 231).

Zustieg: Wie bei R 690 auf das Band. Man folgt diesem teilweise über Schnee, zuletzt ansteigend bis zu seinem Ende nach der hellgrauen Ausbruchzone. E. bei einem großen Block, an dessen rechtem Winkel man durch eine Verschneidung einsteigt.

Route: Durch die Verschneidung und über eine kleinere, abgespaltene Schuppe oberhalb hoch (IV+). Rechts der Schuppe durch den markanten Riß (Brownriß, VII, 25 m) und mittels eines kleinen Risses links zu Blockterrasse. Oberhalb durch den Riß hoch (VI und VI+, 40 m). Weiter durch einen von einem Überhang abgeschlossenen Kamin (VI) hoch und zu einer Plattform. Nach links zu einem Riß und diesen hoch (VI), dann links zu einem abgespaltenen Block. Linksquergang, dann hoch über eine kleine Wand an den Fuß einer Verschneidung, die von einem großen Überhang geschlossen ist (VI—). Risse hoch an den Überhang (VI). Linksquergang, dann einen feinen Riß hoch (VI und VII). Links weiter, dann rechts durch breite Verschneidung zu den un-

teren Fontainebändern. — Von hier wird normalerweise abgeseilt —.
Weiter zuerst etwas rechts über Platten, dann über Risse und Verschneidungen sowie einen nassen Kamin hinter einem gelben Block zum NW-Grat (V und VI). Rechts weiter und dann gerade hoch zum Fuß des letzten Aufschwungs im NW-Grat. Auf der W-Seite eine schmale Rinne hinauf, dann über eine senkrechte rißdurchzogene Wand (25 m, IV+), einen Riß und eine Verschneidung IV bis zum Grat kurz unterhalb des Gipfels hoch. Vgl. Skizze S. 243.

● 719   Abstieg
III, meist II, kombiniert im ersten Teil, dann steiler Gletscherabstieg. **PD**. 3—4 Std. bis Plan de l'Aiguille.
Abstieg: Vom Zentralgipfel in die Scharte, zwischen diesem und dem S-Gipfel hinab auf dem Aufstiegsweg. Nun hinab auf den Eisgrat, der das Spencercouloir an dessen rechtem Ufer abschließt. In der Regel wird man nicht das Spencercouloir absteigen, sondern an seinem linken Ufer den NO-Grat. Erst im untersten Teil betritt man wieder die Firnrinne. Nach Überwindung des Bergschrunds steigt man den zunächst flachen, dann steilen aber weitgehend spaltenarmen Gletscher gegen den Grépon bzw. das Couloir Charmoz—Grépon ab. Unter diesem Couloir wendet man sich nach NW und erreicht über den nun sehr zerklüfteten Gletscher (Eisschlaggefahr von links) eine Felsrippe (Rognon). Man steigt die Felsrippe, die der Rognon in den Gletscher hineinschiebt, an der Kante bzw. etwas rechts (O) davon ab; an geeigneter Stelle betritt man nach rechts den hier ziemlich schmalen Gletscherarm und quert diesen bis in seine Mitte, von wo man bei abnehmender Neigung auf den flacheren Teil des Glacier des Nantillons gelangt. Nun nach links halten, um die Moräne am linken Ufer des Gletschers zu erreichen. Von hier weiter wie bei R 681 in Gegenrichtung.

● 720   Pointes des Nantillons
Die verschiedenen Gipfel — 1., 2. und 3. Pointe des Nantillons — weisen teilweise sehr lohnende Klettereien auf. Insbesondere am SW-Fuß der 1. Pointe finden sich daneben kurze, aber durchaus schwierige (VII+ bis VIII—) Rißklettereien, „Little Yosemite" genannt. Besonders markant ist hier ein ganz leicht links geneigter langer Riß, der eine glatte Wand durchzieht „Gueule du Diable" (VII+, 2 SL). Die Routen „Amazonia" (TD) und „Bienvenue au Georges V" (TD+) sind sehr lohnend wie auch die Troussierverschneidung von 1977, jedoch kann man ebenfalls die meisten der hier nicht näher beschriebenen Routen unbedingt empfehlen.

- **721** „Little Yosemite"

Dieses Kleinod der Rißkletterei liegt 20 Min. westnordwestlich des Refuge d'Envers des Aiguilles (R 61). Die Routen verlangen einige KK und Friends zur Sicherung, teilweise bis Nr. 4. Normalerweise klettert man nur die beiden ersten SL. Vgl. Foto S. 246.

- **724** „Amazonia"

G. Hopfgartner und M. Piola, 2. September 1984. **VI**, meist V+ und VI—. V+ oblig. **TD**. Schöne, nicht allzu extreme Kletterei. Mehrere Friends Nr. 2, 2¹/₂ und 3 nützlich, insbesondere für nicht allzu nervenstarke Kletterer in der 2. SL. Abseilen über die Route. 320 m HD. 11 SL. 3—4 Std.

Übersicht: Am Fuß des 1. Pointe des Nantillons sind drei plattige Felspfeiler. Man steigt den mittleren hoch und folgt dann einem gestuften Pfeiler (vgl. Foto S. 246).

Zustieg: Vom Ref. d'Envers des Aiguilles (R 61) quert man unter dem kleinen N-Arm des Glacier d'Envers de Blaitière nach W an den Wandfuß des 1. Gipfels im SO-Grat des Pte. des Nantillons, P. 2921 m. E am tiefsten Punkt der Wand, deutlich rechts einer engen Rinne bei einem kleinen vorgelagerten Pfeiler (20 Min.).

Route: Rechts entlang eines Risses hoch nach links, dann die folgenden Überhänge rechts umgehen auf ein Band (VI). Auf dem Pfeiler 2 SL entlang von Rissen hoch (VI, VI—). Nun nach links oberhalb der schmalen Felsrinne schräg hoch an eine Verschneidung (V—). Durch die Verschneidung oben links heraus auf kleine Plattform (VI—). In Verlängerung der Verschneidung weiter (IV+). Noch einige Meter gerade hoch (V+), dann nach links halten. Nun 4 SL ziemlich gerade hoch (IV+ und V, ein Überhang wird rechts umgangen) zum höchsten Punkt.

- **728** Troussierverschneidung

P. Genier, R. Nicod, L. Reyssen und J.-M. Troussier, 9. August 1977. **VI+**, überwiegend V+ und VI—. **TD**. Lohnende Kletterei durch eine markante Verschneidung. Wenige H. HD 350 m. 12 SL. Abseilen über die Route (eingerichtet).

Pointes des Nantillons von Osten

R 721   Little Yosemite   R 728   Troussier-Verschneidung
R 724   Amazonia

Übersicht: Die Troussierverschneidung verläuft in der linken Pfeilerwand des NO-Pfeilers der 3. Pointe des Nantillons (vgl. Foto S. 246).
Zustieg: Vom Refuge d'Envers des Aiguilles (R 61) über den kleinen nördl. Arm des Glacier d'Envers de Blaitière an den Wandfuß rd. 50 m links der Rinne, die von der NO-Scharte des Col des Nantillons, 3292 m, herabzieht.
Route: Ein Band nach links bis zu einem Block begehen. Eine schwach ausgeprägte Verschneidung mit Quarzen hoch, dann links über eine kleine Wand (V+). Von Plattform 8 m hoch, dann Linksquerung und den folgenden Riß sowie die folgenden Blöcke hinauf (V+). In der anschließenden leichteren Zone hält man nach links in Richtung der großen Verschneidung (II und III). Durch die Verschneidung hoch. Eine große weiße Platte im oberen Teil wird dabei links umgangen (Stellen VI—, VI und VI+).

● 730 **Aiguille du Grépon,** 3482 m
Der Grépon war lange Zeit sicherlich der berühmteste Gipfel der Aiguilles von Chamonix. Die Erstbesteigung am 5. August 1881 durch den Engländer A.F. Mummery mit den Führern A. Burgener und B. Venetz gehört zu den herausragendsten bergsteigerischen Leistungen im 19. Jahrhundert. Die 800 m hohe Grépon-O-Wand mit dem abschließenden Knubelriß (V+) gehört ebenso wie die Überschreitung des Berges — vgl. R 733 — zu den berühmtesten und lohnendsten Anstiegen im Mont-Blanc-Massiv.

● 731 **Nordgrat**
Erstbegeher vgl. R 730. Klassische, hervorragend schöne, gelegentlich anstrengende Kletterei in bestem Fels. **V** und **A0** je eine Stelle, überwiegend III und IV (**D**). Die heutige Bewertung mit V ist durch den recht abgenutzten Riß vertretbar. Die nötigen Haken zur Sicherung sind vorhanden. Einige Schlingen, Friends (Nr. 2—4) und KK erforderlich. Im Abstieg Abseilstellen. Vom Beginn der Schwierigkeiten knapp 100 m HD bei einer Kletterlänge von 180 m (9 z. T. kurze SL). 6 bis 6½ Std. von Plan de l'Aiguille.

Übersicht: Zunächst durch das Couloir, das zwischen Charmoz und Grépon herabzieht, hoch. Von dieser Scharte über den Grat, meist auf der Westseite.
Zustieg: Von Plan de l'Aiguille (R 31) wie bei R 682 unter das Couloir Charmoz–Grépon und weiter wie bei R 771 durch das Couloir bis unter die gelbrote Wand (4 Std.). Nun rechts fast unmittelbar entlang der steil aufragenden Wand empor bis unter eine Platte.

Route: Mit Hilfe eines schmalen Risses hoch (IV+, H) und in die Scharte Charmoz–Grépon. Nun über ein bequemes Band auf der Mer-de-Glace-Seite etwa 15 m queren, dann über gestufte Felsen (eine Stelle III) in eine kleine Scharte im Grat (1 SL, 40 m). Von der Scharte fast waagrecht mit 2 H (A0) nach rechts in einen Riß (Mummeryriß) queren. Den Riß hinauf auf ein Band (6 m V, sonst IV, H). Nach links durch das Trou de Canon (Kanonenloch) auf die Mer de Glace-Seite. Schräg links aufwärts queren bis unter einen Kamin, der von einem überhängenden Block überragt wird. Durch den Kamin (III, H) und einen engen Felsspalt auf die Nantillonsseite. Ein 10 m hoher Riß (Rateau de chèvre, IV+) führt zurück auf den Grat. Durch die Felsspalte rechts (westl.) den folgenden Felsturm (N-Gipfel) umgehen, durch einen kurzen Riß in eine Scharte absteigen (mühsam) und den folgenden Turm (Grand Gendarm) ersteigen (III). 20 m Abseilen (man seilt nicht direkt auf der Nantillonsseite ab, sondern läßt das Seil links der in die folgende Scharte führenden Kante die ersten Meter laufen; andernfalls kann das Abziehen fast unmöglich werden!). Über ein schmales Band auf der Nantillonsseite queren, bis man auf den ebenen, breiten Gratrücken steigen kann, dann auf der Mer-de-Glace-Seite 2 m absteigen auf das Vire aux Bicyclettes (Radfahrband). Das bequeme Band leitet um den folgenden Gendarmen herum, und man erreicht durch einen kurzen Kamin die nächste Scharte. Durch einen Felsspalt auf eine Plattform unterhalb des Gipfelturms, der auf der Westseite (Nantillons) erstiegen wird. Durch den Z-Riß, der erst steil rechts, dann schräg links aufwärts verläuft (IV, H) auf den Gipfel (2 bis 2½ Std.).

● **732 Südsüdwestgrat**
H. Dunod mit F. und G. Simond und A. Tairraz, 2. September 1885. **IV+**, meist III und IV. Im Zustieg kombiniert. **D—**. Der leichteste Weg auf den Grépon. Etwas umständlich. Vom E keine 100 m HD und 1½ Std.

Übersicht: Von der Scharte zwischen Bec d'Oiseau, 3385 m, und Grépon steigt man schräg bis zur letzten Scharte vor dem Gipfel an (Balfourscharte). Nun in der W-Wand etwas absteigen und hier hoch.

Zustieg: Wie bei R 681/682 von Plan de l'Aiguille (R 31/59) auf das Gletscherfeld unterhalb des Spencercouloirs. Kurze Zeit bevor man dieses erreicht, hält man links in Richtung der Scharte links (O) des Bec d'Oiseau. Man umgeht einen Turm links und erreicht die sog. CP-Terrasse. E (3½ Std.).

Route: 3 m abklettern und über zwei Klemmblöcke auf die gegenüberliegende Seite auf ein kleines Band (III). Links eine große Platte hoch, dann den Riß an deren linken Rand (III). Ein schräger Aufstieg über die Bänder und Kamine in der W-Flanke des großen Gratturms (Pte. Balfour) führt bis in die Scharte. — Über die O-Wand (R 738) kann entlang des Knubelrisses (V+) sehr schnell der Gipfel erreicht werden —. Nun auf der Nantillonsflanke (W) einen tiefen Kamin absteigen an den Fuß eines ersten Kamins (Dunodkamin, der erstmals von G. Boccalatte frei erklettert wurde; V+). Noch etwas absteigen, dann links über eine Platte queren und wieder hochsteigen. Über eine zweite Platte (IV+) zum Lochmatterkamin (3—4 m links neben dem Dunodkamin). Diesen hoch, III. Ersteigung des Gipfels durch Z-Riß (R 731).

● **733** **Nord-Süd-Überschreitung**
G. Hastings, A.F. Mummery, N. Collie, C. Pasteur, 18. August 1892. Klassische, hervorragend schöne, gelegentlich anstrengende Kletterei in bestem Fels. **IV+** (eine Stelle) überwiegend III und IV (**D**). 6 bis 6½ Std. von Plan de l'Aiguille. Im Abstieg 4—5 Std.
Route: Vgl. R 731 und R 739.

● **738** **Ostwand (Grépon Mer de Glace)**
H.O. Jones, R. Todhunter, G.W. Young mit Josef Knubel und H. Bocherel, 19. August 1911.
V+ (1 Stelle), überwiegend IV und IV+ im oberen Teil, etwas leichter im unteren Teil (**D**). Sehr schöne Kletterei in ausgezeichnetem Fels. Ziemlich anstrengend. Nachdem die Führe früher oft durchstiegen wurde, ist man heute angesichts der Konkurrenz der modernen Sportkletterführen meist allein unterwegs. Einige wenige H stecken. Wandhöhe 800 m, 8 Std. vom Refuge d'Envers des Aiguilles.
Übersicht: Vom N- und S-Gipfel der Grépon ziehen je zwei Sporne herab; Route verläuft über den rechten, dann den linken Felsrücken.
Zustieg: Von der Hütte hinauf zur Scharte im Felspfeiler des Tour Verte und von hier ein steiles erdiges Couloir hinab auf den Glacier de Trélaporte. Man quert diesen unterhalb des Tour Rouge bis in die Firnbucht unterhalb der Cornes de Chamois (30 m).
Route: Über den meist schwierigen Bergschrund zum darüberliegenden Schneefeld. Ist der Bergschrund nicht zu passieren, rechts über offene Risse in sehr glattem Fels hoch und von dort auf das Schneefeld. Nun nach links hinauf, wo eine Art breite Rampe zum Gletscher hinaufzieht. Platten und kurze Rißverschneidungen führen zu Band (1—2 SL je nach Schneelage). Auf dem Band nach links zu Standhaken. Gerade hinauf durch Rißverschneidung (IV) in leichteres Gelände. Nun links haltend bis in eine breite Rinne und diese 2 SL hinauf bis in die Höhe

des 30 m rechts befindlichen alten, verwahrlosten Hüttchens Tour Rouge. 1½ Std.

Nun links haltend 2 SL (III) über kurze Risse und Wandstufen (mehrere Möglichkeiten) bis zu den Schutt-Terrassen neben der Brèche de la Tour Rouge. Die Terrassen nach links querend bis zum Fuß eines gratartigen Rückens, der vom N-Gipfel herunterzieht. Dieser Rücken bildet für die folgenden 5—6 SL die Anstiegslinie. An der rechten Seite des Rückens über schwach ausgeprägte Risse, Platten und Schuttbänder hinauf (mehrere SL III—IV), dann kurz etwas links haltend und über Risse bis zu einer kleinen Scharte mit markantem Felsblock. Nun im Zickzack etwas rechts haltend über steile Platten (IV), bis es möglich ist, nach links in einen tiefen Kamin zu queren (2 SL). Stand bei Block im Kamingrund. Nun *nicht* diesen Kamin hinauf, sondern ca. 15 m schräg links (S) über Platten abklettern; nach links (S) um die Ecke und über schmales Band zu Abseilhaken mit Schlinge (1 SL vom Kamingrund). 12 m schräg links abseilen in das Couloir, das links vom bisher benützten Rückens herabzieht. Dieses nach links queren zu einem gratartigen Rücken, der parallel zur bisherigen Anstiegslinie vom S-Gipfel herabzieht. (Der weitere Anstieg vollzieht sich auf diesem Rücken.) Über leichtes Gelände (wenn kein Schnee!) und durch Risse (III) auf die linke Seite des Rückens und 1—2 SL hinauf bis zu einer Terrasse (Niche des Amis). 3 Std.

Es folgt eine Verschneidung (IV, 15 m) und ein kurzer Kamin mit Klemmblock. Eine Rißreihe (IV) über mehrere SL bis zu einer kleinen Schulter. Nun auf der rechten Flanke des Rückens bis zu kleiner Scharte (großartiger Blick auf Pic de Roc). Von der Scharte über Platten einige Meter gerade hinauf, dann rechts zu Riß (IV). Den Riß hinauf (IV+) und links heraus auf Band. Dieses nach links verfolgen zu einem 60 m hohen Kamin. Nun nochmals 30 m nach links queren. Dann über leichteren Fels (III) 50 m schräg rechts aufwärts, zuletzt über Band nach rechts zur Geröllterrasse. (Man befindet sich jetzt genau über dem 60-m-Kamin.) Von der Geröllterrasse durch den hier ansetzenden 35-m-Kamin (IV) hinauf und nach rechts heraus zu Stand bei großen Schuppen. Über diese Schuppen nach links und durch anstrengenden Riß (IV+, 6 m) zurück in die Fortsetzung des 35-m-Kamins. ½ SL durch die Rißverschneidung hinauf (IV+) zu Stand hinter großer abgespaltener Schuppe (direkt links oberhalb befindet sich die Balfour-Scharte). Hinter der Schuppe nach rechts und in eine markante Rißverschneidung hinauf (Knubel-Riß), bis diese durch Klemmblöcke abgeschlossen wird (V). Nun muß der Riß verlassen werden (Sicherung über Klemmblock), und die restlichen 5—6 m zum Gipfel werden auf der den Riß links begrenzenden Platte bezwungen (V+, kleingriffig).

● **739 Abstieg**
Schwieriger Abstieg, **III**, kombiniert; mit Abseilstellen bis 20 m. **AD**. 4—5 Std. bis Plan de l'Aiguille (R 31).
Abstieg: Zunächst seilt man 15 m auf der O-Seite entlang eines Risses (Knubelriß) ab und quert nach rechts bequem in eine Scharte. Nun schräg nach links durch die W-Wand des folgenden Gendarmen durch Risse (einige Meter III) und Bänder bis zu einer größeren Terrasse oberhalb eines Grateinschnitts im SSW-Grat. 20 m Abseilen auf ein schmales Band (auf der W-Seite des Grats). Eine kurze Querung nach links führt auf die Gratkante zurück. Etwas tiefer überbrückt ein Klemmblock die folgende Scharte. Auf den Klemmblock hinunter und auf diesem im Reitsitz hinab auf ein Band und über eine 3-m-Wand auf die C.P.-Terrasse (III). — Statt des Abkletterns ist auch ein Abseilen möglich, es ist aber besser, sich über eine Umlenkung (Karabiner) zu sichern. — Ende der Schwierigkeiten. Der folgende kleine Gratturm wird rechts umgangen. Von der erreichten Scharte quert man zunächst waagrecht, dann schräg abwärts über bequeme Bänder Richtung Col des Nantillons (2 Std.). Von hier erreicht man R 719 und folgt diesem Abstieg.

● **740**   **Aiguille de Roc**, 3409 m
Beeindruckende Gipfelnadel in der O-Wand des Grépon. Neben dem selten begangenen Normalanstieg (vgl. R 741) ist der S-Pfeiler (R 744) und vor allem der untere O-Wand-Gürtel heute sehr stark besucht. Während die längeren Touren in diesem Sektor relativ wenig frequentiert werden, hat sich das Interesse auf die kürzeren Sportklettereien verlegt, die gerade hier in reichlicher Auswahl vorhanden sind. In diesem Sektor wurden 1984 von M. Piola und P.A. Steiner die Führe „Panne des Sens" eröffnet, die lange zu den schwierigsten neuen Anstiegen gehörte. Erstbesteiger der Aig de Roc vgl. R 741.

● **741**   **Ostwand über Aig. de Roc**
Erstbesteigung der Aig de Roc: M. O'Brien mit A. Couttet und V. Garny, 6. August 1927. Aig. de Roc—Grépon: J.-A. Carrel, R. Faure, E. Frendo und R. Grière, 18. August 1938. Erstbegehung des SO-Grats der Aig. de Roc: E. Frendo und G. Rébuffat, 23. Oktober 1943 bzw. 2. Juli 1944. **V+** (30 m) eventuell einige Stellen **A0**, sonst III und IV, selten V. **TD**. Wandhöhe 750 m. Zeit vom E 9 Std.
Übersicht: Zunächst auf den nördlichen Glacier de l'Envers, dann über den SO-Grat der Aig. de Roc, im Verlauf der Kletterei durch die Ostwand der Aig. de Roc auf deren Gipfel. Durch Abseilen in die Brèche

Aig. de Roc–Grépon, dann allgemein rechts aufwärts, bis man die klassische Ostwandroute einige SL unterhalb des Gipfels erreicht. Man kann auch die Ostwand der Aig. de Roc über R 738 erreichen, was jedoch zeitl. nicht kürzer ist und eine sehr umständliche Routenführung beinhaltet. Interessanter aber schwieriger ist die Verbindung mit dem Südpfeiler oder der Route Pyramid.
Zustieg: Vom Refuge d'Envers des Aiguilles (R 61) über Geröll auf den nördlichsten Arm des Gletschers und hinauf an den Fuß der S-Flanke des SO-Grats der Aig. de Roc oberhalb des Tour Verts (30 Min.).
Route: Man steigt in den rechten der drei Kamine ein, dann Linksquerung (IV, H), um ein ansteigendes Band zu erreichen. Nun den mittleren Kamin hoch (30 m), rechts über eine kleine Wand (III), nach rechts eine Hangelquerung über eine große, dreieckige Platte aufwärts bis unter ein Dach. Kurzer Abstieg in einem Kamin. Ein Couloir, in der Verlängerung des rechten der drei Kamine, 20 m hoch, durch eine enge Verschneidung (III), dann rechts über Blöcke und kleine Wand zu breiten Stufen im SO-Grat (50 m oberhalb der Scharte zum Tour Verte). Dem Grat folgend bis zu einem großen Aufschwung. Links weiter hoch, 60 m durch ein Couloir, rechts haltend über einen Pfeiler auf die rechte Flanke dieses Pfeilers. Hier durch ein großes Couloir, das von der höchsten Scharte im ONO-Grat der Aig. de Roc herunterzieht. Zunächst rechts, dann nur wenig links des Couloirgrunds hoch in die Scharte (3 Std.). Man folgt nun einem ansteigenden Band nach links; einige Meter, bevor sich das Band in einem senkrechten Riß verliert, rechts hoch (IV), eine sich aufsteilende Platte schräg links aufwärts auf einen Absatz (IV+). Der Absatz setzt sich 20 m nach rechts über ein unterbrochenes Band fort, das man in seiner Mitte verläßt und links haltend einer Verschneidung folgt (IV). Darüber rechts haltend (IV) durch Verschneidungen und Risse bis zu einer kleinen Rinne. Diese knapp 5 m hoch, dann Linksquerung bis zum SO-Grat, den man 20—30 m bis zum Beginn des Gipfelaufbaus verfolgt. (Hier läßt man die Rucksäcke liegen.) Durch den engen Rißkamin, der den Gipfel spaltet (IV+, 25 m) oben rechts heraus und heikel auf den Gipfel (V+). Diese Stelle kann auch durch einen Seilwurf erstiegen werden; 2 m oberhalb des Kamins wirft man das Seil auf einen pilzförmigen Vorsprung links unter dem Gipfel; am Seil hoch und über eine 4-m-Platte auf den Gipfel (2½ Std.).
2 m unterhalb des Gipfels auf der Ostseite freihängend 30 m abseilen zum Fuß des Kamins. Durch den Spalt des Kamins auf die N-Seite. Von der nördlichsten Ecke der erreichten Plattform 40 m abseilen und man erreicht die Scharte Aig. de Roc–Grépon. Nun links oberhalb zu einer kleinen Plattform, die folgende, 10 m hohe Verschneidung hoch (Fren-

doverschneidung, V+, 5 H), oben links heraus (V+) in eine Nische (H), dann durch einen Kamin in eine zweite Nische 5 m oberhalb (V, H). 2 m rechts eine Kante hoch (V, H, 10 m), über leichtere Platten zu einer Terrasse. Weitere leichte Platten führen zum linken Ende des Bandes am Fuß des 60-m-Kamins, wo man R 738 erreicht. Weiter auf der klassischen Route zum Gipfel (3 Std.).

● **744**　**Südpfeiler**
P. Cordier und J. Ramouillet, 13. / 14. Juli 1975. **VI**, meist V und V+. **TD**. Großartige, nicht allzu extreme Kletterei. Die Führe wurde ohne H erstbegangen, und bis heute stecken auch nur wenige H. Die Kletterei ist teilweise sehr exponiert. 700 m HD bis zum Gipfel, 500 m bis zum SO-Grat, von wo man auch zur Hütte absteigen / abseilen kann. 10 Std. von der Hütte bis zum Gipfel des Grépon (R 741 ab Aig. de Roc).

Übersicht: Von der Aig. de Roc zieht nach SO ein im oberen Teil markanter Pfeiler herab, der im wesentlichen parallel zum SO-Pfeiler des Bec d'Oiseau (Bodin-Meyer 1959; ED—, VI und A 2) verläuft. Im unteren Teil erreicht man den ausgeprägten Pfeiler von rechts über gestuftes Gelände.

Zustieg: Vom Refuge d'Envers des Aiguilles (R 61) über den nördl. Arm des Glacier d'Envers de Blaitière an den Fuß der SSO-Wand, wo der Gletscher am höchsten heraufreicht. E bei einer Verschneidung.

Route: Durch die Verschneidung hoch (ca. 15 m je nach Gletscherstand, IV), bis diese senkrecht wird; Plattenquergang nach rechts (8 m, V) zu einem Parallelriß (IV). Nun links haltend über nicht sehr steile, aber ziemlich glatte Platten hoch (III und IV). Weiter über steileren rötlichen Fels und durch eine Felsrinne, in der ein Überhang links umgangen wird (IV). Zuletzt über Risse (III) auf die Pfeilerkante. Eine glatte Platte direkt hoch (10 m, V), dann schräg nach rechts zu einer Felsschuppe und über Risse hoch (IV). Rißverschneidungen hoch (IV, dann V+ und VI—, heikel) bis zu einem Band. 5 m an einer Piazschuppe hinauf, 3 m Linksquergang und über abgerundete Risse (VI, dann V+). Weiter über Platten und Risse hoch an einen hohen geschlossenen Aufschwung bei einem Quarzband. Rechts queren und dann gerade hoch auf die Pfeilerkante (V, 3 SL). Über die Pfeilerkante weiter oder links von ihr hinauf (3—4 SL; V, V+) bis zu einer geneigten Platte in einer Einbuchtung. Links weiter durch einen anfangs überhängenden Kamin (V+) und auf den Gipfelgrat (SO-Grat). — Abstieg von hier üblich, vgl. R 749. — Will man weiter hochsteigen, folgt man dem Grat bis zu einem großen Gratturm, der zum Couloir aus der Scharte

Bec d'Oiseau–Grépon überhängt. Ein senkrechter Riß (20 m, IV+) leitet an den roten, oberen Teil des Gratturms; 5 m Querung nach rechts (VI–) und weiter durch eine Verschneidung, weiterer Rechtsquergang (V), um zu einer nach rechts ansteigenden Rampe zu gelangen, die oberhalb des Gratturms endet. Weiter über den SO-Grat bis zum Gipfelturm der Aig. de Roc (vgl. R 741).

● **746** **Subtilités Dülferiennes**
C. Dellamonica, M. Batard und M. Piola, 9. September 1982. **VI+**, meist VI— und VI mit leichteren Zwischenstücken. **TD+**. Sehr schöne Kletterei, die in der 10. und 11. SL eine außergewöhnliche 50-m-Verschneidungskletterei bietet. Die Wegführung ist nicht immer offensichtlich. Die knapp rechts verlaufende Führe „Tout va mal" ist im unteren Teil bis zur 50-m-Verschneidung deutlich schwieriger (VI+ / VII). Es stecken nur wenige H. 50-m-Seile für das Abseilen über „Tout va mal" sehr nützlich. Wird der Abstieg über R 749 gewählt, reichen zwei 45-m-Seile. 14 SL. 500 m HD.

Übersicht: Durch die SSO-Wand rechts des S-Pfeilers (R 744) führt zentral eine große, links geneigte Verschneidung, die Dièdre des Mousquetaires (TD/VI, 1978). Rechts davon in der oberen Wandhälfte liegt die berühmte 50-m-Verschneidung von Subtilités Dülferiennes. Die Route schlängelt sich bis dort hoch auf dem Weg des geringsten Widerstandes. Der E erfolgt dabei etwa 1 SL unter einem rechtsgeneigten charakteristischen Riß in Form einer Banane.

Zustieg: Wie bei R 744 unter die Wand. E neben einer Rinne, die die SSO-Wand rechts abgrenzt.

Route: Links haltend an den Beginn des bananenförmigen Risses. (IV; 2 SL je nach Gletscherstand). Entlang dieses Risses nach rechts hoch (2 SL; V+ und VI). Zwischen zwei Verschneidungen hindurch und über Absätze nach links haltend (2 SL III und IV). Rechts einen Riß hoch (IV). Durch den folgenden Kamin und links weiter an den Fuß der 50-m-Verschneidung (2 SL; V und V+). Durch die Verschneidung oben links heraus (2 SL; VI). Erst rechts, dann gerade hoch in Richtung eines markanten Daches (V). Bis unter das Dach hoch (Verschneidung) und an ihm links vorbei (VI). In einer Verschneidung kurz hoch (V+), dann nach rechts unter einen steilen Aufschwung queren und über einen Riß auf eine geneigte Plattform (VI+). — Von hier kann über die Route „Tout va mal" abgeseilt werden (eingerichtet: lange 45-m-Abseilstellen; besser: 50 m-Doppelseil). — Weiter 2 SL (V und V+) auf einen Absatz, von dem man den Abstieg über R 749 erreicht.

- **748 Abstieg über die Ostflanke**
  III. AD. Der Abstieg vollzieht sich normalerweise überwiegend durch Abklettern im oberen Teil und durch Abseilen im unteren Teil. 45-m-Doppelseil.
Abstieg: Vom Gipfel 30 m abseilen von 2 m unterhalb des Gipfels auf der O-Seite. Dann 2—3mal abseilen bis zur Scharte im ONO-Grat. Von hier klettert man bis zur mittleren Terrassenzone ab. Über Bänder und Stufen nach rechts gegen den SO-Grat absteigen bis zum Ende der gestuften Zone bei einer kleinen Schulter oberhalb. Von hier über „Children of the Moon" 8mal 45 m abseilen (eingerichtet).

- **749 Abstieg über Südflanke**
  III. AD. Mehrfaches Abseilen. Dieser Abstieg bietet sich an, wenn man über den S-Pfeiler oder die SSO-Wand aufgestiegen ist. Die Abseilstellen sind eingerichtet. 3 Std. vom Gipfel.
Abstieg: Vom Gipfel des S-Pfeilers 5mal entlang des SO-Grats abseilen bis in eine weniger steile Zone. Auf der NO-Flanke des SO-Grats weiter absteigen (in der Mitte eine Abseilstelle) bis in Höhe des der Wand vorgelagerten Tour Verte, rd. 50 m oberhalb der Scharte, die den Tour Verte vom SO-Grat trennt. Auf den Grat queren und in die S-Flanke über Stufen. Weiter schräg rechts (S) in der Flanke absteigen, dann gerade hinab auf den Gletscher (5—6mal abseilen) an den E von R 746.

- **750 Untere Ostwand der Aiguille de Roc**
Die untere Hälfte der O-Wand der Aig. de Roc war der Schauplatz der ersten Sportklettereien im Gebiet um das Refuge d'Envers des Aiguilles. Die relative Stille, die hier einkehrte, nachdem die O-Wand des Grépon (Grépon Mer de Glace, R 738) immer weniger begangen wurde, war zu Ende. Aber wer wollte dies verdenken. Hier sind auf engstem Raum etliche wunderbare Sportklettereien in nächster Nähe einer sehr sympathischen Hütte gelegen. Wenn auch der Zustieg zu den Routen extrem kurz ist, führt er über einen Gletscher! Die Randkluft sollte nicht unterschätzt werden. Zustieg in rd. 15 Min. von der Hütte an den Wandfuß.

- **752 Sonam**
  M. Batard, J. Moinet, F. Pichon und M. Preteseille, 12. Juli 1984.
  V+, meist IV und IV+. **D.** Ansprechende Kletterei durch eine lange Riß- und Kaminreihe. Einige H stecken. Abstieg über R 753. 7 SL. 200 m HD.

Zustieg: Vgl. R 757. Normalerweise unschwieriger Bergschrund. E am Fuß der langen Rißreihe unter hellen Felsplatten im linken Wandteil. Einige m links beginnt die Route Soleil des Iles (TD+; VII obl.), markiert durch BH mit rotem Plättchen.
Übersicht und Route: Vgl. Skizze S. 257.

- **753 Ambiance Eigerwand**
  G. Hopfgartner, M. Piola und D. Suchet, 1. September 1984.
  VI+, meist VI— und VI. VI obl. **TD.** Elegante, heute schon sehr klassische Route. Rd. 30 H und BH. 8 SL. 250 m HD. Abseilen über die Route.

Zustieg: Wie bei R 757. Meist unproblematischer Bergschrund. E knapp links der Fallinie des linken von zwei markanten Überhängen in der linken Wandhälfte, rd. 40 m oberhalb des Gletschers.
Übersicht und Route: Vgl. Skizze S. 257.

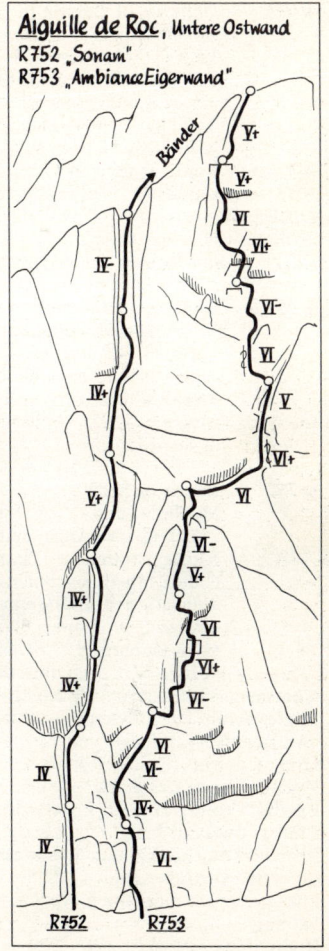

- **755 Children of the Moon**
    M. Piola und N. Schenkel, 22. August 1982
    VI+ (1 SL), meist IV+ und V. Die VI+-Passage ist obl.
    TD. Die erste der Sportklettereien auf der Enversflanke. Die abwechslungsreiche Kletterei ist sehr dem Gelände angepaßt und überwiegend nicht extrem schwierig, weist aber insgesamt 3 SL VI bzw. VI+ auf. Abseilen über die Route. Die Route wurde von M. Piola mit 12 mm BH an den Standplätzen saniert. Insgesamt weniger H. 9 SL. 300 m HD.

Zustieg: Wie bei R 757. E etwas links eines Wasserfalles und rechts von gerillten weißlichen Felsplatten.
Übersicht und Route: Vgl. Skizze S. 258.

- **755 a Children of the moon integral**
    M. Piola und Gefährten.
    VII meist VI und VI+. 9 SL. **TD+**. Anläßlich der Sanierung seiner Route Children of the Moon hat M. Piola eine 9 SL-Riß- und Verschneidungskletterei in gerader Verlängerung von R 755 erschlossen. BH an Standplätzen, kaum H in den SL.

- **757 Panne de Sens**
    M. Piola und P.-A. Steiner, 19./20. Juli 1984. **VIII—/AO** (2 H). Anhaltend VII. Stellen VII+ oblg. **ABO**. Außergewöhnliche Plattenkletterei. Die mit 25 BH und einigen 10 H eingerichtete Führe zählt bis heute zu den schwierigsten Sportklettereien auf der Enversseite. Wegen des großen Nimbus wird sie auch regelmäßig versucht. 50-m-Doppelseil. 7 SL bis zur Führe „Pyramide" (R 760). Weiter dort oder über die Route abseilen.

Übersicht: Von der Aig. de Roc fällt direkt nach Osten ein schmaler Pfeiler herab. Über diesen Pfeiler verläuft „Pyramide", R 760. Der untere Teil bis zur Bänder- und Terrassenzone in der breiten O-Wand des Grépon ist ein ziemlich geschlossener Pfeiler. Über dessen linke Kante verläuft Panne des Sens.
Zustieg: Vom Refuge d'Envers des Aiguilles (R 61) zur Scharte des Pfeilers des Tour Verte oberhalb der Hütte. Jenseits ein steiles grasiges, bzw. verschneites Couloir hinab auf den Glacier de Trélaporte. Man quert den Gletscher an den Fuß des geschlossenen Pfeilers. E. bei einer linksgeneigten markanten Verschneidung rechts eines breiten Rißkamins.
Route: Vgl. Skizze S. 259.

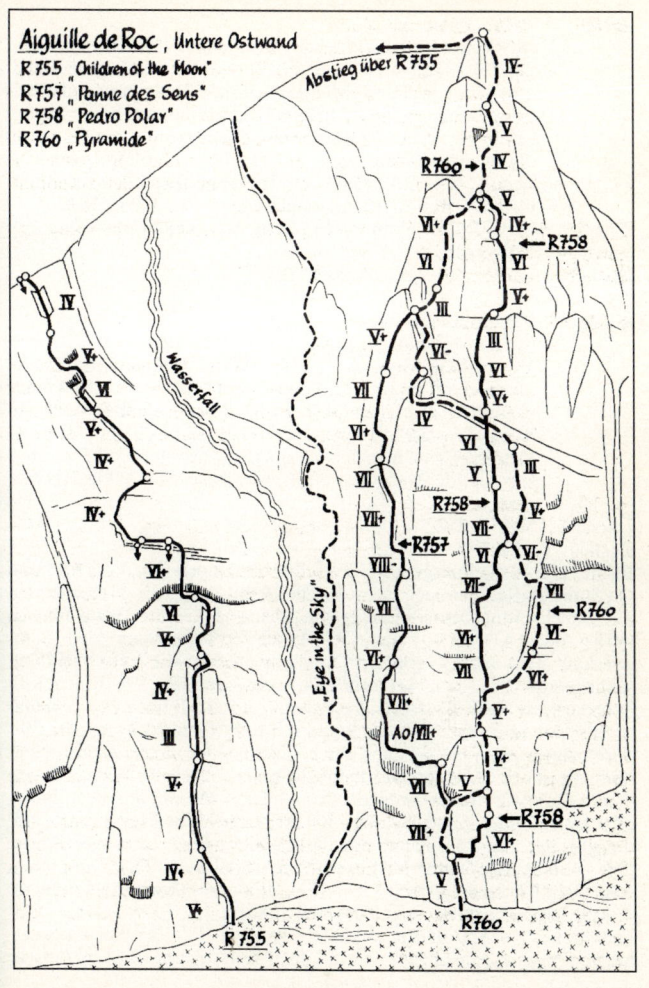

- **758** **Pedro Polar**
  M. Piola und P.-A. Steiner, 4. August 1984. **VII**, überwiegend VI und VI+. Stelle VII— oblig. **ED.** Anhaltend schwierige Kletterei. Mehrere schmale Risse und vergleichsweise weniger Plattenkletterei. Die Riß-, dann Plattenkletterei, in der 4. SL, normalerweise ohne H, kann ziemlich nervig werden. Route saniert mit BH. Insgesamt weniger Haken. KK und Friends bis Nr. 3½ erforderlich. Abseilen über die Route. 45-m-Doppelseil. 10 SL. 300 m HD.

Zustieg: Wie bei R 757. Vom ersten Standplatz beginnt die Route mit einem Rechtsquergang.
Übersicht und Route: Vgl. Skizze S. 259.

- **760** **Pyramide**
  M. Batard und M. Piola, 25. August 1982. **VII**, Stellen. VII— oblig. Meist V+ und VI. **ED—**. Hervorragende Rißkletterei mit einigen Plattenpassagen. Es stecken insgesamt wenige H. Abseilen über Pedro Polar, 45-m-Doppelseil. Normalerweise werden nur die ersten 12 SL, 350 m HD, geklettert. Es ist jedoch auch möglich, den ganzen Pfeiler bis zur Aig. de Roc zu ersteigen, was insgesamt 700 m HD bedeutet.

Übersicht: Vgl. R 757.
Zustieg: Vgl. R 757.
Route: Durch die linksgeneigte Verschneidung hoch (V). Vom erreichten Stand zweigt hier nach rechts R 758 (Pedro Polar) ab. Weiter durch die Verschneidung anfangs links eine kleine senkrechte Wand hinauf (VII+ oder A0/VII—, dann VI—); die Verschneidung wird 10 m oberhalb nach rechts verlassen (V); links an dem die Verschneidung schließenden Überhang verläuft Panne des Sens (R 757). Einen Riß hoch zu einer bequemen Terrasse (V). Einen Piazriß hoch (V+), dann nach rechts über eine Platte zu Stand mit BH (VI und VI+). Eine rißdurchzogene Wand (VI—) und einen Piazriß (V+) hoch, dann Linksquergang (VII, Seilquergang möglich) und eine Platte hoch (VI—). Oberhalb etwas rechts haltend hoch und auf ein abschüssiges Band (V+). Man folgt diesem Band nach links, erreicht die Pfeilerkante und umgeht hier einen großen abgespaltenen Block (IV). Über eine Platte (VI—) und einige Stufen (III) in eine Scharte (2 kurze SL). Durch den folgenden Riß hoch (VI und VI+). Über leichteres Gelände (IV und V) in 2 SL zum Gipfel des geschlossenen Pfeilers.
Falls weiter zur Aig. de Roc geklettert werden soll: Über einige bequeme Stufen hoch an einen rd. 150 m hohen Aufschwung. 2 SL in dessen

Mitte hoch (IV; V). Schräg links durch Verschneidung (V+). Nach rechts zurück und über die Pfeilerkante hoch (IV+).
Man gelangt so an die obere Scharte im ONO-Grat. Von hier auf dem Normalweg zum Gipfel oder logischer weiter über die Pfeilerkante. Auf der Kante oder knapp daneben hoch bis an den 25m-Kamin in mehreren SL (V+, meist IV und V, kaum H). Dieser Direktaufstieg endet 5 m rechts des 25-m-Kamins. Weiter vgl. R 741. Vgl. Skizze S. 259.

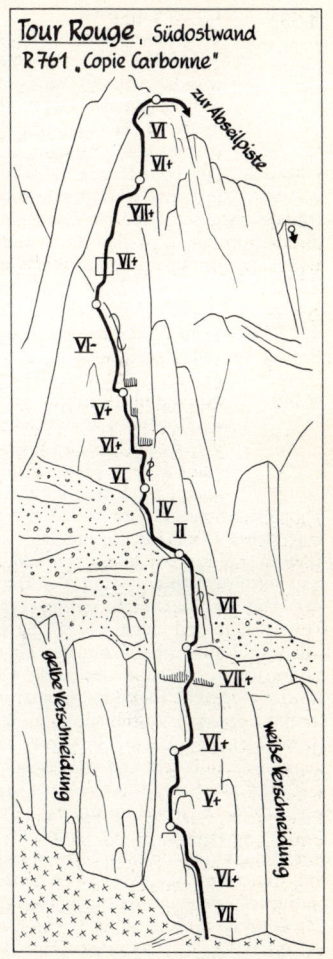

● **761** **Copie Carbonne**
G. Hopfgartner und M. Piola, 14. Juli 1984. **VII** + ; je 2 SL VII / VII + und VII–. Ansonsten V + und VI. **ED**. Harte Rißkletterei mit wenigen H, anstrengendes und teilweise schwieriges Anbringen von KK und Friends etc. Das Dach in der 3. SL ragt rd. 1½ m heraus (VII / VII +) und ist spektakulär, aber gut abzusichern. 9 SL. 280 m HD.

Übersicht: Die Tour Rouge, 2899 m, ist der O-Wand des Grépon vorgelagert. Die Führe verläuft an ihrer SO-Wand, die von einer breiten Rampe durchschnitten ist. Die Rampe ist von einem massiven Pfeiler durchschnitten, über den die ersten 4 SL verlaufen. Im weiteren Teil steigt man direkt durch die SO-Wand auf die Tour Rouge.

Zustieg: Wie bei R 757 auf den Glacier de Trélaporte. An den Fuß des massiven Pfeilers. E am Pfeilerfuß in Fallinie des markanten Daches in der 3. SL. Vom E führen senkrechte Orgelpfeifenrisse hoch.

Route: Vgl. Skizze S. 261.

● **763** **Marchand de Sable**
G. Hopfgartner und M. Piola, 20. Juli 1983. **VII—**, meist V + und VI. Stelle VI + oblig. in der vorletzten SL, kompakte Platte. **TD** +. Die heute wohl meistbegangene Kletterei auf der Enversseite. Abwechslungsreich und absolut lohnend. Route saniert mit BH. 280 m HD.

Übersicht: Durch die rechte Hälfte der SO-Wand der Tour Rouge, 2899 m, führen etliche Routen. Marchand de Sable führt mehr oder weniger direkt unter dem großen Dach in der Wandmitte hoch, umgeht das Dach links und zieht schräg rechts hoch zu einer Scharte zwischen Tour Rouge und einem vorgelagerten Turm.

Zustieg: Wie bei R 757 auf den Glacier de Trélaporte. Weiter an den Wandfuß an seiner tiefsten Stelle (20 Min.)

Route: Über eine Platte mit kleinen Rissen hoch, dann nach rechts unter links geneigte Verschneidung, die man ersteigt und rechts auf Plattform (2 SL, V +). Eine SL gerade hoch (V +). Kurz gerade hoch (V), dann Linksquerung und wieder hoch gegen einen kleinen Überhang, den man rechts umgeht (VI +). Gerade hoch bis unter die linke Ecke des großen Daches, Linksquergang und schräg rechts aufwärts (VII– oder VI / A 0, dann VI—). Rechts an einem Überhang vorbei und durch Verschneidung zu Absatz (VI—). Erst links haltend, dann gerade hoch in 2 SL in eine Scharte (V; IV). Mittels eines von kurzen Linksquerungen unterbrochenen Anstiegs über eine kompakte Platte erreicht man den Gipfelgrat (VI + oblig.). Von hier abseilen über die Route „Dracula" oder Weiteraufstieg am Grat (IV).

● **770**   **Aiguilles des Grands Charmoz,** 3445 m
Besonders von Montenvers fällt die Aig. des Grands Charmoz mit ihrer
N-Wand stark ins Auge.
Aus dem Tal stellt sie zusammen mit dem Grépon eine bemerkenswerte
Felsgestalt dar. Die Besteigung über den Normalweg ist nicht sonderlich schwierig, aber auch wenig lohnend. Die Überschreitung (R 772)
kann jedoch uneingeschränkt empfohlen werden; für zügig kletternde
Seilschaften kann noch die Überschreitung des Grépon angeschlossen
werden. Im NO-Grat erhebt sich ein ungeheuer scharf geformter Felsturm, die Aig. de la République, 3305 m, deren oberster Gipfelaufbau
lange nur mit Seilwurf zu bezwingen war. Der von SO nach NW fast
waagrecht verlaufende Gipfelgrat der Aig. des Grands Charmoz trägt
eine Reihe fast gleich hoher Türme, zwischen 3420 und 3440 m, von denen der zweite von SO mit einer Höhe von 3445 m der Kulminationspunkt ist. Nachdem A.F. Mummery mit A. Burgener und B. Venetz
am 15. Juli 1880 den Gipfelgrat über R 772 erreicht hatte, wurde der
höchste Punkt erstmals von H. Dunod, P. Vignon mit Franqis Simond, F. Folliguet, G. Simond und J. Desailloux am 9. August 1885
erreicht.

● **771**   **Normalweg**
Erstbegeher vgl. R 770. **III**, meist II, im Zustieg kombiniert
AD—.
Wenig interessanter Anstieg. Überwiegend nur als Zustieg
zum Grépon (R 731) und im Abstieg begangen. Von Plan de
l'Aiguille 800 m HD.
E bei ca. 3140 m. Etwa 300 m Höhendifferenz. 4½ Std.
von Plan de l'Aiguille. Im Abstieg 3 Std. zur Seilbahnstation.
Übersicht: Durch das Couloir Charmoz–Grépon und an dessen Ende
nach links unter den Gipfelturm.
Zustieg: Von Plan de l'Aiguille (R 31) wie bei R 682 über den Glacier
des Nantillons an den Fuß des Couloirs Charmoz–Grépon, das vom
tiefsten Punkt zwischen beiden Gipfeln zum Gletscher herabzieht
(3 Std.).
Route: Über den gelegentlich schwierigen Bergschrund (meist an seiner
rechten Seite) aufwärts; weiter im Couloirgrund, dann auf den Felsen
seines rechten Ufers aufsteigen. Im weiteren je nach den Verhältnissen
im Couloir selbst oder die Felsen, zunächst noch des rechten, dann des
linken Ufers hinauf bis auf einen Absatz unter einer gelbroten Wand
(1 Std.). Nun links nahe der Wand in 3 SL auf eine Schulter westl. des
um einen Meter niedrigeren Vorgipfels. Nun entweder von NW auf den

Hauptgipfel oder durch einen Kamin in die Scharte zwischen Vor- und Hauptgipfel und durch einen zweiten engen Kamin auf den Gipfel (½ Std.).

- **772** **Überschreitung (Südwestwand und Nordwestgrat)**
T.P.H. Jose mit F. Simond und P. Burnet, 10. September 1887. **IV+** (eine Stelle), meist III und IV. 3—4 Zwischenhaken vorhanden, für Stand- und Zwischensicherungen sind Schlingen und einige Klemmkeile unbedingt erforderlich **D—**. Sehr schöne klassische Führe, abwechslungsreich mit einigen heiklen und ausgesetzten Passagen. In Verbindung mit der Überschreitung des Grépon (R 733) zählt diese, dann allerdings relativ lange Bergfahrt, 12—14 Std. von Plan de l'Aiguille und zurück, zu den lohnendsten Anstiegen im IV. Grad nicht nur der Mont-Blanc-Gruppe, sondern der ganzen Alpen. Wandhöhe etwa 300 m. Hinzu kommt der knapp 200 m lange NW-Grat mit einigen Auf- und Abstiegen.

Insgesamt vom Beginn der Schwierigkeiten etwa 10 SL. Einstieg bei 3140 m. 5½ Std. vom Plan de l'Aiguille.

Übersicht: Aus dem Couloir Charmoz—Grépon links heraus und über ein Rißsystem, das von der Scharte 3421 m herabzieht, auf den Gipfelgrat. Über diesen zum höchsten Punkt.

Zustieg: Wie bei R 771 zum Couloir Charmoz—Grépon, 3 Std. Ins Couloir, dann am rechten Ufer hoch, bis sich das Couloir zu einem kleinen Kessel weitet. Nun links über geneigte Bänder mit Geröll und Schnee bis an den Beginn des Rißsystems, das schräg links aufwärts verläuft und in der Scharte 3421 m, der nördlichsten Scharte im NW-Grat, endet.

Route: Rechts eines markanten Pfeilers durch eine tief eingeschnittene Verschneidung, die von einem Überhang abgeschlossen ist, den man rechts umgeht (IV). Durch den mittleren dreier 10 m hoher Risse (III), dann rechts über eine Platte (III+) und nach links zurück an den Fuß zweier tiefer Rißkamine. Durch den rechten Kamin 15 m hoch, dann nach links durch ein Felsloch und auf eine Terrasse. (IV, H, oft ist Stufenschlagen in dem eisgefüllten Kamin nötig!). Über eine Folge leichterer Kamine und Verschneidungen erreicht man linkshaltend die Scharte 3421 m (1½ Std. vom Bergschrund). Nun folgt man in südöstl. Richtung dem Grat zum Hauptgipfel. Den ersten Gendarmen umgeht man auf der Nantillonsseite über eine Platte (IV+, H). Der zweite Gendarm wird zur Hälfte erstiegen, dann auf der Ostseite mit einem heiklen Schritt umgangen. Der folgende Gendarm „Carrée" wird auf der Nantillonsseite umgangen (IV). Man ersteigt dann von links die Plattform des nächsten Turms, von wo man 15 m abseilt. Der folgende Gendarm wird auf der Ostseite umgangen und die beiden letzten Gendarmen vor dem Hauptgipfel überschritten und der Gipfel erstiegen (1 Std.).

● 775 **Westwand**
Durch die Westwand wurden mehrere Routen gelegt, die teilweise durch einen Bergsturz 1980 zerstört wurden. Heute wird fast ausschließlich die Cordierführe begangen.
Im Vergleich zur Westwand der Blaitière liegt die Wand etwas weiter von der Seilbahnstation entfernt, so daß hier insgesamt weniger Andrang herrscht.

● 776 **Cordierpfeiler**
G. Addison, P. Cordier, T. Fagard und S. Jouty, 6. Juli 1970.
VI—, meist V. **TD**. Insgesamt sehr schöne, anhaltend schwierige Kletterei ohne extreme Einzelstellen. Meist wird die Route nur bis in $2/3$ Höhe begangen, was nicht empfehlenswert ist. Wenige H stecken. Wandhöhe 600 m, 6—8 Std. vom E.

Zustieg: Vom Plan de l'Aiguille (R 31) wie bei R 681 auf den Glacier des Nantillons. Nun in einer großen Rechtsschleife an den Fuß der Westwand. Der E befindet sich leicht rechts der Fallinie des kleinen Schneefelds.

Route: 20 m rechts einer brüchigen Rinne einen Riß mit Rechtsbogen hoch (III und IV, 30 m). Einen brüchigen Riß 25 m hoch auf Absatz (V+).

Über Felsstufen am Fuß einer Rinne von rötlichen Felsen 40 m hoch (IV). Rechts ein Rißsystem hoch (VI—). Über kleine Wändchen auf eine Terrasse am Fuß des kleinen Schneefeldes (V—).

Nach rechts queren und den markanten Riß über mehrere kleine Aufschwünge hoch (V). Man passiert einen kleinen Überhang (V) und steigt links in der glatten Wand einen S-Riß hinauf zum Fuß einer weiteren Verschneidung (V).

Durch die Verschneidung 4 SL hinauf zum Fuß einer weiteren Verschneidung (V).

Durch die Verschneidung 4 SL hoch (V—) bis auf das große Band, das die Westwand der Grandes Charmoz durchzieht. (Von hier kann man nach rechts bis zum Couloir Charmoz—Grépon queren und dort auf den Gletscher absteigen, wo man R 719 erreicht.

Nun nach rechts über Stufen (III und IV) zum Fuß des 150 m hohen

Gipfelaufbaus. Einen Riß auf der Gratkante hoch (IV+). Weiter über eine Platte hoch (V+). Einen Riß hoch bis unter einen Überhang (V). Über den Überhang (V). Zwei leichtere SL (IV) führen zum Gipfelgrat. Nun Richtung Gipfel in die Scharte 3421 m, wo man auf R 772 trifft.

● **780** **Nordwand**

W. Merkl und W. Welzenbach in zwei Etappen, 30. Juni bis 1. Juli und 5.—9. Juli 1931, wobei die beiden Bergsteiger in der Wand einige Tage wegen eines Wettersturzes ausharren mußten. Erste Durchsteigung der heute begangenen Route A. Heckmair und G. Körner 31. Juli—1. August 1931.

65°, kombiniert **V**, meist deutlich leichter. **TD+**. Eine große kombinierte Führe, die nur unternommen werden sollte, wenn die Eisrinne auch noch Eis aufweist. Je nach Temperaturen erhebliche Steinschlaggefahr. Kaum H. Wandhöhe 900 m. 8 Std.

Übersicht: Der untere Wandteil besteht aus einer großen Plattenzone, die eine riesige Verschneidung bildet. Der Anstieg bewegt sich im östl. Teil dieser Verschneidung, beginnend in Fallinie der Aig. de la République und von links nach aufwärts führend. Man gelangt so auf das steile, zentrale Eisfeld. Zum Gipfel ziemlich direkt über ein schmales Eiscouloir. Durch das weiter links Richtung République gelegene Couloir verläuft die Route Buchard-Zajchowski 1975 (vgl. Climbing 1/1976 TD+).

Zustieg: Wie bei R 820 an den Fuß des Briochesporns. Nun weiter um den Ausläufer des NO-Grats der Grands Charmoz herum auf den Glacier de la Thendia (Biwakplätze am NO-Grat). E in Fallinie der République.

Führe: Eine Rißreihe 50 m hinauf. Direkt weiter in Richtung auf die Scharte rechts der Aig. de la République, sich so immer mehr vom Grund der Verschneidung entfernend. Man gelangt in eine Bänderzone, wo sich die Wand etwas zurücklegt. Schräg nach rechts, ohne jede Schwierigkeit im Auffinden der Route, über Bänder und Risse an den Beginn des großen Eisfeldes, etwa 2950 m. Die etwa 300 m hohe Eisflanke entweder gerade oder an ihrem rechten Rand (teilweise die Begrenzungsfelsen benützend) hinauf, um an das linke Ufer der in die Scharte P. 3429 m einmündenden, etwa 250 m hohen Eisrinne zu gelangen. Durch diese Eisrinne hinauf, wobei man teilweise, vor allem für Zwischensicherungen und Standplätze, je nach Verhältnissen die Begrenzungsfelsen benützt. Meist schlechtes, kleingriffiges Gestein, hakenabweisend, sehr heikel.

● **789** **Abstieg**
  III, meist I und II kombiniert **PD**. 3 Std. bis Plan de l'Aiguille.

Route: Vom Gipfel an den Fuß der Gipfelfelsen (III). Nun nach links über ein abfallendes Band. Man gelangt an den linken Arm des Couloirs Charmoz—Grépon. Entlang des linken Ufers dieses Couloirarms knapp unterhalb der abweisenden Felsen des letzten Gratturms des SO-Grats der Grands Charmoz. Man erreicht so das Hauptcouloir. Zunächst am linken, dann am rechten Ufer hinab. Im weiteren folgt man dem Couloir selber bis auf den Gletscher. (Es ist auch möglich, im Couloir abzuseilen, in der Regel jedoch ohne Zeitgewinn.) Nun weiter wie bei R 719.

● **790** **Aiguille de la République,** 3305 m
Neben der Aig. de Roc der beeindruckendste der Türme in den Aiguilles von Chamonix außerhalb des Hauptkamms. Bis heute steht eine freie Gipfelblock-Begehung des République-Turms noch aus. Die erste Besteigung des Gipfels erfolgte mittels Seilwurf durch H.E. Beaujard mit J. Simond am 29. Juli 1904. 1971 wurde durch eine Bohrhakenreihe der Gipfelblock bezwungen. 1945 waren französische Kletterer bereits bis 8 m unter den Gipfel gelangt, an dessen freiem Besteigungsversuch sich auch seinerzeit H. Buhl beteiligte.

● **791** **Normalweg**
  Erstbegeher vgl. R 790.
  IV+, **A1** am Gipfelturm. Überwiegend III und IV. **D**. Eine recht interessante Besteigung, die anstatt über die BH-Leiter auch mit einem Seilwurfmanöver zur Gipfelersteigung abgeschlossen werden kann. Wandhöhe 600 m, 6—7 Std.

Übersicht: Vom Band des alten Tour Rouge-Biwak zieht in der östl. Hälfte der O-Wand des Grépon eine weite Rinne empor. Wo diese an eine steile Wand stößt, hält man nach rechts und gelangt an den Fuß der République, die man über den O-Grat bis an den Gipfelturm ersteigt.

Zustieg: Wie bei R 738 zum Band des alten Tour-Rouge-Biwaks.

Route: Man steigt rechts aufwärts in die weite Felsrinne und hier an deren rechten Uferfelsen hoch. Wo sich die Rinne in glatten, sich aufsteilenden Platten verliert, quert man nach rechts. Knapp unterhalb der Scharte Charmoz—République quert man rechts aufwärts über Stufen, passiert einen kleinen freistehenden Turm, steigt danach etwas ab. Nun knapp rechts des O-Grats und über zwei Wandl mit Rissen hoch (IV), dann über den Grat selbst. Rechts einen Riß hoch zu einem Absatz am

Grat. Einen senkrechten Absatz über einen kleinen Riß hoch. An einigen Blöcken vorbei an eine senkrechte Wand von 5 m, die man mittels eines Risses rechts überwindet (IV+). Über den Grat an den 18 m hohen Gipfelblock. An der S-Wand zieht die BH-Reihe hoch (A1, 12 BH).
Abstieg auf der gleichen Route, wobei einmal am Gipfelturm abgeseilt wird und zweimal, um die Rinne aus der Scharte Charmoz—République zu erreichen.

● 800   Aiguille des Petits Charmoz, 2867 m
Kleiner, angesichts seiner Umgebung unbedeutender Gipfel, der jedoch sehr häufig besucht wird. Insbesondere die Überschreitung ist sehr lohnend, da sie außerordentlich schöne Ausblicke bietet. Erstbesteigung J.A. Hutchinson, 18. August 1880.

● 801   Normalweg vom Col de la Bûche
III, meist I und II. **PD**. Kurze Kletterei. Keine H., 30 Min. vom Col de la Bûche (R 811). 2½ Std. von Plan de l'Aiguille (R 31).
Route: Vom Col de la Bûche quert man südöstl. über grobes Blockwerk nur leicht ansteigend auf den Gipfelaufbau zu. Man quert unter dem Gipfelturm auf die SW-Seite. Eine kleine Wand und einen nach links geneigten Kamin hoch. Nun direkt zum Gipfel aufsteigen (III).

● 802   Überschreitung
M. Pasteur, J. Wicks, C. Wilson, 5. Juli 1898.
Zwei kurze Stellen **IV**, meist III und II. **AD**. Sehr schöne, lohnende Tour, sehr oft begangen, aber häufig unterschätzt. Mitnahme von Schlingen und Klemmkeilen nötig; keine Standhaken, Zwischenhaken vorhanden. 170 m HD, etwa 10 SL. 2 Std. vom E.
Zustieg: Man muß zunächst den Col de l'Etala erreichen. Dies geschieht von der Nantillonsseite. Wie bei R 681 auf den Glacier des Nantillons. Nun steigt man etwa 200—300 m unterhalb der Felsinsel „Rognon" nach links über einen Schneehang und eine Geröllrinne auf, die nach 80 m in einem Aufschwung mit Kaminen ausläuft. Über sandiges Gelände (Steigspuren) unter die Kamine (1½ Std.).
Route: Über einen Block (H), kurz mittels Piaztechnik in den rechten Kamin von links her einsteigen, diesen Rißkamin hoch (H) zur Plattform (IV, dann III+). Rechts ausholend durch einen Riß zu H und den folgenden Riß (anstrengend, III+) hinauf. Nun über leichtes Gelände links aufwärts. Man erreicht über eine Blockzone (I/II) den Col. Nun

dem SO-Grat folgend, erst rechts, dann links des Grats unter eine Verschneidung. In die Verschneidung (IV) und diese hoch (IV—, 3 H). Im weiteren folgt man dem Grat selber, bzw. hält sich etwas rechts (Mer de Glace), wo auch etwaige Schwierigkeiten umgangen werden, (3–4 SL, II und III, teilweise ausgesetzt), bis unter den Gipfelturm. Nun gerade hoch (III) oder links ausholend durch einen Kamin (II) auf eine Terrasse. Ein Band auf der Mer-de-Glace-Seite, ein leichter Riß und eine Hangel führen auf den Gipfel. (Schritt III+, besonders im Absteigen unangenehm.)

● **805** **Südwestpfeiler**
E. Cadet, B. Delafosse, P. Gillet und J.P. Mansart, 31. August 1975. V, meist IV und IV+. **D+**. Lohnende, anhaltend schwierige Kletterei. Wandhöhe 200 m, 3 Std. KK etc. erforderlich.

Übersicht: Vom am weitesten links befindlichen Gratturm im fast waagrechten Grat der Petits Charmoz zieht ein im mittleren und unteren Teil markanter Pfeiler herab, über den von links beginnend die Route verläuft.

Zustieg: Wie bei R 681 auf den Glacier des Nantillons. Man quert den Gletscher zum Pfeilerfuß. 1¼ Std. von Plan de l'Aiguille (R 30).

Route: Etwas links vom Pfeilerfuß in hellem Fels über Blöcke bis zu einem Absatz unter einer überhängenden Wand. 2 m nach rechts queren und durch einen Kamin (IV), den man nach rechts zu einem Standplatz verläßt. Ein Wandl im Grunde einer Verschneidung wird mittels eines Risses durchstiegen und ein grasiger Absatz erreicht. Links durch einen Kamin und über eine Schuppe hoch. Danach links durch einen weiteren Kamin (IV, V) und rechts von dessen Ausstieg über eine exponierte kleine Wand (IV+) zu einem Absatz. Rechts über Orgelpfeifen (V) und eine Felsschuppe (IV) zu Stand. Über eine Platte (IV+) und exponierte Blöcke (IV+) auf eine Terrasse. Nun auf der rechten Seite des Pfeilers über einen luftigen Grat und den folgenden Kamin hoch (III+). Man erreicht den Gipfelgrat (R 802) oberhalb der Verschneidung.

● **809** **Abstieg**
III, meist I und II. **PD**. Kein Abseilen erforderlich. 30 Min. bis zum Col de la Buche. Von hier 1½ Std. bis Plan de l'Aiguille (R 30). Der direkte Abstieg zum Col de la Buche kann nur mit Abseilen bewerkstelligt werden. Hiervon wird abgeraten.

Route: Vom Gipfel entweder über das oberste Stück des SO-Grats (R 802) oder besser direkt nach SW entlang breiter Risse auf ein Band

absteigen (III). Nun nordwestl. über Bänder zu einem kurzen, aber nicht schwierigen Kamin, den man abklettert. Man umgeht so den Gipfelturm und erreicht über grobes Blockwerk den Col de la Bûche.
Achtung: Es ist nicht ratsam, schon vorher in die vom Col de la Bûche zum Glacier des Nantillons herabziehende Rinne abzusteigen. Mehrere Verhauer möglich, zusätzlich große Steinschlaggefahr für die in der Rinne befindlichen Bergsteiger. Auch zeitl. ohne Vorteil.

● 810 Aiguille de l'M

Niedrigster aller Gipfel der Aiguilles von Chamonix, der aber am häufigsten bestiegen wird. Aus dem Tal gut erkennbar ist die Form des „M." Erstbesteiger unbekannt, jedoch vor 1856.

● 811 **Normalweg über Col de la Bûche**
Insgesamt als Aufstieg wenig interessant, **II,** rd. 50 m echte Kletterei (**F**). HD von Plan de l'Aiguille 600 m. Vom Col de la Bûche 100 m, 30 Min. 2½ Std. von der Station (R 30).
Route: Man hat zunächst den Col de la Bûche zu erreichen, der zwischen der Aig. de Petits Charmoz und der Aig. de l'M. liegt. Von der Seilbahnstation wie bei R 681 auf die Moräne des Glacier des Nantillons. Steil hinab auf den Gletscher und wiederum waagrecht weiter bis unter das markante Couloir, das vom Col de la Bûche heruntergeht. Wenig rechts des Couloirs über eine Steiganlage hoch (anfangs eine Leiter). Am Ende der Steiganlage quert man möglichst schnell (Steinschlaggefahr, vor allem durch andere Partien) auf das rechte Ufer des Couloirs, das man erst kurz unter dem Col verläßt. Vom Col de la Bûche links über gutgriffigen Fels hoch über eine kurze senkrechte Passage (II). Dann schräg rechts über Bänder und Risse bis auf einen großen Absatz. Nun fast waagrecht unter senkrechten Felsen bis zu einem engen Durchschlupf. Hier hindurch und dann links über leichte Stufen hoch bis zu einer senkrechten, von Rissen durchzogenen Wand. Diese hinauf (II), dann rechtshaltend bis zum ausgesetzten Gipfelblock.

● 812 **Nordnordostgrat**
Verschiedene Seilschaften mit M. Schatz und A. Contamine, August 1948. **IV** +, meist III bis IV—. **D**—. Sehr schöne Kletterei. Bestens geeignete Eingehtour mit einem typischen „Chamonixriß". Die notwendigen H stecken, Schlingen und einige größere Klemmkeile sind aber unerläßlich für die Standplätze. 180 m HD, 7 SL, 1½—2 Std. vom E.
Für den NNO-Grat wie auch für die NW-Wand (Ménégaux) empfiehlt sich die Station Plan de l'Aiguille als Ausgangs-

punkt: zum einen ist der Zustieg wegen der geringeren Höhendifferenz zeitlich kürzer, zum zweiten ist die Midi-Seilbahn billiger.

Zustieg: Von Plan de l'Aiguille (R 31) wie bei R 681 auf die Moräne des Glacier des Nantillons. Nun nicht waagerecht, sondern schräg abwärts halten auf den Sattel zwischen Pte. Albert und P. 2503 m zu. Falls der Gletscher aper ist, sind Steigeisen erforderlich. Gegebenenfalls möglichst tief den aperen Gletscher queren, wo er kaum noch Neigung aufweist. Über Steigspuren in den Sattel und unter der NW-Wand der Aig. de l'M durch bis an den Fuß des NNO-Grats. 1½ Std. von Plan de l'Aiguille.

Route: Von leicht zu erkletterndem Blockwerk steigt man auf eine glatte Platte (IV) und entlang einiger Risse unter einen Kamin. Etwas links hoch und über Platten und Risse unter eine kleine Wand. Diese von rechts nach links hoch (IV+) und leichter weiter auf eine große Plattform. Den folgenden Riß hoch zu Stand mit H (IV—, dann IV+). Eine Verschneidung hoch (IV—), dann links durch eine Verschneidung unter einen Block, den man links umgeht oder knapp rechts (IV) daran vorbeiklettert. Auf dem erreichten Band 4 m nach links und senkrecht hoch (IV+) und rechts zu Stand. Durch einen

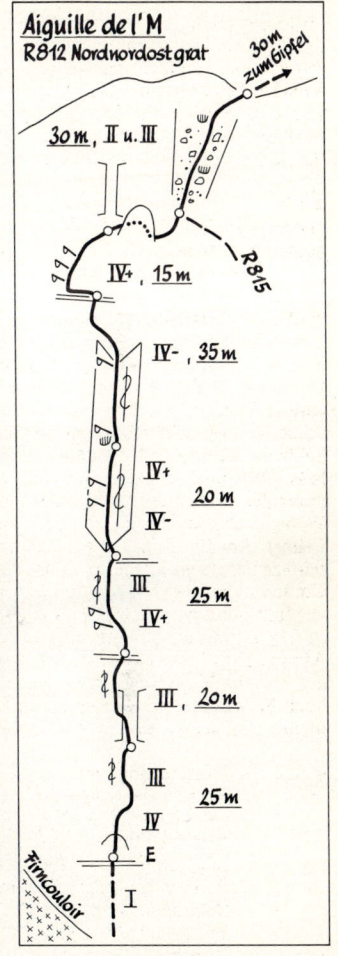

Felsspalt auf die NW-Seite. Eine Blockrinne hoch auf den Gipfelgrat. Vgl. Skizze S. 271.

● **814 Nordwestwand**
Durch die NW-Wand der Aig. de l'M und der Pte. Albert ziehen zahlreiche Routen. Die Ménégauxführe gilt z. Zt. als die schwierigste Kletterei. Die Couzyführe ist leichter, aber insgesamt eleganter. Die meist überlaufenen Führen sind am Spätnachmittag menschenleer und in der vollen Nachmittagssonne.

● **815 Ménégaux**
J.-C. und S. Ménégaux und S. Poullain, Sommer 1948. **VII—**, überwiegend V und V+. **TD+**. Schöne Klettertour. Knapp 200 m Wandhöhe. 3 Std.
Übersicht: Der Anstieg folgt der linken der beiden leicht nach rechts geneigten Verschneidungen, die durch die NW-Wand ziehen.
Der untere Teil der Verschneidung wird durch einen 60 m hohen Pfeiler gebildet.
Zustieg: Wie bei R 812 unter die NW-Wand an deren linken (O) Teil. 1½ Std. von Plan de l'Aiguille (R 30).
Route: Mehr oder minder durch die Verschneidung hoch. Anstieg über R 812.

● **816 Couzyführe**
Jean Couzy und M. Prost, 25.7.1952. **VI—**, vorwiegend V und V+. **TD**. Sehr elegante, abwechslungsreiche Kletterei. Kletterlänge 210 m. 2—3 Std. v. E.
Übersicht: Die Route bewegt sich in einer Reihe von Verschneidungen schräg rechts aufwärts folgend von einer Terrassenzone in Gipfelfallinie und rund 30 m rechts des markanten Pfeilers von R 815 hin bis zu einer Schulter rechts des Gipfels.
Zustieg: Wie bei R 812 unter die NW-Wand und zu einer Terrassenzone in Gipfelfallinie.
Route: Vgl. Skizze S. 273.

● **818 Abstieg zum Col de la Bûche**
Grundsätzlich erfolgt der Abstieg über den Normalweg R 811 zum Col de la Bûche. Um am gleichen Tag an der Aig. de l'M mehrere der kurzen Anstiege durchführen zu können, ist es besser, zum Col Blanc, 2755 m, abzusteigen (vgl. R 819).

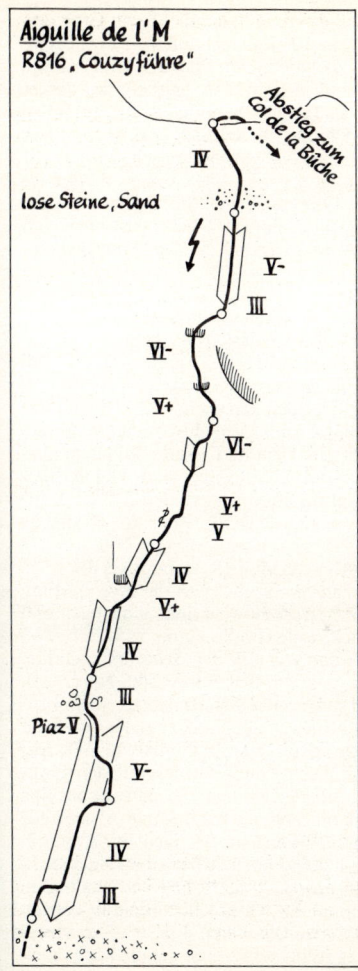

Aiguille de l'M
R816 „Couzyführe"

II, wenige Meter. **PD—**. 30 Min. bis zum Col de la Bûche.

Vom Gipfel in der Südflanke einige Meter zu einer 10 m hohen Wand in östl. Richtung absteigen. Diese Wand mittels zweier Risse hinab (II). Nun über Stufen bis zu einem breiten Band. Waagerecht nach rechts (W) durch einen engen Durchschlupf. Über Bänder weiter auf den Col de la Bûche zu. Oberhalb des Col eine kurze, unübersichtliche Kletterstelle (II). Die letzten Meter zum Col de la Bûche sind unschwierig.

● **819 Abstieg**

Abstieg über den Col Blanc an den Fuß der NW-Wand. **II**, kurze Abseilstellen. **PD**. Je nach Verhältnissen kombiniert. 45 Min. bis zum Wandfuß.

Route: Vom Gipfel wie bei R 818 zu dem breiten Band. Nun östl. weiter zu einer Abseilstelle entlang eines Kamins (Abseilen oder III). Ein weiterer Kamin wird abgeklettert. Über den Grat erreicht man den Col Blanc. Nun über die Firnrinne (höchste Vorsicht bei hartem Firn) oder rechts sehr unangenehm über loses Blockwerk parallel zur Rinne hinab bis an den E des NNO-Grats (R 812) und weiter zum Wandfuß der NW-Wand.

● **830 Überschreitung der Aiguilles von Chamonix**
Frl. E. de Ferré de Péroux mit A. und J. Ravanel und A. Payot beginnen am 3. Juli 1930 vom Gipfelblock der Aig. du Plan den Grat bis zum N-Gipfel der Aig. de Blaitière zum ersten Mal. Seitdem wurde die Überschreitung immer häufiger in beiden Richtungen durchgeführt. Das Traversieren S—N ist dabei insgesamt leichter und kürzer. Zur Komplettierung der Überschreitung N—S ist es logisch, vorher die Charmoz-Grépon-Überschreitung zu machen, wie Frau S. d'Albertas mit A. Ottoz am 14.—16. August 1939 zum ersten Mal. Es handelt sich sicherlich um eine der schönsten hochalpinen Überschreitungen mit schwierigen Kletterpassagen bis V und ziemlich wilden Abseilstellen.

● **831 Süd-Nord-Überschreitung**
Erstbegeher vgl. R 830. **V** (Stellen am Aig.-du-Fou-SW-Grat), sonst III und IV, kombiniert. **D+**. Mehrere Abseilstellen. 40 m Doppelseil erforderlich. Von der Aig. du Midi bis zur Moräne des Glacier des Nantillons 18—20 Std.

Übersicht: Von der Aig. du Midi über den klassischen Midi-Plan-Grat auf die Aig. du Plan. Über den Grat zum Dent du Crocodile. Hinab zur Brèche du Caiman und weiter zum Dent du Caiman, von dem man steil zum Col du Caiman abseilt. Über Pte. de Chevalier, Col de Blaitière und Pte. de Lépiney zum Col du Fou. Dem steilen SW-Grat auf die Aig. du Fou folgt noch das wenig ansteigende Stück zur Brèche de Blaitière.

Zustieg: Ausgangspunkt ist die Aig. du Midi (R 31 und R 510).

Route: Von der Aig. du Midi bis an die Gipfelfelsen der Aig. du Plan wie bei R 561 (4—5 Std.). Der Gipfelaufbau wird links umgangen und man kehrt zur Gratschneide zurück. Eine Graterhebung wird links (W) umgangen, ein Eiscouloir gequert und von NW der Dent du Crocodile, 3640 m, erreicht. Vom höchsten Punkt auf den Nordgipfel. Nun westl. durch einen Kamin und ein Band (oder auch östl.) hinab zu einem kleinen balkonartigen Absatz. 40 m abseilen, dann weiter tiefer zu einem zweiten Absatz. 40 m abseilen schräg auf der Chamonixseite (W). Mit einer kurzen Querung und durch einen Kamin zurück auf den Grat. Auf der rechten Seite (O) durch schräge Kamine tiefer, zurück auf den Grat und in die Brèche du Caiman, 3498 m, u. U. kurze Abseilstelle (3½ Std.). Von der Scharte auf die Westseite des Dent du Caiman. Man steigt die Wand leicht links haltend hoch. Über eine kleine senkrechte Wand auf kleine Terrasse unterhalb einer breiten Schulter im SW-Grat. Nach links queren und auf ein waagrechtes Band in Gipfelfallinie unter einer senkrechten Platte. Die ersten 4 m an einer abstehenden Schuppe hoch, dann etwas rechts und weiter gerade hoch zu einem Absatz (IV). Über leichte Felsen zum Gipfel des Dent du Caiman, 3554 m. Vom Gipfel auf der Enverssseite (O) 12 m abseilen oder abklettern. Nun 35 m abseilen (O) auf ein Band. Man folgt dem Band zum Gipfel des zweiten Aufschwungs im NO-Grat des Dent du Caiman. Ein heikler Schritt an einer Unterbrechungsstelle (V). Auf der Chamonixseite (W) einige Meter absteigen. 40 m abseilen auf ein schneebedecktes Band. 15 m abklettern durch eine kaminartige Rinne zu einem großen Block und zu einer kleinen Terrasse am oberen Rand des ersten Aufschwungs im NO-Grat. Hier zweimal 30 m abseilen (schlechter Zwischenstand); evtl. 60 m abseilen zum Col du Caiman, 3392 m (3—5 Std.). Man quert einen steilen Schneehang an den Fuß eines Kamins in der NO-Wand der Pte. Chevalier, 3418 m; durch den Kamin Auf- und Abstieg zu diesem Gipfel. Hinter dem nördl. im Grat folgenden Gendarmen zurück auf die Gratkante. Auf der Chamonixseite (W) über Felsen nahe dem Gratfirst bis zu einem Abbruch, wo man durch einen Kamin abseilt und den Col de Blaitière, 3352 m, erreicht. Von hier durch einen senkrechten Kamin auf die Westschulter der Pte. de Lépiney, 3429 m; — die Pte. Lépiney kann wie folgt erstiegen werden: man quert möglichst weit in die Enverssseite (SW), ersteigt einen 15 m hohen Kamin (IV) zum SSO-Grat hoch. Man folgt dem Grat, der sich später in einer Wand verliert bis zum Gipfel. Im Abstieg seilt man 15 m auf der Chamonixseite ab und erreicht leicht die Westschulter.

Von der Westschulter quert man die Chamonixseite der Pte. de Lépiney auf einem leichten Band bis zum Nordgrat, dem man bis zu einem Abbruch folgt. Hier 30 m abseilen, zunächst auf der Enverssseite (O), dann auf der Chamonixseite (heikel). Man erreicht den Col du Fou, 3365 m (1½—2 Std.). Man ersteigt nun den SW-Grat der Aig. du Fou, der schwierigste Aufstieg im Rahmen der Überschreitung. 10 m hoch zum Beginn der Schwierigkeiten. Nun entweder einen 10 m hohen, anfangs überhängenden Riß hoch (V, Steigbaum, anstrengend) oder links eine Platte hoch (A 0). Über einige Stufen nach links und durch eine Verschneidung mit schmalem Riß (V, 10 m). Nach rechts zwei Absätze hoch, durch eine schräge Rißverschneidung (III) zu einer großen Plattform. Etwas rechts 20 m über Risse hoch zu einer Terrasse (III). Einen breiten, anfangs überhängenden Riß hoch (V), dann durch einen engen Kamin (10 m, IV+), eine Rißverschneidung und links über eine Platte (IV+) auf eine zweite Terrasse. Nun entweder auf der Chamonixseite durch eine Rißverschneidung (IV) hoch, gefolgt von einem gutgriffigen Überhang (III) oder auf der Enverssseite über eine Platte, dann einen tiefen Kamin (III) bis zu einer Schulter 5 m unterhalb des Vorgipfels. Nun rechts zu einer Terrasse unter dem Gipfelblock. Über den abgerundeten NO-Grat mit kleinen Griffen hoch (V, 2—3 Std.).

Von der Nordschulter der Aig. du Fou steigt man über die Ostseite ab. Über kurze Querungen, Blöcke und leichte Kamine in die Scharte, 3456 m. Einen Kamin hinab und weitere 30—40 m absteigen auf der Enversseite bis unter die Aig. des Ciseaux, 3479 m. Man steigt wieder zum Grat auf und erreicht eine Scharte. Über ein leichtes Band umgeht man die Blaitièregipfel, 3522 m und 3521 m, und erreicht die Brèche de Blaitière, 3449 m (1 Std.). Auf R 682 auf die Aig. de Blaitière. Der weitere Abstieg erfolgt auf R 719.

● 832 Notausstiege
Es gibt vom Grat mehrere Notabstiege, die aber alle keinesfalls leicht oder im Wettersturz relativ ungefährlich sind. Von der Aig. du Midi kommend, führen alle Notabstiege bis zum Dent du Caiman über die Aig. du Plan zum Ref. du Requin.

Vom Col de Blaitière, 3352 m, steigt man wie folgt auf die Enversseite: Man quert vom Col zum SO-Grat der Pte. Chevalier. Dann mehrfaches Abseilen bis in das Couloir vom Col Caiman. Durch den rechten von zwei Kaminen abseilen und weiter das Couloir hinab. Links haltend in das Couloir, das von der Brèche du Caiman herunterzieht. Nun annähernd waagerecht bis zum Couloir rechts (N) des Plan-Ostgrats, von wo man zum Glacier d'Envers de Blaitière absteigt, bzw. abseilt.

Vom Col du Fou, 3365 m, steigt man auf der Chamonixseite ab: Über abfallende Bänder steigt man unter bzw. in der Westwand der Aig. du Fou bis in eine Richtung Aig. de Blaitière ziehende größere Rinne ab. In dieser Rinne etwas hochsteigen, bis man eine Zone von Bändern erreicht (Fontainebänder, vgl. R 658). Die Bänder werden bis zum NW-Grat der Aig. de Blaitière verfolgt, von wo man den Glacier des Nantillons erreicht.

Abstieg nach O vgl. R 659 vom Col du Fou. Von der Aig. du Fou kann man über die S-Wand abseilen (R 669).

● 834 **Überschreitung Aiguille de Blaitière — Aiguille du Plan**
Erstbegeher vgl. R 830. **V**. Meist IV in den Felspassagen zwischen Col de Blaitière und Dent du Crocodile. Längere Abschnitte kombiniert. **D+**. Die etwas schwierigere Überschreitung, die noch mit der Traversierung Charmoz-Grépon (R 733) verbunden werden kann. Zweites Seil zum Abseilen erforderlich. Von Plan de l'Aiguille über Aig. de Blaitière, Aig. du Fou, Aig. du Plan zur Aig. du Midi normalerweise nur mit Biwak (20—25 Std.).

Übersicht: Nach Ersteigen der Aig. du Fou auf dem Normalweg steigt man zum Col du Fou ab und erreicht entweder mit Ersteigen der Pointes de Lépiney und Chevalier den Col de Blaitière. Nun wird der Dent du Caiman von O bestiegen. Über Brèche du Caiman entweder über den Grat zum Dent du Crocodile oder nordseitig (vgl. R 577) weiter. Von der Aig. du Plan entweder zum Refuge du Requin absteigen oder über den Grat bis zur Aig. du Midi.
Zustieg: Vgl. R 681 und 682.
Route: Wie bei R 661/669 auf die Aig. du Fou und zum Col du Fou. Nun auf der W-Flanke über Blöcke und einen Kamin absteigen. Man quert nun unter dem plattigen Aufbau der Pte. Lépiney über bequeme Bänder, dann entlang des obersten Rands eines Eishangs und eine ansteigende Querung, zuletzt durch einen Kamin zum Col de Blaitière, 3352 m, 1 Std. — Von hier kann die Pte. de Lépiney bestiegen werden. Nun horizontal auf der W-Seite queren, um so zum SO-Grat der Pte. Chevalier zu gelangen. Mehrfach abseilen bis man die Rinne erreicht, die dem Col du Caiman entspringt. Noch etwa 50 m absteigen in die Rinne, bevor man sich der SO-Wand des Dent du Caiman zuwendet (1 Std.).

Links haltend ansteigen über Bänder und Risse bis an die steilere Wandpartie, am Fuß einer Doppelkaminreihe, die links durch einen deutlichen Felspfeiler und rechts von der glatten O-Wandpartie des Dent du Caiman eingefaßt ist. Durch den rechten Riß 12 m hoch (V—), dann weiter über einen Riß links (IV) und schräg nach links hoch (IV) zu einer Plattform am Fuß einer Kaminreihe neben einem Pfeiler. Nun nicht durch diese Kamine, sondern nach links und querend durch die glatte Wand waagerecht bis zu einem Couloir und bis zur Schneide des SO-Sporns des Dent du Caiman (von hier Sicht auf Dent du Crocodile und Aig. du Plan). Über den SO-Sporn hoch (einfache Blockkletterei). Weiter links durch einen Kamin (IV), der auf eine Geröllterrasse in Höhe der Brèche du Caiman führt. Über eine glatte Platte (IV+, 6 m) an eine 20 m hohe Platte unterhalb der Schulter im SW-Grat des Dent du Caiman. Nun an den Fuß einer kleinen Verschneidung; Linksquerung knapp oberhalb des Couloirs Crocodile — Caiman, dann 10 m hoch rechts eines feinen Risses, um zum Ende der kleinen Verschneidung zu gelangen (IV). Heikel 3 m hoch (V—), dann über eine leichtere Platte bis auf die Schulter (4—5 Std.). — Von hier kann wie bei R 831 der Gipfel des Dent du Caiman bestiegen werden; zurück zur Schulter durch Abseilen (30 m).

Von der Schulter 30 m in die Brèche du Caiman abseilen (vgl. R 576). Über leicht schräge Kamine in der O-Flanke des NO-Grats auf den Dent du Crocodile hoch und auf die Gratkante unter einem 25 m hohen

Aufschwung. Auf der W-Flanke einen Kamin absteigen und weiter eine kaminartige Verschneidung hoch (IV). Wieder direkt am Grat weiter und den folgenden Grataufschwung hinauf (IV, 35 m). Der anschließende 10 m hohe Aufschwung wird rechts (Band und Kamin) oder links (Eisschlauch mit Klemmblöcken) umgangen, und man gelangt auf den N-Gipfel des Dent du Crocodile und zum Hauptgipfel (4 Std.). Weiter wie R 649 an den Gipfelturm-Fuß der Aig. du Plan.

5. Dent du Géant — Grandes Jorasses

● **850**   **Col du Geant,** 3365 m
Erste touristische Überschreitung bereits Ende des 18. Jahrhunderts! Der Col du Geant war bis zum Seilbahnbau einer der am häufigsten begangenen Übergänge im Mont-Blanc-Gebiet. Heute wird der Col fast nur noch mit den Seilbahnen erreicht. Gelegentlich sieht man noch Alpinisten den eindrucksvollen Abstieg nach Montenvers angehen.

● **851**   **Von la Palud zu Fuß**
Sehr selten begangener, teilweise verfallener Anstieg. HD rd. 2000 m. 5½ Std.
Anstieg: Von la Palud (R 16) beginnt der Weg etwas oberhalb der Seilbahnstation. Er führt steil direkt unter der Seilbahn bis Station Mont Fréty (2 Std.). Weiter über den Weg nach la Porte, dann weiter über einen Gratsporn direkt zur Station.

● **852**   **Von der Aiguille du Midi**
Besonders schöne Gletscherwanderung. **F.** HD im Aufstieg von der Aig. du Midi rd. 200 m. In Gegenrichtung vom Col du Géant rd. 500 m HD im Aufstieg. Zeiten: Midi—Géant 2 Std., Géant—Midi 3 Std.
Route: Von der Seilbahnstation der Aig. du Midi (R 31) über die Brücke in den ebenfalls ausgehöhlten Südgipfel. Nun zum Ausgang links haltend. Zuletzt durch einen Eistunnel auf einen schmalen Absatz eines Firngrats. Hier anseilen. Den steilen, etwas ausgesetzten Firngrat hinab auf einen flachen Gratrücken. Nun nach rechts über einen Bergschrund an den Fuß der Aig. du Midi S-Wand. Fast eben auf die Pte. Lachenal zu und dann nach links (O) in das Gletschertal unter der zerklüfteten Ostwand des Mont Blanc du Tacul. Man passiert knapp an den Ostausläufern der Pyramide du Tacul und Pte. Adolphe Rey vor-

bei, um möglichst wenig Höhe zu verlieren. Nun in OSO-Richtung auf den Col des Flambeaux zu. Hierbei durchquert man eine ansehnliche Spaltenzone. Vom Fuß der Pte. A. Rey verläuft der Gletschergang wieder ansteigend. Vom Col des Flambeaux in wenigen Minuten zum Col du Géant bzw. zum Refuge Torino (R 81).

● 853   Vom Refuge du Requin

Spaltenreicher Gletscheranstieg, der heute kaum noch begangen wird. **F**. 800 m HD. 3 Std. Im Abstieg 1½—2 Std.
Route: Von der Hütte (R 60) zunächst möglichst ohne Höhenverlust auf den Gletscher. Der Glacier du Géant beginnt hier gleich ziemlich zerrissen. Durch den Eisbruch, wobei man auf den Petit Rognon, P. 2882 m, zuhält. Nicht bis zu dieser Felsinsel, sondern schon einiges vorher nach links (S) auf die flachere Zone im Gletscher zu (la Bedière). Nun allgemein in südl. Richtung weiter bis unter den Gros Rognon. Weiter in SO-Richtung an der Felsinsel la Vierge vorbei und zuletzt nach S zum Col du Géant.

● 860   Dent du Géant, 4013 m

Einer der markantesten Felsgipfel im Gebiet. Der doppelgipfelige „Riesenzahn" widerstand lange Zeit allen Ersteigungsversuchen. Am 28. Juli 1882 wurde er mit künstlichen Hilfsmitteln nach dreitägigen Vorarbeiten durch die drei Brüder Jean-Joseph, Baptiste und Daniel Maquignaz erstersteigen. Dies geschah im Auftrag von vier Mitgliedern der Familie Sella, die dann am folgenden Tag auf den präparierten Gipfel geführt wurden. Allerdings erreichte man nicht den höheren Hauptgipfel, obschon der Übergang kein zu großes Problem darstellt. Dieser wurde wenige Tage später durch W. W. Graham mit Alfonse Payot und Auguste Cupelin am 20. August 1882 erstiegen. Der Normalweg (R 861; mit Fixseilen gesichert) ist an schönen Sommertagen regelmäßig übervölkert. Alle anderen Routen werden ziemlich selten begangen. Auf der Süd- und der Ostseite finden sich einige alte Technorouten, die eventuelle Freikletterziele werden könnten. Der Berg ist bei Wetterstürzen sehr exponiert und besonders gefährlich.

● 861   Südwestwand (Normalweg)

Erstbegeher vgl. R 860. Erste Begehung ohne Fixseile wahrscheinlich durch J. Knubel mit einer Seilschaft von G. W. Young 1914. **V +**, meist IV und IV + für den eigentlichen Gipfelturm, sonst III. Am Gipfelturm befinden sich noch uralte, dicke Fixseile, die den Aufstieg (ähnlich manchem neuen Dolomitenklettersteig) zu einer anstrengenden Seilzieherei machen. Ohne Seile **D**; sonst **AD**. Regelmäßig überlaufen. Nicht zu früh einsteigen, SW-Seite! Wandhöhe 140 m. 1½ Std. vom E; 4 Std. von der Hütte bei HD von 700 m.

Zustieg: Vom Refuge Torino (R 81) zum Col du Géant, nun an den Ausläufern der Aig. Marbrées vorbei über die Gletscherhänge rechts an P. 3516 m vorbei an den brüchigen Felssockel des Géant. Durch ein kleines Couloir oder über die Felsen seines rechten Ufers hoch bis man über einen gestuften Felsrücken nach rechts (O) gegen den Hauptgrat ansteigen kann (I und II). Man erreicht den Grat bei einem großen Felsturm, den man rechts umgeht. Weiter über einen Firngrat zu einer geräumigen Terrasse unter dem Gipfelturm.

Route: Entlang des Wandfußes 30 m nach links bis zu einer abgespaltenen Felsschuppe und diese hinauf. 4 m hoch (III, H), dann 10 m nach links queren und eine wenig ausgeprägte Rinne hoch zu einem großen Absatz am Beginn der Burgnerplatten (hier beginnen die Fixseile). Über die rißdurchzogenen Platten bis zu einem Standplatz auf dem Grat zwischen SW- und NW-Wand (III und IV). 4 m nach links queren und nach rechts schräg aufwärts zu den Seilen zurück (IV und IV+). Durch zwei enge Kamine hoch, entlang der Fixseile hoch (V+, dann IV). Über einen kleinen Grat und eine kurze Wand (IV) zu einem Band, das zu einem Absatz am Fuß der Gipfelwand führt. Über diese Wand hinauf zum SW-Gipfel.

Man steigt einen Kamin ab, dann über einen kleinen Überhang (Schlinge hängen lassen für Rückweg) in die Scharte zwischen den Gipfeln. Über eine kleine Wand (III) zum höchsten Punkt.

● **863**   **Südwand**
H. Burggasser und R. Leitz, 28. Juli 1935. **V+** und **A1**, meist V und **A0**, selten leichter. **TD**. Eine freie Begehung sollte möglich sein (unbestätigt VII—). Kurze anstrengende Kletterei in gutem Fels. Nicht überlaufen. Wandhöhe 130 m. Alle notwendigen Haken, ca. 20 stecken normalerweise, große Keile nützlich. Meist kurze SL. 3 Std. vom E. Vgl. Foto S. 281.

Zustieg: Vgl. R 861.

Dent du Géant, Südwand
R 863   Burggasser-Leitz-Route

Route: E 15 m rechts einer großen Verschneidung. Etwa 10 m schräg rechts hinauf zu Absatz (IV—). Weiter gerade aufwärts über einen kleinen Absatz hinauf und über die Kante eines Pfeilers zu Stand unter Überhang (A 1, V +, A 0, V). Links über den Überhang (A 1), Querung (heikel V, dann IV—) nach rechts und wieder schräg links aufwärts zum Fuß einer leicht überhängenden Verschneidung. Diese hinauf und weiter bis zu einem Band (A 1 und V). Quergang 20 m nach links (III) zum Beginn eines Felscouloirs, das die obere Wandhälfte durchzieht. Über gestuften Fels schräg rechts aufwärts zu kleinem Absatz (III). Etwas rechts der hier kaum ausgeprägten Rinne über eine Platte hoch (V), dann zurück in die Rinne und leichter zu Stand. Rechts durch eine Verschneidung und die folgende überhängende Wand rechtshaltend aufwärts zu schlechtem Stand (A 1, V). Rechts hoch den H folgend (A 1, V +), dann weniger schwierig zur Scharte zwischen den Gipfeln.

● **867** **Nordgrat und Nordwestwand**
T. Maischberger, H. Pfannl und F. Zimmer, 20. Juli 1900 mit einem anderen Zustieg. **IV**, selten viel leichter. **D**. Ausgesprochen schöne und interessante Kletterei an festem Fels. Ausweichmöglichkeit, da der Normalweg (R 861) überfrequentiert ist. In der NW-Wand sind oft recht schlechte Verhältnisse, was vom Col du Géant nicht einzusehen ist. 200 m HD vom E. 4 Std. vom E.

Zustieg: Vgl. R 861.

Route: Von der geräumigen Terrasse unter der S-Wand auf den Firngrat und entlang der O-Wand des Géant über einen steilen Eishang, dann über Felsstufen bis zu einem Felscouloir absteigen. Durch diese Rinne hoch und dann nach rechts zur höchsten Schulter im N-Grat. Auf dem Band, das die Schulter bildet, nach rechts bis zu seinem Ende. Durch einen Riß eine SL hinauf zu einem weiteren Band, das wieder zum N-Grat zurückführt. Man erreicht den Grat bei einer kleinen Scharte. Nun 10 m über den Grat, bis er von einem Band unterbrochen wird, kurz nach rechts, dann wieder an den Grat etwa 10 m höher. Auf einem Band nach rechts bis zu einem 10 m hohen breiten Riß. Durch diesen und den folgenden Riß (20 m) zu einem Firnfleck. Durch den rechten von zwei Parallelrissen hinauf. Nun kurz nach links über ein grünliches Felsband, dann über Platten wieder zum Grat zurück. Man erreicht ihn bei einem großen rötlichen Block. Der Block wird rechts etwas umgangen und dann bestiegen. Nun 10—12 m hoch, dann kurze Rechtsquerung und mittels eines etwa 12 m hohen Risses bis zu einem gelben Block. Nun auf einem waagrechten Band nach rechts zu zwei Rinnen, die aus der Scharte zwischen den beiden Gipfeln herabziehen.

In der linken 10 m hinauf, dann in der rechten weiter bis zur Scharte. Hier trifft man auf R 861.

● 868 Nordcouloir

P. Gabarrou und B. Muller, 26. Juni 1979. Extreme Eistour. **80°**, kombiniert, überwiegend 60—70 Grad, Felsschwierigkeiten je nach Verhältnissen bis V. **TD**. Wandhöhe 550 m. Zeit der Erstbegeher vom Col du Géant 11 Std.

Übersicht: Von NW gesehen zieht vom linken Fuß des Felszahns der große Eisschlauch auf den Glacier des Périades herab.

Zustieg: Vom Col du Géant (R 850) umgeht man den Géant über P. Yeld, 3560 m, und steigt auf den obersten Teil des Glacier des Périades ab. Nun wendet man sich nach rechts bis unter einen markanten Eisschlauch, der sich rechts des weiter oben befindlichen großen Eisschlauchs befindet. Nach Angaben der Erstbegeher. Man kann auch wie bei R 896 hierhergelangen.

Route: Über ein Eisfeld zum erstgenannten Eisschlauch. Durch diesen hoch (65—75°). Nach links absteigend erreicht man das mittlere Eisfeld (teilweise kombiniert). Von hier gelangt man zum oberen großen Eisschlauch. 2 SL mit zunehmender Steilheit (55—80°) leiten zu einer leicht überhängenden Stelle (kombiniert). Zwei weitere SL (70—75°/60—65°) führen in kombiniertes Gelände, über das man den Rochefortgrat rund 50 m links des SO-Fußes des Géant erreicht.

● 869 Abstieg

Der Abstieg vom Gipfel folgt den Fixseilen bzw. R 861. Stellen **III** im unteren Teil, wenn nicht abgeseilt wird. Im oberen Teil ist auch ein Abklettern mit Hilfe der Fixseile möglich; besser: Abseilen, insbesondere bei „Gegenverkehr". Vom Gipfel zum E 1½ Std. Von hier in 1 Std. zum Refuge Torino über R 861 in Gegenrichtung.

● 870 Aiguille de Rochefort, 4001 m

Die Aig. de Rochefort ist zwar nicht der höchste Punkt des berühmten Rochefortgrats, aber der meistbesuchte Gipfel. Der W-Grat gehört zu den schönsten und lohnendsten Touren seiner Art im Alpenraum. Die übrigen Anstiege, insbesondere diejenigen über die serakbestückte NW-Wand werden kaum wiederholt. Von besonderem alpinen Reiz ist die Gesamtüberschreitung des Rochefortgrats vom Col du Géant zum Col des Grandes Jorasses mit eventueller Verlängerung durch die Überschreitung der Grandes Jorasses. In O-W-Richtung vom Col des Hirondelles bis zum Col du Géant ist dieses Unternehmen aber sehr erfahrenen Bergsteigern vorbehalten und besitzt Seltenheitswert. Erste

Besteigung der Aig. de Rochefort durch J. Eccles mit M.-C. und A. Payot am 14. August 1873.

● **871   Westgrat (Rochefortgrat)**
E. Allegra mit L. Croux, P. Dayne und A. Bocherel im Abstieg, 18. Juli 1900. Erstbegehung im Aufstieg K. Blodig und M. Horten, 9. August 1903. Kombinierter Firngrat mit großen Wächten zu beiden Seiten, teilweise sehr schmal und ausgesetzt. Kurze Felspassagen I und **II**. **AD**. Sehr häufig begangener, klassischer Gratanstieg, der unbedingt empfohlen werden kann. Vom Fuß des Dent du Géant (Gratbeginn) 200 m HD bei einer Gratlänge von knapp 800 m. Vom Gratbeginn zum Gipfel 1½—3 Std., 3½—5 Std. vom Refuge Torino. Im Abstieg etwa 1 Std. weniger.
Zustieg: Wie bei R 861 zum Fuß des Dent du Géant.
Route: Man folgt der Firnschneide des Grats (oder bei schneefreiem Fels den Felsen auf der rechten (S) Seite des Grats) bis zu dem Zwischengipfel, 3933 m, den man links umgeht oder direkt überschreitet. Nun über den sehr scharfen Grat und einige Felsen an den Fuß der Gipfelpyramide. Eine ansteigende Rechtsquerung führt zu einer seichten Felsrinne, die bis zum Gipfel verfolgt wird. (Im Abstieg über den W-Grat wird der gleiche Weg begangen.). Vgl. Abb. S. 289.

● **879   Abstieg über den Glacier de Leschaux nach Montenvers**
Erstabsteiger vgl. R 870. Teilweise sehr spaltenreicher Gletscherabstieg mit einer Abseilstelle (Holzpflock oder Eisbirne) an einem Bergschrund. **PD**. Sehr lohnende Überschreitung des Bergs, wenn man nach Chamonix zurückkehren möchte. Vom Gipfel 6—7 Std. bis Montenvers.
Route: Vom Gipfel folgt man zunächst etwas dem N-Grat Richtung Mont Mallet (R 890). Man wendet sich von der Einsattelung zwischen den Gipfeln nach NO bis zu einigen großen Spalten. Über einen Bergschrund wird hier normalerweise abgeseilt. Man durchsteigt eine weitere Spaltenzone rechtsausholend bis zum Fuß des Mont Mallet. Nun am linken Gletscherufer entlang den Nadeln der Périades in N-Richtung. Weiter am linken Ufer des Gletschers nun in NO-Richtung bis zum Glacier de Leschaux. Auf der anderen Seite des Gletschers Refuge de Leschaux (R 63). Über den meist schon hier aperen Gletscher dem Hüttenweg folgend nach Montenvers.

● **880   Dôme de Rochefort,** 4015 m
Der höchste Punkt des Rochefortgrats, der allerdings weit weniger be-

sucht wird als die Aig. de Rochefort. Erstbesteiger J. Eccles mit Michel und Alphonse Payot, 12. August 1881.

● **881** **Südwestgrat**
K. Blodig und M. Horten, 9. August 1903.
Kombinierter Gratanstieg mit Stellen II und I. **PD**. Die logische Verlängerung des Westgrats der Aig. de Rochefort (R 861). Insgesamt erheblich weniger besucht ist dieser zweite Teil des Rochefortgrats ebenso lohnend und empfehlenswert. HD knapp 150 m bei einer Gratlänge von 800 m. 1½ Std. von Gipfel zu Gipfel.
Route: Vom Gipfel der Aig. de Rochefort (R 861) folgt man dem Firngrat in die Grateinsenkung, überschreitet eine Schneecalotte und umgeht die folgende Erhebung links und erreicht so den Gipfelaufbau, den man über leichten Fels erklettert.

● **885** **Calotte de Rochefort,** 3974 m
C. D. Cunningham mit E. und J. Rey, 30. Juli 1882.
Dieser dritte markante Gipfel im Rochefortgrat ist recht selten besucht. Auf der Nordseite finden sich einige sehr steile kombinierte Routen (u. a. von A. Heckmair und G. Kröner, 6. Juli 1931), die jedoch kaum wiederholt werden, schon wegen des langen Zustiegs. Die Überschreitung des gesamten Rochefortgrats R 890 bzw. R 891 passiert den Gipfel.

● **890** **Ost-West-Überschreitung des Rochefortgrats**
J. u. R. Leininger und P. Madeuf, 4. August 1937. Kombinierte Gratüberschreitung. **IV** (im Aufstieg zur Calotte de Rochefort) meist II und I. **D**. Insgesamt ca. 600 m HD bei einer Gratlänge von 2,5 km. 10—12 Std. von der Biwakschachtel zum Col du Géant. Die Überschreitung in dieser Richtung wird seltener unternommen, da der Aufstieg zur Calotte de Rochefort vom Col recht schwierig ist. Um den langen Aufstieg auf den Col des Grandes Jorasses interessanter zu gestalten, läßt sich die Tour auch mit einer Überschreitung der Grandes Jorasses verbinden mit Übernachtung in der Biwakschachtel (Bivouac Canzio, R 83).
Route: Von der Biwakschachtel je nach den Verhältnissen rechts oder links des Grats hinauf bis man den Grat 100 m über dem Paß erreicht. Auf einem ansteigenden Band nach links queren, einen Nebengrat übersteigen und zum Grat zurückkehren. Man folgt dem Grat über zwei Türme und steigt in eine markante Scharte ab. Rechts (N) 6 m ab-

steigen und nach links durch eine Rinne zu einem Riß. Man überklettert einen Block und erreicht über leichteres Gelände den Grat, dem man weiter zur Calotte de Rochefort folgt. Nun über den erst felsigen Grat, dann den Firngrat bis zum Gipfelaufbau des Dôme de Rochefort. Weiter wie bei R 881/871.

● 891 Überschreitung des Rochefortgrats vom Col du Géant
M. C. Santi u. V. Sigismondi, 13./14. August 1909.
Die klettertechnischen Schwierigkeiten im Fels (**II** und I) treten gegenüber den Wächten und der Ausgesetztheit des Schnee- und Eisgrats in den Hintergrund. Im Abstieg zum Col des Grandes Jorasses wird mehrfach abgeseilt. **AD**. Etwa 1000 m HD über eine Gratlänge von 2500 m, 9–11 Std. vom Refuge Torino zum Col des Gr. Jorasses (Bivouac Canzio). Von hier Abstieg nach Montenvers 5–7 Std., ins ital. Val Ferret 6–7 Std. Nach einer Übernachtung auf der Biwakschachtel werden schon einmal die Grandes Jorasses im Anschluß überschritten. Großartige Gratüberschreitung, bei der man sich fortwährend zwischen 3900 m und 4000 m bewegt. Nach dem Aufstieg zum Fuß des Dent du Géant nur noch wenige kurze Aufstiege.

Route: Wie bei R 881 auf den Dôme de Rochefort (5½ Std.). Man folgt dem z. T. sehr schmalen Grat über Felsen oder Schnee zum Gipfel der Calotte de Rochefort, 3974 m (1½ Std.). Weiter dem Grat folgen. Einen ersten Abbruch im Grat abklettern oder abseilen (15 m). Nach einer kurzen waagerechten Passage einen zweiten Absatz in eine Scharte abseilen (20 m). Die gegenüberliegenden Felsen hinaufklettern und über einen Firngrat weiter bis man den Col des Gr. Jorasses unter sich liegen sieht. Etwas absteigen und dann 25 m abseilen auf eine Schulter. Zweimal abseilen zu leichterem Gelände, über das man leicht links haltend den Paß erreicht (2 Std.).

● 894 Mont Mallet, 3989 m
Formschöner Gipfel, der vom Rochefortgrat aus mit geringem Zeitaufwand bestiegen werden kann. Erstbesteigung durch Leslie Stephen, G. Loppe, F. A. Wallroth mit M. Anderegg, Ch. und A. Tournier, 4. September 1871.

● 895 Von der Aiguille de Rochefort
Erstbegeher vgl. R 894.
Kurzer, kombinierter Gratanstieg, **II**. **PD**. Vom tiefsten Punkt zwischen der Aig. de Rochefort und dem Gipfel keine

80 m HD. 1 Std. von der Aig. de Rochefort. Als eigenständige Tour nicht lohnend. Abstieg entweder über den Rochefortgrat R 861 in Gegenrichtung oder über R 879.
Route: Von der Aig. de Rochefort Richtung Mont Mallet in die Firnmulde absteigen. Nun über den zunächst verfirnten Südgrat des Mont Mallet auf dessen rechter (O) Seite hoch. Die ersten Felsen des Grats werden ebenfalls rechts umgangen und man steigt ziemlich direkt gegen den Gipfel an. Knapp unter dem Gipfel wird ein 4 m hohes Wandl mittels Steigbaum überwunden und danach leicht der Gipfel erreicht.

● **896 Nordgrat vom Glacier des Périades**
P. Perret mit F. Simond und E. Cupelin, 31. Juli 1882. Kombinierte große Bergfahrt über einen spaltenreichen Gletscher, eine knapp 500 m hohe Eiswand (45 bis **50°**) und einen kurzen Felsgrat **III. AD**. Der interessanteste Anstieg auf den Mont Mallet. Sehr einsame Hochtour von großer Klasse. 6—7 Std. vom Refuge du Requin.
Übersicht: Von der Hütte über den Glacier des Périades in den engen Winkel der Nord- und Westabstürze von Dent du Géant, Aig. de Rochefort und Mont Mallet.
Nun links die steile, verfirnte Westflanke des Mont Mallet hoch und über den kurzen Grat zum Gipfel.
Zustieg: Vom Refuge du Requin (R 60) folgt man dem Weg Richtung Glacier du Géant und quert dann unterhalb des Eisbruchs den Gletscher hoch in südöstl. Richtung zum Glacier des Périades. Den Gletscher hinauf über mehrere stark zerklüftete Steilstufen bis zum Beginn der großen Firnwand (3—4 Std.).
Route: Links des großen Firnhangs wird der Bergschrund in Fallinie eines zweiten schmaleren Firnhangs überschritten. Danach wird je nach den Verhältnissen am linken (N) Rand des großen Firnfeldes aufgestiegen. Dabei hält man sich an einen wenig ausgeprägten Grat und erreicht P. 3769 m. 2 Std. Man folgt dem erst firnigen, dann felsigen Nordgrat. Man hält sich nun etwas links (O) des Grats, bis er sich steil zum Gipfel aufschwingt. Ein senkrechter Kamin führt zum letzten scharfen Gratstück und zum Gipfel.

● **900 Aiguille du Tacul, 3444 m**
Interessanter Gipfel mit schöner Aussicht. Mehrere lohnende Anstiege in verschiedenster Schwierigkeit. Auf der Nordseite finden sich u. a. an den Tours de Leschaux (P. 2793 auf der IGN-Karte) interessante Kletterführen. Erstbesteigung wahrscheinlich vor 1842 durch die Gebrüder Couttet.

● **901**   **Südostgrat**
Frau F. Burnaby mit E. Cupelin, Sommer 1882. Kombiniert, **II. PD**. Empfehlenswerter Normalweg. Am SO-Grat gut 100 m HD, vom Refuge du Requin insgesamt gut 1000 m HD. 4 Std. von der Hütte.

Übersicht: Vom Refuge du Requin (R 60) ist zunächst der Col du Tacul, 3337 m, über den Glacier des Périades und die Firnfelder unter dem Col zu ersteigen. Der Col du Tacul besteht aus einer nördl. und einer südl. Scharte, die von einem Turm, 3359 m, getrennt sind und von denen jeweils eine Rinne nach SW herabzieht. Der Aufstieg vollzieht sich über die linke (N) Rinne. Vom Col führt der SO-Grat zum Gipfel.

Zustieg: Von der Hütte wie bei R 896 auf den Glacier des Périades. Man steigt über den spaltenreichen Gletscher auf, bis man in nordöstl. Richtung über den nördlichen Arm des Gletschers gegen den Col du Tacul aufsteigen kann. Durch das linke der beiden Couloirs, die vom Col du Tacul herabziehen hinauf in die NW-Scharte.

Route: Über den Grat (Schutt, Geröll) bis zu einer Blockzone kurz unter dem Gipfel. Zwischen zwei Platten rechts eines schiefen Turms hindurch und zum Gipfel.

● **906**   **Col des Grandes Jorasses,** 3825 m

Der zwischen Dôme de Rochefort und den Grandes Jorasses gelegene Col ist kein Übergang, sondern nur Ausgangspunkt für Überschreitungen an anliegenden Gipfel. Nahe am Col in den Felsen der Pointe Young liegt eine Biwakschachtel (Bivouac E. Canzio, R 83).

● **907**   **Von Norden**
A. Milman, F. Taylor, A.A. Wills mit M. und F. Payot, C. und E. Cupelin, 6. September 1864. Schwieriger Gletscheranstieg mit einem oft problematischen Bergschrund und einem **55°** steilen Hang am Ende. **AD**. HD vom Refuge de Leschaux (R 63) 1400 m. 6 Std.

Route: Von der Hütte auf den Glacier de Leschaux und diesen nach S überqueren zum Glacier du Mont Mallet. Über eine steile Eiszunge auf diesem Gletscher und weiter den spaltenreichen Gletscher hoch, wobei man sich tunlichst nahe des linken Gletscherufers (NW) hält. Man erreicht so den mittleren, weniger steilen Teil des Gletschers unter den Pé-

Der Midi-Plan-Grat, eine wunderbare alpine Fahrt, ist bei viel Schnee ein ernstes Unterfangen.

riades. Nun in südöstl. Richtung unter der Nordwand der Calotte de Rochefort hindurch an den steilen Eishang unterm Col des Grandes Jorasses. Über den meist schwierigen Bergschrund und den folgenden steilen Hang (55°) zum Col.

● **908   Von Süden**
IV+, 1 SL, sonst leichter. **AD**+. Vom Refuge des Grandes Jorasses (R 82). Der schwierige Teil beschränkt sich auf die letzten 300 m HD. Insgesamt 1000 m HD. 5 Std. Sehr selten im Aufstieg begangener Anstieg. Im Abstieg zur Hütte 3 Std. Der von den Erstbesteigern der italienischen Seite des Col des Grandes Jorasses verfolgte Weg durch das Couloir, das vom Col direkt herabzieht, wird heute nicht mehr begangen.

Übersicht: Von der Hütte steigt man bis zu den Rochers du Reposoir und wendet sich nun nach links in die breite Firnrinne unter dem Col. Bei der von zwei Rinnen gespaltenen Felsbarriere hält man sich nach rechts und erreicht über eine Felswand rechts eines Felspfeilers den Übergang oberhalb seines tiefsten Punktes.

Route: Von der Hütte folgt man R 911 bis zum Fuß der Rochers du Reposoir. Nun quert man den Gletscher bis unter den Col des Grandes Jorasses. Das folgende breite Schneecouloir wird an seinem linken Ufer bis an die von zwei Couloirs gespaltene Felsbarriere erstiegen. 2½ Std. Man steigt rechts über Platten 40 m hoch und erreicht einen Grat, der das linke Ufer der bisher verfolgten Rinne bildet. Man folgt diesem Grat, der sich jedoch bald steil aufbäumt. Nun nach rechts über einige kleine Absätze bis an einen hohen, abweisenden Aufschwung. Man quert am Fuß dieses Aufschwungs nach links und steigt dann entlang kleiner Risse und zweier abgespaltener Schuppen hoch. Nun eine Verschneidung bis unter einen Überhang hoch und nach rechts heraus auf ein Band (IV+, 25 m vom Fuß des Aufschwungs). Über leichteren Fels hoch zum Ausstieg unmittelbar an der Biwakschachtel.

● **909   Abstieg nach Süden**
Mehrere lange Abseilstellen, **II**. Im weiteren mäßig steiler Gletscherabstieg **PD**. 4 Abseilstellen zu 40 m, die eingerichtet, bzw. erkennbar sind. Es soll auch möglich sein mit einem Einfachseil mit zahlreichen 20-m-Abseilstellen auszukommen, hier fehlen aber überwiegend die Abseilhaken bzw. Schlingen. Auf keinen Fall sollte versucht werden, die direkt vom Col des Grandes Jorasses entspringenden Rinne abzuseilen, wo sich ebenfalls Abseilhaken befinden.

Route: Von der Biwakschachtel leicht schräg rechts zweimal 40 m abseilen. Über eine weitere Abseilstelle erreicht man den Fuß eines großen Aufschwungs (vgl. 908). In leichter Kletterei schräg rechts abwärts bis an den Grat, der das linke Ufer der nun ansetzenden großen Rinne bildet. Hier nochmals 40 m abseilen bis in das Firncouloir. Durch das Couloir abwärts und nach links zu den Rochers du Reposoir. Nun links des Rognon de la Bouteille zum Refuge des Grandes Jorasses.

● **910** **Grandes Jorasses,** 4208 m

Ein gewaltiges Bergmassiv, das zu allen Seiten beeindruckende Grate und Wände aufweist. Zwischen dem Col des Grandes Jorasses im W und dem Col des Hirondelles liegen die Grandes Jorasses mit ihren sechs Gipfeln im O. Der Kammverlauf bildet die Grenze zwischen Frankreich und Italien. Die sechs Gipfel:

Pointe Walker (Hauptgipfel), 4208 m. Erste Besteigung durch H. Walker mit M. Anderegg, J. Jaun und J. Grange, 30. Juni 1868, über die SW-Flanke (R 911).

Pointe Whymper, 4184 m. Erste Besteigung durch E. Whymper mit M. Croz, Ch. Almer und F. Biner, 24. Juni 1865, über die Whymper-Rippe (R 912).

Pointe Croz, 4110 m. Pointe Hélène, 4045 m. Pointe Marguerite, 4066 m und Pointe Young, 3996 m.

Ihre Berühmtheit erlangten die Grandes Jorasses durch die dramatische Ersteigungsgeschichte ihrer Nordwand. Zuerst gelang der Mittelpfeiler (Crozpfeiler, R 926) durch Peters und Meier, 1934, nachdem Peters und R. Haringer ein Jahr zuvor bereits die Schlüsselstelle bezwungen hatten, wegen Unwetters aber zurück mußten und Haringer dabei den Tod fand. 1938 meisterten Cassin, Esposito und Tizzoni den viel umworbenen Walkerpfeiler (R 931) nach intensiven, vergeblichen Versuchen mehrerer Seilschaften verschiedener Nationen in den Jahren zuvor.

Von den drei berühmten Nordwänden der Westalpen (Eiger, Grandes Jorasses und Matterhorn) ist die Nordwand der Grandes Jorasses wohl die schönste und eindrucksvollste. Gestützt auf drei markante Strebepfeiler erhebt sie sich aus den zerborstenen Gletschern von Leschaux und Mont Mallet.

Der Normalweg (R 911) wird leicht unterschätzt. Er ist ernster, als von einem Normalweg in der Regel erwartet wird. Neben den genannten gibt es weitere, weniger bekannte, ebenfalls sehr interessante Routen auf der italienischen Seite.

- **911** **Südwestflanke der Pointe Walker**
Erstbegeher vgl. R 910.
Leichtester und schnellster Aufstieg. Wird als Normalweg aber leicht unterschätzt. Überwiegend Eisanstieg über einen teilweise sehr spaltenreichen und zerschrundeten Gletscher, Stellen um **50°**. **AD–**. HD 1400 m, 6–7 Std. von der Hütte. Zur Zeit muß von diesem Anstieg abgeraten werden. Hohe Eislawinengefahr. R 912 ist unbedingt vorzuziehen.

Route: Vom Refuge des Grandes Jorasses (R 82) nördlich über Schutt und Felsen und über den Glacier de Planpincieux aufwärts, dabei westl. entlang des Felsriegels, der diesen Gletscher vom Glacier des Grandes Jorasses trennt (Rognon de la bouteille). Vom oberen Ende des Felsriegels in gleicher Richtung aufwärts zum Fuß der markanten Rochers du Reposoir. Auf dem Kamm dieser Felsrippe aufwärts bis sich die Felsen im Firn verlieren (1 Std. von der Hütte). Man quert nun rechts (Lawinengefahr bei Neuschneefällen) den steilen Gletscher aufwärts bis zu dem steilen Felsgrat, der von der Pte. Whymper herabzieht (Whymperrippe). Nun durch eine Rinne auf die untersten Felsen der Whymperrippe hinauf (Vorsicht, beschädigte Fixseile! 3 Std.). Über die Felsen hoch, um weiter oben den wenig steilen Gletscherteil der großen Firnterrasse zu erreichen. Die Firnterrasse wird nach O gequert (Eisschlaggefahr von links, Hängegletscher!) Man steigt dann links über die mit Schnee durchsetzten Felsen Richtung Gipfelgrat, den man etwas westl. des Kulminationspunktes erreicht.

Der Übergang zur Pointe Whymper ist leicht. $^{1}/_{2}$ Std.

Variante: Sogen. „Eisweg": Bei guten Verhältnissen läßt man die Rochers du Reposoir links liegen und steigt direkt über den Gletscher auf in Richtung Whymperrippe. Man wird dann sicher auch den sonst spaltenreichen, zerschrundenen Gletscherarm direkt zur großen Firnterrasse aufsteigen können.

Von dieser steigt man dann direkt zwischen den Felsen des Südgrats und dem Eisbalkon aufwärts zum Gipfelbereich.

- **912** **Südwestflanke und Whymperrippe zur Pointe Whymper**
Erstbegeher vgl. R 910, klassischer Felsanstieg, zu Beginn reiner Gletscherweg. Im Fels **III** (Stellen), meist leichter. **AD—**. Viel sicherer als R 911. Insbesondere im Abstieg zu empfehlen. Höhe der Whymperrippe ca. 600 m. 6—7 Std. vom Refuge des Grandes Jorasses (R 82).

Route: Von der Hütte wie bei R 911 zum Fuß der Whymperrippe, der man über teilweise plattigen Fels bis zum Gipfel folgt. Übergang zur Pte. Walker leicht, $^{1}/_{2}$ Std.

- **915** **Westgrat (vom Col des Grandes Jorasses bis zur Pte. Walker)**
 G. W. Young und H.O. Jones mit J. Knubel, 14. August 1911.
 Kombinierte hochalpine Gratüberschreitung. Wird üblicherweise in Verbindung mit einer Überschreitung des Rochefortgrats (R 891) durchgeführt mit Übernachtung im Biwak am Col des Grandes Jorasses. **IV**, überwiegend III in den Felspartien bis zur Pte. Marguerite, danach folgt ein scharfer firn- und eisdurchsetzter Felsgrat, der erst nach der Pte. Whymper breiter wird. **D**. HD 400 m, 8 Std.

Route: Vom Col des Grandes Jorasses (R 906) verläuft gegen den Grat eine markante Rinne, die einen nur scheinbar leichten Aufstieg vermittelt. Über die Felsen des rechten Ufers dieser Rinne (IV) bald linkshaltend aufwärts. Entlang einem schwach ausgeprägten Band (IV), das man bis zu einer kleinen Terrasse auf der Nordseite verfolgt. Nun wird entlang eines leicht nach links geneigten, teilweise vereisten Rißsystems, das die Nordflanke der Pointe Young durchzieht, aufgestiegen, bis man eine halbe SL unter dem Gipfelgrat angelangt ist. Über leichtere Felsen zum Gipfel. Vom Gipfel steigt man die Nordflanke bis zu einem kleinen Absatz im Grat ab. Nun südseitig über die Felsen des rechten Couloirufers, das in der wenig tiefer gelegenen Scharte im Grat beginnt, etwa 30 m absteigen (evtl. abseilen). Man quert nun das Couloir und die anschließenden Platten, anfangs mittels eines waagerechten Fingerrisses (IV), dann weniger schwierig entlang eines ansteigenden Risses (1½ SL vom Couloir). Den weiteren Anstieg vermittelt eine Rinne, die vom Westgrat der Pointe Marguerite herunterzieht. In dieser Rinne eine halbe SL empor, dann weiter über die Felsen des linken Rinnenufers bis man die Scharte zwischen beiden Gipfeltürmen erreicht. Wenige Meter nach rechts zur Pointe Marguerite, 4066 m. 2½ Std. von der Pointe Young.

Nun folgt man dem scharfen und ausgesetzten Grat, meist unmittelbar am Grat bleibend, über die Pointe Hélène, 4045 m, und die beiden nachfolgenden Grattürme bis zur Pointe Croz, 4110 m. Weiter über den teilweise nordseitig verwächteten Grat, zuletzt über südseitige Felsen zur Pointe Whymper, 4184 m. Weiter (leicht) über den Grat und den Gipfelhang zur Pointe Walker, 4208 m. 3½ Std. von der Pointe Marguerite.

- **918** **Ost-West-Überschreitung (Col des Hirondelles—Col des Grandes Jorasses)**
 P. Allain, J. Charigon, R. Leininger, 23./24. Juli 1935.

Hochalpine Gratüberschreitung mit schwierigem Felsteil am
Hirondellesgrat. **V +** , V 20 m. Überwiegend III und IV,
kombiniert. **D +** . Wie R 915 eine kombinierte, hochalpine
Gratüberschreitung, doch durch den Aufstieg über den Hirondellesgrat insgesamt länger und schwieriger einzustufen.
Üblicherweise einschließlich Rochefortgrat (R 890) begangen. Doppelseil für die Abseilstellen zum Col des Grandes
Jorasses erforderlich. 15 Std. vom Col des Hirondelles bis
zum Col des Grandes Jorasses.

Route: Zunächst über den Hirondellesgrat (R 945) zur Pointe Walker.
Weiter (leicht) über den Grat zur Pointe Whymper. Nun über den
scharfen, ausgesetzten Grat über die Pointe Croz und die Pointe Hélène zur Pointe Marguerite. Über große Platten wird zweimal abgeseilt
20 m, dann 30 m mit Pendel zu einer kleinen Scharte. Ein Wandl wird
nordseitig umgangen. Weiter über den Grat und die Pointe Young bis
zum großen Abbruch, von wo man in den Col des Grandes Jorasses
einsehen kann. Nun entlang und durch ein Couloir 2—3mal abseilen,
dann durch eine Rinne hinab zum Col des Grandes Jorasses.

● **920   Nordwand**

Die N-Wand der Gr. Jorasses gehört ohne Zweifel zu den schönsten
und zu Recht berühmtesten Wänden im Alpenraum. Die Durchsteigung des Walkerpfeilers, des wuchtigsten Strebpfeilers dieser Wand,
war jahrzehntelang das Ziel der führenden Alpinisten aus aller Welt.
Wenn auch der Nimbus dieser Route heute nicht mehr so groß ist, stellt
die Ersteigung des Walkerpfeilers auch noch heute ein großes Ziel
aller Extrembergsteiger dar. Neben dem Walkerpfeiler sind jedoch andere
Routen eröffnet worden, deren Schwierigkeit heute in vorderster Linie
steht, die aber wie die Voie de l'amitié (Freundschaftsroute), die Japanerroute und die NO-Wand der Pte. Walker (Rolling Stones bzw.
Bertone-Claret-Desmaison) jedoch offenbar nur mit großem Aufwand
an technischen Hilfsmitteln zu ersteigen sind; eine weitere Route in der
NW-Wand der Pte. Walker, 1976 durch Colton und McIntyre, eröffnet
im klassischen Stil, gehört zweifellos zu den z. Z. bedeutendsten kombinierten Anstiegen im Alpenraum. Neben diesen Superlativen sollte man
jedoch den Crozpfeiler nicht vernachlässigen.

● **926   Crozpfeiler**

R. Peters und M. Meier, 28. / 29. Juni 1935.

V + (im Originalausstieg), überwiegend V und IV (anhaltend), Eis bis **60°**. **TD**. Großzügige, kombinierte Führe mit
langen Eispassagen, im Fels weniger schwierig als die

Cassin-Route am Walkerpfeiler, im Eis vielfach schwieriger (steiler), zählt zu den großzügigsten Alpinanstiegen in den Alpen. Weit weniger häufig begangen als R 931. Schwierigste Passagen zwischen dem mittleren und dem oberen Eisfeld, hier vielfach schlechte Verhältnisse (vereist). Pfeilerhöhe 1150 m vom Bergschrund. 12—15 Std. vom Bergschrund.

Übersicht: Vgl. Foto S. 296.
Zustieg: Vgl. R 930.
Route: E am tiefsten Punkt des Bergschrundes in Fallinie des „Ersten Turmes". Über die Firnflanke aufwärts (55°) zu den Felsen und weiter hinauf hinter den „Ersten Turm". Das folgende Couloir, anfangs eine SL in den linken Begrenzungsfelsen, dann direkt im Couloir hinauf bis zum höchsten Punkt des markanten „Zweiten Turmes" (das gesamte Couloir ist steinschlaggefährdet). Von hier etwas rechtshaltend aufwärts (etwa 60 m leicht, dann 60 m III und IV) zum linken (östl.) Rand des „mittleren Eisfeldes". Dieses wird schräg rechts ansteigend — am besten an seinem oberen Rand — etwa zur Hälfte gequert bis zu einer Couloir-Verschneidung, der einzig markanten schwachen Stelle in den Plattenschüssen zwischen dem „mittleren" und dem „oberen Eisfeld". Nun nicht direkt in der Couloir-Verschneidung hinauf, sondern rechts hoch (IV) und nach 20 m mittels einer Querung wieder in den Couloirgrund. Weiter durch die Couloir-Verschneidung mittels eines 20 m hohen Risses, der zu einer bequemen Plattform führt. Die Couloir-Verschneidung schließt mit einem großen Überhang. Nach links hinaus und über steile Platten 30 m direkt hinaus (V). Nach einer kurzen leichteren Passage weiter über steile Platten 20 m empor (V). Bei Vereisung können die Platten rechts (westl.) über einen undeutlichen Pfeiler (V) umgangen werden. Vom oberen Rand der Platten quert man nach links zu einer eisgefüllten Nische, aus dieser heraus und zum oberen Eisfeld hinauf (Steinschlaggefahr). Über das Eisfeld (geringfügig rechtshaltend) aufwärts zum Fuß eines mächtigen Pfeilers, der in das Eisfeld hineinragt. Im Eis knapp rechts des Pfeilers hinauf zu einem Eiscouloir, das zum Beginn eines großen Kamins führt, der von einer kleinen Scharte herabzieht. Im Kamin bis zur Scharte hinauf (hier beginnt die Ausstiegsvariante). Der nächste Steilaufschwung wird rechts umgangen, dann über die Pfeilerkante bis etwa 80 m unterhalb des Gipfels der Pointe Croz. Hier wird der Pfeilergrat steiler. Zwischen dem Pfeilergrat und einem westl. Sekundärgrat durch eine Schlucht etwa 30 m hinauf, dann nach links in die Wand hinaus und weitere 30 m hinauf zum Beginn der letzten Verschneidung. Durch die Verschneidung (V+) wird der Gipfelgrat 4 m östl. der Pointe Croz erreicht. (H. Mägdefrau)

Grandes Jorasses, Nordwand, wie in den letzten Jahren üblich schneearm
R 926   Crozpfeiler

Ausstiegsvariante (weniger elegant, dafür leichterer Ausstieg als auf der Originalführe): Von der Scharte im oberen Teil des Pfeilers auf den Pfeilergrat. Der erste Steilaufschwung wird rechts umgangen. Man erreicht so ein kleines Nebencouloir und steigt durch dieses hinauf zu einer kleinen Scharte. Nun Quergang 6—7 m nach rechts (IV+). Weiter hinauf über Platten, bis man 15 m nach rechts abseilend in ein kleines Couloir gelangt. Durch dieses Couloir hinauf zum Gipfelgrat westl. der Pointe Croz. (G. Rébuffat)

● **928   Direkte Variante im mittleren Teil**
H. Kiene und K. Werner, August 1974.
Im mittleren Teil wurden verschiedene Varianten von relativ hoher Schwierigkeit geklettert, nachdem durch ein Versehen die Route im „Extrempause" falsch eingezeichnet worden war. Die Route 1973 (E. Pracht, G. Schweißhelm. R .Weichler, 14.—16. August 1973) dürfte nicht unerheblich von der von 1974 abweichend sein. Lt. Erstbegehern ausgesprochen großzügige, wenn auch sehr schwierige Freikletterei, VI (häufig), vielfach auch VI— und V über lange Passagen.
Route: Vom „Zweiten Pfeilerturm" über steile, rißdurchzogene Platten, sich immer rechts der Pfeilerkante haltend, hinauf (VI und V) auf den dritten, weniger ausgeprägten Pfeilerturm. Der letzte Steilaufschwung vor dem großen Firnfeld wird rechts der Kante durch einen Kamin gewonnen. Vom dritten Pfeilerturm weiterhin sehr schwer (VI) rechts aufwärts und in einer Rechts / Links-Schleife in den Kamin. Durch diesen (IV) empor zum Firnfeld. (K. Werner)

● **930   Walkerpfeiler, klassische Route**
R. Cassin, L. Esposito und U. Tizzoni, 4.—6. August 1938; heute übliche Variante im unteren Teil, sog. „Rébuffatriß", durch die Zweitbegeher G. Rébuffat und E. Frendo.
VII—, zwei Passagen, vielfach VI, VI— und V+ bei einer freien Begehung mit Kletterschuhen **ED—**.
Die Beschreibung hier bezieht sich auf die üblichen Verhältnisse mit einiger Vereisung; insoweit mehrfach Stellen A0 und A1. **VI—/A1** (eine SL), 15 SL V+ und V mit Stellen A1 und A0 bei insgesamt 50 Fortbewegungshaken, sonst meist IV, selten leichter. Firn und Eis bis 60° (TD+).
Ausgesprochen schöne Kletterei mit vielen interessanten Kletterpassagen an überwiegend sehr festem Fels, eine der schönsten im gesamten Alpenraum; deshalb bei guten Verhältnissen und sicherem Wetter viel begangen. Bei Wettersturz vor der Abseilstelle unbedingt Rückzug antreten. Praktisch alle H zur Sicherung und Fortbewegung vorhan-

den. Doppelseil und etwa 10 H für Standplatz und möglicherweise notwendig werdenden Rückzug erforderlich neben der für solche Kletterei üblichen sonstigen Ausrüstung. Pfeilerhöhe 1200 m, Kletterstrecke über 1800 m. 12 bis 15 Std. vom E, bei weniger guten Verhältnissen entsprechend länger, nicht selten zwei Biwaks. Nicht am Nachmittag einsteigen, da im unteren Teil dann erhebliche Steinschlaggefahr besteht. Vgl. Foto S. 301, Skizze Seite 298/299.

Zustieg (zu allen Nordwandführen gleich): Vom Refuge des Leschaux (R 63) hinab zum Glacier de Leschaux und über diesen südl. (gelegentlich Gletschersümpfe) zu den Einstiegen. 2½—3 Std. je nach Spaltenverhältnissen und Route.

Route: E etwas links des tiefsten Pfeilerpunktes (bei 3000 m). Bei guten Verhältnissen E auch rechts des Pfeilers über das Firnfeld möglich. **1./2. SL:** Links der Pfeilerkante durch eine etwas brüchige Rinne hinauf und rechts zu einer kleinen Gratscharte (70 m, IV und III). Hierher gelangt man, wird der rechte E gewählt (1 SL 50—60°, meist schwierig zu überschreitender Bergschrund). **3./4. SL:** Über Wandstellen mit kurzen Rissen und Firn gerade aufwärts (70 m, 2 Stellen III). **5.—10. SL:** Linkshaltend hinauf zum Fuß der Plattenwand und unter dieser schräg links aufwärts bis unter eine plattige Wand (200 m, Firn ca. 50°, bei starker Ausaperung auch teilweise oder ganz über Blockwerk). **11. SL:** Über plattige Wand (1 H) oder den rechts davon befindlichen „Allain-Riß" (mehrere H) zu Firn oder gestuftem Fels und rechts zu Stand (30 m, V). **12. SL:** Zuerst links über eine Platte,

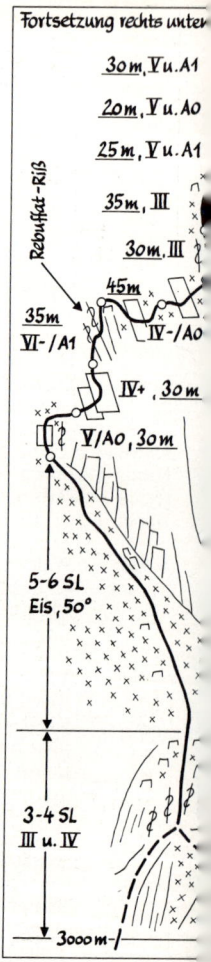

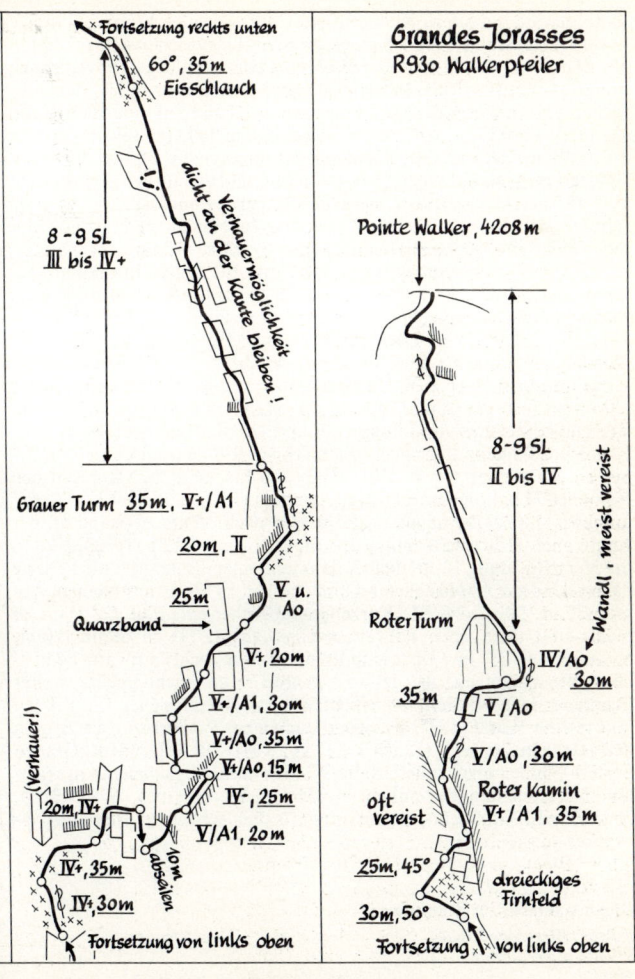

dann gerade hinauf zu Bändern unter aufsteilender Wand (30 m, IV und IV+; passabler, jedoch nicht vor Steinschlag sicherer Biwakplatz). **13. SL:** Über eine Stufe zur linken von zwei parallelen Rißverschneidungen (Rébuffat-Riß). In dieser einige Meter empor (4 H), dann zur rechen vie und in dieser (2 H) zu überdachtem Stand auf einer Felskanzel (35 m, V und VI—/A0, A1, 6 H; guter und sicherer Biwakplatz für 2 Personen). **14./15. SL:** Rechts die eisdurchsetzten Platten etwas ansteigend queren, um eine Felsrippe herum und zu stärker gegliedertem Fels (75 m, IV, 1 H; bei starker Ausaperung möglicherweise auch schwieriger). **16./17. SL:** An Rissen und Felsrippen zuerst gerade hinauf, zuletzt etwas rechtshaltend zu einer Terrasse am Fuß der markanten „75-m-Verschneidung" (65 m, III und Eis; guter Biwakplatz für mindestens zwei Seilschaften, 1. Cassin-Biwak). **18. SL:** In der nach rechts geöffneten Verschneidung etwa 12 m hinauf zu kleinem Überhang (3 H) und direkt oder mit Rechtsschleife hinauf zu schlechtem Stand unter großem Überhang (25 m, V/A1, 3 H). **19. SL:** Am Verschneidungsriß über den Überhang und weiter zu mäßigem Stand (20 m, anfangs A1, dann V, 3 H). **20. SL:** Gerade am Riß weiter zum Verschneidungsende und links zu Stand (30 m, V/A1, 5 H). **21. SL:** Etwas linkshaltend über Firn und plattigen Riß zu Stand unterhalb einer Verschneidung (30 m, IV+, 1 H, und Eis 50°). **22. SL:** Nicht den Verhauer-H links aufwärts folgen, sondern rechts in kleiner Verschneidung bis unter Überhänge, unter diesen nach rechts zu Stand an der Kante einer Rißverschneidung (35 m, IV+ und III, 1 H). **23. SL:** In der Verschneidung 12 m hinauf, dann auf einem Band und über Platte nach rechts zur Abseilstelle und 8 m abseilen zu Stand auf kleinem Absatz (35 m, IV+). **24. SL:** Kurze Querung über eine Platte (1 H) nach rechts und über einen schwarzen Überhang (2 H) zu Stand (20 m, V/A0, 3 H). **25. SL:** Über eine Rampe schräg rechts aufwärts zu kleinem Vorsprung (25 m, IV—). **26. SL:** Nun nicht rechts weiter (Verhauer-H!), sondern an einem links aufwärts ziehenden Riß an senkrechter Wand (4 H) ansteigend queren zur Pfeilerkante am Beginn der „Grauen Platten" (15 m, V+/A0, 5 H). Die folgenden „Grauen Platten" bilden die Schlüsselstelle. **27. SL:** Wenig linkshaltend in seichten Verschneidungen aufwärts (35 m, V/A0 und V+, 3 H). **28./29. SL:** Nun rechtshaltend aufwärts über schwierige Platten zu ei-

Grandes Jorasses, Walkerpfeiler

R 930   Klassische Route *R 945   Hirondellesgrat*
R 940   Linceulroute

nem Quarzband (30 m und 20 m, V+/A0, A1, 9 H; Biwakplatz).
30. SL: Mit Rechtsschleife über einen etwas brüchigen Überhang zum Beginn einer Rampe (25 m, V/A0, 3 H). **31. SL:** Die Rampe schräg rechts aufwärts zu Felsstufen unter senkrechter Wand (20 m, II, gute Biwakplätze, 2. Cassin-Biwak). **32. SL:** An Riß (4 H über die griffige, steile Wand hinauf, weiter oben etwas links halten und an Riß (2 H) zum Kopf des „Grauen Turms" (35 m, anfangs A0, dann V+ und V; sicherer Biwakplatz). **33.—40. SL:** Auf der plattigen Gratkante oder knapp rechts von ihr gerade hinauf bis zum markanten dreieckförmigen Firnfeld (240 m, IV und III je nach Wegwahl — mehrere Möglichkeiten, 4 H, bei Vereisung recht heikel, nicht nach rechts abdrängen lassen, Verhauer-H! Die letzte SL kann bei schlechten Verhältnissen zum regelrechen Eisschlauch ausarten, bis 60°). **41./42. SL:** Über das Firnfeld hinauf zu seiner obersten Spitze (55 m, teilweise 50°). **43. SL:** Über Plattenstufen nach rechts empor zu einem langen rinnenartigen Kamin, sogen. „Roter Kamin" (25 m, IV und V/A0, 2 H). **44./45. SL:** In der Kaminrinne hinauf zum Fuß des „Roten Turms" (80 m, V+/A0, A1 und IV, 8 H, stellenweise brüchig, gelegentlich auch vereist. **46. SL:** Über gestuften Fels rechts um den „Roten Turm" herum (20 m, III, guter Biwakplatz). **47. SL:** Rechts des „Roten Turmes" hinauf in eine Rinne (30 m, IV und III, 4 H). **48. SL:** In der Rinne zum Kopf des „Roten Turmes" (25 m, II). **49.—54. SL:** An der schmalen Gratkante über Blöcke zur Schlußwand und zuletzt etwas rechts zu Stand unter Überhang (200 m, II und III, zuletzt III+).
55. SL: In einer seichten Rinne gerade hinauf und oberhalb eines kleinen Daches schräg links zu Stand bei Zacken (35 m, IV— und III).
56. SL: Über den kurzen Grat zur Gipfelwächte, über diese zum höchsten Punkt (25 m, II). (R. Goedeke und P. Schubert)

- **936** **Colton-McIntyre**
  N. Colton und A. McIntyre, 6./7. August 1976.
  Großzügige, kombinierte Führe. **90°**, meist 60—80°, IV und **V**, kombiniert. **ED**. Wandhöhe 1200 m. 20 Std. Zweifellos eine der wildesten kombinierten Anstiege im Alpenraum; wahrscheinlich erheblich schwieriger als die Routen in der Eckpfeiler-Nordwand. Die Erstbegehung dieser Führe im klassischen Stil ohne Fortbewegungshaken, Fixseile usw. scheint die Grenze der Möglichkeiten bis Ende der 70er Jahre im kombinierten Gelände im Alpenraum darzustellen. Zweifellos je nach Verhältnissen erheblich steinschlaggefährdet.

Zustieg: Wie bei R 921 vom Refuge de Leschaux (R 63) zum Wandfuß.

Route: Je nach den Wandverhältnissen über mehrere Bergschründe. Den folgenden Eishang hinauf, insgesamt immer leicht rechts haltend bis unter drei Eisrinnen. Durch die mittlere Rinne äußerst steil hinauf bis zu einem weniger geneigten Hang, den man links aufwärts ersteigt. Über vereisten Fels einen Aufschwung hoch. Weiter durch eine Rinne zu einem Eisfeld. An dessen oberem linken Ende beginnt eine felsige Rinne, die zur Gipfelwand leitet. Durch die Wand hoch (zuletzt durch ein Verschneidungssystem) erreicht man den Walkerpfeiler 1 SL unterhalb der Pte. Walker. (Nach Angaben der Erstbegeher)

● **940** **Linceul (Leichentuch), Nordostwand**
R. Desmaison und R. Flematti 17.—25. Januar 1968. Große, aber (durch Steinschlag) gefährliche Eistour, die nur bei sehr guten Verhältnissen unternommen werden sollte. In einigen Passagen im unteren Teil über **70°**, bei 60° Durchschnittsneigung. Am Hirondellesgrat zum Gipfel nur geringe felstechnische Schwierigkeiten. **TD.** HD 600 m. 6—8 Std. vom E bis zum Grat. Vgl. Foto S. 301.

Zustieg: Vom Refuge de Leschaux (R 63) am Fuß des Walkerpfeilers vorbei an den Bergschrund der rechten der beiden Rinnen, die in das Linceul führen (3 Std.).

Route: Über den Bergschrund und die (zunächst sehr) steile Rinne hoch. Sobald man das große zentrale Eisfeld erreicht, hält man sich etwas links, um im Eis möglichst hoch hinaufsteigen zu können. Man erreicht den Grat bei ca. 3950 m (6—8 Std.) Auf dem Hirondellesgrat (R 945) zum Gipfel (1—2 Std.) aufsteigen oder in 3 Std. zum Col des Hirondelles (R 970).

● **945** **Hirondellesgrat (Nordostgrat)**
A. Rey, A. Chenoz, G. Gaia, S. Mateoda, F. Ravelli und G.A. Rivetti, 10. August 1927. **V+** und V (20 m), überwiegend III und IV. **D.** Ausgesprochen hochalpiner Anstieg, selten begangen. HD 750 m bei einer Gratlänge von 600 m. 6—8 Std. Vgl. Fotos S. 301, 305.

Route: Vom Col des Hirondelles (R 970) werden die Schneehänge der südl. Flanke in Richtung auf die dreieckige Wand gequert, welche die linke Flanke des ersten Teiles des Grates bildet, und deren Gipfel knapp von der „V-Scharte" (V-förmige Scharte am Grat) aufragt. 100 m in erdigem Fels in der Wandmitte empor, dann nahe des Grates weiter. Ein breites, schräges Band links der Gratkante verfolgt man bis in eine kleine, kesselartige Einsenkung im Grat. Dann durch einen eingeschnittenen, 15 m hohen rißartigen Kamin auf die Gratkante (IV). Am Grat

weiter (III und IV). Abstieg in die V-Scharte (evtl. abseilen). Von der Scharte waagrechte Querung nach links an den Fuß zweier parallelverlaufender, auffallender Risse. Durch den ersten, etwa 20 m hohen Riß (Rey-Riß) hinauf, der von einer kleinen glatten 3-m-Verschneidung (V+, H) abgeschlossen wird. Links aus dieser Verschneidung zu Standplatz auf kleiner Terrasse. Durch eine kurze Verschneidung (III+) auf eine zweite, aus Blöcken bestehende Terrasse. (Die Origianlroute führt von hier aus durch eine auffallende, nach links ansteigende Rinne). Nun waagrecht nach rechts queren unter grobem Blockwerk zum Fuß einer schwach ausgeprägten Verschneidung, die von einem senkrechten Riß im Grund durchzogen ist. Den 25-m-Riß hinauf (IV+) bis zu einem Aufschwung, dem man mit weitem Spreizschritt (1 H) rechts ausweicht. Nun durch eine Rißverschneidung gerade weiter bis zur Gratkante. Nun knapp links des Grates über eine kleine Wand aus übereinandergelagerten Blöcken. Weiter den Grat entlang zum Gipfel.
Variante: Wenn der 25-m-Riß noch vereist ist, folgt man dem Couloir der Originalroute. Über ein Band nach links auf eine Rippe. Über eine Wand auf eine Schulter (IV+) in einem Sekundärgrat, von wo man eine Rinne entdeckt, die zum Hauptgrat zurückführt.

- **950   Ostwand (Gervasutti)**
    G. Gagliardone und G. Gervasutti, 16.—17. August 1942.
    VI+, A2, meist VI und V. **ED**. Anhaltende Schwierigkeiten. Sehr bemerkenswerter, überaus hohes Engagement verlangender Anstieg. Schwierigste Route im Mont-Blanc-Gebiet bis in die 50er Jahre. Nur sehr wenige Wiederholungen. Einige Begehungen mit teilweise längeren Varianten. Einige H stecken. DS und umfangreiches KK-Sortiment und einige H unbedingt zu empfehlen. Ausgezeichneter Granit, jedoch sehr kompakt und hakenabweisend. Wandhöhe 750 m, die Schwierigkeiten konzentriert auf 550 m. 15 Std. vom Col des Hirondelles (R 970). Vgl. Foto S. 305.

Übersicht: Der untere Wandteil ist von einem Schneeband durchzogen, von dessen Mitte nach unten eine Rinne zieht; zusammen bilden sie ein „Y". Der Anstieg beginnt am Fuß des „Y", folgt dann vom Schneeband einer Reihe von Verschneidungen im linken Wandteil und zieht im oberen Teil dann wieder mehr in die Wandmitte.
Zustieg: Vom Col des Hirondelles quert man über steile Schneehänge und brüchige Felsen abwärts unter der Ostwand hindurch bis an den Fuß des Y. E.
Route: Auf dem rechten Ufer der Rinne hoch bis zum Schneeband. (IV, V, mehrere Möglichkeiten). Nun nach links über das Schneeband,

Grandes Jorasses, Ostwand

R 945   Hirondellesgrat   *R 953   Troncheygrat*
R 950   Ostwand (Gervasutti)

bis es an einem Felsaufschwung endet. Schräg links aufwärts über brüchigen Fels bis zu einer großen Terrasse am Fuß der großen Verschneidung im linken Wandteil (V und V+ 3 SL). Nun nicht in dieser Verschneidung hoch (dort ebenfalls alte H), sondern vom rechten Band der Terrasse einen Riß (V, mühsam) hoch bis zu kleinem Absatz. Quergang nach links und nach Überwindung eines horizontalen Querbandes zu einer Verschneidung, die man in 2 kürzeren SL bis zu einer geneigten Terrasse hinaufsteigt (VI+, dann V und V+). Nun sofort nach rechts zu einer zunächst senkrechten, dann überhängenden Verschneidung, die man im Verschneidungsgrund steigt (40 m, VI). Rechts queren (vereist) bis zu einer Einwölbung in der Wand unter einem markanten Felsvorsprung. Man bemerkt links einen glatten, engen und senkrechten Riß. Links dieses Risses steigt man einen kleinen Riß hoch, der schräg und überhängend verläuft (Stelle A1 / A2). Man hat so den Felsvorsprung überwunden und steigt nun in 3 SL über weniger steilen Fels auf bis an die großen Überhänge, welche die ganze Wand nach oben begrenzen. Linker Hand ist die Überhangzone nur ca. 20 m hoch und

Grandes Jorasses von Süden

R 84   Biv. Jachiaca   *R 953   Troncheygrat*

weniger überhängend. Hier durch eine Verschneidung von 12 m hoch (VI) bis zu einer Einbuchtung, dann mittels eines schrägen Risses weiter bis oberhalb der Überhangzone (VI und A 2). Schräg rechts aufsteigend weiter über einige heikle Platten 2 SL hoch. Man überwindet einen Eisschlauch und erreicht ein Band aus brüchigem Fels. Dem Band folgen über kombiniertes Gelände bis zu einer Art Scharte, von der man aus die Gipfelwand angeht. Nun hält man sich links aufwärts, um den Troncheygrat zu erreichen, über den man zum Gipfel gelangt.

● 953　　**Troncheygrat (Südostgrat)**
　　　　T. Gilberti mit E. Croux, 22./23. August 1936.
　　　　IV+ (im Bereich der drei charakteristischen Türme bzw. besser Steilaufschwünge), überwiegend III und II. **D.** Schöner, wenig begangener Felsgrat in großer Höhe und Einsamkeit, empfehlenswerte Gratkletterei. Von der Biwakschachtel 900 m HD. 10 Std. vom E. Vgl. Fotos S. 305, 306.

Route: Von der Biwakschachtel (Bivouac Jacchia, R 84) über den Grat zur Aig. de Tronchey, 3502 m, und jenseits hinab zur Brèche de Tronchey (1 Std.). Einen rötlichen Turm links umgehen und durch einen Kamin (IV) zum Grat zurück. Am Grat oder links davon bis 50 m vor den 1. Turm. Nun um einen glatten vorgelagerten Pfeiler auf der Südseite (links) queren zu dem Couloir, das zur Scharte hinter dem 1. Turm führt. Zuerst im Couloir, dann entlang seinem rechten Ufer (III) zum Grat zwischen dem 1. und 2. Turm. Dem Grat ein Stück folgen, bis er unbegehbar wird. Nun etwas ansteigend über das Couloir gleich links des Grates queren und über Verschneidungen hinauf zu einem Sporn am 3. Turm, der das rechte Ufer des Couloirs bildet. Auf den Sporn und an den Fuß des 3. Turms (IV). Dann mit einem 40-m-Quergang über Bänder und Eisrinne zur Scharte zwischen dem 2. und 3. Turm. Von dieser jenseits hinab zu einer Rampe, die zu einer anderen Scharte zieht. Von hier nach rechts (Frébouzie-Seite) über ein Schneeband und eine Kaminrinne weiter. Über blockigen und weniger festen Fels hoch bis zum Grat oberhalb des 3. Turms. Über den Grat weiter zur Pointe Walker (II und Firn).

● 958　　**Abstieg über die Whymperrippe**
　　　　Kombinierter Abstieg **III. AD—**. 1 bis 2 mögliche Abseilstellen. Länger als R 959, aber sicherer. 4—5 Std. von der Pte. Walker zur Hütte.

Route: Vom Gipfel der Pte. Whymper steigt man über die Whymperrippe ab, bis man nach rechts zum oberen Ende der Rochers du Reposoir queren kann. Hier wie bei R 959 zur Hütte.

● 959　　**Abstieg über Normalweg**
　　　　Überwiegender Gletscherabstieg, sehr spaltenreich und zerschrunden, bei schlechter Sicht schwierig zu finden. **AD—**. 3—4 Std. bis zum Refuge des Grandes Jorasses. Dieser Abstieg sollte nur bei hartem Schnee und nicht zu fortgeschrittener Stunde gewählt werden. Von diesem Abstieg muß zur Zeit wegen hoher Eislawinengefahr abgeraten werden. Der obere Teil des Abstiegs verläuft deshalb wie bei R 958.

Route: Vom Gipfel (Pte. Walker) südl. hinab und über die Felsen des S-Grats hinunter zur großen Firnterrasse (man kann auch zwischen den Felsen und dem rechts (W) befindlichen Eisbalkon über eine steile Eisrinne und die folgende Firnflanke, 50°, hinab). Die Firnterrasse wird in westl. Richtung absteigend gequert, bis man an die Felsen der Whymperrippe gelangt. Nun die Whymperrippe absteigend queren und über den folgenden Gletscherarm absteigen. Man gelangt so in einen weniger steilen Gletscherbereich, der westl. bis zu den markanten Rochers du Reposoir gequert wird. Über diese auf den Kamm der Felsen hinab und in gleicher Richtung weiter, wobei der Rocher de la Bouteille links liegen bleibt, bis zur Hütte.

● **960**   **Tour des Jorasses,** 3813 m

Mächtiger Felssporn auf der S-Seite der Grandes Jorasses, nordöstl. des Refuge des Grandes Jorasses (R 82). Durch seine Südabstürze leiten einige sehr schöne, jedoch im deutschen Spachraum kaum bekannte Felsrouten, vor allem die Südverschneidung, die zu den schönsten Felsklettereien im ital. Val Ferret gehört.

● **962**   **Südverschneidung**

G. Calcagno, L. Cerruti und G. Machetto, 5./6. August 1970. **VII—**, anhaltend V, V+ und VI auf den ersten 400 m. **ED—**. Großartige Felsführe, sehr schöne Kletterei an festem Fels mit ziemlich gleichbleibenden Schwierigkeiten. H stecken. Vollständiges Klemmkeilsortiment empfohlen. Vom Ende der Schwierigkeiten kann über die Route abgeseilt werden. Wandhöhe 700 m, 10 Std. vom E.

Übersicht: Vgl. Foto S. 309.

Zugang: Von der Hütte etwa 200 m den Hüttenweg hinab und zur Moräne des Glacier des Grandes Jorasses. Über den Gletscher in nördl. Richtung zu den S-Abstürzen der Tour des Jorasses. Man umgeht den Fuß des S-Grats und steigt den Gletscher auf bis unter die Verschneidung. E bei einem Couloir. 2 Std.

Route: Durch das Couloir 2 SL empor, dann rechts durch eine Verschneidung in 2—3 SL (IV+) zu einem Grat. Rechts auf einen Aufschwung empor (V) und gerade weiter hinauf. Dann werden große Blöcke links umgangen (IV+). Man erreicht so eine Terrasse am Beginn einer geneigten und offenen, plattigen Verschneidung mit zwei Parallelrissen (IV+ und V). Durch die Verschneidungsrisse bis zu einer Plattform in der Verschneidung (4—5 SL, VI, Stellen VI+ und VII—). (Hier der einzige Biwakplatz bis zum Ende der Schwierigkeiten.) An der linken Verschneidungswand empor bis an ein großes Dach in der

Tour des Jorasses von Süden
R 962 Südverschneidung   *R 963 Etoiles Filantes*

Verschneidung (V und V+, 4 SL). Nun rechts über eine kleine Wand zu leichterem Fels (IV+); 7—8 Std. vom E. Weiter folgt man dem Grat (schwierigere Stellen können rechts umgangen werden), zuletzt über Schnee und Geröll zum W-Gipfel, 2 Std.

● **963 Etoiles Filantes**
D. Anker, M. Piola und P. Strappazon, 12./13. August 1988. **VIII**—, Stelle **A 0**, 3 H. Fast durchweg VII— bis VII. VII+ oblig. **ABO**. Außergewöhnliche Kletterei in alpiner

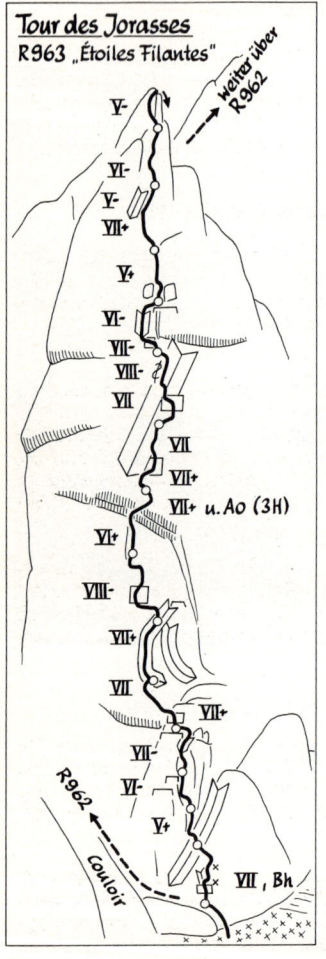

Umgebung. Teilweise exponierte, abwechslungsreiche Kletterei über Risse, Platten und Überhänge. 57 BH (10 mm) und 1 H stecken. 50-m-Seil empfehlenswert. Friends Nr. 2 zweimal empfohlen für 10. SL. Zweifellos ist dies eine der großen neuen Sportklettereien. Abseilen über die Route (eingerichtet). 15 SL. 450 m HD.

Übersicht: Die Route entwickelt sich in der rechten Verschneidungswand der großen S-Verschneidung der Tour Jorasses.

Zustieg: Vgl. R 962

Route: Vgl. Skizze S. 310 und Foto S. 309. (Angaben nach M. Piola, GHM 1988.)

● **969 Abstieg**

3 Abseilstellen. Trifft in Höhe der Whymperrippe auf den Normalweg (R 911), 2½ Std. bis zur Hütte (R 82).

Abstieg: Vom W-Gipfel steigt man über einen ausgesetzten Grat in die Scharte, die diesen vom O-Gipfel trennt. Nun 3mal abseilen auf den Glacier des Grandes Jorasses, den man in Höhe der gegenüberliegenden Whymperrippe erreicht. Weiter wie bei R 959 hinab zur Hütte.

● 970 **Col des Hirondelles,** 3480 m
T.S. Kennedy, J.A.G. Marshall, G. Loppé und Leslie Stephen mit
J. Fischer, Ulrich Almer und Henri Devouassoud, 14. Juli 1873.
Ausgangspunkt für Hirondellesgrat und die Gervasuttiführe durch die
Ostwand der Grandes Jorasses. Im Aufstieg vor allem von SO, im Abstieg auch nach NW zu empfehlen. Der Col wird durch einen Schneesattel gebildet, von dem nach NW ein Eis-/Firncouloir herabzieht.

● 971 **Von Südwesten**
Spaltenreicher, steiler Gletscheranstieg. **PD**. 3 Std. vom
Ref. Biv. Gervasutti (R 85)
Route: Von der Hütte auf das wenig geneigte Gletscherplateau westl.
des Hüttenfelsens. Man steigt den spaltenreichen Gletscher in WSW-Richtung an, passiert von P. 3524 m nahe am Fuß des OSO-Grats und
umgeht den folgenden Felssporn, um den Col von S zu erreichen.

● 979 **Abstieg nach Nordwesten**
Steiler Abstieg, bei dem überwiegend abgeseilt wird. **PD**.
3—4 Std. bis zum Refuge de Leschaux (R 63).
Route: Vom Col des Hirondelles an den nördl. Rand des Schneesattels
bis zu den ersten Felsen im Felsgrat zu den P. des Hirondelles. Auf der
NW-Seite des Grats zu Abseilschlingen. Am N-Ufer des großen Firncouloirs rd. 300 m abseilen. Über den spaltenreichen Gletscher zur Hütte.

● 980 **Petites Jorasses,** 3650 m
Die Petites Jorasses fallen im Kamm Grandes Jorasses — Aig. de Leschaux durch ihre markanten Westabstürze ins Auge. Über die Contamineführe in der Westwand wird der Gipfel so auch fast ausschließlich
erstiegen. Ersteiger A. Guyard mit H. Devouassoud und A. Cupelin, 23. September 1876.

● 981 **Ostflanke**
Weg der Ersteiger
Kombinierter Anstieg, überwiegend über steile Schneehänge. **AD**. Da
der Anstieg sehr der Sonne ausgesetzt wird, sind die Verhältnisse schon
früh am Tag ziemlich schlecht, weshalb die Führe auch im Abstieg
nicht empfohlen wird. HD vom Ref. Biv. Gervasutti 820 m. 3½ Std.

● 982 **Westwand**
Besonders markante Plattenwand von rd. 650 m HD, durch die z.Z.
4 Anstiege verlaufen, von denen die Contamineführe (R 983) recht
häufig begangen wird. Ausgezeichneter Fels. Durch die offene Lage
nach W meist gute Verhältnisse in der Wand. Abstieg entweder durch

Abseilen (50-m-Seile), mehr oder weniger entlang der Contaminéführe, oder nach Italien (R 989)

● **983** **Contaminéführe**
A. Contamine, M. Bron und P. Labrunie, 20./21. August 1955. **VI**, überwiegend V. **TD**. Sehr anhaltende Schwierigkeiten. Wunderbare, luftige und ausgesetzte Kletterei ohne ganz extreme Schwierigkeiten. Viele kleine Standplätze. Insgesamt vergleichsweise wenige H. Wandhöhe 650 m. 6—8 Std. vom E. Vgl. Foto S. 310 und Skizze S. 313.

Zustieg: Vom Refuge de Leschaux (R 63) steigt man auf den Glacier de Leschaux ab, um dann in die Firnbucht unter der Westwand aufzusteigen. E. am Fuß einer großen Verschneidung (2 Std.).

Route: Über den Bergschrund und über einige Stufen hoch an den Beginn der großen Verschneidung (IV). Mehrere SL durch die Verschneidung hoch bis zu einem breiten Blockband rd. 50 m unter den großen Überhängen (V+, dann IV+ und V). Nun rechtshaltend, durch zwei kleine Verschneidungen, dann über eine Platte ausgesetzt queren, um so die Überhänge an ihrer leichte-

Petites Jorasses
R 983 Contaminéführe

Petites Jorasses, Westwand
R 983 Contaminéführe

sten Stelle zu passieren (V und V+). Schräg rechts aufwärts, dann entlang eines oft nassen bzw. vereisten Couloirs hoch zu einem Bändersystem am Fuß einer plattigen Wand.

Über das Bändersystem hoch (III), dann durch einen Rißkamin (V+, 20 m, mühsam).

Nun entweder gerade über Risse und Platten hoch (V+) und direkt über den Überhang (VI/VI+) oder die Originalroute links durch eine Verschneidung hoch; weiter hoch zu einem Überhang, den man rechts oberhalb der Verschneidung überwindet und durch die folgende Verschneidung hinauf (V+ und VI). Ab hier geht es wieder auf derselben (gemeinsamen) Führe weiter: Linkshaltend über Platten (V) hoch, weiter linkshaltend; dann fallender Quergang und über Risse zum zentralen dreieckigen Schneefeld. Über das Schneefeld hoch oder über die rechtsseitigen Platten (V+). SL nach rechts leicht absteigend queren, dann hinter einem Grat den ersten Kamin hoch (IV+/V). Nun durch offene Verschneidung und Platten 3 SL hoch, wobei man sich in der NW-Wand befindet. Dann rechtshaltend weiter, um die eigentliche W-Wand zu erreichen. Über Platten und Verschneidungen knapp rechts des wenig ausgeprägten Pfeilers zwischen W- und NW-Wand hoch bis zum Gipfel (IV+ und V).

● **988 Südgrat**
A. Castelli und M. Rivero, 18. August 1935. **V** (eine Stelle), meist III und IV. **D**—.
Sehr schöne und interessante Kletterei.
Obwohl sie in einem gängigen Auswahlband steht, wird die Führe kaum begangen, was exemplarisch beweist wieviele lohnende Touren im teilweise wirklich katastrophal überlaufenen Mont-Blanc-Gebiet in Ruhe und ohne Andrang zu begehen sind. Grathöhe vom E 400 m. 5½ Std. vom Refuge-Bivouac Gervasutti.
Übersicht: Nach einem Schrägaufstieg nach W erreicht man den E links des eigentlichen Grats.
Über den ausgeprägten Grat hoch und im oberen Teil über einen Firngrat zum Gipfel.
Zustieg: Von der Hütte (R 85) auf den Gletscher, den man in westl. Richtung, vorbei an sehr großen Spalten, in die Firnbucht zwischen Pointe des Hirondelles und den Petites Jorasses aufsteigt. Über den Bergschrund traversieren und dann links des Gratfußes den Firnhang hochsteigen, der zwischen dem S-Grat und dem SW-Grat liegt. Gut 2 SL oberhalb des Bergschrundes quert man über ein Schneeband nach rechts, um den Grat zu erreichen. Vom Ende des Schneebandes steigt man wenig schwierig in der W-Flanke des Grats hoch, hin zum Beginn des Steilaufschwungs im Grat. Man gelangt so zu einem kleinen Absatz auf der O-Flanke (ca. 3340 m, 2½ Std.).
Route: Zunächst über die Gratschneide 10 m (IV) hoch bis zu einer kleinen Plattform auf der rechten Seite. Von hier gerade hoch zu einem spitzen Block an der Gratkante (IV). Nun links (W) etwa 1,5 m absteigen zum Fuß einer 20 m hohen, rötlichen Verschneidung. Durch diese hoch bis unter das Dach (IV). Über die rechte Verschneidungswand hinauf auf die Kante (V) und oberhalb des Überhangs aus der Verschneidung und zu einem Absatz 2 m oberhalb (IV). Über den folgenden leichteren Felsgrat, meist auf der linken (W) Flanke hoch (III / III +, luftig).
Über den folgenden schmalen Firngrat zum Gipfel.

● **989 Abstiege**
Grundsätzlich sind zwei Abstiege möglich:

a) Abseilen durch die W-Wand nach Frankreich
Lange Abseilfahrt. 50-m-Doppelseil erforderlich. Man seilt im wesentlichen über die Contamineführe (R 983) ab, d.h. im oberen Teil hält man sich links (W) von R 983, schneidet im mittleren Teil die Auf-

Aiguille de Leschaux von Westen
R 993 Westwand und Südwestgrat   R 994 Nordwestgrat

stiegslinie oberhalb des Überhangs und seilt dann in ziemlich gerader Linie rechts (O) von R 983 ab bis in die große Einstiegsverschneidung.

b) Abstieg nach Italien
Kombinierter Abstieg mit 40-m-Abseilstellen. **PD**.
Vom Ausstieg der Contamineführe (R 983), d. h. rd. 40 m vom Schneegipfel seilt man sich durch eine markante Verschneidung zweimal ab (oder IV).
So erreicht man von oben sichtbare Bänder. Über diese Bänder nach links nahe der großen Rinne, die vom Gipfel herabzieht. Nun geht es rechts (W) eine Rampe hinab zu einer Abseilstelle, von der man mittels Pendelquergang zu weiteren Bändern gelangt. Weiter rechts haltend und nahe einer Rinne absteigen, die von der nördlichen Pte. de Frébouzie herabzieht. Über den hier befindlichen Grat abwärts. Ein weiterer Abbruch wird entweder durch Abseilen überwunden oder linksausholend über den Gletscher umgangen. Weiter über leichten Fels hinab bis zum Bergschrund. Über den folgenden Gletscherarm des Glacier de Frébouzie hinab und schräg links (O) auf die Felsinsel, auf der die Gervasuttihütte (R 85) steht (3 Std.).

● **990** **Aiguille de Leschaux**
Formschöner Gipfel, der von drei großen Gletschern eingefaßt ist. Obwohl der Berg mehrere interessante Anstiege aufweist, hat er sich nie aus dem Schatten der nahen Grandes und Petites Jorasses lösen können.
Die interessantesten Anstiege haben allerdings bereits ein gewisses Niveau (D). Erstbesteiger, T.S. Kennedy und J.A.G. Marshall mit Johann Fischer und J. Grange, 14. Juli 1872.

● **991** **Südflanke (Normalweg)**
Erstbesteiger vgl. R 990. Kombinierter Gletscheranstieg. Bis **40°**. II. **PD**. Nur im Aufstieg zu empfehlen, da die oberen Firnhänge im Tagesverlauf regelmäßig schlechte Verhältnisse aufweisen. HD 940 m. 4 Std. vom Ref.-Biv. Gervasutti (R 85).
Route: Von der Biwakschachtel steigt man über den östl. Teil des Glacier de Frébouzie ziemlich direkt gegen die Felswand unter P. 3662 m an. Der ganze Gletscher wird hier von einer Felsbarriere durchzogen. Unter der Felswand von P. 3662 über den Bergschrund. Über einen Firnhang und linkshaltend über die Felsbarriere erreicht man die oberen Firnhänge. Nun steigt man direkt zum Ostgrat empor, über den man den Gipfel erreicht.

● 993 **Westwand und Südwestgrat**
C. Bonington, J. Brown, R. Ford und T. Patey, 18. Juli 1964.
V, A0 (Seilquergang), meist II und IV. **D+**. Lohnende Kletterei in sehr gutem Fels. HD 650 m vom E. 6 Std.
Übersicht: Vgl. Foto S. 315.
Zustieg: Vom Ref. du Leschaux (R 63) über den Glacier du Leschaux entlang seines rechten Ufers hoch. Weiter entlang der SW-Ausläufer der Aig. d' Eboulement (P. 2820 m), bis man die spaltenreiche Zone im Gletscher hinter sich gebracht hat. Nun auf das Schneefeld im unteren Teil der Westwand zu. E etwas rechts des markanten Einschnitts der untersten Felsbarriere.
Route: Etwas rechts einen kurzen Kamin hoch. Dann nach rechts an den Rand des Schneefelds queren, wo man einen massiven Sporn erreicht, der rechts (W) des Schneefelds hochzieht. Man überschreitet den Sporn auf seiner S-Flanke, über die man dann ohne größere Schwierigkeiten aufsteigt. Mittels weiterer Rechtsquerungen erreicht man nur leicht aufsteigend den SW-Grat rd. 100 m oberhalb seines Fußes. Über den pfeilerartigen Grat rd. 150 m hoch (III und IV) bis zu einer kleinen Schulter. Von hier durch einen Kamin und die folgenden steilen Felsen hoch bis an eine Verschneidung von 40 m. Durch die Verschneidung 10 m hoch, dann links heraus mit Seilquergang (V, A0) in leichteres Gelände. Weiter über einen steilen Aufschwung (IV+) und zur Gratschneide durch eine steile Kaminrinne. Man folgt dem Grat auf der SO-Flanke, wo man auch einige Türme umgeht. Über einige Kamine erreicht man den Gipfel.

● 994 **Nordwestgrat**
G. Gaia, F. Ravelli, G. Rivetti mit A. Rey und A. Chenoz, 31. Juli 1927.
V—, IV (40 m), meist II und III. **D—**. Große, einsame Bergfahrt, die insgesamt etwas leichter ist als die meisten großen Grate im Mont-Blanc-Gebiet. Zustieg kombiniert. Ausgangspunkt für den Grat ist der Col de Leschaux, der etwas umständlich von der französischen Seite über den Col de l'Eboulement (kürzer aber schwieriger) direkt von der italienischen Seite aus erreicht werden kann. Vom Refuge Dalmazzi (R 87) HD 1200 m, 8 Std. Vgl. R 995 für die Route bis zum Col de Leschaux. Vom Ref. des Leschaux (R 63) knapp 1400 m HD, 9 Std. Am Grat 450 m HD. Wird über die Ostflanke des Col de Leschaux von Italien angestiegen, ist ein außergewöhnlich früher Aufbruch einzuplanen,

um den steinschlaggefährdeten und sehr früh in der Sonne liegenden Abschnitt bis zum Col de Leschaux mit dem Morgengrauen hinter sich zu haben.

Übersicht: Man hat zuerst den Col de Leschaux, 3433 m, bzw. den Col de l'Eboulement zu erreichen. Da dieser von W äußerst steinschlaggefährlich, seine Besteigung schwierig und wegen des völlig verfaulten und steilen Gesteins sehr unangenehm ist, wird der Aufstieg über den Col de l'Eboulement im folgenden beschrieben. Vom Col de l'Eboulement muß man dann über den Schartenkopf L'Aiguillon, 3501 m, zum Col de Leschaux hinüberwechseln. Hier beginnt der NW-Grat mit zwei höheren Steilaufschwüngen und dem weniger hohen Gipfelaufschwung mit zwei dazwischenliegenden flachen Gratabsätzen.

Zustieg: Vom Ref. de Leschaux (R 63) wie bei R 993 bis oberhalb der spaltenreichen Zone, wo die Neigung des Gletschers etwas abnimmt. Nun hält man auf ein breites Schneecouloir zu, das nach SW vom Col de l'Eboulement herabzieht. Nun je nach den Verhältnissen entweder nach rechts und entlang des linken Ufers des Schneecouloirs hoch oder durch die Rinne selbst. Man gelangt so an die Felsen unter der nördl. Scharte des Col de l'Eboulement. Zunächst gerade hoch, dann schräg nach rechts bis in die südl. Scharte des Col (4 Std.). Weiter über den N-Grat der Aiguillon bis zu einer kleinen Schulter. Nun quert man entlang der steilen ONO-Wand. Mittels eines kurzen Aufstiegs erreicht man den SO-Grat der Aiguillon rechts eines kleinen Turms. Weiter über den Grat zum Col de Leschaux (½ Std.). Insgesamt 4½ Std. von der Hütte. Zum Col de Leschaux von Italien vgl. R 995 (3½ Std.).

Route: Vom Col wendet man sich nach SW und begeht auf kurzer Strecke den scharfen, meist verschneiten Grat, um dann nach links (O) zu queren. Man erreicht damit einen ausgeprägten Sekundärgrat, welcher sich weiter unten in der Wand verliert. In geradem Aufstieg wird das Couloir, das sich zwischen den beiden Graten emporzieht, solange benützt, bis sich am linken Grat eine kleine Scharte zeigt. Nun über ein langes Band aufsteigend über brüchige Felsen zur Scharte zwischen erstem und zweitem Grataufschwung. Man folgt dem Grat bis zum Fuß einer rd. 40 m hohen Platte, in deren Mitte sich einige Überhänge befinden. Die Platte wird rechts angegangen, um dann mit einer kurzen Linksquerung oberhalb des ersten Überhangs zu gelangen; dann gerade hoch (7—8 m) bis unter die anderen Überhänge, die man mit einer ausgesetzten Linksquerung umgeht; nun wieder gerader Aufstieg über eine kleine Wand und mittels schmaler Risse (IV, V—, H, 40 m). Man folgt nun dem Grat bis zur Höhe des zweiten Grataufschwungs. Der folgende luftige, fast waagrechte und sehr scharfe Grat führt zum Fuß des Gipfelaufbaus. Hier einige Meter nach rechts queren. Weiter entweder einem schmalen Band folgend zu einem Kamin, der durchstiegen wird, oder gerader Aufstieg über einen großen Block und mit einem kurzen Quergang nach rechts zum oberen Ende des Kamins. Nun immer am rechten Ufer einer größeren Rinne zur Schlußwand, die über Platten und Kamine erklettert wird. Man erreicht wieder den Grat nahe dem Gipfel. Vgl. Foto S. 315.

● **995**   **Col de Leschaux,** 3433 m (von Italien)
J.B. Colgrove, R. Pendlebury, C. Taylor mit Gabriel und Josef Spechtenhauser, 23. Juli 1877. **III,** kombiniert bis **50°. AD.**
Dient nur als Zustieg zu R 944. Vgl. dort.

Zustieg: Vom Ref. du Triolet (R 87) begeht man einen Pfad über die Geröllfelder auf der östl. Moräne des Glacier du Triolet, bis man leicht absteigend auf den Gletscher gelangt und diesen so oberhalb des Eisbruchs erreicht.

Nun quert man den Gletscher Richtung Col de Leschaux an den Wandfuß der NO-Wand (2900 m, 1½ Std.).

Route: Über den Bergschrund unterhalb des steilen Couloirs, das im Col de Leschaux entspringt.

Über das linke Ufer des Couloirs (N) hoch, so daß man in einer großen Diagonale erst unter der Aig. de l'Eboulement, dann der Aiguillon aufsteigt, um erst im oberen Teil das Couloir selbst zu benutzen, das im oberen Teil ziemlich steil ist.

Bei guten Verhältnissen ist es jedoch meist empfehlenswerter und vor allem auch schneller, direkt über den Firnhang und das Couloir aufzusteigen. 2 Std. vom Bergschrund.

● **999**   **Abstieg**
Firngrat und Gletscherabstieg mit einzelnen Felspassagen **II. PD.** 3—4 Std. bis ins Tal. Dieser Weg weist meist bessere Verhältnisse auf als R 991 (Normalweg), weshalb er normalerweise im Abstieg begangen wird.

Abstieg: Vom Gipfel folgt man dem teils verfirnten, teils felsigen Ostgrat bis in die Scharte zwischen P. 3654 m und dem Mont Gruetta (auch: Monte Greuetta). Nun über den mäßig steilen Gletscher hinab. (Auf der IGN-Karte ohne Namen; es handelt sich um den östl. Arm des Glacier de Frébouzie.)

Im unteren Teil wird der Gletscher spaltenreicher. Man hält sich nach links nahe der unteren Ausläufer des Petit Mont Gruetta (vgl. R 1009). Man gelangt so auf den Weg zwischen Ref.-Biv. Gervasutti und dem Tal (R 85).

● **1000** **Mont Gruetta (Monte Greuetta, Mont Greuvetta), 3684 m**

Weitläufiges, noch ziemlich einsames Felsmassiv mit eindrucksvollen Granitwänden, östl. der Aiguille de Leschaux, zwischen Glacier du Frébouze und Glacier du Triolet. Der vom Hauptkamm gesehen nicht sehr imposante Gipfel entsendet zum Val Ferret hin zwei mächtige Grate, den SSO-Grat zum Petit Gruetta, 3226 m, und den O-Grat zum Mont Rouge de Gruetta, 3477 m, und zum Mont Vert de Gruetta, 2810 m. Zwischen den beiden Graten ist der kleine, steile Glacier du Gruetta eingelagert. Die erst in den 80er-Jahren aufgestellte kleine Biwakschachtel Camino (R 86) hat den Zugang zu einigen neuen Routen auf der O-Seite erleichtert. Auf der W-Seite muß man jedoch direkt aus dem Tal ansteigen bzw. vom Ref.-Biv. Gervasutti absteigen an den Beginn der Routen, nachdem die alte Biwakschachtel Frébouze nun abgebaut und in Courmayeur ausgestellt ist. Erstbesteigung L. Dècle mit H. Devouassoud und E. Cupelin, 15. August 1876.

● **1001** **Westgrat**
Erstbegeher vgl. R 1000. Teilweise steiler, spaltenreicher Gletscheranstieg. **II**, meist I. **PD**. HD vom Ref.-Biv. Gervasutti 850 m. 5 Std. von der Hütte.

Route: Vom P. 3654 m zieht ein langer Felsgrat nach S. Man überquert diesen Felsgrat bei ca. 3100 m und gewinnt so den östl. Arm des Glacier de Frebouze (auf der IGN-Karte ohne Bezeichnung) Nun über den steilen und spaltenreichen Gletscher in die Grateinsenkung östl. des P. 3654 m (4 Std.). Auf dem hier nun erreichten W-Grat über ziemlich brüchige, aber insgesamt leichte Felsen sich in der S-Flanke haltend zum Gipfel.

● **1003** **Westsporn des Gratgipfels, 3580 m**
R. Goedeke, T. Bartels, A. Nehring, 14. Juli 1975. **V**, überwiegend IV. **D+**. Elegante Freikletterei in ausgezeichnetem Fels. Keine H. Wandhöhe 500 m. 5—6 Std. vom E zum Gipfel 3580 m. Siehe Skizze Seite 321.

Übersicht: Die Südwestwand des Mont Gruetta gewinnt erst im Bereich des langen Südsüdostgrats ihre volle Höhe. Der Anstieg verläuft über die nördlichste der Felsrippen im linken Teil der hohen Wand über dem östlichen Glacier de Frébouze und endet auf einer (vom Ref.-Biv. Gervasutti aus sichtbaren) breiten Erhebung des Grates.

Zustieg: Vom Ref.-Biv. Gervasutti (R 85) über den Gletscher schräg rechts empor und in nicht leichter Kletterei auf die Scharte oberhalb des P. 3050 in den Grat, der vom P. 3650 herabzieht und den mittleren vom östlichen Glacier de Frébouze trennt. Jenseits den letzteren queren zum Einstieg in Fallinie der am weitesten links (nördlich) gelegenen Felsrippe (2–3 Std. von der Hütte).

Route: Über Platten und Stufen schräg rechts zu Couloir, das rechts der Felsrippe herabzieht. Darin und wenig rechts davon (IV) zu Felskessel mit Schnee. Rechts eine SL bis kurz vor Turm, dann links queren (V—, IV, III) zur ersten Felsrippe. Nun auf der Kante der griffigen Rippe mehrere SL in schöner Kletterei (IV und III) empor, wobei nur einmal der obere Teil eines sehr steilen roten Aufschwungs rechts nahe bei Couloir erklettert wird. Danach direkt weiter (IV) zu waagrechtem Felsgrat unter der Gipfelwand. Links einige Meter absteigen und entlang einem griffigen Riß (IV) schräg links ausgesetzt zu Stand in Nische. Links schwierig um die Ecke (V) und über Überhang (V) in Verschneidung, die an zuletzt senkrechten Rissen (V—) bis zu ihrem Ende erklettert wird. Nun über Platten und Verschneidungen wenig links der Kante (IV+) bis dicht unter die Grathöhe. Rechts auf Band um Ecke und Verschneidung zum Gratgipfel (ca. 3580 m).

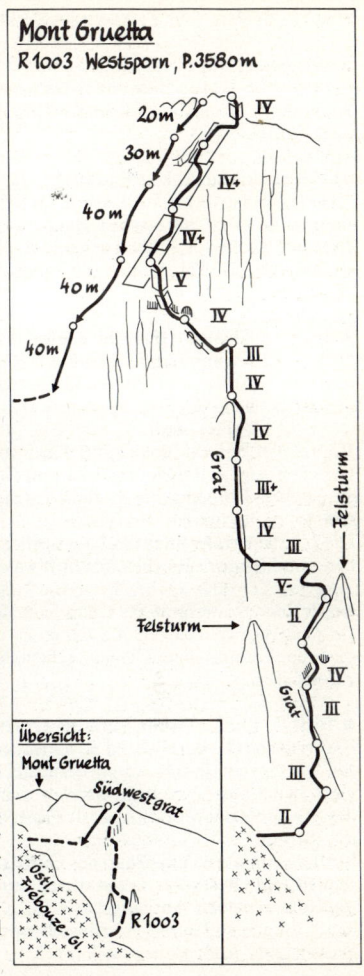

Mont Gruetta
R1003 Westsporn, P.3580m

Vom P. 3580 m gibt es zwei Möglichkeiten:

a) Begehung des Südsüdostgrats bis zum Gipfel:
Hierzu wird der folgende Aufschwung im Grat mit zweimaligem Abseilen in der Westseite umgangen (Stelle V), danach wieder am Grat weiter zum Gipfel.

b) Abseilen und Abklettern direkt auf den Glacier de Frébouze:
Von der Scharte nördlich von P. 3580 m nach W 20 m, 30 m dann dreimal 40 m zu gestuftem Gelände abseilen. Dieses wird nach rechts (N) zum Glacier de Frébouze gequert. Nun wie bei R 999 weiter. Vom P. 3580 m ins Tal 5 Std.; bis zum Ref.-Biv. Gervasutti 3¹/₂ Std. (R. Goedeke)

- **1009 Abstieg nach Süden über den Westgrat**
  Kombiniert bis **40°**, am W-Grat teilweise **II. PD**. Leichtester Abstieg, überwiegend über Gletscher (teils stark zerschrunden, 2¹/₂ Std. bis zum Ref.-Biv. Gervasutti oder direkt ins Tal 3¹/₂ Std.

Route: Am W-Grat hinab zur Scharte vor Punkt 3654 m (= Gratgipfel zwischen Aig. de Leschaux und Mont Gruetta). Nun südl. linkshaltend den steilen Firnhang hinab zum obersten Becken des östl. Arms des Glaciér de Frébouze.
Die oberen Seraks links (östl.) umgehend, den Gletscher hinab entweder zum Standort des ehemaligen Biwak Frébouze und weiter über den Weg ins Tal oder vorher bei etwa 3100 m Höhe zum hier niedrigen westl. Begrenzungsgrat des Gletschers. Jenseits abklettern und abseilen (je nach Wegwahl ein- oder zweimal 20 m) zum westl. (großen) Glacier du Frébouze und diesen wenig rechtshaltend hinab zum Ref.-Biv. Gervasutti (R 85).

- **1020 Mont Verte de Gruetta,** 2810 m

Erstbesteiger T. Bartels und R. Goedeke, 3. Juli 1975.
Bis vor einigen Jahren kaum besuchter und auf der IGN-Karte noch nicht benannter Gipfel. Es handelt sich um den äußersten Ausläufer des SO-Grats des Mont Rouge de Gruetta. Höhenangabe lt. Guide Vallot 2810 m.
Mittlerweile wurde unterhalb des Gipfels eine kleine Biwakschachtel errichtet. Vgl. R 86. Als Folge dieser neuen Übernachtungsmöglichkeit (und damit neuen Ausgangsbasis für Klettertouren) sind auch einige neue, lohnende Touren erschlossen worden. Die absolute Abgeschiedenheit ging jedoch auch verloren.

Mont Verte de Gruetta
R1022 Südgrat

● **1022 Südgrat**
Erstbegeher vgl. 1020. V— (eine Stelle), meist IV+ und IV. **D.** Elegante Kletterei in sehr gutem Fels. Kaum H. HD 300 m. 3 Std. vom E. Vgl. Skizze S. 323.

Zustieg: Vgl. R 86.

Übersicht: Der Berg ist der südöstliche Eckpfeiler des langen Grates, der vom Mont Gruetta nach Südosten zieht. Die Südwestseite des Berges wird durch zwei große, nach links ansteigende Plattenbänder gekennzeichnet. Der Anstieg verläuft zunächst über eine Felsrippe rechts dieser Bänder und folgt dann dem Südgrat bis zum Gipfel.

Route: E etwas rechts der Fallinie des unteren Endes der Plattenbänder. Über eine Rampe schräg links (IV+) und über Blocküberhang (IV+) zu Nische. Links über Platte (III, dann IV+) zu Absatz nahe dem unteren Plattenband. Rechts an grasdurchsetzter Felsrippe in zwei Seillängen (III) zu Kanzel an der Kante des Südgrates. An der Kante (III+) luftig zu Zacken. Über einen Reitgrat (IV—) und kurze Rippe zu grasigem Absatz unter breiter Platte. Links zu Riß und (IV—) über Blocküberhang, dann nahe der linken Kante (III) luftig weiter bis zu kleiner Scharte, wo die Gratkante steiler wird. Eine Seillänge unmittelbar an der Kante (IV+) zu Stand unter

Überhängen in Nische. Rechts haltend weiter bis unter überhängende Risse und rechts auf Leiste zu Kamin queren. Schwierig (V—) auf die Kante unmittelbar rechts davon und daran zu Stand. Links zurück zur Gratkante und über Scharte und Stufen zum Gipfel. (R. Goedeke)

● **1028 Nordwestgrat im Abstieg**
Erstbegeher vgl. R 1020.
IV+, meist II und III. **AD**. 4—5 Std. zurück zur Biwakschachtel.

Übersicht: Als Abstieg kann die weitere Überschreitung des Grates bis vor den großen Aufschwung des Mont Rouge de Gruetta und von dort ein Abstieg nach Westen zum Gletscher gewählt werden.

Route: Vom P. 2810 m zunächst hinab in die Scharte (II), dann über Gratschulter zum Fuß des nächsten Gratgipfels, der auf der Ostseite an Riß (III) erklettert wurde (= P. 2873). Weiter über den schmalen, plattigen Grat (zuletzt IV+) abklettern zur Scharte. Weiter zuerst am Grat, später rechts davon (Stelle IV+) über Stufen und zum Gipfel des P. 2932 m. Weiter immer am Grat (II und III, eine Stelle IV—) bis über den horizontalen Gratteil vor dem Aufschwung zum Mont Rouge de Gruetta. Von hier links in kurzer Rinne westlich absteigen zu Schneefeld. Dieses gerade hinab und in Rinne (2mal abseilen je 30 m) zum unteren Teil des Gletschers, der unterhalb der Spaltenzonen erreicht wird (4 Std.).

● **1029 Abstieg**
Leichterer und kürzerer Abstieg als R 1028. 1—2 Std. zur Biwakschachtel (R 86).

Abstiege: Von der Scharte hinter dem P. 2810 m nach Osten abklettern und abseilen in eine Rinne und diese abklettern zum Terrassenbereich unter der Ostwand. Etwas rechts haltend über grasdurchsetzten Fels zur Biwakschachtel.

● **1030 Aiguille de Talèfre,** 3730 m
Erstbesteiger J. Baumann, F.J. Cullinan und G. Fitzgerald mit E. Rey, L. Lanier und J. Moser, 25. August 1879. Relativ einsamer Gipfel. Der interessanteste Aufstieg verläuft über die Nordwand des Col des Aiguilles de Talèfre und wird gelegentlich wiederholt. Er kann als sehr lohnend angesehen werden.

● **1031 Südwestflanke**
Erstbegeher vgl. R 1030. **III,** meist II; kombiniert, spaltenreicher Gletscher. **PD**. Normalweg. Kein besonders guter

Fels. Im Abstieg nicht zu empfehlen, Steinschlaggefahr besonders am Bergschrund. 1300 m HD. 5 Std. vom Refuge de Leschaux (R 76).

Übersicht: Man hat vorerst den obersten Teil des Glacier de Pierre Joseph am Fuß der SW-Wand zu erreichen. Eine durch die Wand emporziehende Felsrippe, rechts und links flankiert von zwei großen, auffallenden Firncouloiren, gibt dann die allgemeine Aufstiegsrichtung an.

Route: Von der Hütte zuerst in östl. Richtung über steiles Gras und Geröll zur Moräne am rechten Ufer (N) des Gletschers. Nun nach O dieser folgend (oder bei guten Verhältnissen am rechten Ufer des Gletschers empor) bis zum Ende der Moräne, worauf ein Geröllgraben zu einem steilen Felsabsatz führt. Diesen über seine steilen Platten leicht übersteigend, geht man über Schutt-, Fels- und Grashänge am Fuße des langen W-Grates der Aig. de Talèfre entlang in Richtung des SW-Grates der Petite Aiguille de Talèfre. Nach Betreten des Gletschers hält man auf eine am Fuß des erwähnten SW-Grates liegende Felsinsel zu, umgeht diese oberhalb, um so den S-Arm und das obere Becken des Gletschers zu erreichen (ca. 3320 m, 3 Std.) Über den Bergschrund des linken Firncouloirs, dann quert man nach rechts zur Rippe, die man entweder über brüchigen Fels bis zum Vorgipfel, 3726 m, vollständig erklettert, oder sie nach dem ersten Drittel verläßt, das rechte Couloir quert und zum S-Grat aufsteigt, der links zum Vorgipfel führt. Von ihm über den leichten Grat zum Hauptgipfel.

● **1034 Nordwestwand**

Durch die 600 m hohe und mehrere 100 m breite Nordwestwand der Aig. de Talèfre ziehen zahlreiche Routen, die fast alle erst Ende der siebziger Jahre erschlossen oder wiederentdeckt wurden. Neben der Route in den Col des Aig. des Talèfre (R 1035) von 1930, die bis vor wenigen Jahren völlig unbekannt geblieben ist, hatte die Route von Maurice Davaille (Erstbegeher der Droites-Nordwand) immer schon einen sagenumwobenen Ruf. Erste Wiederholung 1974.

● **1035 Nordwand des Col des Aiguilles de Talèfre**

C. Dumont und H. Fioroli, 31. Juli 1930. **60°** am Ausstieg, sonst 50 bis 55°. **D+**. Weiter zum Gipfel schmaler Firngrat, kombiniert. Großartige Eistour. Weitgehend frei von objektiven Gefahren. 450 m Wandhöhe bis zum Col. 3 bis 4 Std. für die Wand.

Übersicht: Durch die NW-Wand führen zwei markante Eisrinnen. Die schmalere, östl. endet nahe am Gipfel. Durch sie verläuft die Davailleführe, R 1036. Die rechte Eisrinne endet in einem Firnsattel (ohne Na-

men auf der IGN-Karte) nahe bei P. 3580 m. Zum Gipfel steigt man dann den obersten W-Grat zum Hauptgipfel.
Zustieg: Vom Refuge du Couvercle (R 64) folgt man dem Weg, der leicht absteigend auf den Glacier de Talèfre leitet. Auf dem Gletscher quert man an den unteren Rand der Felseninsel im Gletscher „Jardin de Talèfre" und begeht hier die kleine Moräne in östl. Richtung. Spätestens vom Ende der Felseninsel quert man den Gletscher nach SO, um in den flacheren Teil unterhalb der Nordwand zu gelangen. E bei rd. 3150 m (2 bis 2½ Std.).
Route: Über den meist schwierigen Bergschrund. Der Weg hängt insbesondere von dem Serak unmittelbar am Bergschrund ab. In der Eiswand hält man sich nahe der kleinen Felseninsel, oberhalb der ein sehr steiler Firngrat beginnt, über den man den Col erreicht (3—4 Std.). Vom Col folgt man dem W-Grat über einen Firngrat und verschneite Felsen bis zum Vorgipfel, 3726 m, und zum Hauptgipfel.

● **1036　Davailleführe**
　　A. Billet, M. Davaille, E. Troksiar; 31. Juli bis 2. August 1957. Sehr ernste kombinierte Bergfahrt. Durchschnittsneigung über **56°**.
　　Im oberen Teil sehr heikle Kletterei in vereistem Fels. **TD**. Wandhöhe 600 m. 6—8 Std. vom E.
Übersicht/Zustieg vgl. R 1035.
Route: Über den meist schwierigen Bergschrund. Hoch zu einer felsigen Verengung, die überstiegen wird.
Weiter hoch durch das schmale Couloir. Die letzten 2—3 SL in sehr steilem vereisten Fels.

● **1039　Abstieg**
　　J.H. Gibson, G.H. Morse, J.H. Wicks; 29. Juli 1892.
　　III, meist II, kombiniert **PD**. 4—5 Std. bis Couvercle (R 64).
Übersicht: Vom Gipfel der Aig. de Talèfre begeht man den W-Grat bis zur Pointe Sup. de l'Aig. de Pierre Joseph, P. 3472 m und steigt dann nach N auf den Glacier de Talèfre ab.
Abstieg: Vom Gipfel folgt man dem Grat und quert dann unschwierig auf der Talèfre-Seite und gelangt so zum SW-Gipfel über verschneiten Fels und einen schmalen Firngrat zum Col des Aig. de Talèfre. Man steigt jenseits durch einen 12 m hohen Kamin auf die Petite Aig. de Talèfre auf. Nun entlang des verwächteten Grats bis P. 3472 m (1½ Std.). Über den N-Sporn von P. 3472 m hinab bis etwa in die halbe Höhe. Nun in der linken (W) Flanke hinab über Fels und Firn bis

an den Bergschrund. Man erreicht den Glacier de Talèfre etwa bei P. 3009 m (1¼ Std.). Nun wie bei R 1035 zur Hütte.

● **1050**   **Aiguille Savoie,** 3603 m
Von Italien aus häufiger besuchter Gipfel mit einem schönen SO-Grat, der von Paul Preuß erstbegangen wurde. Erste Besteigung des Gipfels durch A. Brun mit Jean Ravanel und Leon Tournier, 1894.

● **1052**   **Südostgrat**
Paul Preuß im Alleingang, 17. August 1913. **IV +** , meist III und IV, Zustieg über den spaltenreichen Glacier de Triolet **AD +**.
Schöne, sichere Kletterei in gutem Fels. 400 m HD, 3 Std. vom E.

Übersicht: Von der Aig. Savoie zieht der SO-Grat weit in den Glacier de Triolet hinein. Bei einer Firnbucht (Gratmitte) betritt man ihn von O und folgt ihm im wesentlichen bis zum Gipfel.

Zustieg: Wie bei R 1062 vom Rif. Dalmazzi (R 87) auf den flachen nördl. Arm des Glacier de Triolet. Man übersteigt die Felsinsel P. 3210 m etwa in ihrer Mitte oder umgeht sie noch etwas aufsteigend nördl., um dann in beiden Fällen nach links zum Schneefeld im SO-Grat aufwärts bzw. waagrecht den spaltenreichen Gletscherarm zu queren. E bei ca. 3200 m ab P. 2842 m.

Route: Man folgt der Gratkante zunächst auf der linken Flanke (III) bis zum Fuß eines links befindlichen großen gelben Pfeilers. Nicht zum Pfeiler, sondern an der Gratkante durch einen engen Kamin (IV). Rechts aus dem Kamin heraus zu Absatz. Einen kleinen Aufschwung hoch, dann über leichteres Gelände. Kleine Scharten übersteigen und Aufschwünge links umgehen bis zu markantem gelben Gendarmen, unter dem der Grat ziemlich plattig ist. Man ersteigt diese Platten, umgeht den Gratturm links und errreicht so eine meist verschneite Scharte links der Ostwand. Über Verschneidungen und kleine Aufschwünge links zur Gratkante zurück und zu Plattform am Beginn des letzten (gelben) größeren Aufschwungs. Etwa 1 m links der Gratschneide einsteigen und dann ziemlich gerade über die Schneide 80 m hinauf (IV / IV +). Zum Gipfel in 40 m leichterer Kletterei.

● **1059**   **Abstieg**
II, PD. Insgesamt leichte, kurze Kletterei. HD im Abstieg rd. 60 m. 20 Min.

Abstieg: Vom Gipfel folgt man dem schmalen luftigen Grat zum Col de Talèfre. Von dort weiter vgl. R 1060.

6. Aiguille de Triolet — Aiguille Verte

● **1060**   **Col de Talèfre,** 3554 m
Leichtester Übergang zwischen dem Glacier de Talèfre und dem Glacier du Triolet bzw. zwischen Couvercle (R 64) und dem italienischen Val Ferret.
Erster Übergang durch E. Whymper mit Ch. Almer und F. Biner, 3. Juli 1865.

● **1061**   **Von Nordwesten**
        45°. Insgesamt langer Gletscheranstieg, nur am frühen Morgen empfehlenswert. Im Schluß-Firncouloir am Nachmittag Steinschlaggefahr. **PD.** 900 m HD. 4½ Std. von Couvercle.
Route: Vom Refuge du Couvercle (R 64) folgt man dem Weg unter der alten Hütte entlang zum Glacier de Talèfre zunächst horizontal, dann etwas abfallend. Auf dem Gletscher wird dieser zum unteren Rand des Jardin de Talèfre gequert. Hier nun auf die kleine parallel verlaufende Moräne.
Nun weiter in OSO-Richtung in den hinteren Teil des Talèfre-Beckens. Weiter in Richtung auf den Westsporn der Aig. Savoie, P. 3218 m, halten.
Nicht bis zu diesem, sondern unterhalb nach links ausholend unterhalb eines Eisbruchs in die Gletscherbucht unter dem Col de Talèfre. Nach links an den Beginn des Firncouloirs und dieses hoch (45°) zum Col de Talèfre.

● **1062**   **Von Südosten**
        II, teilweise steiler und spaltenreicher Gletscheranstieg. **PD.** 1000 m HD.
        4—5 Std. vom Ref. Dalmazzi (R 87).
Route: Von der Hütte folgt man dem Weg, der zur Moräne des rechten Ufers (N) des Glacier du Triolet führt. Über die ganze Moräne hoch, dann durch ein Tälchen in nördl. Richtung weiter. Man erreicht den Gletscher unweit seines fast ebenen nördl. Arms. Links haltend wird dieses Gletscherplateau gequert, dann wird zwischen der großen Felsinsel P. 3210 m und den Ausläufern des SO-Grats der Pte. Isabella über den hier spaltenreichen Gletscher aufgestiegen. Man ersteigt den Gletscher bis unter die Pte. Papillons.
Hier übersteigt man den Bergschrund und steigt nach links (W) über

leichte Felsen bis an den Beginn eines langen, ansteigenden Felsbands, dem man bis zum Col folgt.

● **1066** **Col de Triolet,** 3703 m
Dieser Paß wird nicht als Übergang benutzt, sondern dient nur dem Zustieg zum Normalweg auf die Aig. de Triolet und zum Abstieg.

● **1067** **Von Westen**
Langer Gletscheranstieg, dessen Schwierigkeiten sehr von den Verhältnissen des kleinen Glacier des Courtes abhängen. **PD**. 1100 m HD von Couvercle. 4—5 Std. im Aufstieg. Im Abstieg 2—3 Std. Vgl. Foto S. 331.

Route: Vom Refuge de Couvercle (R 64) wie bei R 1061 auf die parallel zum Jardin de Talèfre verlaufende Moräne. Man hält auf den Fuß der Aig. Chenavier zu und erreicht den kleinen Glacier des Courtes. Auf diesem aufwärts bis unter den Col des Courtes. Nun schräg nach rechts (SO) bis unter die Eisbrüche steigen. Rechts querend und über einen Gletscherhang erreicht man den Firngrat, der von der Pte. Isabella nach NW herunterzieht. Sobald der Grat flacher wird, quert man etwas nach links zum Col.

Abstieg: Im Abstieg ist bei schlechter Sicht (insbesondere wenn man von der Aig. Triolet kommt) der Firngrat nicht leicht zu finden. Deshalb bei schlechter Sicht nicht zu viel absteigen und sich beim Abstieg nicht zu sehr rechts (N) halten.

● **1068** **Von Südosten**
Spaltenreicher Gletscheranstieg. **II. PD.** 1200 m HD vom Refuge Dalmazzi (R 87). 4 Std.

Route: Wie bei R 1062 bis zum ebenen Plaeau des nördl. Arms des Glacier de Triolet. Nun weiter über den nördl. Arm des Gletschers zunächst am linken Ufer, dann in der Mitte hoch (viele Spalten). Man übersteigt den Bergschrund und klettert die leichten Felsen zum Col.

● **1070** **Aiguille de Triolet,** 3870 m
Die Aig. de Triolet steht als letzte mächtige Erhebung im kilometerlangen Wall der beeindruckenden Gipfel und N-Wände des Glacier d'Argentière. In der Nähe des Gipfels treffen drei bedeutende Grate zusammen: Die nach N verlaufende Kette mit Courtes, Droites und Aig. Verte, nach S der Grat mit der Aig. de Talèfre, Aig. de Leschaux und den Grandes Jorasses und nach O schließlich der wildgezackte Grat zum Mont Dolent. Erste Besteigung durch J.A. G. Marshall, U. Almer und J. Fischer am 26. August 1874. Besondere Bedeutung hatte

lange Zeit die klassische Nordwandroute von 1931, die lange als schwierigste Eistour im Alpenraum angesehen wurde und auch heute noch als besondere Renommiertour unter Eisgehern gilt. Die übrigen Anstiege werden hingegen recht selten versucht.

● **1071   Über den Glacier du Talèfre und den Col de Triolet**
Th. Maischberger, H. Pfannl und F. Zimmer, 27. Juli 1900. Interessanter, leichter, jedoch recht langer Anstieg. Abgesehen von den kurzen Gipfelfelsen, nahezu reiner Eisanstieg. Gipfelfelsen **III**. **PD**. 1½—2 Std. vom Col de Triolet, 3703 m. 5½—7 Std. vom Refuge de Couvercle (R 64). Vgl. Fotos S. 331, 332.

Route: Auf R 1067 zum Col de Triolet. Vom Col de Triolet quert man die S-Flanke der beiden Petites Aiguilles de Triolet und erreicht den oberen, etwa 3770 m hohen Col de Triolet. Nun in der NW-Flanke über einen kurzen Firnhang zu einem senkrechten Kamin, den man durchklettert. Über unschwierige Felsen zum Gipfel.

● **1072   Südostgrat**
E.H.F. Bradby, J.H. Wicks, C. Wilson und H. Rey, 9. Juli 1904.
III, kombinierter Gratanstieg mit schönen Kletterpassagen. **AD**. In Verbindung mit dem Abstieg über R 1079/1071 (Normalweg) eine interessante Überschreitung im östl. Teil der Mont-Blanc-Gruppe. Im allgemeinen guter Fels. Höhenunterschied von der Brèche des Monts Rouges ca. 500 m. Bis zur Brèche 2½ Std. Von hier bis zum Gipfel 3½ Std.

Übersicht: Vom Refuge Dalmazzi (R 87) steigt man entlang der Monts Rouges de Triolet, bis man über ein Couloir die Brèche des Monts Triolet erreicht. Nun über den Grat, wobei man ziemlich direkt auf dem Grat bleibt.

Zustieg: Von der Hütte entlang des Fußes der Monts Rouges bis zum Ende der Moräne. Weiter über den Gletscher, bis man bei ca. 3200 m zwei enge Couloirs erreicht, die von der markanten Scharte im SO-Grat zum Glacier du Triolet herabziehen.

Route: Nun entweder durch das linke Couloir oder über die unschwierigen Felsen des rechten Couloirs empor zur Brèche des Monts Rouges (ca. 3350 m). Man folgt dem Grat bis zu zwei Gendarmen, die man umgehen oder übersteigen kann (der zweite weist eine Stelle IV auf). Man folgt dem Grat bis zu einem großen Aufschwung, der direkt erstiegen wird (III). Den Grat einige Zeit verfolgend, begeht man dann nach

Aiguille de Triolet, Nordwand

R 1071 Über den Glacier de Talèfre
R 1076 Gréloz-Roch
R 1077 Contamine-Lachenal

Aiguille de Triolet, von Südwesten
R 1067 Col de Triolet von Westen   *R 1071 Über den Glacier de Talèfre*

rechts ein Band, das zu einem Felsdurchschlupf führt. Über diesen
quert man zuerst kurz nach rechts, um direkt zum Gipfel aufzusteigen.

● **1075   Nordwand**
Eine der berühmtesten Nordwände bei Insidern und insbesondere Eisgehern. Die Wand weist heute etliche Anstiege aus, die teilweise etwas gesucht erscheinen. Die Routen durch den Felsteil der N-Wand werden kaum wiederholt. Sie sind alle ziemlich steinschlaggefährdet. Eine echte Alternative stellt auch das N-Couloir zur Brèche de Triolet nicht dar, da der anschließende NO-Grat maximal mäßigen Fels aufweist. So bleiben nur Gréloz-Roch und Contamine-Lachenal.

● **1076   Gréloz-Roch**
R. Gréloz und A. Roch, 20. September 1931
Durchschnittsneigung 54°, steilste Passagen ca. **58°**. TD—.
Bedeutende, sehr interessante, nahezu reine Eisfahrt von
ungewöhnlicher Steilheit, in Verbindung mit der Variante
von Contamine und Lachenal (siehe unter b) eine der großzügigsten in der Mt.-Blanc-Gruppe und im gesamten Alpenraum. Teilweise stark eisschlaggefährdet. Genaues Wandstudium erforderlich. Schlechte Verhältnisse (sehr häufig im oberen Teil) lassen diese Fahrt nicht selten zu einem gefährlichen Unternehmen werden. E. bei ca. 3120 m, zeitiger Aufbruch unbedingt ratsam. 6—8 Std. vom E je nach Verhältnissen zum Gipfel. Vgl. Foto S. 331.

Übersicht: Auf dem Bild sind zwei Seraks zu sehen, die sehr unterschiedlich ausgeprägt sein können und einen wesentlich anderen Routenverlauf bedingen können. Die Route ergibt sich dementsprechend. In vielen Fällen steigen die Begeher direkt in die Scharte zwischen den Petites Aig. de Triolet.

Zustieg: Vom Refuge d'Argentière (R 67) in 1½ Std. über den flachen Glacier d'Argentière an den Wandfuß bei ca. 3120 m. Am Ende des unteren Wanddrittels befinden sich zwei kleinere, vertikal verlaufende Felsinseln. Den Einstieg wählt man etwas rechts der Fallinie der rechten (westl.) Felsinsel.

Route: Über den Bergschrund dort, wo er am leichtesten zu überwinden ist. Achtung! Die unteren Seillängen sind sehr dem Eisschlag ausgesetzt. Den ca. 50° geneigten Hang gerade hinauf, an der erwähnten Felsinsel knapp rechts vorbei zu einer schwach ausgeprägten Eisrippe oberhalb der Felsinsel. Auf dieser die nun steiler werdende Eisflanke (ca. 55°) empor bis in die Höhe des gewaltigen, die Wandmitte beherrschenden Eisabbruches. Je nach Verhältnissen an dem Serak vorbei und weiter zum Col sup. de Triolet. Vom Col in teilweise kombinierter Kletterei (III) durch einen Kamin in ca. ½ Std. zum Gipfel.

Notausstieg: a) Ausstieg bei schlechten Wand- und Wetterverhältnissen. Nach Überwindung des oberen Eisabbruches auf dessen rechter Seite nicht nach links ansteigend den Col. sup. de Triolet gewinnen, sondern gerade hinauf (56°) in die Scharte zwischen den beiden Petites Aiguilles de Triolet.

● 1077 **Contamine-Lachenal**
Erste Begehung durch A. Contamine und L. Lachenal anläßlich der 3. Begehung am 13. September 1947. 55 bis **60°**. Durchschnittsneigung 54°. **TD**—. 6—8 Std. vom E zum Gipfel. Die Rechtsschleife der Originalführe meidender, direkter Ausstieg. Nicht allzu häufig begangen, selten gute Verhältnisse, objektiv gefährlich.

Route: Nach Überwindung des untersten Eisabbruches (vgl. R 1076) auf dessen linker Seite nicht nach rechts, sondern gerinfügig linkshaltend hinauf zum linken Rand des oberen Eisabbruches. Zwischen diesem Eisabbruch und den Felsen in der „Contamine-Lachenal-Rinne" hinauf in die Felsen und weiter durch den oben erwähnten Kamin zum Gipfel. Vgl. Foto S. 332.

● 1079 **Abstieg**
Der Abstieg von der Aig. de Triolet auf den Glacier du Talèfre und zum Refuge du Couvercle kann von erheblicher Schwierigkeit sein. **PD/AD**. 4—6 Std. bis Couvercle. Der Abstieg zum Refuge Dalmazzi, d.h. nach Italien, kann deshalb bei unzureichenden Sichtverhältnissen und im fortgeschrittenen Sommer eine sinnvolle Alternative sein. **F**. 2—3 Std. zum Refuge Dalmazzi. Eine weitere, schwierige Alternative führt über die NO-Flanke des Col des Courtes zurück ins Argentièrebecken. **AD**. 2—3 Std. vom Col sup. de Triolet bis zum Glacier d'Argentière.

Abstieg: Über leichten Fels, dann durch einen senkrechen Kamin in den Col superieur de Triolet, 3770 m, hinab, in den der Nordwandanstieg von Gréloz—Roch mündet. Südseitig unter den beiden Petites Aiguilles de Triolet hindurch in den Col de Triolet, 3703 m, hinab (1—2 Std.) Die Petite Aiguilles de Triolet können bei schlechten Verhältnissen auf der Südseite auch überschritten werden. (Vom Col superieur de Triolet klettert man in westl. Richtung über den Grat auf die 1. Petite Aig. de Triolet, steigt in die Scharte zwischen den beiden Petites Aiguilles und klettert auf die 2. Petite Aig. de Triolet, II).

a) Vom Col de Triolet nach Italien: Zunächst über Fels auf den Glacier de Triolet über den man entlang der Monts Rouges de Triolet zuletzt über eine Moräne die Hütte erreicht. Im Fall eines Notabstiegs zum Refuge Dalmazzi erreicht man die französische Seite am besten über den Col de Talèfre (vgl. R 1050).

b) Vom Col de Triolet zum Ref. du Couvercle: Zunächst entlang des Nordgipfels der Pte. Isabella, einigen großen Spalten ausweichend, hinab auf das mäßig steile Plateau de Triolet (etwa 3600 m). Von hier wird ein nach links unten verlaufender Felsgrat, der sich später in einen Firngrat verliert, benützt. So gelangt man in einen kleinen Firnsattel (etwa 3400 m), von dem ein Schneehang zum linken Ufer des Glacier des Courtes hinableitet; von dort muß man das rechte Gletscherufer erreichen. Dann Abstieg auf den Glacier du Talèfre und zum Ref. du Couvercle wie bei R 1091.

c) Vom Col sup. de Triolet auf den Glacier d'Argentière: Vom Col sup. de Triolet die Petites Aig. de Triolet westlich an ihrem Fuß entlang queren, um auf den Gratkamm zwischen P. 3719 und 3612 zu gelangen. Über den Grat (I—II) entweder (a) wenige Meter westlich des P. 3612 nach NO abseilen (vorhandene Haken mit Abseilschlingen) 3 x 25 m auf das ca. 45° steile Firnfeld, das vom Grat zwischen dem P. 3612 und dem P. 3569 auf den Glacier d'Argentière zieht und über dieses nach Nordosten hinab oder (b) über den Grat (II) weiter westlich in die Schart vor dem P. 3569, Col des Courtes, und dann über das unter (a) beschriebene Firnfeld auf den Glacier d'Argentière hinunter. Im unteren Teil des Firnfeldes i. S. des Abstieges linkshaltend Gletscherspalten umgehen (ca. 1½—3 Std. je nach Verhältnissen vom Plateau bis zum Gletscher). (A. Gauß)

● **1080**   **Aiguille Ravanel,** 3696 m, und
              Aiguille Mummery, 3700 m

Zwei schlanke Türme, die im langen Kamin von der Aig. Verte bis zur Aig. de Triolet kaum auffallen. Deshalb ist die Anzahl der Besteigungen nicht allzugroß. Dabei ist die Ersteigung der beiden Nadeln unbedingt zu empfehlen. Die beiden Türme südöstl. der Courtes werden durch die Ravanel-Mummery-Scharte getrennt. Hier wird nur die klassische Überschreitung beschrieben. Erstbesteiger beider Gipfel waren E. Fontaine mit J. Ravanel und L. Tournier, am 22. August 1902. (Aig. Ravanel) und am 16. Juli 1903 (Aig. Mummery)

● **1081**   **Überschreitung**
              IV, anhaltende Schwierigkeiten. **D.** Kaum H. Im Abstieg mehrfach abseilen. Vom Col de Cristaux und zurück 4 Std.

Übersicht: Vom Col des Cristaux (R 1090) ersteigt man die Aig. Ravanel zu zwei Fünfteln, quert dann rechts aufwärts in die Scharte zwischen beiden Türmen. Die Aig. Mummery wird über die O-Seite erstiegen und zur Scharte zurückgekehrt. Dann wird die Ostseite der Aig. Ravanel erstiegen und direkt zum Col des Cristaux abgeseilt.

Route: Vom Col des Cristaux (R 1090) folgt man südöstl. dem Grat bis zu einem dreigipfeligen Gendarmen. Ohne diesen zu ersteigen, wird durch einen brüchigen Kamin in der Talèfre-Seite abgestiegen. Man erreicht so die Einmündung eines von links herabkommenden Kamins, der von der Scharte zwischen dem oben erwähnten Gendarmen und der Aig. Ravanel nach W abfällt und nun als Rinne zum Glacier de Talèfre hinabzieht. Nach der Kaminvereinigung klettert man noch einige Meter ab, um dann die W-Wand der Aig. Ravanel schräg nach rechts aufsteigend zu queren. Rißdurchzogene Platten führen zu einem gut erkenntlichen überhängenden Block. Man befindet sich nun unterhalb der Ravanel-Platten. Man steigt diese hoch (IV) und rechts durch ein System von Rißkaminen, das zu einem guten Stand führt. Schräg rechts aufwärts zu einem großen waagerechten Block (IV). 3 m oberhalb des Blocks quert man annähernd horizontal bis in die Scharte zwischen den beiden Nadeln. (IV, anfangs heikel) ($1^1/_4$ Std.). Von der Scharte erreicht man den unteren Absatz der Aig. Mummery entweder durch einen Riß (IV) in der O-Seite oder über die N-Flanke des NO-Grates. Ein im oberen Teil dieses Absatzes beginnender kleiner Kamin führt nach links zum NO-Grat, der ein kurzes Stück bis zu einem Überhang verfolgt wird.

Nun wechselt man wieder in die O-Flanke und begeht nach links ein Band bis zu einer abgespaltenen Schuppe. Hier wird wieder nach rechts in Richtung des steilen, abgestumpften NO-Grates zurückgekehrt und noch vor diesem ein senkrechter Riß (IV) etwa 5—6 m erklettert. Ohne ihn zu Ende zu klettern, verläßt man ihn nach links und begeht ein Band nach links, das leicht steigend zum oberen Turmabsatz führt. Von seinem oberen Teil leitet ein geschweifter Riß zu einem Überhang und zu einer aufgestellten Platte, die sich am Anfang eines kurzen und am Gipfel endenden Kamins (IV) befindet (45 Min.)

Beim Abstieg über den NO-Grat zur Brèche Ravanel-Mummery wird dreimal, von Absatz zu Absatz bzw. zu den Bändern abgeseilt (30 Min.). Nun muß man aus der Scharte die Aig. Ravanel erreichen. Unschwierige Felsstufen führen aus der Scharte durch die SO-Flanke des Turmes, die man bis zum steilen Gipfelaufbau ersteigt. Man umgeht dann nach rechts einen riesigen Block und hält sich zuletzt in der Argentière-Seite bis zum Gipfel (15 Min.) Abstieg von der Aig. Ravanel über den NW-Grat zum Col des Cristaux.

Vom Gipfel seilt man sich fast ohne Unterbrechung bis zur eingangs erwähnten Scharte zwischen der Aig. Ravanel und dem dreigipfeligen Gendarmen ab (3- oder 4mal abseilen, mehrere gute Standplätze). Der Gendarm wird überschritten und nochmals kurz zum Col des Cristaux abgeseilt (1¼ Std.).

● **1090**   **Col des Cristaux,** 3601 m
Zwischen dem östlichen Gipfel der Courtes (Aig. Qui Remue, s. R 1119) und der Aig. Ravanel. Der leichteste Übergang vom Ref. d'Argentière zum Ref. du Couvercle. Der Col wird nicht in seiner tiefsten Einsattelung überschritten, sondern etwas höher und nordwestl. davon.

● **1091**   **Von Südwesten**
Kombinierter Anstieg. **F.** 3 Std. vom Ref. du Couvercle.
Route: Von Couvercle (R 64) nordöstl. auf undeutlichem Steig in der Nähe der alten Hütte vorbei zum Glacier du Talèfre, den man in gleicher Richtung begeht. Man folgt einer Mittelmoräne, die schwach ansteigend zur Jardininsel führt, betritt diese aber nicht, sondern begeht den hier fast ebenen Gletscher in Richtung der beiden nahe beisammenstehenden Türme der Aig. Ravanel und Aig. Mummery. Man strebt jenem Couloir zu, das von der Aig. Croulante, 3764 m, im SO-Gat der Courtes zum Gletscher herabzieht. Nach Überschreitung des Bergschrunds steigt man im Couloir solange hoch, bis sich das linke Couloirufer zu einer Wand aufsteilt. Hier verläßt man das Couloir und quert, schräg rechts aufsteigend, am Fuße dieser Wand entlang, zuerst über schrofiges Gelände, weiter oben über Firnhänge, von einzelnen kleinen Felsen unterbrochen zum Col de Cristaux empor. Nun einige SL nach NW zu einem kleineren Gendarmen empor, wo sich der eigentliche Übergang befindet.

● **1092**   **Von Nordosten**
Kombiniert, überwiegend Firnanstieg. **PD/AD**, je nach Verhältnissen 4—5 Std. von der Hütte.
Route: Vom Ref. d'Argentiere quert man den gleichnamigen Gletscher in SSO-Richtung zum Fuß jenes Felssporns, der nördl. des breiten, auffallenden Eiscouloirs (also an dessen linkem Ufer) befindlich, zum kleinen Gendarmen nordwestl. der tiefsten Einsattelung des Col des Cristaux emporzieht. Dieser Sporn besteht in seinem unteren Teil aus zwei selbständigen Felsrippen mit einer dazwischenliegenden Firnrippe. Den Bergschrund in dieser eingelagerten Firnrinne übersetzend, ein wenig in dieser empor, dann nach links und über die kleinere Felsrippe auf ihre Gratschneide empor, bis zur Vereinigungsstelle beider Felsrippen, die

sich hier mit einem Firngrat fortsetzt. Weiter oben folgen wieder Felsen, die man bis zur Höhe des Hauptgrats erklettert, den man etwas nordwestl. des Col de Cristaux, an einem etwa 3650 m hohen kleinen Gendarmen betritt.

● **1099** **Abstieg nach Nordosten**
II, kombiniert. **PD**. Leichtester Abstieg vom Kamm Triolet—Verte auf den Glacier d'Argentière. Vom Col bzw. vom Übergang bis zum Ref. d'Argentière 3—4 Std.
Übersicht: Der Abstiegsweg führt nicht über das breite Firncouloir, das vom eigentlichen Col des Cristaux entspringt, sondern über den Felsgrat am linken Ufer dieses Couloirs.
Abstieg: Von der Passage oberhalb des tiefsten Punkts des Col den Felsgrat hinab. Weiter unten teilt sich der Grat, und man folgt kurz dem rechten (S) Grat, dann begeht man die Firnzunge zwischen beiden Grätchen bis zum Bergschrund.

● **1100** **Les Courtes,** 3856 m
Häufig besuchter Berg. Erste namentlich bekannte Besteigung durch H. Cordier, Th. Middlemore, J.O. Maund, J. Anderegg, J. Jaun und A. Maurer am 4. August 1876. Vermutlich ist der Gipfel schon Jahre früher durch Strahler über die Talèfre-Flanke erreicht worden.

● **1101** **Westnordwestgrat**
O. Schuster und A. Swaine, 17. August 1897.
Überwiegend Firnanstieg, häufig begangen, je nach Verhältnissen ist mit Lawinengefahr zu rechnen. Steilste Passagen im Couloir ca. **45°**. **PD**. Wird häufig in Verbindung mit R 1119 als Überschreitung durchgeführt. 1½ Std. vom Col de la Tour des Courtes. 5 Std. vom Ref. du Couvercle.
Route: Vom Ref. du Couvercle wie auf R 1091 bis hinter die Jardininsel. Nun nördlich Richtung Col des Droites, die von Felsrippen durchzogenen Schneehänge hoch. In halber Wandhöhe, 3450 m, hält man sich mehr nach rechts und quert unter der Tour des Courtes in östl. Richtung und steigt dann durch das Couloir hinauf, das direkt vom Col de la Tour des Courtes (P. 3720) zum Glacier du Talèfre herabzieht. (Bei guten Verhältnissen kann dieses Couloir (bis 45°) auch mit etwas Zeitgewinn direkt vom Gletscher aus erstiegen werden.) 3½ Std. von Couvercle. Nun folgt man dem Grat über P. 3841 zum Gipfel.

● **1106** **Schweizerführe**
C. Cornaz und R. Mathey, 31. Juli 1938.
Großzügige Eisfahrt in idealer Gipfelfallinie. Zweifellos eine der empfehlenswertesten reinen Eisanstiege im Alpenraum, die lange Zeit auch als eine der schwierigsten Routen ihres Genres galt. Die Route sollte nur bei einer hinreichenden Menge Eis im Eisschlauch unternommen werden, wo in warmen, schneearmen Jahren gelegentlich Fels hervortritt. Der Eisschlauch der Route weist eine noch größere Steilheit als die Contamine-Lachenal-Rinne in der N-Wand der Aig. de Triolet auf. Keine Eisschlaggefahr (keine Seraks), jedoch nicht steinschlagsicher. Reine Eistour. Neigung auf 3 SL 65—**70°**, sonst 50—60° bei einer Durchschnittsneigung von 54° auf 800 m. Mitnahme von Felshaken oder ähnlichem für Standplätze im Eisschlauch und im zweiten Steilaufschwung nützlich. **TD**—. Zeit vom Einstieg 8 Std.

Übersicht: Vgl. Foto S. 341.
Route: Vom Ref. d'Argentière in einer knappen Stunde zum Einstieg. Über den Bergschrund und zunächst nicht sehr steiles Eis zum Eisschlauch. Nach diesem folgen einige SL 50° geneigtes Eis bis zu einem kürzeren, aber steilen Aufschwung von ca. 60°. Nun entweder gerade Richtung Gipfel oder praktisch ohne Zeitgewinn rechts einer Felsrippe zur Schulter P. 3841 m.

● **1110** **Nordnordostpfeiler**
E. Frendo, A. Tournier, R. Jonquière, A. Maillol und M. Villarem, 12. Juli 1939. Schöner, relativ oft begangener kombinierter Anstieg. In der unteren Hälfte überwiegend Felsklettterei IV und III, in der oberen Hälfte vorwiegend über kombiniertes Gelände mit einer Passage von **55°**, sonst im allgemeinen um 50° und darunter. Sicherungsmittel für Eis und Fels erforderlich. Relativ steinschlagsicherer Anstieg. In trockenen Jahren wegen zunehmender Ausaperung jedoch nicht zu empfehlen. **D**. Pfeilerhöhe knapp 1000 m. Zeit vom Ref. d'Argentière 8 Std. Vgl. Foto S. 341.

Route: Von der Hütte auf den gleichnamigen Gletscher und über diesen zum Fuß des markanten NNO-Pfeilers. Je nach den Verhältnissen am Bergschrund E am Pfeilerfuß oder seiner O- oder W-Seite, um dann die Pfeilerkante ca. 100 m über ihrem Beginn zu erreichen. Dann über die Pfeilerkante hinauf, bis man an den großen roten Felsturm in Wandmitte gelangt. Nun quert man schräg nach rechts eine sehr steile, mit brüchigen Felsen durchsetzte Firnflanke, um einen Sekundärgrat aus

Firn zu erreichen (eventuell kann mit Vorteil auch weiter unten nach rechts zu diesem Sekundärgrat gequert werden). Man folgt dem erreichten Grat, dann dem folgenden kombinierten Gelände und erreicht über die abschließende Firnflanke direkt den Gipfel.

● **1111 Nordostwand**
P. Chevalier und G. Labour, 12. August 1930. Sehr schöne Eistour von mittlerer Steilheit. Reine Eistour überwiegend zwischen 45° und 50°. **AD**. Im allgemeinen wird die Route oft begangen, woraus eine gewisse Gefährdung entstehen kann. Wandhöhe 850 m, Zeit 5 Std. Die Zeit variiert sehr, je nach Können und Verhältnissen.

Übersicht: Die vom Ref. d'Argentière sichtbare NO-Wand der Courtes ist durch eine umfängliche durchgehende Firnflanke gekennzeichnet. Über diese Flanke und einen markanten Firnrücken in Wandmitte verläuft der Anstieg.

Route: Von der Hütte über den Gletscher in südöstl. Richtung. Man überwindet den Bergschrund, ca. 3040 m, und steigt in gerader Linie auf den Firnrücken.

Man ersteigt diesen Rücken und den folgenden Firnhang bis zum SO-Grat, über den man schließlich den Gipfel erreicht.

● **1118 Abstiege**
Der Abstieg über den Normalanstieg ist wegen der steilen Firnhänge im allgemeinen ab Mittag nur bedingt zu empfehlen.
Sicherer ist der Abstieg über den SO-Grat über den Col des Cristaux. Der Abstieg erfolgt bei normalen Verhältnissen mit größtem Zeitgewinn über den WNW-Grat bzw. R 1101 in etwa 3 Std. bis zum Ref. du Couvercle. Bei Lawinengefahr auf diesem Abstieg kann auch der SO-Grat (R 1119) bis zum Col des Cristaux verfolgt werden. Von hier kann dann sowohl das Ref. du Couvercle als auch der Glacier d'Argentière erreicht werden. Bei lawinensicheren Verhältnissen kann auch ein Abstieg über die NO-Wand (R 1111) empfohlen werden. Vor allem im Frühjahr ist dies dem Abstieg nach Couvercle vorzuziehen.

Courtes, Nordwand
R 1106 Schweizerführe   *R 1110 Nordnordostpfeiler*

● **1119** **Südostgrat**
Im Abstieg L. Tournier und J. Ravanel, 11. Juli 1904. Interessanter, häufig begangener Gratanstieg, wird meist in Verbindung mit R 1101 im Abstieg als Überschreitung durchgeführt. **II (PD).** Vom Gipfel bis zum Col des Cristaux, 3602 m, gut 250 m Höhendifferenz, 2 Std., dann weitere 2½ Std. bis Couvercle.

Abstieg: Vom Gipfel dem Grat folgend bis in eine Scharte vor einem Gratturm (Aig. Chenavier, 3799 m); den Turm überklettern und den folgenden Gratturm (Aig. Croulante, 3764 m) rechts (Talèfreseite) umgehen. Über den anschließenden Firngrat bis zu einer Reihe von Gratürmen, Aig. qui Remue, 3724 m, die man links (Argentièreseite) umgeht und über den Grat zum Col de Cristaux (R 1090).

● **1125**   **Col des Droites,** 3733 m
Der Col des Droites wird als eigenständiges Ziel kaum besucht. Allenfalls die Route über das geschwungene N-Couloir **(D)** lohnt hier einen Besuch. Der Anstieg von S dient als Zustieg.

● **1126** **Südflanke**
Mäßig steiler Firn- und Gletscheranstieg. **PD.** HD der eigentlichen Flanke gut 500 m. 4 Std. von Couvercle (R 64).
Route: Wie bei R 1091 und 1101 in halbe Wandhöhe. Nun nicht nach rechts schräg aufwärts queren, sondern gerade hoch bis in den Col.

● **1130**   **Les Droites**
   (Westgipfel, 3994 m, **und Ostgipfel,** 4000 m)
Der gewaltige Nachbarberg der Aig. Verte mit einem O-Gipfel, 4000 m und einem W-Gipfel, 3994 m, bricht mit einer besonders eindrucksvollen N-Wand und imposanten Pfeilern auf der NO-Seite zum Glacier d'Argentière ab. Nach S entsendet der Gipfelgrat drei markante Felspfeiler zum Glacier du Talèfre, über die sich mehrere Anstiegswege bewegen. Der Fels ist hier im allgemeinen nicht zuverlässig. Erste Ersteigung des O-Gipfels siehe R 1131, des W-Gipfels durch W.A.B. Coolidge mit Ch. Almer Vater und Sohn am 16. Juli 1876.

● **1131** **Normalweg zum Ostgipfel**
Östl. S-Pfeiler.
H. Cordier, Th. Middlemore, J. Oakley Maund mit Johann

Vorhergehende Doppelseite: Les Courtes und Les Droites

Jaun und A. Maurer, 7. August 1876. **III**, meist leichter, kombiniert, insgesamt hochalpin. **AD**. Abwechslungsreicher Anstieg, relativ häufig begangen. Pfeilerhöhe (vom Bergschrund) gut 600 m. 3½ Std. vom E. 6—7 Std. vom Ref. du Couvercle.

Übersicht: Von links ersteigt man den östlichen der drei Pfeiler in der Südflanke. Über den wenig ausgeprägten Grat des Pfeilers zum Gipfel.

Route: Vom Ref. du Couvercle (R 64) nordöstl. zum Glacier du Talèfre und über ihn aufwärts die Jardininsel rechts liegen lassend. Über den zerklüfteten Gletscher an den Beginn des Firncouloirs, das vom östl. Pfeiler herunterzieht. Über den Bergschrund und in das halbrechts zur Höhe des Pfeilers emporziehende Couloir. Entweder durch das Firncouloir selbst, oder über die Felsen seines linken Ufers auf die Höhe des Sporns, dem man gipfelwärts über seinen ziemlich leichten Blockgrat folgt. Man gelangt so an eine Steilwand, die über Wandstufen in Gratnähe erklettert wird. Das folgende steile Firnfeld zu einem Schneegrat hinauf und über diesen zum Gipfelgrat wenig rechts des Gipfels.

● **1134** **Ost-West-Überschreitung**
E. Fontaine mit Jean Ravanel und Léon Tournier, 15. August 1905. **III**, meist leichter, jedoch immer in sehr hochalpinem, kombiniertem Gelände. **AD**. Sehr schöne Gratüberschreitung in großer Höhe. Selten begangen, sehr lang. Zur Verkürzung kann auch der Normalanstieg auf den O-Gipfel gewählt werden (Zeitersparnis 2 Std.). HD im Aufstieg etwa 900 m, davon 500 m für die Südflanke des Col des Droites und 400 m für den eigentlichen Grat. Zeit vom Ref. du Couvercle und zurück nicht unter 15 Std.

Zustieg: Von der Hütte (R 64) auf den Glacier du Talèfre und in nordöstl. Richtung östl. am Jardin du Talèfre und am Fuß des östl. Südpfeilers der Droites vorbei an den Beginn des weiten Couloirs, das vom Col des Droites herabzieht.

Route: Über den Bergschrund und je nach den Verhältnissen etwas rechts über schneedurchsetzte Felsen und einen abschließenden Firnhang zum Col (4—5 Std. von der Hütte). Nun folgt man einem Band auf der Südseite, bis man durch eine Reihe von Rinnen und Kaminen den Grat hinter dem ersten Gratturm erreichen kann. Man folgt nun dem Grat, wobei zahlreiche Gratürme umgangen oder überklettert werden, bis zum O-Grat (3 Std.).

Vom O-Gipfel folgt man der Gratschneide, zwei Türme werden nördl. in der Argentièreseite umgangen und der Grat weiter verfolgt, bis er steil zur Brèche des Droites, 3944 m, abbricht. Hier nun entweder 30 m durch einen Kamin auf der S-(Talèfre-)Seite abseilen oder vom Gratabbruch steil über feste Felsen in der N-(Argentière-)Seite hinab und zuletzt kurz abseilen in die Brèche des Droites. Von der Scharte sehr kurzer Abstieg nach S und über Felsstufen wieder zum Grat empor. Nun werden mehrere kleinere Gendarmen nördl. umgangen, soweit wie möglich in Grathöhe und hierauf auf die S-Seite gewechselt, die man für kurze Zeit beibehält. Wieder auf dem Grat angelangt, wird dieser bis zum W-Gipfel verfolgt (4 Std.). Vom W-Gipfel steigt man auf der Talèfreseite etwas ab, quert dann in westl. Richtung und steigt über einen Felssporn eine gute SL ab, um nun ca. 100 m unter der Gratschneide in westl. Richtung leicht absteigend zu queren. Man erreicht so den Grat bei Signal Vallot, 3848 m. Hinter diesem Gratturm führt ein Schneecouloir auf den Gletscher (3 Std.). Nun über den Gletscher in einem leichten Bogen abwärts zur Hütte, wobei man sich immer nahe dem rechten Ufer hält (1 Std.).

● **1140 Nordwand**
Die Nordwand der Droites, gut 1000 m hoch und 500 m breit, bietet für kompetente Bergsteiger einen außerordentlichen Playground. Obwohl die Wand gut einzusehen ist (vom Refuge d'Argentière), wurde sie als die letzte der großen kombinierten Wände erstiegen. Auch die erste Wiederholung und weitere Begehungen ließen lange auf sich warten. Heute sind nun neben der ersten Route Cornuau-Davaille noch zahlreiche andere Routen eröffnet worden. Diese sind, soweit bekannt bzw. nach den Angaben der Erstbegeher, noch etwas schwieriger oder nur bei entsprechenden Verhältnissen („eine dünne Eisschicht auf den glatten Felsplatten ermöglichte ein Höhersteigen, 65—85°") durchführbar. Insgesamt handelt es sich um einen sowohl im Eis als auch im Fels sehr schwierigen Anstieg, zweifelsohne eines der größten Unternehmen der Alpen. Bei ungewöhnlicher Steilheit des großen Eisfeldes, das je nach Ausaperung von glatten Plattenschüssen durchsetzt sein kann, bietet auch der obere, kombinierte Teil der Wand schwierige Freikletterei. Steinschlaggefährdet. Mehrere Varianten. Wurde diese Wand nach der Erstdurchsteigung lange Zeit nur sehr selten wiederholt, so wird die Wand heute regelmäßig begangen. Die relativ lange Durchsteigezeit der Erstbegeher dürfte auf schlechte Verhältnisse und die kurzen Sommerbertage zurückzuführen sein. Zeiten für Wiederholer sehr stark von den Verhältnissen abhängig. Kombiniertes Kletterkönnen, auch mit steigeisenbewehrten Schuhen in Felspassagen erforderlich. Schlechte Sicherungsmöglichkeiten, kaum Zwischenhaken, höchst selten Standhaken. Einstieg bei ca. 2940 m. Nur wenige, schlechte Biwakplätze. Doppelseil für evtl. notwendig werdenden Rückzug erforderlich.

● **1141 Klassische Route**
Ph. Cornuau und M. Davaille, 5.—10. September 1955. Die heutzutage üblichste Route wurde im oberen Teil von den Zweitbegehern der Wand, W. Axt und W. Gross, 24.—26. Juli 1962, begangen. Extreme, kombinierte Route. Bis **70°**. Im Fels **V**, u. U. auch mal **A 1**. **ED—**. Durchschnittsneigung knapp 60° bei einer Wandhöhe von 1050 m. Anhaltend schwierige Kletterei mit meist schlechten Standplätzen. 10—20 Std.

Übersicht: Vgl. Fotos S. 349, 351.

Zustieg in knapp ½ Std. vom Ref. d'Argentière (R 67).

Route: Vom unteren rechten Wandteil rechts der Felsplatten diagonal nach links hoch bis an den kleinen Vorsprung, der dem zentralen Wandpfeiler entspringt. Im Übergang zum kombinierten Wandteil meist schlechte Wandverhältnisse (schwarzes Eis). Durch vereiste Kamine und Eisschläuche ca. 5 SL hoch. Etwas rechts halten, 2 SL hoch bis zu einer großen abgespaltenen Schuppe. Nun links hoch durch steilen Eisschlauch und über eine senkrechte Felswand. Oberhalb bei abnehmenden Schwierigkeiten überwiegend kombiniertes Gelände hoch bis zum Gipfelgrat.

● **1142 Voie Jackson**
J. Ginat, G. Modica, J.-P. Simon und J.-M. Troussier, 24. Juli 1978. Extreme Eiskletterei. **90°** mit extremen kombinierten Passagen.
Im oberen Teil, ab dem großen Eisschild beginnend ist dieser Ausstieg zur Brèche des Droites noch etwas schwieriger und insgesamt exponierter als R 1141. Überwiegend 60—80°. **ED**. 12—20 Std. Vgl. Foto S. 349.

Route: Von der Hütte wie bei R 1141 zum oberen Teil des großen Eisschilds.

Nun gegen das Couloir ansteigen, das aus der Brèche des Droites entspringt. Ein erster sehr steiler Aufschwung wird über steilstes Eis (70—85°) und einem kurzen Quergang in heiklem kombinierten Gelände erstiegen. Nach dieser schwierigen Passage nun etwas weniger steil (60°) hoch durch die Rinne. Die Neigung nimmt dann wieder zu, und man erreicht den zweiten Steilaufschwung. Entweder gerade durch die fast senkrechte Eisrinne (80—90°), dabei oben links heraus, oder links der Rinne über kombiniertes Gelände.

Die Neigung nimmt nun ab, und man erreicht über weniger schwieriges Gelände die Scharte.

- **1147**   **Couzypfeiler, (Droites-Westgipfel, Nordpfeiler)**
J. Couzy und R. Salson, 14.—15. Juli 1952. **V** und IV, kombiniertes Gelände. Im Eis bis **60°**. **TD**. Große kombinierte, ernste Führe, weniger begangen. Die Variante von 1977 durchzieht den felsigen unteren Pfeileraufbau direkt, ist aber wesentlich länger und schwieriger. Im oberen Teil ist die Route nicht immer klar vorgegeben, d. h. man muß seine Route selbst suchen. Kaum Haken. Nicht steinschlagsicher. Pfeilerhöhe 1000 m. Vom E 12—14 Std. Vgl. Foto S. 349.

Route: Vom Ref. d'Argentière (R 67) quert man den gleichnamigen Gletscher zum Fuß des Couloirs, das vom Col de l'Aig. Verte herunterzieht. Über den oft sehr schwierigen Bergschrund und nach links auf eine das Couloir begrenzende kleine Felsrippe. Hier hinauf, dann über kombiniertes Gelände nach links auf die eigentliche Pfeilerkante oberhalb des unteren großen Felsbollwerks. Zunächst relativ leicht, dann mit zunehmender Schwierigkeit (bis IV) an einen Aufschwung. Man quert ca. 50 m nach rechts zunächst über leichte Bänder, dann über kombiniertes Gelände. Sobald sich der Aufschwung zurücklegt, steigt man über z. T. sehr steiles, kombiniertes Gelände ziemlich direkt hoch und erreicht die Pfeilerkante oberhalb des Aufschwungs. Der Pfeiler wird nach einem kürzeren, flacheren Stück steiler und man durchsteigt eine nach rechts geneigte Verschneidung (IV). Ein Kamin (V) und eine glatte Verschneidung (IV+) leiten in leichteres Gelände rechts des Pfeilers. Nach einer SL gerade hoch nach links (IV) und zurück zum Pfeiler, der sich hier in einer steilen, kombinierten Wand verliert. Eine schwierige SL, ein Eisfeld und weiteres kombiniertes Gelände führen zum Gipfelgrat unmittelbar neben dem Gipfel.

- **1148**   **Simon-Slavik**
J. Simon und J. Slavik, 24.—25. Juli 1977. **V+**, eine Stelle **A2**, überwiegend III bis V+, im Eis 60—**70°**, ED—. Direkte Einstiegsvariante zum Couzypfeiler, die den plattigen Felspfeiler im unteren Wandteil auf seiner linken Seite durchzieht. Danach wird die Couzyführe erreicht. Die Erstbegeher benötigten 17 Fels- und Eishaken, sowie KK. Kletterzeit der Erstbegeher 19 Std. Vgl. Foto S. 349.

Droites, Nordwand

R 1141 Klassische Route
R 1142 Voie Jackson
R 1147 Couzypfeiler
R 1148 Simon-Slavik
R 1151 Klassische Route
R 1152 Direkter Droitespfeiler

● **1150 Nordostpfeiler**
Der Droites-Nordostpfeiler gehört in die erste Reihe der großen Anstiege in den Alpen.
Wenn der Anstieg eigentlich keine extremen Schwierigkeiten bietet, sind das anhaltend schwierige Gelände beim linken klassischen Einstieg (R 1151), bzw. die schwierigen Felspassagen beim direkten Einstieg (R 1152) und der hochalpine, weitere Pfeileraufstieg mit gebotenem Respekt zu studieren.

● **1151 Klassische Route**
C. Authenac mit F. Tournier, 20.—21. Juli 1937. Kombinierte Felstour mit vielen sehr steilen Eispassagen. **V** (einige Stellen), überwiegend IV und III. **TD**. Pfeilerhöhe 1050 m. Vom E 12 bis 15 Std.
Übersicht: Vgl. Fotos S. 349, 351.
Route: Vom Ref. d'Argentière (R 67) über den gleichnamigen Gletscher in die Firnbucht links des Pfeilerfußes. Über das kleine Eisfeld am Beginn des Couloirs hoch, dann in das Couloir und über steilen und festen Fels hinauf. Rechts an einem markanten Turm vorbei, zwei weitere SL gerade hoch, um dann nach rechts auf einen Pfeiler zu gelangen, der weiter oben in einen Firngrat übergeht. Vom Firngrat gelangt man nach rechts in ein Couloir, über das man die markante Scharte, 3384 m, im N-Pfeiler erreicht (4 Std.). Ein Firngrat führt zu einem fast senkrechten Aufschwung. Durch eine 70 m hohe Rißverschneidung hinauf. Schräg nach rechts weiter, bis man durch ein Couloir mit vereisten Blöcken zur Gratkante zurück gelangen kann. Einige SL über einige kleine Absätze zum Fuß eines aus glatten Platten bestehenden Aufschwunges. Eine Kaminreihe führt nach rechts hinter einer abstehenden Platte durch den Fuß dieses Aufschwunges. Weiter durch eine Eisrinne mit großen Blöcken und einen Kamin mit einem großen Überhang hinauf bis zur Pfeilerkante. Rechts des Grats ersteigt man ein tief eingeschnittenes Couloir mit großen Klemmblöcken zu einer Plattform. 20 m hinauf, dann 20 m nach rechts zum Rand einer sehr steilen Eisflanke. 20 m nach rechts in Höhe zweier Felsinseln queren. Von der zweiten Felsinsel schräg rechts aufwärts zu einem anfangs sehr steilen Eiscouloir. Danach durch einen vereisten Kamin mit überhängenden Stellen hinauf zu einem Absatz. Eine kurze 10-m-Wand wird mittels eines Risses erstiegen. Von der nun erreichten kleinen Schulter quert man nach links, um ein Couloir zu erreichen, das zu einer Scharte im N-Pfeiler führt. Nun über den flacheren Gipfelgrat weiter. Eventuelle Hindernisse werden auf Bändern umgangen, wobei nochmals eine steile Flanke auf der Nordseite durchstiegen wird, um wieder auf den Grat

Droites von Nordosten

R 1141 Nordwand, Klassische Route
R 1151 Nordostpfeiler, Klassische Route
R 1152 Direkter Droitespfeiler
R 1155 Berglandpfeiler
R 1156 Nordostcouloir

zu gelangen. Kurz vor dem Gipfel geht der Felsgrat in einen Firngrat über, der am Gipfel endet.

● **1152** **Direkter Droitespfeiler**
Erste Begehung bis zur Scharte 3384 m, C. Deck und S. Jouty im Juli 1970. Erste Begehung des gesamten direkten Pfeilers, J.-C. Droyer und G. Gaby Juli 1971 mit zwei Biwaks. **V+**, meist IV und V; wenige Haken A0 (**TD**). Kaum H. Pfeilerhöhe bis zum Zusammentreffen mit dem Pfeilerweg von 1937 600 m, insgesamt 1200 m; Zeit 8 Std. bis zur Scharte 3384 m; weiter bis zum Gipfel 8—10 Std., meist mit Biwak. Außergewöhnlich interessanter Anstieg, der im unteren Teil anhaltende schwierige Kletterei und im oberen Teil teilweise sehr schwieriges, kombiniertes Gelände bietet. Vgl. Fotos S. 349, 351.

Route: Vom Ref. d'Argentière (R 67) quert man den Gletscher bis zum Fuß des Nordpfeilers. Man steigt am tiefsten Punkt, 2790 m, durch eine schmale, nach rechts geneigte Rinne bis zu einem großen Band 30 m nach rechts. Nun gerade hoch und nach links über ein schräges Band (III, dann IV). Das Band steilt sich auf. Man überwindet einen Überhang (V) und erreicht große Blöcke auf der Pfeilerkante. 3 SL über den Grat oder ein wenig rechts hoch (IV und V) bis der Pfeiler monolithisch wird. 20 m nach rechts queren, über ein Band und dann durch eine schmale Rinne nach links zurück zum Grat (IV). Man folgt dem Grat bis zu einer großen Terrasse (V und V+). Von hier zunächst über die Gratkante, Querung nach rechts (IV+, A0). Durch die Verschneidung zurück auf die Pfeilerkante (IV+). Einen Riß rechts der Kante hoch (V+). Im Weiteren wird ein großer Überhang rechts umgangen und eine Scharte mit Biwakplatz erreicht. Über einen Riß an der Gratkante (V, A0). Weiter über Bänder rechts des Grats (III und IV). Rechts ausholend um eine Kante herum in die Scharte 3384 m (weiter wie bei R 1151).

● **1155** **Berglandpfeiler**
R. Messner und E. Lackner, 24. Juli 1969. **V+**, meist IV und V, je nach den Verhältnissen im unteren und oberen Teil längere kombinierte Passagen. **TD**. Schöne Freikletterei in festem Granit. Pfeilerhöhe 940 m; 10 Std. vom E.

Übersicht: Einstieg rechts der schwach ausgeprägten Pfeilerkante. Nach links hinauf zur Kante und weiter zwischen zwei Vorsprüngen im Mittelteil der Wand hindurch zur Nordkante, die knapp rechts eines vorspringenden Turmes erreicht wird. Vgl. Foto S. 351.

Zustieg: Vom Ref. d'Argentière (R 67) über den gleichnamigen Gletscher und einen steilen Gletscherkegel zum Fuß der NO-Wand. Die Spalten, die den Kegel in seiner ganzen Breite durchziehen, können meistens am besten rechts überwunden werden. 1 Std.

Route: Über den Bergschrund und eine steile Firnflanke gelangt man in eine Steilrinne knapp rechts der hier kaum ausgeprägten Pfeilerkante. Die steile Rinne wird drei SL verfolgt. Dann gelangt man über glatte Platten nach links zu einer weiteren Rinne. Diese und steile Platten leiten zur Pfeilerkante hinaus. Knapp links derselben vermittelt nun eine große Steilrinne den Weitergang bis knapp unterhalb eines senkrechten Pfeileraufschwungs. Man verläßt nun die Rinne nach links, verfolgt für zwei SL die scharfe Kante und quert dann in die große Verschneidung zwischen den beiden markanten Pfeilern. Durch Risse im Verschneidungsgrund erreicht man nach drei SL den linken Pfeilerkopf. Zuerst gerade weiter, dann verläßt man das Verschneidungssystem über steile Risse nach links. Immer linkshaltend in eine Rinne, die links eines auffallenden Pfeilers zur Kante leitet. Über den Grat (mehrere Türme werden rechts umgangen) zu einer Firnschneide und über diese nach rechts zum höchsten Punkt (Alpinismus 2/70).

● **1156** **Nordostcouloir**
B. Arsandaux und J. Lagarde, 31. Juli 1930. Kombinierte Eistour mit Stellen **IV**; im Eis bis **75°**; Durchschnittsneigung des Couloirs ca. 57°. **TD.** Ehemals eine der schwierigsten Eistouren der Alpen, die vor der Zeit der Eishämmer und Spezialeisgeräte von heute begangen wurden. Selten wiederholt und vielfach in schlechten Verhältnissen. Die Erstbegehung wurde ohne Haken oder Eisschrauben durchgeführt. Der hier beschriebene direkte Weg wurde erstmals 1973 begangen.
Eine Besteigung kann nur in den Frühjahrsmonaten empfohlen werden, da sonst erhebliche Steinschlaggefahr droht. Wandhöhe 1050 m; vom E 6—12 Std.

Übersicht: Vgl. Foto S. 351.

Route: Vom Refuge d'Argentière in die spaltenreiche Gletscherbucht am Fuß der NO-Wand der Droites.

Durch das teilweise schmale Eiscouloir hinauf bis in das breitere eigentliche Couloir. Man kann auch rechts die kombinierte Wand hochsteigen, bis man nach links über einige kleinere Rinnen und Rippen querend das NO-Couloir erreicht. Durch das Couloir über mehrere Aufschwünge hoch, bis man unweit des Gipfels den obersten Firngrat des N-Pfeilers erreicht.

- **1159** **Abstiege:**
  a) Vom Ostgipfel
  III, meist leichter. Kombiniert. **AD**. Abseilstellen. Drei verschiedene Abstiege zum Glacier du Talèfre möglich. 2—3 Std. bis zum Gletscher für jeden Abstieg.

Route: Vom höchsten Punkt über einige Steilstufen auf der S-Seite leicht linkshaltend zu einem Schneefeld hinab. Von hier aus zwei Möglichkeiten. Zwei Couloirs ziehen nach unten, das eine nach links, das andere schräg nach rechts. Es kann durch beide abgestiegen werden, teils kletternd, teils abseilend. Durch das linke erreicht man den Schneehang, dessen oberer Abschluß der Col des Droites bildet. Diesen Hang hinunter zum Gletscher. Das rechte Couloir führt zum Auslauf der steilen Rinne, die von der Brèche des Droites herabzieht. Über den Steilhang, der den Auslauf dieser Rinne bildet oder dessen orogr. rechte Begrenzungsfelsen hinunter zum Gletscher. In beiden Couloirs Abseilschlingen und Abseilhaken vorhanden.

Ist man bei der Durchsteigung der Droites-Nordwand in der Brèche des Droites ausgestiegen, kann direkt an dieser Scharte auf die Südseite abseilend und abkletternd abgestiegen werden. Am Nachmittag herrscht hier Steinschlaggefahr.

b) Vom Westgipfel
(vgl. R 1134).

- **1160** **Aiguille du Jardin,** 4035 m

Dem Aufbau nach weniger eine „Aiguille" (= Nadel) als eine breite Berggestalt, kann man sie eher als östl. Vor- oder Nebengipfel der Grande Rocheuse ansehen. Sie erhebt sich zwischen dem Col Armand Charlet (W) und Col de l'Aiguille Verte (O). Als selbständiger Gipfel zu Unrecht selten besucht, denn der Südpfeiler von 1964 (Vgl.Vt Bd III 1976 Route 119) wie der Nordwandaufstieg durch die Rinne zum Col Armand Charlet und von dort auf den Gipfel sind lohnende eigenständige Bergfahrten. Die interessanteste Unternehmung bietet jedoch zweifellos der Jardingrat, die Begehung des Ostgrates bis hin zur Aig. Verte (R 1220).

- **1167** **Pointe Eveline,** 4026 m
  Frl. E. Carmichael mit G. Charlet und A. Bozon am 8. September 1926. Dieser unbedeutende Gendarm erhebt sich im

Warten am überfüllten Papillonsgrat

kurzen NW-Grat der Aig. du Jardin (R 1220) und wird nur im Zuge einer Überschreitung Aig. du Jardin — Grande Rocheuse oder Aig. du Jardin — Aig. Verte bestiegen. Die Pte. Eveline fällt senkrecht zum Col Armand Charlet ab; die Höhendifferenz vom Col zum Gipfel beträgt 37 m. **IV** am Gipfelturm; keine Haken.

Route: Vom Schneegrat östl. des Turmes wird das erste Gratstück erklettert, dann einige Meter ein Band begangen. Ein 5 m hoher Kamin führt zum zweiten Gratstück, das man bis zu einem Überhang erklettert. Hier wird der Grat rechts (nördl.) umgangen, eine Stufe erklettert und über eine Platte zum Grat zurückgekehrt. Über ein anfänglich sehr abschüssiges Band nach rechts. Mit einem Spreizschritt wird eine enge Scharte am Fuß des Gipfelblocks erreicht. Über eine im oberen Teil rißdurchzogene Platte erreicht man den Gipfel. Im Abstieg wird normalerweise abgeseilt.

● **1170**   **Col Armand Charlet,** 3998 m

Dieser nach dem berühmten französischen Bergführer benannte Übergang stellt ein eigenes Tourenziel (NO-Couloir) bzw. einen Zustieg zu anderen Routen dar. Auf der IGN-Karte ohne Namen (P. 3998 m).

● **1171**   **Von Süden**

E. Thomas mit J. Knubel, 27. Juli 1927. Kombinierter Anstieg überwiegend im Eis. Neigung im unteren Teil ca. 40°, im oberen Teil bis **53°**. **AD**. Als selbständiger Anstieg nicht besonders zu empfehlen. Nur bei guten Firnverhältnissen bietet das Couloir einen relativ schnellen Auf- oder Abstieg. Wandhöhe 450 m. Vom Bergschrund 2—4 Std.

Route: Vom Ref. du Couvercle in 2¼ Std. über R 1220 zum Fuß des Couloirs. Nach der Überschreitung des Bergschrunds unter dem linken Couloirufer steigt man das Couloir auf dieser Seite hinauf. Bieten sich Vorteile, so können auch die an diesem Ufer befindlichen Felsen erstiegen werden.

● **1172**   **Von Nordosten**

P. Dillemann mit A. Charlet und J. Simond, 22. Juli 1932. **56°**. Normalerweise reine Eistour. Durchschnittsneigung im unteren Teil 54° und 51° im oberen Teil. **D+**. Wandhöhe 1000 m. Zeit vom E. 4—8 Std. Interessante Eistour, die als etwas schwierigere Alternative zum häufig überlaufenen Couturiercouloir begangen werden kann. Als historische Anmerkung sollte noch erwähnt werden, daß 5 Tage nach der Erstbegehung K. Blodig — immerhin 74jährig — die Rinne allein im Aufstieg und nach einem Biwak auch im Abstieg begangen hat.

Die Verhältnisse sind allerdings in den 70er und 80er Jahren erheblich schlechter und die Route ist schwieriger als 1932 geworden.

Übersicht: Vom Ref. d'Argentière quert man den gleichnamigen Gletscher und steigt zum Beginn des Couloirs auf. Durch das Couloir bis in etwa 3500 m Höhe, von wo man das nach rechts abzweigende Couloir bis zum Col A. Charlet verfolgt.

Route: Vgl. Foto S. 368.

● **1174**   **Grande Rocheuse, Nordostgrat**
M. A. Azèma und G. Fraissinet, 12.—14. Juli 1946. **V** (eine SL) meist III und IV, kombiniert. **D.** Sehr lange, mittelschwere und sehr selten begangene Bergfahrt, die jedoch wegen ihrer Lage außerordentlich schöne Ausblicke in die umliegenden Nordwände bietet. Grathöhe 1200 m. Zeit vom E 15 Std. Vgl. Foto S. 368.

Übersicht / Route: Man umgeht den in den Glacier d'Argentière ragenden Fuß des Grates rechts (N) und erreicht den Grat von seiner NW-Seite her etwa 100 m über seinem Beginn. Man folgt im wesentlichen dem Grat oder begeht seine NW-Flanke im unteren Teil und seine SO-Seite im mittleren Teil. Im oberen Teil je nach den Verhältnissen zum Col de la Grande Rocheuse oder zum Col A. Charlet und von dort zum höchsten Punkt.

● **1180**   **Aiguille Verte,** 4121 m
Neben dem Mont Blanc und den Grandes Jorasses ist die Aig. Verte mit ihren gewaltigen Gratausstrahlungen, in ihrer Form und in ihrem Aufbau einer der schönsten Berge der Mont-Blanc-Kette, ja der Alpen überhaupt. Über die im deutschen Sprachraum bekannten Anstiege durch das Couturiercouloir (NO-Wand) und der Nant-Blanc-Flanke (NW-Wand) hinaus sind es vor allem die großen Grate der Aig. Verte, die alle unbedingt dem erfahrenen Hochalpinisten zu empfehlen sind. Vielleicht die schönste, wenn auch nicht die schwierigste Bergfahrt ist die Überschreitung Sans-Nom- — Jardingrat. Auch der Normalweg über den Moinegrat (SW-Grat) stellt bereits einige Anforderungen, so daß die Aig. Verte zu Recht als der am schwierigsten zu besteigende Viertausender der Alpen gilt. Erste Besteigung durch E. Whymper mit Ch. Almer und F. Biner am 29. Juni 1865.

- **1181   Whympercouloir**
Erste Begehung unbekannt. Durchschnittsneigung 48°, längere Passagen 55°, im allgemeinen schwieriger Bergschrund. **AD**. Relativ schwieriger Eisanstieg, wenig lohnend. Im allgemeinen nur im Abstieg zu empfehlen, entweder am frühen Vormittag (nach einer Begehung der N-Wandrouten) oder am Abend. Im Aufstieg nur bei sehr guten Verhältnissen ratsam. Durch Südlage von den Vormittagsstunden bis zum späten Nachmittag Steinschlaggefahr; nach Schneefällen oder Wärmeeinbrüchen Lawinengefahr. Vielfach bestehen keine hinreichenden Sicherungsmöglichkeiten. Wandhöhe 550 m. 3–6 Std. vom E. Vgl. Foto S. 362.

Übersicht: Das Couloir zieht vom Col de la Gr. Rocheuse, 4051 m, direkt zum Glacier du Talèfre. Im unteren Teil benutzt man zunächst das östliche Nebencouloir und wechselt dann auf das linke (östl.) Ufer des Hauptcouloirs. Je nach den Verhältnissen wird im oberen Teil die Couloirmitte gequert und der Grat zur Aig. Verte oberhalb des Col de la Gr. Rocheuse erreicht.

Zustieg: Vom Ref. du Couvercle (R 64) auf den Gletscher. Entlang der Kette Aig. du Moine—Cardinal aufsteigen bis zu einem weiten Firnhang unter dem Couloir (2 Std.).

Route: Man überwindet den Bergschrund an seiner rechten (östl.) Seite und steigt ein Sekundärcouloir auf. Diese steile Rinne wird möglichst bald nach links auf ihre Begrenzung verlassen. Nach Ersteigen dieser Begrenzungsrippe quert man ein Couloir, das von der Gr. Rocheuse herunterzieht und steigt auf dem linken Ufer des Whympercouloirs über eine schwach ausgeprägte Firnrippe auf. Die Neigung des Couloirs nimmt bei einer Verengung zu. Nun am gleichen Ufer bleibend sehr steil zum Col (100 m, 55°). (Die Verhältnisse können hier auch andere Routen vorgeben.) 3 Std. Vom Col über den schmalen, verwächteten Grat zum Gipfel (15 Min.).

Abstieg: Im Abstieg hält man die gleiche Route ein. Eventuell kann im unteren Teil abgeseilt werden, vor allem am Bergschrund.

- **1182   Moinegrat, (Südwestgrat)**
G. C. Hodgkinson, Ch. Hudson und T. S. Kennedy mit M. Croz, M. A. Ducroz und P. Perren, 5. Juli 1865. **III** und II, vielfach kombiniert oder Kletterei über noch schneebedeckte Felsen. **AD**. Abwechslungsreicher Gratanstieg. Normal-

In der Ticket-Führe

weg, wenn das Whymper-Couloir schlechte Verhältnisse aufweist, was gewöhnlich im Verlauf der Sommerwochen eintritt. Umgekehrt zieht man den Anstieg durch das Whympercouloir im Frühsommer dem Moinegrat vor, wenn letzterer noch stark mit Schnee durchsetzt ist. Von der Scharte zwischen Aig. Verte und Le Cardinal gut 500 m HD. 6—7 Std. vom E.

Übersicht: Vom Ref. du Couvercle (R 64) entlang der Kette, die von der Aig. Moine Richtung Aig. Verte zieht. Ein Firncouloir führt auf den Grat hinter dem Cardinal. Nun über den eigentlichen Grat auf den Gipfel. Vgl. Foto S. 362.

Zustieg: Von der Hütte steigt man über den nordwestlichen Teil des Glacier du Talèfre empor, der sich zwischen der Aig. du Moine und der Gletscherinsel Le Jardin ausbreitet. Entlang am Fuß des langen Grates, der von der Aig. du Moine über den Felsturm Le Cardinal zur Aig. Verte zieht, erreicht man am rechten Gletscherufer nach dem Cardinal ein auffallendes Firncouloir, das von der Scharte zwischen dem Cardinal und der Aig. Verte südöstl. zum Glacier du Talèfre abfällt. E. (2 Std.).

Route: Über den Bergschrund und schräg links leicht hoch in Richtung der Scharte nordöstl. des Cardinals. Eine SL unterhalb der Scharte hält man nach rechts und erreicht den Grat bei einem Gratturm P. 3633 m. Der weitere Anstieg bewegt sich auf der Talèfreseite dann auf dem Grat selber. Ein markanter Turm wird auf der Talèfreseite umgangen und durch einen kurzen Kamin zum Grat zurückgekehrt, über den man den Gipfel erreicht.

● **1185 Couloir en Y (Südwestwand)**

A. F. Mummery und A. Burgener, 30. Juli 1981. **IV**, meist leichter; im Eis um **50°**. **D**. Großartige kombinierte Bergfahrt in einem weniger frequentierten Winkel des Mont-Blanc-Massivs. Durch die SW-Exposition ab Mittag erhebliche Steinschlaggefahr, vor allem in den Couloirs, weshalb ein sehr früher Aufbruch unbedingt notwendig ist. Kaum Haken vorhanden. Wandhöhe 700 m. 6 Std. vom E.

Übersicht: Durch die SW-Wand zieht ein Y-förmiges Couloir. Das Couloir beginnt über einer Felsstufe, die den Glacier de la Charpoua vom Couloir trennt. Von links her in das Couloir, an der Gabelung den linken Arm bzw. sein linkes Ufer hoch auf den Sans-Nom-Grat und über diesen zum Gipfel. Vgl. Foto S. 362.

Route: Vom Ref. de la Charpoua (R 65) steigt man den Gletscher bis unter das große Y-Couloir an (1½ Std.). Der Bergschrund wird links überstiegen. Nun schräg rechts aufwärts bis man über der großen Fels-

stufe das Couloir erreicht. Im Couloir an seinem linken Ufer hoch bis zur Couloirteilung.
Nun den linken (West-)Arm weiter entweder durch das Couloir selber — oder über die Felsen des linken Ufers. Man erreicht den Sans-Nom-Grat unweit des Gipfels (6 Std.).

● **1187**   **Sans-Nom-Grat**
Frl. de Lonchamp mit A. Charlet und M. Bozon, 21. September 1926 in der hier vorgeschlagenen Routenführung; die Begehung des eigentlichen Grats gelang schon 1902. **IV+** (eine Stelle), meist IV und III im Aufstieg von der Brèche Sans Nom zum Gipfel der Aig. Sans Nom, 3982 m. Danach teilweise ein scharfer Eisgrat mit Felstürmen. **D+**, d.h. z.B. schwieriger als die klassischen Brenvarouten (inkl. Majorroute) oder der „normale" Peutereygrat. Einer der schönsten Gratanstiege im Mont-Blanc-Massiv, dem in Bezug auf Abwechslung, Schwierigkeit und Länge in den Alpen wenig entgegenzustellen ist. In Verbindung mit einer Überschreitung der Aig. du Dru (A. Gaiser und B. Lehmann, 16.—18. September 1935) und einem Abstieg über den Jardingrat ist diese dann mit mindestens einem Biwak durchzuführende, kombinierte Bergtour im IV. Grad ein Superlativ.
Selten begangen. Höhenunterschied vom Couloireinstieg bis in die Brèche Sans Nom 450 m, von hier auf die Aig. Verte 400 m. Vom Ref. de la Charpoua (R 65) 10—15 Std. Vgl. Foto S. 362.

Übersicht: Vom Glacier de la Charpoua durch die Rinne, die von der Scharte zwischen Pic und Aig. Sans Nom herabzieht. Nun über die Westwand der Aig. Sans Nom auf den Grat, dem man, bis zum Gipfel einige Türme überkletternd und umgehend folgt.

Zustieg: Von der Hütte auf den Gletscher über den Grat, auf dem die Hütte steht. Weiter in nordöstl. Richtung bis ca. 3100 m den Gletscher hinauf. Nun nach links in die Firnbucht unter dem Col du Dru und an den Beginn des Couloirs, das von der Brèche Sans Nom herunterzieht (1—2 Std.).

Route: Über den Bergschrund und zunächst direkt durch das Couloir hinauf. Nun entweder bei guten Verhältnissen (Firn im Couloir) weiter im Couloir hoch oder nach rechts durch zwei aufeinanderfolgende Kamine auf das linke Couloirufer und dieses hoch, bis man das Couloir etwa 200 m unter der Scharte erreicht. Weiter durch das Couloir bis in die Scharte (2—4 Std.). Von der Scharte 10 m das Couloir auf der

Aiguille Verte von Südwesten

R   65 Ref. de la Charpoua
R 1181 Whympercouloir
R 1182 Moinegrat
R 1185 Couloir en Y
R 1187 Sans-Nom-Grat
R 1252 Südflanke

Charpouaseite absteigen und durch einen kurzen überhängenden Kamin hoch (III), dann über eine Platte (IV) auf eine Plattform. Nach rechts, 2 m absteigen und einen 10-m-Kamin hoch (III). Über leichteres Gelände mit Stufen und Bändern hinauf bis zu einem senkrechten, von Rissen und Kaminen durchzogenen Aufschwung. 50 m nach rechts queren und einen kleinen Sekundärgrat umgehen. Eine steile Platte hoch, dann durch einen 10-m-Kamin (IV), durch einen breiten Kamin (III, 20 m) hoch und weiter durch einen 12-m-Kamin (III) zu einem kleinen Absatz. Nach rechts über ein unschwieriges Band bis zu einer verschneidungsartigen Rinne. Die Rinne hoch (III) bis zu einer Scharte, die zur Südwand der Aig. Sans Nom leitet. Über die leichten Felsen der Südwand hinauf zu einem 20-m-Riß in senkrechtem, rotem Granit. Den Riß (IV, 20 m) hinauf zum Gipfelblock, den man von der Nant-Blanc-Seite angeht (4 Std.) Auf der Aig.-Verte-Seite abseilen. Über den kombinierten Grat, einen Felsturm mit Seilpendel auf der Charpouaseite umgehen und weiter auf dem Grat. Zwei folgende Türme werden auf der Charpouaseite umgangen. Über den Firngrat zwischen die beiden Gipfel der Aig. Croux, 4023 m. Man überschreitet den O-Gipfel und steigt Richtung Aig. Verte ab. Weiter über den scharfen Firngrat bis zur Gipfelkalotte der Aig. Verte (3—5 Std.).

● **1190** **Nant-Blanc-Flanke (Charletroute 1935)**
A. Charlet und D. Platonov, 22. August 1935. **IV**, überwiegend III, kombiniert. Im Eis bis **58°**, Durchschnittsneigung 52°, **D+**. Großzügiger, kombinierter Anstieg in idealer Linienführung, der in den letzten Jahrzehnten mehr und mehr an Beliebtheit gewann. Stein- und eisschlaggefährdet. Der Anstieg ist eigentlich nie bei sehr guten Verhältnissen möglich. Entweder der Fels ist schnee- und eisfrei, dann sind Blankeispassagen zu erwarten, oder die Felsen sind verschneit und im Eis sind gute Verhältnisse. Wandhöhe 900 m. Zeit vom E 7—12 Std.
Übersicht: Vom hintersten Winkel des Glacier du Nant Blanc ein sehr steiles Eisfeld Richtung Pte. Croux aufwärts. Dann Richtung Aig. Verte über die Begrenzungsfelsen einer großen Rinne, die zwischen Aig. Verte und Pte. Croux herabzieht. Über die Gipfelkalotte zum höchsten Punkt. Vgl. Foto S. 365.
Zustieg: Vom Rognon du Dru (R 66) verfolgt man die Felsinsel in nordöstlicher Richtung bis an ihr Ende. Es gilt nun, einen zerschrundenen Seitenarm des Gletschers zu überqueren. Vom Ende der genannten Felsinsel rechts (südöstlich) einen Firngrat etwa 100 m hinauf, fast bis zum Fuße der Dru-Nordwand. Erst hier wird der Gletscherarm in nord-

östlicher Richtung traversiert. Weiter unten ist ein Durchkommen durch das Spaltenlabyrinth sehr schwierig, wenn nicht unmöglich. Man gelangt in das hinterste Becken des Glacier du Nant-Blanc, indem man zwischen einem rechts befindlichen, mächtigen Felssporn, der den Hängegletscher der NW-Wand trägt, und einer etwas links unterhalb liegenden Felsinsel hindurchlaviert. Im hintersten Winkel befindet sich der E, inmitten einer großartigen Fels- und Eisszenerie. Vom Rognonbiwak 2 Std.

Route: Über den Bergschrund und den daraufffolgenden Eishang etwa 200 m gerade hinauf bis zu einer Verengung, wo die Steilheit des Eises noch etwas zunimmt. Man hält sich hier an den linken Rand der Verengung (Steinschlaggefahr!). Oberhalb dieser benutzt man weiterhin die Eisflanke, oder aber, je nach den Verhältnissen, die linken, meist verschneiten Begrenzungsfelsen. Bei gleichbleibender Steilheit gelangt man an den Fuß eines felsigen Aufschwunges (etwa 3650 m), der die Felsrippe stützt, die den linken Rand des oberen Teiles des großen Eishanges bildet. Dieser Felsriegel bietet die Hauptschwierigkeiten des Anstieges. Man hält sich zuerst etwas nach links in eine kleine Eisrinne, um dann von deren Ende in einem Schärtchen wieder leicht nach rechts durch einige vereiste Risse (IV) kletternd den Beginn der folgende Felsrippe zu erreichen. Diese hinauf, bis sie sich in einem Eishang verliert. Über diesen Hang je nach den Verhältnissen zwischen den Eiswülsten auf die Gipfelkalotte und zum Gipfel.

● **1200** **Grands-Montets-Grat**
P. Dalloz, J. Lagarde und H. de Ségogne, 9./10. August 1925. **IV+**, meist III und IV; im Eis kaum über **50°**, jedoch sind auf der Gipfelkalotte i.d.R. einige Bergschründe zu überwinden. Kaum Haken. Abseilstellen. **D.** Langer, hochalpiner Gratanstieg, bei dem die technischen Schwierigkeiten gegenüber der notwendigen Erfahrung für hochalpines Gelände zurücktreten. Nicht sehr häufig begangen. Im oberen Teil ist vor allem auf der NO-Seite der Gipfelkalotte auf Schneebrettgefahr zu achten. HD am Grat 900 m, Zeit vom Col des Grands Montets 10—12 Std.

Übersicht: Vom Col des Grands Montets über die Schulter der Petite Aig. Verte auf die Nant-Blanc-Seite (westl.). Nun über Bänder in der Westflanke des Grats bis unter die Pte. Farrar. In der Scharte vor der Pte. Farrar hoch und auf der Argentièreseite weiter und auf den Grat. Die folgenden Türme werden überstiegen. Über die Gipfelkalotte je nach den Verhältnissen zum Gipfel.

Aiguille Verte, Nant-Blanc-Flanke
R 1190 Charletroute 1935

Zustieg / Ausgangspunkt: Am besten bezieht man ein Biwak in der Nähe des Col des Grands Montets (Seilbahnstation, vgl. R 34). Es ist auch möglich, vom Ref. d'Argentière (R 67) zum Col des Grands Montets zu gelangen, was jedoch vergleichsweise langwierig ist (3 Std.).

Route: Vom Col des Grands Montets, 3233 m, auf die Schulter der Petite Aig. Verte. 100 m oberhalb der Schulter steigt man etwas auf der Nant-Blanc-Seite ab. Nun über ein System von Bändern, das auf der Nant-Blanc-Seite unterhalb der Grattürme verläuft. Hinter der Petite Aig. Verte werden die Bänder an einer Stelle von einem ziemlich ausgeprägten Couloir durchbrochen. Durch das Couloir 20 m absteigen und auf der anderen Seite wieder aufsteigen, um das Band in der Höhe seiner Unterbrechung wieder zu erreichen. Das Band verliert sich zur Pte. Farrar hin immer mehr. Man erreicht durch Kamine die Scharte vor der Pte. Farrar. Man umgeht diesen Turm auf der Argentièreseite über Platten bis zu einer Scharte, 3625 m, unmittelbar nördlich der Aig. Carrée. Durch einen tiefen Kamin auf der Argentièreseite hoch (IV). Weiter über eine Zone weniger geneigter Platten und über einen kurzen senkrechten Riß zum Gipfel der Aig. Carrée, 3716 m. Abstieg auf der O-Seite (am Ende Abseilstelle) zur folgenden Scharte. Man quert auf der Argentièreseite, um ein enges, oft vereistes Couloir zu erreichen, dessen rechte Seite man erklettert (IV). Auf dem Grat zu drei Grattürmen, die man auf der Argentièreseite umgeht und so zur folgenden Scharte vor der doppelgipfeligen Pte. de Ségogne gelangt. Eine große Platte (IV+) über der Scharte hoch und über den Grat bis zum Gipfel der Pte. de Ségogne, 3797 m. Auf der Argentièreseite zweimal 20 m abseilen und zum Couloir, das nordöstl. vom Col du Nant Blanc herabzieht. Dieses Couloir hinauf bis zum Col, 3776 m. Nun steigt man über die steile Firnflanke der Gipfelkalotte bis zum Gipfel, wobei man sich auf der Argentièreseite hält.

● **1210 Nordostwand**

Durch die NO-Wand der Aig. Verte führen zahlreiche teilweise sehr extreme Anstiege. Die klassischen und meistbegangenen Anstiege, das Couturiercouloir, das Cordiercouloir und die Contamineroute, sind hier im einzelnen beschrieben. Die weiteren Routen, soweit es sich nicht um Varianten handelt, sind teilweise sehr gesucht, sehr gefährlich, aber zweifellos auch sehr schwierig. Mit Ausnahme des direkten Anstiegs durch das Felsdreieck (P. Gabarrou und R. Vogler, 29./30. August 1981) können diese Anstiege nur sehr bedingt empfohlen werden. Es gibt andere ebenso schwierige, aber sicherere extreme Eistouren im Mont-Blanc-Massiv.

● **1212** **Cordiercouloir**
H. Cordier, Th. Middelmore, J. Oakley Maund mit J. Anderegg, J. Jaun und A. Maurer, 31. Juli 1876. Die erste Besteigung dieser Route ist ein herausragendes Ereignis in der Geschichte des Alpinismus. Die Schwierigkeiten dieses Anstiegs wurden im Eis erst annähernd 50 Jahre später durch die Generation von W. Welzenbach, J. Lagarde und H. Lauper übertroffen. Die Route ist vielleicht weniger elegant in der Linienführung als das Couturiercouloir, aber steiler und abwechslungsreicher. Normalerweise reiner Eisanstieg. Auf den ersten 550 m Durchschnittsneigung **55°**. Im folgenden Teil können Bergschründe oder Serakabbrüche sehr schwierige Eiskletterei erfordern. **D +**. Wegen der schwierigen nächtlichen Orientierung kann ein Aufbruch von einem Biwak bei Grands Montets nur empfohlen werden, wenn die aktuellen Verhältnisse bekannt sind. Eis- und Steinschlaggefahr. Es ist ein sehr früher Aufbruch unbedingt ratsam. Wandhöhe 1000 m, vom E 7—10 Std.

Übersicht: Man folgt dem rechts des großen Felsdreiecks von der Aig. Verte herunterziehenden Couloir, wobei man sich möglichst weit an das linke Ufer des Couloirs außerhalb der direkten Fallinie der großen Seraks hält. In Höhe des Gipfels des Felsdreiecks gewinnt man den Beginn der Gipfelkalotte und steigt direkt zum Gipfel auf.

Route: Zum E wie bei R 1218 (2 Std.) über den Bergschrund und durch ein Couloir ca. 300 m hoch. Das Couloir wird nun steiler. Durch eine Felszone über eine sehr steile Rinne. 100 m höher quert man ansteigend nach links und erreicht den Firngrat, der vom Gipfel des Felsdreiecks entspringt und folgt dann R 1214, oder man ersteigt direkt die Gipfelkalotte. Je nach den Jahren schwankt die Beschaffenheit der Bergschründe und Serakbildung, was bei der Routenwahl berücksichtigt werden muß.

● **1214** **Contamineführe**
P. Labrunie, J. Martin mit A. Contamine und G. Payot, 26. Aug. 1962. **V**, meist IV, im Eis bis **50°**. Wenige Haken vorhanden. **TD—**. Großartige, abwechslungsreiche, kombinierte Bergfahrt, die bei guten Verhältnissen (Felsen überwiegend schneefrei) sehr zu empfehlen ist. Wandhöhe 1050 m, davon 600 m Fels und kombinierte Kletterei sowie 450 m im Eis. 8—10 Std. vom E.

Übersicht: Vom tiefsten Punkt des Felsdreiecks nach rechts hoch bis man einen Grat, der das Felsdreieck von den Serakabbrüchen rechts

Aiguille Verte von Norden
R 1172 Von Nordosten
R 1174 Nordostgrat
R 1218 Couturiercouloir

trennt, erreicht. Den Grat hoch bis man die Gipfelkalotte erreicht.
Route: Vom Ref. d'Argentière wie bei R 1218 zum E in Wandmitte der dreieckigen Felswand zwischen Couloir Couturier und Couloir Cordier (2 Std.). Über kurzen Eishang zum Beginn eines Couloirs. Schräg rechts 100 m hinauf. Nach links in breiten Kamin, den man 100 m verfolgt (IV). Rechtshaltend in Richtung eines großen Felsgrates, dem man linksseitig bis zum Fuß einer etwa 200 m hohen, vereisten Verschneidung folgt. In der Verschneidung schräg links über vereiste Platten (V) und dann im Eis hinauf in Richtung eines Felsaufschwungs, den man durch einen vereisten Kamin (IV+) überwindet. Nun rechtshaltend in Richtung des Grats, dann dem Grat entlang bis zum Gipfel des Felsdreiecks, 3678 m, folgen (IV und V). Weiter über den Schneegrat und auf die Gipfelkalotte. Über diese hinauf zum Gipfel.

- **1218** **Couturiercouloir**

  Erste Begehung der heute üblichen, direkten Führe durch M. Couturier mit A. Charlet und J. Simond am 1. Juli 1932. Eine frühere, jedoch weniger direkte Begehung über die orogr. linken Begrenzungsfelsen des Couloirs erfolgte durch H. B. Washburn mit G. Charlet, A. Couttet und A. Devouassoux am 2. September 1929. **55°** auf 300 m. Im Durchschnitt 49°. **D—**. Reiner Eisanstieg mit einer eleganten direkten Linienführung, der bei guten Verhältnissen keine großen Schwierigkeiten aufweist. Bei Blankeis ist die Route kaum zu empfehlen. Bei der häufig zu beobachtenden starken Frequentierung dieser Route sollte eventuell auf einen anderen Nordwandaufstieg gewechselt werden. Bei mehreren Seilschaften im Couloir kann die Stofervariante sehr empfohlen werden. Die Wand ist schon sehr früh sonnenbeschienen, weshalb ein frühes Einsteigen unerläßlich ist. Im allgemeinen geringe Steinschlaggefahr. Evtl. Lawinengefahr durch Eisabbrüche. Wandhöhe 900 m. 4—8 Std. vom E.

Übersicht: Vom Col de la Grande Rocheuse, 4051 m, zwischen Aig. Verte und Grande Rocheuse fällt das Couloir Couturier direkt zum Glacier des Rognons bzw. zum Glacier d'Argentière ab und bildet das Gegenstück zum weniger großzügigen Whympercouloir auf der S-Seite der Aig. Verte. Vgl. Foto S. 368.

Zustieg: Vom Ref. d'Argentière (R 67) quert man in WSW-Richtung den Glacier d'Argentière. Man steigt zwischen dem Felsen P. 2866 m und dem Fuß des NO-Grats der Grande Rocheuse hindurch, um dann den Glacier des Rognon bis zum Bergschrund des Couloirs hochzusteigen (2 Std.).

Route: Über den Bergschrund an geeigneter Stelle. Im Couloir rechts oder links der Lawinen- und Steinschlagrinne hoch. Nach einer Verbreiterung des Couloirs (Abzweigung der Stofervariante) zieht das Couloir recht schräg aufwärts. Je nach den Verhältnissen ziemlich direkt zum Gipfel aufwärts oder rechts haltend nach den letzten Felsen auf dem linken Ufer und über die Hänge der Gipfelkalotte hoch. Die Stofervariante folgt von der Verbreiterung des Couloirs einem rechts aufwärts ziehenden Schneeband, das durch die linken Uferfelsen des Couloirs führt. Man erreicht so den feinen Firngrat, der von dem großen Felsdreieck in der Nordwand entspringt. Über den Grat und die Kalotte zum Gipfel.

- 1220 Jardingrat (Ostgrat)
Im wesentlichen wurde der Grat erstbegangen durch E. Fontaine mit J. Ravanel und C. Tournier am 1. August 1904. Die vollständige Begehung wurde im Auf- und Abstieg durch von A. Charlet geführte Seilschaften 1924 (Abstieg) und 1926 Aufstieg durchgeführt. Sehr lohnender interessanter Gratanstieg, der eine Reihe schönster Kletterstellen und eine in mehreren Bereichen außerordentlich eindrucksvolle Eispassage aufweist. **IV** (zwei Stellen), meist III und II, im allgemeinen keine wesentlichen eistechnischen Schwierigkeiten, außer bei der Querung des Col Armand Charlet, die sehr beeindruckend sein kann (eventuell Eisschrauben zur Sicherung mitnehmen). Im Abstieg ist der Grat nur geringfügig leichter. **D—**. Vom Bergschrund auf die Aig. Jardin 450 m; von hier weitere 300 m HD. 8—10 Std. vom E.

Übersicht: Vom Ref. du Couvercle (R 64) am Fuß des Whympercouloirs vorbei und bis unter den Col de l'Aig. Verte. Drei Viertel der Wandhöhe des Cols hoch. Nun links unterhalb des eigentlichen O-Grats hoch auf die Aig. du Jardin. Über den Grat die Pte. Eveline besteigend oder umgehend auf die Grande Rocheuse und weiter über den Grat zur Aig. Verte.

Zustieg: Von der Hütte wie bei R 1181 zum Auslauf des Whympercouloirs. Ostnordöstl. umgeht man den S-Pfeiler der Grande Rocheuse an seinem Fuße, geht an der S-Wand der Aig. Jardin entlang, um das vom Col de l'Aig. Verte herabziehende Firncouloir zu erreichen (2¹/₄ Std.).

Route: Nur bei guten Verhältnissen entweder durch das Couloir selbst (oft schwieriger Bergschrund) oder über die am linken Couloirufer herabstreichende Felsrippe, die an zwei mächtigen Türmen östl. des Col de

Papillonsgrat

l'Aig. Verte entspringt. In ³/₄ Höhe des Couloirs verläßt man dieses oder die Rippe und quert links zu einer breiten Felsrinne. Durch diese parallel mit dem O-Grat aufwärts. Die Rinne wird dann steiler, enger und endet in einem steilen, brüchigen Kamin (IV). Man gelangt so rechts eines Gendarmen, der einer Gratrippe entragt, welche die eben durchstiegene Rinne von einer anderen mehr westl. gelegenen Rinne trennt. Über die festen Felsen dieser Gratrippe (III und IV) meist auf dem First, oben etwas nach links empor zum Hauptgrat (O-Grat der Aig. du Jardin). Man hat somit die unteren schwierigen Türme dieses Grates südwestlich an ihrem Fuße umgangen. Sich nun westl. wendend, wird der erste Gratabbruch exponiert über seine Schneide erklettert. Ein schmales Gratstück führt zu einer Firnschulter, nach der man über einen zweiten kleineren Gratabsatz bald den Gipfel der Aig. du Jardin erreicht (5 Std.). Von der Aig. du Jardin westl. den mäßig steilen Felsgrat auf seiner Schneide aufwärts. Ein kurzer, schmaler Firngrat führt nördl. an der Pte. Eveline vorbei (R 1167). Über den schmalen Schnee- oder Eisgrat quert man den Col Armand Charlet. Vom Col zum Fuß des folgenden Gratturmes, den man nur wenige Meter ersteigt, ihn dann links (südl.) umgeht. Auf dem schmalen Firngrat hoch. Nun über den felsigen O-Grat der Grande Rocheuse und über zwei steilere Absätze, zuletzt über Firn zur Grande Rocheuse (2—3 Std.). Über den steilen Gipfelgrat abklettern bis in den Col de la Grande Rocheuse. Von hier über den O-Grat zum Gipfel der Aig. Verte (1 Std.).

● **1221   Überschreitung Aiguille du Dru — Aiguille Verte**
Die bedeutendste Granitkletterei in IVten Schwierigkeitsgrad im Alpenraum. Man klettert praktisch zwei Tage über Dru und Aig. Verte mit anhaltenden Schwierigkeiten im Fels und einem hochalpinen Eis- und Firngrat. Erste Begehung durch F. Gaiser und B. Lehmann, 16.—18. Juli 1935. Seitdem nur selten wiederholt, nichtsdestoweniger unbedingt empfehlenswert. **IV** +, überwiegend IV und III, selten leichter, längerer Wächtengrat zwischen Aig. Sans Nom und dem Col de la Grande Rocheuse. **D** +. Es erscheint sinnvoll, am ersten Tag den Gipfel der Aig. Sans Nom zu erreichen und hier zu biwakieren. So kann man die schwierigen SL zur Aig. Sans Nom in der Nachmittagssonne ersteigen und am anderen Tag den hartgefrorenen Firngrat zur Aig. Verte begehen. Insgesamt sollten zwei Tage am Berg auch bei einem Abstieg über den Jardingrat reichen.

Route: Zunächst auf R 1252 auf die Petit Dru. Weiter über R 1253 auf die Grand Dru (6—7 Std.). Nun Abstieg über R 1256 bis zur Plattform der Passage de Pendule (1½ Std.). Man umgeht die Pte. 3607 m über ziemlich glatte Platten, dann über Stufen und Bänder. Nun etwa 30 m unterhalb des Grats über ein System von Bändern und Stufen (IV) zunächst waagerecht, dann ansteigend am Fuß des Pic Sans Nom bis zu einer markanten Platte in Form eines Vordachs unter senkrechten Platten. Man umgeht dann den Pic Sans Nom leicht absteigend, um das Couloir von der Brèche Sans Nom 150 m unter der Scharte zu erreichen. Weiter wie bei R 1187 zur Aig. Verte. Im Abstieg entweder durch das Whympercouloir oder weiter überschreitend über den Jardingrat wie bei R 1220/1229.

● **1229 Abstiegsmöglichkeiten**
Der Abstieg von der Aig. Verte ist in jedem Fall ein schwieriges Unterfangen.
Der sicherste Abstieg ist normalerweise der *Moinegrat* (R 1182), sofern er nicht zu stark verschneit ist. Bei guten Verhältnissen ist ein schwieriger, aber vielfach schnellerer Abstieg durch das *Whympercouloir* (R 1181) möglich. Ein Absteigen sollte hier aber nur bis zum frühen Vormittag oder am Abend unternommen werden, da tagsüber mit Steinschlag zu rechnen ist. Insbesondere das Einstiegscouloir ist sehr gefährlich. Nach stärkeren Schneefällen und bei Wärmeeinbrüchen ist mit z.T. erheblicher Lawinengefahr zu rechnen. Der untere Teil des Whympercouloirs, insbesondere das Einstiegscouloir und der Bergschrund können abseilend überwunden werden. Normalerweise weisen hier alte Abseilschlingen den Weg. Der Abstieg über den Felssporn der Grande Rocheuse ist ziemlich langwierig und bei viel Schnee nicht dem Moinegrat vorzuziehen. Im unteren Teil muß man zudem das Einstiegscouloir des Whympercouloirs benutzen.

● **1230   Petite Aiguille Verte, 3512 m**
Ein kleiner untergeordneter Gipfel, der seit der Erbauung der Seilbahn auf die Aig. des Grands Montets viel besucht wird. Auf der NW-Seite sind verschiedene kurze Eisführen von 1—4 SL möglich. Die Neigung beträgt 50—**55°**. Sofern es das Budget zuläßt, sind diese Trainingsfahrten im Eis dem Herumsteigen im Glacier des Bossons sicherlich vorzuziehen. Es empfiehlt sich nur, sich der Betriebszeit der Seilbahn zu versichern, die im übrigen i.d.R. bei starkem Wind, jedoch nicht bei mäßigem Wetter, ihren Betrieb einstellt. Der Abstieg verläuft über den NW-Grat, der kurz unterm Gipfel einige Felsen aufweist, sonst aber kombiniert bzw. verfirnt ist. Im Sattel vor der Firnschulter steigt man

einen steilen Hang ab und erreicht das Firnplateau von der Seilbahn. (Auf dem Firnplateau besteht durchaus Spaltengefahr.)

● 1250   Aiguille du Dru

Zweigipfeliger Berg, der über dem oberen Arvetal mit seiner 1100 m hohen Westwand dominiert. Der Dru hat mit seiner gewaltigen Ausstrahlung zahllose Sagen und Legenden dem Berg- und Klettervolk gegeben. Zweifellos gehört er in die Reihe der „unnahbaren" Berge. So hat z.B. A.F. Mummery nie einen Erstbegehungsversuch am Dru unternommen, obwohl er doch sonst fast alle möglichen Probleme jener Alpinepoche im Mont-Blanc-Gebiet zu lösen versucht hat. Sieht man von einigen untergeordneten Gipfeln ab, so gibt es im Alpenraum kaum einen Berg, der schon auf dem Normalanstieg vergleichbare Schwierigkeiten bietet. Eine Besteigung des Dru muß auch über die Erkletterung des Grépon gestellt werden. Der Hauptgipfel, Grand Dru, wurde zum ersten Mal von C.T. Dent und J.W. Hartley mit A. Burgener und K. Maurer am 12. September 1878 erstiegen. Es war für C.T. Dent der 18. Versuch innerhalb von 5 Jahren. Die Besteigung des schwierigeren Petit Dru (kleiner Dru) gelang erstmalig am 29. August 1879 durch die Führer J.E. Charlet-Straton, P. Payot und F. Follignet. Rein klettertechnisch gesehen war die Ersteigung des Petit Dru durch die Seilschaft der Bergführer eine ganz bedeutende Leistung, die wohl erst 1906 durch die Erstbegehung des Ostgrats der Aig. du Plan durch F. Lochmatter bzw. J. Knubel in der Ostwand des Grépon wesentlich übertroffen wurde. Ein weiteres wesentliches Datum ist die Überschreitung vom Kleinen zum Großen Dru, die erstmalig am 23. August 1901 E. Fontaine mit J. und J. Ravanel gelang, allerdings auf wesentlich schwierigeren als der heute üblichen Variante über das „Z". Die neuzeitliche Klettertechnik und das zunehmende systematische Training, vor allem der führerlosen Bergsteiger, ermöglichte schließlich am 1. August 1935 P. Allain und R. Leininger die erste Durchsteigung der Nordwand des Dru. Der dabei bezwungene Allainriß wurde zweifellos über Jahrzehnte an Schwierigkeit in den Westalpen kaum übertroffen. Das Jahr 1952 brachte dann drei große Neutouren am Dru. Am 30. Juli durchstiegen M. Bastien und A. Contamine mit ganz wenigen Haken den sog. Südpfeiler. In zwei Anläufen am 1.—5. Juli und am 17.—19. Juli durchstiegen mit großem Materialaufwand L. Bérardini, A. Dagory, M. Laine und G. Mangone die Westwand. Nicht zu vergessen ist aber bei dieser Route der sog. Vignesriß (VI), den der Belgier Vignes bei einem der vielen Versuche als erster meisterte, der aber später wie viele Passagen der Führe zu einer Hakenleiter mangels Könnens der Nachfolger degeneriert wurde. Eine Wende des Alpinismus war diese Erstbesteigung jedoch nicht. Immerhin bleibt festzuhalten, daß die Erstbegeher ca. 120 Fortbewegungspunkte benutzten und nur ca. 175 m in technischer Kletterei überwanden. Von den Begehungen ab den 80er Jahren abgesehen, dürften nur wenige die Westwand mit so wenigen Hilfsmitteln durchstiegen haben.

Das dritte Ereignis 1952 am Dru war eine Erstbegehung in der Nordwand des Grand Dru durch die Brüder Lesueur (25.—27. Juli). Dieser Anstieg war lange legendenumwoben, was die Schwierigkeiten in Fels und Eis betrifft. Die Lesueurführe gehört aber sicherlich zu den großen Anstiegen vom „Typ Nordwand", die das Mont-Blanc-Massiv aufzuweisen hat.

1955 schließlich wurde ein vorläufiger Endpunkt der Neutouren am Dru durch Walter Bonatti gesetzt. Seine legendäre Alleinbegehung vom 17.—22. August 1955 bedarf kaum eines Kommentars. 1962 wurde durch G. Hemming und R. Robbins vom 24.—26. Juli eine Route in der Westwand gefunden. Zunächst wurde diese Führe wenig wiederholt, bis sich herumgesprochen hatte, daß diese Route in Verbindung mit der Westwandführe von 1952 einen der schönsten extremen Anstiege der Alpen darstellt. Heute ist dies der wahrscheinlich am meisten versuchte Anstieg am Dru, leider häufig genug von Kletterern, die den sehr großen anhaltenden Schwierigkeiten kaum gewachsen sind. Die Route bis zur 90-m-Verschneidung wurde schon in der Mitte der 70er Jahre frei geklettert. Die wahrscheinlich erste R.P.-Begehung (mit Ausnahme des Seilquerganges nach der 90-m-Verschneidung) gelang 1980. 1965 durchstiegen J. Harlin und R. Robbins mit großem technischem Aufwand eine Direktroute in der Westwand, die auch einige Wiederholungen erlebte. Diese Route *frei geklettert* (erstmals durch M. Pedrini) galt als eine der ernstesten Felskletttereien überhaupt. Eine gewisse Sonderstellung als Eiskletterei stellt der Anstieg von W. Cecchinel und Claude Jaeger durch das sog. Drucouloir durch die NO-Wand des Dru dar. Diese im Winter vom 28. bis 31. Dezember 1973 begangene Route wurde im deutschen Sprachraum aus Unkenntnis zunächst als äußerst gefährlich hingestellt; sie ist aber seitdem oft im Sommer wiederholt worden. In den Folgejahren wurden weitere großartige Neutouren durchgeführt, die hier nicht alle Aufnahme finden können.

Nachdem mehrere kleinere Bergstürze bereits die Nordwand in den letzten Jahren sehr gefährlich gemacht hatten, gab es am 18. September 1997 einen gewaltigen Bergsturz am Dru, der alle Routen rechts der Amerikanerführe (R 1287) bis einschließlich des legendären Bonattipfeilers zerstörte. Auch wenn bereits 1998 zwei russische Kletterer durch die Ausbruchzone aufgestiegen sind, dürfte es einige Jahre dauern, bis es halbwegs sichere Routen durch diesen Teil der Westwand

Dru von Süden

R 1252 Südflanke und Südwestgrat
R 1256 Grand-Dru-Südostflanke
R 1262 Contaminefuhre

gibt. Insgesamt muß man heute wohl von allen Routen der Nord- und Westwand des Dru dringend abraten.

● **1251**   **Petit Dru,** 3733 m

Westlicher Gipfel der Aiguilles du Dru, gut 20 m niedriger als der östliche und durch die Brèche du Dru, 3697 m, von diesem getrennt. Erste Besteigung vgl. R 1250.

● **1252** **S-Flanke und SW-Grat**
Erstbegeher vgl. R 1250. **IV** und III. **D**. Eine der lohnendsten klassischen Klettereien im IV. Grad im Gebiet. Teilweise recht anstrengende Kletterei in bestem Fels, die von der Schulter bis zum Gipfel sehr anhaltend schwierig ist. Insbesondere ist auf die vielen senkrechten aber kurzen „Chamonixrisse" hinzuweisen. Doppelseil (oder Reserveseil) im Hinblick auf den Abstieg oder einen Rückzug unbedingt zu empfehlen. Steigeisen und kurzer Eispickel für den Gletscher erforderlich. Kaum H. Es genügt die Mitnahme eines Sortiments an KK und Schlingen zur Sicherung. HD von der Schulter 400 m. 6—7 Std. vom Ref. de la Charpoua (R 65). Bis zur Schulter kann in der Dunkelheit geklettert werden. Vgl. Fotos S. 362, 376.

Übersicht: Vom Gipfel des Petit Dru fällt der wenig ausgeprägte SW-Grat steil zu einer fast waagerecht verlaufenden Schulter ab, die sich weiter nach SW zum sogen. Arête des Flammes de Pierre fortsetzt. Östlich dieser Schulter und nahe am Beginn des steilen SW-Grates des Petit Dru erhebt sich ein etwa 3360 m hoher Turm, von dem ein Sporn nach SO abfällt. Links und rechts dieses Sporns und mit ihm gleichlaufend ziehen zwei plattige Felscouloirs, in denen im Juli oft noch Schnee liegt, zur Schulter empor durch das linke Couloir.

Route: Von der Hütte über den Felssporn des Rognon de la Charpoua auf den Gletscher. In NO-Richtung den Gletscher hinauf, um dann nach links zu queren und die Felsen des Südgrats bei einer auffallenden in den Gletscher hineinragenden Felszunge zu betreten. Fast waagerecht nach linksquerend wird der Fuß des S-Grates umgangen und nach einigen Metern Abstiegs ein plattiges Schrofengelände erreicht, das sich zu den zwei erwähnten plattigen Felscouloiren hinaufzieht. Schräg nach links aufwärts querend steigt man nach Erreichen des westl. Couloirs, den SO-Sporn des Gendarmen P. 3361 m zur Rechten, in diesem über kleine plattige Wände und Verschneidungen bis zur Grathöhe empor. Biwakplätze (2 Std.). Nun nach rechts über den Grat und einen kurzen Kamin (III) gewinnt man eine Scharte im SO-Grat des Turms P. 3361 m. Einige Meter absteigen und auf dem schmalen Grat bis zur Schulter. Nun 30 m auf der Charpouaseite nach rechts queren und eine kaminartige Rinne hinauf. Über Stufen und Platten hoch bis zu einem tiefen und senkrechten Kamin mit Klemmblöcken (IV), den man bis zu einem Band durchsteigt. Auf diesem ein wenig nach rechts, bis ein Felscouloir erreicht wird, das man bis zu seinem oberen Anfang, einem Absatz, begeht, an einer Stelle, wo sich der SW-Grat zu verlieren beginnt. Durch zwei senkrechte Kamine (beide etwa 1½ Seillängen hoch) wird eine ebene Plattform erreicht. Nun gerade empor über einen hohen Block mit H und über weitere Blöcke zu einer steilen Plattenwand, die man (IV) durch eine Reihe von Kaminen und Verschneidungen, sich ein wenig links haltend, überwindet (H). Man erreicht somit ein Band, das man nach links bis zu einem Couloir begeht, das zum Glacier du Dru abfällt. Einen der hier beginnenden Kamine (gewöhnlich den linken, IV) ersteigend wird dann über Schutt zur Charpouaseite zurückgekehrt. Drei aufeinanderfolgende Wandstufen, jede durch einen Absatz von der anderen getrennt, werden, die zwei ersten gerade, die dritte (mit H) nach rechts durchstiegen. Sich nach rechts haltend wird ein leichtes Couloir erreicht, durch das man bald den Gipfel erreicht (4 Std. von der Schulter).

● **1253** **Überschreitung der Aiguilles du Dru**
E. Giraud mit J. Ravanel und A. Comte, 6. September 1903. **IV** überwiegend, teilweise III und II. Im allgemeinen ziemlich anstrengend. **D**. Große Bergfahrt, die zu den klassischen Granitanstiegen im IV. Grad gehört. Diese Überschreitung wird normalerweise über R 1252 (Aufstieg auf den Petit Dru), das „Z" und über R 1256 in Gegenrichtung unternommen und wird heute als der „Normalweg" am Dru angesehen. Die Überschreitung vom Großen auf den Kleinen Dru beraubt den Bergsteiger der interessantesten Kletterpassagen. Zeit 12 bis 15 Std. von Hütte zu Hütte. Um ein Biwak zu vermeiden, ist ein zügiges Vorankommen vor allem bis zur Schulter sowie ein überlegtes Absteigen und Abseilen im Abstieg vom Grand Dru erforderlich.

Route: Vom Ref. de la Charpoua wie bei R 1251 auf den Petit Dru. Vom Petit Dru in leichter Kletterei zur Scharte zwischen dem Kleinen und Großen Dru hinab. Von der Scharte über einen 6 m hohen rißartigen Kamin und schräg nach rechts über zwei 1 m hohe Felsabsätze auf ein schmales Band (etwa 30 cm breit), das ungefähr 10 m nach rechts sehr ausgesetzt begangen wird. Etwa 2 m vor einem senkrechten engen Riß erklettert man eine 3 m hohe Platte, dann einen schrägen Riß nach links. Nun nach links einen waagerecht verlaufenden Riß entlang und damit zur Gratkante zurück (etwa 25 m oberhalb des Einstiegs). Einige Meter senkrecht (IV) zu einem Block mit gutem Stand empor. Vom Block über Risse und Rillen (IV) 8–9 m etwas schräg nach rechts hoch bis unter den mächtigen Überhang, der den ganzen Aufstieg beherrscht. Unter dem Überhang durchkriechend quert man (IV) wieder nach links zur Gratkante zurück (Ende des „Z-Aufstieges"). Man umgeht die Gratkante nach links und erreicht über ein schmales Bändchen einen kleinen in der N-Wand befindlichen Stand. Durch senkrechte Risse zum Fuß eines geschweiften Kamins. Durch diesen Kamin 12 m (IV) hoch zu einer Plattform (im Abstieg wird von dieser Plattform bis zum Fuß des geschweiften Kamins abgeseilt). Man folgt dem Grat bis zum Gipfelblock des Grand Dru. Abstieg wie bei R 1256 (3—5 Std.).

- **1256** **Grand-Dru-Südostflanke**
C. T. Dent und J. W. Hartley mit A. Burgener und K. Maurer, 12. September 1878. **III** (viele Passagen), selten leichter. Die Überwindung des Bergschrunds kann Stellen IV+ bis V aufweisen. **AD**. Klassischer Aufstieg mit interessanter Kletterei, die nicht zu unterschätzen ist. Der Bergschrund bietet häufig erhebliche eistechnische Schwierigkeiten und ist manchmal nicht passierbar gewesen, weshalb die Überschreitung des Dru, R 1253, und der Abstieg auf der hier beschriebenen Route vorzuziehen ist. Für den Abstieg sind zwei 40-m-Seile sehr vorteilhaft. Nachmittags beim Abstieg Steinschlaggefahr. Wandhöhe 400 m. 6—8 Std. von der Hütte.

Übersicht: Vom Gletscher in Fallinie des Col du Dru hinauf, dann in der SO-Flanke links haltend hoch bis man den O-Grat erreicht.

Zustieg: Vom Ref. de la Charpoua über den Grat des in den Gletscher hineinragenden Felssporns auf den Gletscher selbst. Man steigt den Gletscher bis etwa 3100 m in NO-Richtung hoch. In einem weiten Bogen nach links wendet man sich in Richtung Col du Dru. Die Felsinsel unterhalb der Aig. Sans Nom wird rechts oder links je nach den Verhältnissen umgangen.

Route: Über dem im allgemeinen sehr schwierigen Bergschrund erreicht man die Felsen, die zum Col du Dru hinaufziehen. Zwischen dem Grand Dru und einem großen Gratturm (P. 3607) entspringt ein Couloir, das kurz über dem Firnhang sehr steil wird und sich in zwei Rinnen teilt. Je nach den Verhältnissen in der rechten Rinne hinauf, nun bald nach links durch einen Kamin, der je nach der Höhe des Gletschers 10—30 m hoch sein kann. (Im letzteren Fall ist er anfänglich sehr eng, IV+.) Man ersteigt in mäßig schwieriger Kletterei die Felsen der seichten Rinne. Nun über diese Terrassen, zuerst schräg links ansteigend, dann mit einer Schleife schräg nach rechts zum seichten Couloir zurück, das man überquert und in Richtung eines Gendarmen aufsteigt, der sich unmittelbar westl. des Col du Dru erhebt. Am Fuß des Gendarmen quert man schräg nach links bis nahe der Gratscharte (zwischen dem erwähnten, eben gequerten Gendarm und dem etwas höheren Gendarmen, 3607 m). In gleicher Richtung wird dieser zweite Gendarm ebenfalls an seinem Fuße umgangen und eine steile Felsrinne erreicht, etwa eine halbe Seillänge unterhalb der Scharte, die sich westl. des zweiten Gendarmen befindet. Einige Meter oberhalb des erreichten Standpunktes ist ein Abseilhaken sichtbar. Von einem schmalen Stand wird eine Platte am rechten Ufer der Rinne erstiegen und gleich darauf ein Band (mit H) erreicht. Man quert dieses Band nach links (W), um an seinem Ende nach links pendelnd abzuseilen auf ein Band oder einige Meter eine Platte hochzusteigen und dann eine kleine Wand abzusteigen und zu einem 3 m höher und links gelegenen Band zu gelangen (Passage du pendule). Nun folgt eine kurze und schräg nach links aufsteigende Rinne, nach der man fast horizontal nach links über Bänder quert, bis ein etwa 8 m hoher Kamin durchstiegen werden kann. Eine kurze Rechtstraverse führt zu drei weiteren kleineren, aufeinanderfolgenden Kaminen, nach denen man einige Meter westl. einen großen, etwa eine Seillänge hohen Kamin erreicht und durchklettert. Nun leicht zu einer Schutterrasse in Gratnähe aufsteigen und über einen leichten Blockgrat (oder links seines Firstes) auf den Gipfel des Grand Dru. Vgl. Foto S. 376.

Wichtig für den Abstieg: Steigt man wieder auf diesem Weg ab oder begeht man R 1253 und überschreitet die beiden Drus vom Kleinen zum Großen, so ist die Einstiegsstelle an der erwähnten, in Gratnähe gelegenen Schutterrasse schwer zu finden. Man folge daher dem O-Grat des Grand Dru so lange abwärts, bis er steil zum Col du Dru abbricht, wo man dann durch die SO-Flanke zum 30-m-Kamin absteigt. In der Regel seilt man sich durch diesen und die folgenden Kamine ab, wie auch vom Band (bei der „Passage du pendule") in das steile Felscouloir abgeseilt wird. Der Firn oberhalb des Bergschrundes wird ebenfalls durch Abseilen über große Platten erreicht.

● **1260 Grand-Dru-Südwand**
Durch die Südwand des Grand Dru verlaufen mehrere Anstiege. Die Frovaroute 1938 (IV und V), die Contamineroute 1952 (der sog. Südpfeiler, V+), die Route von 1978 über den Tridentpfeiler (VI) und die Route von 1981, die als direkter Südpfeiler bezeichnet wird (VI/VII). Alle diese Routen werden kaum wiederholt, obwohl es sich um sehr lohnende Anstiege handelt.

● **1261   Frovaführe**
H. und A. Frova mit L. Grivel, 16. 8. 1938. **V**, überwiegend III und IV. **D**. Die erste Passage V hängt von den Verhältnissen des Glacier de la Charpoua ab, die zweite Passage V im oberen Teil der Führe läßt sich umgehen. In vielen Jah-

ren dürfte die Überwindung des Bergschrunds auf dem Normalanstieg (R 1256) von vergleichbarer Schwierigkeit sein. Kaum H. Schöne sichere Kletterei, die bei einer alleinigen Besteigung des Grand Dru dem Normalanstieg vorgezogen werden sollte. Wandhöhe 450 m. 6 Std. vom E.

Übersicht: Vom Einstieg rechts der Gipfelfallinie ersteigt man eine Folge von Rinnen bis auf die große Terrassenzone 100 m unterhalb des Gipfels. Von hier entweder rechts auf den Normalanstieg oder über den roten Gipfelgrat.

Zustieg: Man folgt R 1256 bis kurz vor den Bergschrund und etwa 200 m oberhalb der Felszunge von R 1252.

Route: Leicht rechts der Gipfelfallinie gelangt man von einem Band über einen Kamin mit schwierigem Einstieg (V) in ein schmales Couloir. Hier drei SL hinauf. Über Platten und Risse schräg rechts aufwärts. Man quert ein zweites Couloir und steigt an der rechten Seite durch Kamine hoch. Man erreicht die linke Begrenzung einer Terrassenzone. Ein weites Couloir ergibt den weiteren Anstieg. Man ersteigt rechts (östl.) des Couloirs über Platten (IV, 2 H) einen Absatz. Nun in die Scharte queren und in das Couloir, das man bis zu einem Blocküberhang verfolgt. Nach rechts zu einem Band queren (IV). Über eine Plattenwand links aufwärts steigend erreicht man wieder das Couloir, dem man bis zu einem breiten Band folgt. Nun 30 m nach rechts queren (IV). Durch eine Verschneidung (IV, H) hoch und unter dem abschließenden Überhang nach links queren (IV), um den Überhang dann übersteigen zu können (V). Nach rechts haltend erreicht man eine Plattform. Über eine Folge von Rissen und Kaminen zum Gipfelgrat (III, IV), über den man leicht den Gipfel erreicht.

● **1262   Contamineführe**
M. Bastien und A. Contamine, 30. Juni 1952. **V+**, überwiegend IV und V. **TD**. Einige wenige Stellen **A0** (5 H), die vermeidbar sein sollten.
Sehr empfehlenswerte sichere Kletterei, die nicht zu oft begangen wird. Anstrengende, anhaltend schwierige Kletterei. Wandhöhe 600 m. Vom E 8 Std.

Übersicht: Der Anstieg erfolgt zunächst auf der linken Seite des eigentlichen Südpfeilers. Auf der Terrassenzone unter dem Gipfel wechselt man auf die rechte Seite und erreicht den Gipfelgrat kurz unter dem höchsten Punkt. Vgl. Foto S. 376.

Zugang: Man folgt R 1252 bis man den ersten Gratturm des Südpfeilers passiert hat. Der Einstieg befindet sich inmitten der hier beginnenden Plattenwand.

Petit Dru
R 1270 Bonattipfeiler   R 1287 Amerikanerroute

Route: Über Platten (IV) diagonal nach links hoch. Man quert die Rinne, die aus der Scharte hinter dem ersten Gratturm entspringt. Man erreicht so den Fuß einer 80 m hohen Wand. Über zwei Parallelrisse hinauf (V+), links durch einen Riß und über einen Überhang nach rechts (IV+). Durch einen engen, sich oben erweiternden Riß hinauf (V+). Nach rechts eine Platte queren (H) und durch einen Riß (V+) auf eine Plattform. Eine Folge von Verschneidungen (IV+) hinauf bis zu einer engen Rinne, die nach links abfällt. Man überklettert die Rinne. Oberhalb zweier Blöcke überwindet man einen Doppelriß (V). Durch eine Verschneidung hoch (25 m IV und V), unter einem Dach rechts vorbei und durch zwei aufeinanderfolgende Risse (V+). Dann durch ein System von Rissen und Verschneidungen bis an den Fuß eines breiten Turms. Auf einem Band nach rechts bis ein kurzer Kamin (V) zu einer Scharte führt, von der man auf den Glacier de la Charpoua sehen kann. Man quert ca. 50 m nach rechts schräg aufwärts, quert einen meist feuchten Kamin (IV) in Höhe eines Blocks, den man umgeht, erklettert eine Platte (IV), weiter durch einen Kamin (V) und eine kurze Verschneidung (V+) hinauf bis auf einen kleinen Absatz (rechts). Ein schmaler Riß und eine kleine Wand (V) leiten auf die große Plattform am Fuß der Gipfelwand. Man steigt von der Plattform den Schneefleck hinauf und quert dann nach rechts in Richtung des roten Pfeilers. Durch einen Riß nach rechts, und unter einem Überhang hindurchquerend, erreicht man den roten Pfeiler. Eine 30 m hohe Verschneidung (IV+) hoch, über einen kleinen Überhang (IV) und über eine Wand mit „Orgelpfeifen" (V+) hinauf. Über eine Folge von Verschneidungen erreicht man den Gipfelgrat. Nun über leichte Stufen zum Gipfel.

● **1270 Petit Dru, Bonattipfeiler**
Walter Bonatti im Alleingang, 17. bis 22. August 1955; erste freie Begehung Marco Pedrini und Claudio Camerani, 11. Juli 1982. **VIII/VIII—**, viele SL VI+, VII. **ED+**. K VI, viele SL V und V+ mit Stellen A 1 und A 0 (TD+). Die Mitnahme von Material richtet sich jeweils nach dem Können und der Anzahl der Haken. Pfeilerhöhe 750 m. Beim Zustieg von den Flammes de Pierre wird etwa 300 m abgestiegen/abgeseilt. Zeit vom E 10—15 Std. Vielgerühmte Kletterei, die jedoch über zwei Jahrzehnte ziemlich übernagelt war. Es ist allerdings zu vermuten, daß die Zahl der Haken abnehmen wird, zumindest in den in freier Kletterei nicht überaus schwierigen Seillängen. Von Anfang der achtziger Jahre an wurde mehrfach eine freie Begehung versucht, die schließlich 1982 gelang, wobei der Österreicherriß mittels ei-

ner Verschneidung (VIII—, keine Sicherung) umgangen wurde; 1981 hatten bereits Genfer Kletterer die Route bis auf diesen Riß frei geklettert. Die Schwierigkeiten bei freier Begehung sind über einige wenige Strecken sehr groß. Durch den Bergsturz von 1997 ist zumindest der untere Teil des Bonattipfeilers zerstört. Einzelheiten sind heute (2000) noch nicht bekannt. Von einer Besteigung muß wegen extremer Steinschlaggefahr abgeraten werden. Normaler Zustieg durch Abseilen von den Flammes de Pierre.

Übersicht: Durch das Einstiegscouloir abseilend von den Flammes de Pierre zum Pfeilerfuß. Den Pfeiler bzw. seine Seitenwand hinaus bis zur Schulter und über ein Kamin- und Riß-System bis kurz unterhalb des Gipfels.

Zustieg: Auf dem Normalweg auf die Petit Dru (R 1252) von der Hütte so weit hoch, bis man den Grat der Flammes de Pierre erreicht (etwa 3300 m). Aus diesem Bereich zieht ein anfangs blockiger Grat zum Zacken P. 3159 nach N hinab. An seiner linken Seite (in Abstiegsrichtung) ohne Schwierigkeit so weit absteigen, bis es deutlich steiler wird. Nun folgen mehrere (etwa 5) eingerichtete Abseilstellen, die zur Scharte vor P. 3159 führen. Von hier seilt man 2—3mal in Richtung Bonattipfeiler ab und erreicht so den Rand des Couloirs (E. Pracht).

Route: Vgl. Skizze S. 385 und Foto S. 382.

● **1271   Notabstieg von der Schulter**

Von der Schulter im Bonattipfeiler, die man auch über R 1283 und 1284 erreicht, kann man notfalls auch den Normalabstieg erreichen.

Abstieg: Von der Schulter in die S-Wand nach links und einen Kamin abklettern. 40 m teilweise überhängend zu einem Absatz abseilen. Nun 45 m abseilen, dabei nach rechts pendeln, um eine kleine Schulter zu erreichen. (Nicht zu tief abseilen!) Nun durch zwei kürzere Abseilstellen (15 m und 20 m) zu einer kleinen Plattform. Nun nach links zum Normalabstieg durch einen kleinen Gegenanstieg (III+) und ein weiteres Abseilen. Weiter wie bei R 1309.

Gipfelgrat der Aiguille Verte

● **1280 Westwand**
Die Westwand des Dru, das ist mehr als alle großartigen Felswände im Mont-Blanc-Gebiet und auch in anderen Regionen der Alpen die reinste Ausprägung einer Felswand. Andere Wände sind breiter wie die Civetta, steiler wie die Zinnen oder auch der Grand Capucin, oder höher wie etwa am Burel, aber keine andere Felswand liegt so im Blickpunkt an einem Berg mit der absoluten Form (wenn auch nur auf dieser Seite). Trotz der weniger anspruchsvollen N-Wand-Passagen weist die Westwand des Dru — Guido Magnone hat ein Buch mit diesem Titel über die Erstbegehung der Route von 1952 geschrieben — mit der Amerikanerführe die zu Recht meistbegangene Extremkletterei der Alpen dieser „großen" Kategorie auf.

● **1281 Westwand (klassische Route)**
G. Magnone, L. Bérardini, A. Dagorie und M. Lainé in zwei Etappen, vom 1. bis 5. Juli 1952 und vom 16. bis 19. Juli 1952. **A2/VI**, meist A1/0 und V, selten leichter. Der Zustieg über die Abseilpiste Bonattipfeiler wird empfohlen, vgl. R 1270. Andernfalls Passagen im Einstiegscouloir II und III, je nach Verhältnissen mehr oder weniger kombiniert. Im oberen Teil je nach Verhältnissen mehr oder weniger kombiniert). (**TD+** bei 200 H.)
Historisch sehr interessante, wie ehedem sehr berühmte Kletterei mit vielen Hakenpassagen und ganzen Hakenseillängen. Kombiniert über Originalroute, da Zustieg zum eigentlichen Wandteil durch das Einstiegscouloir und Ausstieg über die meist mehr oder weniger vereiste Nordwandführe. Heute zählt die W-Wand-Führe zu den kaum noch begangenen klassischen Anstiegen im Mont-Blanc-Gebiet. Früher häufig übernagelt. Aufgrund vieler künstlicher Passagen, die mittels Holzkeilen überwunden wurden, welche mit der Zeit morsch geworden sind, auch im technischen Klettern interessant. Eine freie Begehung ist bislang nicht bekannt geworden. Mitnahme entsprechenden Bongs, Friends und KK ist unbedingt erforderlich. Für die Überschreitung des Glacier de la Charpoua im Abstieg sind Steigeisen und kurzer Pickel o. ä. erforderlich. Wandhöhe 1050 m, E bei ca. 2680 m. 10—12 Std. von den Einstiegsterrassen, 12—16 Std. von den Flammes de Pierre bzw. vom Bergschrund. Häufig mit Biwak, aufgrund des recht zeitraubenden Abstiegs nicht selten auch mit zwei Biwaks. Durch den Bergsturz, 1997, ist der untere Teil der

Wand zerstört. Einzelheiten sind heute, 2000, noch nicht bekannt. Von einem Besteigungsversuch muß wegen extremer Steinschlaggefahr abgeraten werden.

● 1284 **Harlin-Robbins**
J. Harlin und R. Robbins, 10.—13. August 1965, eröffneten die Route in äußerst schwieriger künstlicher Kletterei (mehrere Passagen A 4). Die Route wurde danach mehrfach wiederholt und die Zahl der verwendeten FH senkte sich auf 22 H. Am 9. Juli 1983 kletterten M. Pedrini und S. Vicari die Route erstmals frei. Die Route wird auch „Directissime américaine" genannt, zweifellos ein ebenso einfallsloser Name wie für die benachbarte Directissime française. **VIII/VIII+**. Anhaltend schwierige Kletterei VII/VII+ (zahlreiche SL). Pendelquerung A0, überwiegend über Risse. **ABO**. Einige Passagen weisen nur mäßigen Fels auf. Die Route gilt als die schwierigste ihrer Art im Gebiet. Aufgrund der teilweise hohlen Schuppen unheimlich. Die Führe ist durch den Bergsturz weitgehend zerstört. Von einem Besteigungsversuch muß dringend abgeraten werden.

● 1287 **Amerikanerführe**
Hemming-Robbins, 24.—26. Juli 1962
Die Idealführe durch die Dru-Westwand. Die direkte Linienführung machte diese Führe ebenso wie die Tatsache, daß man das Einstiegscouloir der alten W-Wand meidet, zur beliebtesten Route am Dru. Vielfach überlaufen. Am Fuß der „90-m-Verschneidung" trifft man auf die alte W-Wand. Mitnahme von einem Satz Rocks sowie von Friends Gr. 3 und 4 empfehlenswert. **VII**, meist V+, VI oder **A0** mit Stellen VI oblig. (bis zum bloc coincé). **ED**.
Wandhöhe etwa 700 m, Zeit 11—14 Std. bis zum „bloc coincé". Vgl. Foto S. 382. Seit dem Bergsturz von 1997 ist der Einstieg sehr steinschlaggefährdet!
Übersicht: Die Führe verläuft nahezu der Fallinie der „90-m-Verschneidung". Man durchsteigt den Wandsockel durch eine Rißreihe auf ein Bändersystem, von dem man durch Risse und Verschneidungen in gerader Linie den „bloc coincé" erreicht.

Midi-Plan-Grat im Vordergrund, dahinter die Kette von der Aiguille Verte bis zur Aiguille de Triolet

Zustieg: Vom Rognon-Biwak (R 66) über ein Schneefeld querend zur linken Begrenzungsecke des wenig ausgeprägten Vorbaus des unteren Wandteils, wo ein Bändersystem nach rechts in die Wand hineinleitet. Auf diesem (einmal auf- und absteigend) etwa 70 m nach rechts zum Ende der Bänder.

Route: Vom Ende des Bandes über Platte rechts unter Überhang, darüber hinweg und über Rampe zu Stand (30 m, V+, V). Durch einen Riß schräg rechts empor (35 m, IV+). Einen senkrechten Schulterriß hinauf in geneigteres Gelände (40 m, VI+, V). Leichter über Platten gerade empor (40 m, III). Nach links queren in geneigte Rinne (35 m, III). Diese Rinne empor auf breite Schutterrasse, gute Biwakplätze (40 m, III und II).

Anschließend schräg links über das Terrassenband aufwärts unter die senkrechte Wand, 10 m rechts eines Pfeilers (30 m, I). Über den Pfeiler auf schmale Leiste, über Wandstelle auf Band (25 m, V—). 10 m eine senkrechte Verschneidung hinauf, links heraus und leichtere Rampe zu Stand (40 m, V+, dann IV). Ansteigende Querung nach rechts zum Beginn eines Rißsystems, das die weitere Anstiegsrichtung bestimmt (35 m, V und V+). Anstrengend durch die abdrängende Rißverschneidung zu kleinem Stand auf Köpfl (45 m, VI). Dem Riß (zu Stand) folgend (35 m, VI). Über kleines Dach, dann den Riß weiter zu schmalem Band bei abgesprengter Schuppe (35 m, VI). Eine weitere Rißlänge hinauf auf Band (35 m, VII). Durch Verschneidung, dann Riß zu geräumigem Absatz (35 m, VI+ und V+). Durch abdrängende Rißverschneidung empor auf Band (30 m, VI). Leichter schräg links ansteigend in Verschneidung (40 m, IV und IV+). Diese hoch bis auf ein schmales Band, auf diesem nach rechts zu weiterer Verschneidung queren (35 m, erst V+, dann II). Durch die Verschneidung (teilweise brüchig) empor, oben kleiner Überhang zu Plattform (40 m, V und V+). Rechts über Platte in einen Kamin, der auf den „bloc coincé" (Biwakplatz am Beginn der 90-m-Verschneidung) leitet (40 m, IV und V).

Weiterweg: Die Führe wird vielfach nicht weiter zum Gipfel fortgesetzt, sondern über die Route abgeseilt. Vgl. Skizze S. 391.

Aufstieg zum Gipfel über Westwandroute von 1952:
Über Risse zu einer kleinen Terrasse am Beginn der monolithischen Verschneidung (IV—V). In 2 SL die Verschneidung hoch (A 2 und A 1 oder VII+). Über eine Felsschuppe quert man nach rechts auf eine große Platte. Die Platte hinauf (IV, 1 H) und mittels Quergang an fixiertem Seil (andernfalls Pendelquergang) schräg rechts nach unten zu einem Riß und durch diesen auf eine verhältnismäßig geräumige Terrasse (Biwakplatz). Eine überhängende Wandstelle hinauf (V+, 2 H). Querung nach rechts (IV), durch einen Riß hinunter (IV), einen überhän-

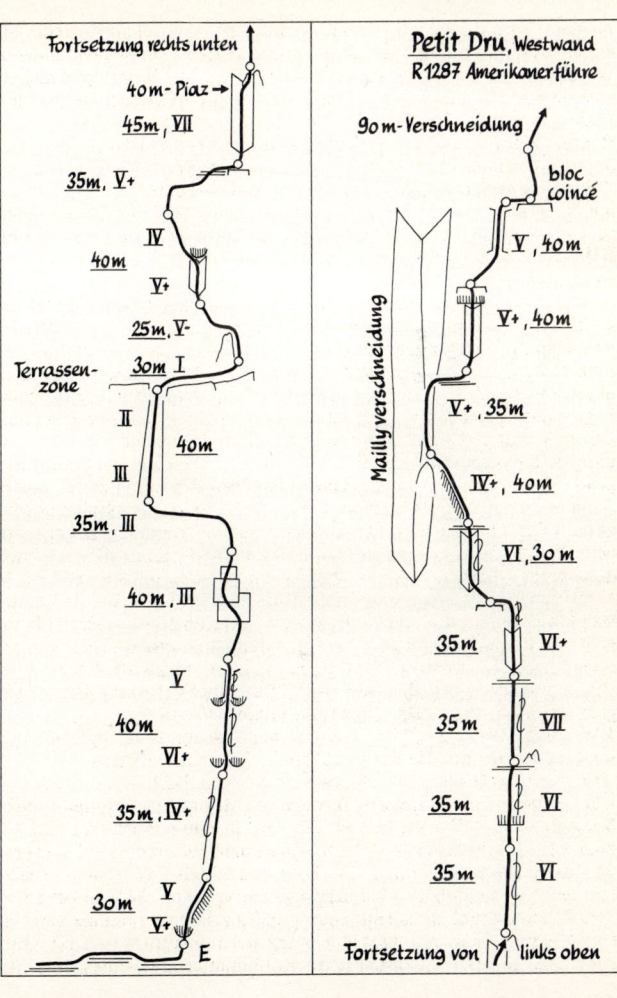

genden Parallelriß hinauf (V), in eine Rinne hinein und in ihrem Grund durch überhängende Kamine eine SL hinauf (V+). Man gelangt unter die zwei großen Überhänge der Westwand, dort, wo sie sich vereinigen. Rechts über einen abgesprengte Schuppe hinauf (IV) und zwischen den Überhängen hindurch hoch (IV+). Durch eine weite Verschneidung 2 Seillängen empor (V, H). Die Verschneidung verliert sich in einem ersten Wulst. Über die linksseitigen Platten (V, 2 H) wird dieser erstiegen und anschließend ein sehr schmaler Riß verfolgt (V+). Der Riß verliert sich im zweiten Wulst; Querung nach rechts. Auf einem schmalen waagrechten Band (V—, 1 H) durch einen überhängenden Kamin (V), den man nach links verläßt (V+, 1 H). Weiter über große Schuppen 30 m hinauf (IV+) und rechts (V) auf eine geneigte Platte hinaus. Quergang nach links (V—) in eine (oben von einem Überhang abgeschlossene) Verschneidung. Die Verschneidung (V) und der Überhang (V+, sehr anstrengend, 1 H) werden erklettert. Nach einer Platte links steigt man in eine zweite Verschneidung hoch (V+). Nach links über Bänder und gestuften Fels auf den NW-Grat und in die N-Wand. Über diese wie R 1291 auf den Gipfel.

● **1290 Dru-Nordwand**
Neben der Westwand die zweite markante Wandflucht am Dru. Insbesondere von der Aig. des Grandes Montets oder vom Col des Montets ist ein guter Einblick in die oftmals vereiste Wand möglich. Wenn auch die klassische Nordwandführe bei guten Verhältnissen fast schon eine Genußtour sein kann, handelt es sich normalerweise um ein sehr ernstes Unternehmen. Die Dru-Nordwand weist oftmals (vor allem im oberen Teil durch Vereisung) sehr schlechte Verhältnisse auf, was aus dem Tal nicht immer gut auszumachen ist. Bei fast allen Anstiegen ist mit einem Biwak zu rechnen. In der Nordwand des Dru finden sich zahlreiche Routen. Neben der klassischen Route von 1935 sind der Weg der Führer (1967), das Drucouloir (1973) und die Tschechenführe (1979) wohl die bedeutendsten Anstiege. Die ersten drei sind hier im einzelnen beschrieben.
Achtung: Einige Bergstürze haben die Nordwandrouten relativ gefährlich gemacht. Die aktuelle Lage muß eventuell auf den Hütten erfragt werden.

● **1291 Allain-Leininger**
P. Allain und R. Leininger, 31. Juli—1. August 1935
Schöne, im wesentlichen sichere Kletterei, die vielfach durch anstrengende Risse verläuft. Bei Vereisung kann die Route äußerst anspruchsvoll werden, ansonsten wurden die

Schwierigkeiten dieser Route in der Vergangenheit oftmals zu hoch eingeschätzt. Bei guten Verhältnissen (und nur dann) sollte man die Route angehen. **V+** (2 SL), V 2 SL, überwiegend III und IV, einige wenige Stellen **A0** (4 H). P. Allain durchstieg den nach ihm benannten Riß mit 4 Haken. Heute ist der Martinettiriß üblich. Die Durchsteigung des Allainrisses (VI), kann sehr empfohlen werden. Teilweise sehr anstrengende Kletterei mit guten Standplätzen. **TD—**. Wandhöhe 800 m, 8—12 Std. vom E. Zur Zeit weist die Nordwand sehr häufigen Steinschlag aus, sei es durch die Reste kleinerer Bergstürze oder durch die allgemeine Ausaperung. Von einer Ersteigung wird deshalb abgeraten.

Übersicht: Von NO her durch eine Rinne auf den Vorbau der Nordwand. In einer Diagonale nach rechts unterhalb des Nischeneisfeldes hindurch auf einen Pfeiler rechts der Nische hoch und links haltend zum Gipfel.

Zugang: Vom Biwakplatz (R 66) über den Glacier du Dru auf den Glacier du Nant Blanc und weiter am Fuß des Dru entlang des Vorbaus bis zu der ersten Rinne (Ryan-Lochmatter-Couloir), die auf den Vorbau leitet.

Route: Die Rinne hinauf bis zu einer Terrassenzone. Rechtshaltend aufwärts steigen. Über eine Reihe von Rissen und Kaminen (III und IV, 100 m) in Richtung eines auffallenden, von der Wand abgespaltenen Pfeilers hinauf bis zu dem Punkt, an dem sich der Pfeiler gegen die senkrechte, eigentliche Wand neigt. Weiter schräg rechts durch Risse aufwärts (IV). Durch einen rampenartigen Riß (IV+, 15 m). Oberhalb über ein schmales Band nach rechts zu einer senkrechten Wandstufe, die von einem Riß durchzogen ist; durch ihn hinauf (V+, 1 H, A0, 10 m Lambertriß). Den folgenden Überhang umgeht man links und erreicht über eine kaminartige, eisgefüllte Rinne das Nischeneisfeld.

Je nach den Verhältnissen quert man über Eis, Schnee oder Fels nach rechts aufwärts zu einer Plattform am Rand der Westwand. Durch ein Rißsystem auf die nächste Plattform (IV).

Nun etwa 10 m nach links in einen 20 m hohen Kamin queren. Der Kamin (IV) wird nach links durch eine kurze Verschneidung zu einem Absatz verlassen. Einen 3-m-Riß hoch zu einem Absatz. Nicht weiter hoch (durch einen breiten Riß), sondern nach links 1 m absteigen und durch eine Verschneidung (IV) hinauf zu einer Plattform. Einen senkrechten Riß hinauf (IV, 20 m). Links um ein senkrechtes Wandl und über ein abdrängendes Band (V) an den Fuß des markanten Allainrisses. Man quert nach rechts durch einen Durchschlupf. Mit einem Spreizschritt nach rechts in den Martinettiriß, der schräg eine Plattenwand durchzieht.

Den Riß 15 m hoch erst IV, dann V (2 H, A0) und über eine Platte nach links zu Stand. Links hinauf durch einen Riß (V), dann über eine kleine rißdurchzogene Wand (V+) zu einer großen Plattform (hierher auch durch den Allainriß, VI, 4 H, A0, 40 m). Links der Plattform über rißdurchzogenen Fels gerade hinauf zu einem Band (IV, 40 m).
— Bei starker Vereisung kann von hier zunächst rechts querend über das Band, dann in 2 SL über rißdurchzogene Platten und eine Verschneidung die Schulter des Bonattipfeilers erreicht werden (IV, V, zahlreiche Haken, von hier dann weiter über den Bonattipfeiler, R 1270).
Im allgemeinen wird ab dem Band die Route kombiniert. Über eine kleine Wand und eine Kaminreihe erreicht man das 1. Quarzband (IV, kombiniert). Nach links in einer Rinne mit großen Blöcken. 60 m die Rinne hoch bis auf das 2. Quarzband (70 m unterm Gipfel).
— Von hier kann rechtsquerend der Durchschlupf zur Südwand erreicht werden, um damit zum Normalauf- bzw. Abstieg (R 1252) zwei SL unter dem Gipfel zu gelangen.
Den folgenden, zunächst steilen und eisgefüllten Kamin zum Gipfel (2 SL).

- **1292** **Voie des guides**
  M. Feuillarde, C. Jaeger, J.-P. Paris, Y. Seigneur, 8.—15. Februar 1967. **V+ /A2**, viele SL IV und V sowie A1 und A0, drei längere Passagen A1, bei etwa 110 Fortbewegungshaken; Eispassagen bis 65°. **ED**. Großzügige Route, die bislang nur selten wiederholt wurde. Von den Erstbegehern im Winter vielfach technisch geklettert, soll die Route bis auf 3 Passagen überwiegend frei kletterbar sein. Sehr guter Fels. Wandhöhe 800 m. Zeit 20—30 Std., bislang nur mit Biwak. Zur Zeit weist die Nordwand sehr häufigen Steinschlag aus, sei es durch die Reste kleinerer Bergstürze oder durch die allgemeine Ausaperung. Von einer Ersteigung wird deshalb abgeraten.

Übersicht: Der Anstieg führt wie bei R 1291 auf den eisbedeckten Vorbau. Dieser endet links in einem spitzen Pfeiler. Von diesem Pfeiler wird schräg rechtshaltend zum Nischeneisfeld angestiegen, das etwa in seiner Mitte erreicht wird. Durch eine markante, nicht zu übersehende Verschneidung wird das Nischeneisfeld verlassen und in der Verlängerung der Verschneidung der Gipfel erreicht.
Route: Wie bei R 1291 durch das Ryan-Lochmatter-Couloir auf den Wandvorbau. Über die linken Begrenzungsfelsen des eisbedeckten Vorbaues hinauf bis zur senkrechten Wand. Zwei SL in einem Couloir-

Kamin hinauf (IV+) bis zu einer Terrasse am Fuße eines Kamins. Eine SL durch diesen Kamin hinauf (IV+), dann nach rechts zu Stand auf einer Terrasse (V). Rechts über eine kurze Wand (V+), dann mittels eines Risses über einen überhängenden Felsblock und wieder nach rechts zum Fuß einer überhängenden Verschneidung (V+). Die Verschneidung bis zu Überhang hinauf (IV/A1 und A2), Standplatz rechts. Über die folgende Plattenzone, indem man sich etwas rechts hält, zu einer weiteren Verschneidung (V+/A1). Guter Standplatz auf großen Blöcken am Fuß der Verschneidung. Durch die Verschneidung hinauf (A1 und A2) in ein Eiscouloir (65°), dieses 10 m hinauf, bis es senkrecht wird und weiter durch einen Riß links davon (V+/A1) zu Stand auf guter Plattform. Das folgende Couloir nach rechts queren und über eine Wandstufe mit Felsblöcken hinauf (V+/A1). Hier guter Biwakplatz. Durch das Eiscouloir oberhalb der Terrasse hinauf, bis es überhängend wird. Nun nach links zu einem horizontalen Riß und weiter durch eine anschließende Verschneidung, um wieder in das Eiscouloir zu gelangen (V+/A1). Nach rechts hinauf und einige SL weiter zum Beginn des Nischeneisfeldes. Über dieses leicht linkshaltend zum Beginn der markanten, nicht zu übersehenden Verschneidung (guter, überdachter Biwakplatz). 2½ SL in der Verschneidung hinauf (V, V+, A2, A1) zu Stand in der Verschneidung, folgenden Couloir-Kamin mehrere SL hinauf (III, IV) bis zu Terrassen unter roten Überhängen. Etwa 15 m nach links hinaus, dann 10 m gerade empor (V+/A1), anschließend wieder nach links zum Fuß einer Verschneidung, die durch einen Überhang abgeschlossen wird. Durch die Verschneidung hinauf, am Überhang links vorbei und dann 10 m hinauf zu einem großen Dach (V+/A1 und A2). Nun nach rechts über eine Platte zum Fuß einer Verschneidung, rechts des Daches (V+/A1). Durch die Verschneidung einer Terrasse hinauf (V, A1). Über die folgenden Platten und durch ein Couloir aufwärts (V+). Über Platten linkshaltend (V+) und weiter über leichteres Gelände zum Gipfelgrat.

- **1300** **Nordwand-Drucouloir**
W. Cecchinel und C. Jager, 28.—31. Dezember 1973.
Eine der ganz großen alpinen Routen, die (zumindest im deutschen Sprachraum) durch eine unsachgemäße Beurteilung der objektiven Gefahren in falschen Ruf geraten ist. Äußerst schwierige kombinierte Kletterei. 2 SL **VI/A1**, im kombinierten Gelände überwiegend V. Im Eis im ersten Drittel 50—60°, im letzten Drittel ca. 12 SL zwischen 60 und **80°**, ED—.
Einige H vorhanden. Neben einer kompletten Eisausrüstung

sind ein Sortiment KK und einige H, vor allem Messerhaken, erforderlich. Ein Wandbiwak sollte vermieden werden, da praktisch keine Biwakplätze vorhanden sind. Die Route sollte nur bei relativ kaltem, sicherem Wetter angegangen werden. Damit reduziert sich die Steinschlaggefahr im unteren Teil und die eventuelle Lawinengefahr im oberen Teil erheblich. Wandhöhe 750 m, Zeit 10—20 Std.

Übersicht: Unter der Nordwand des Dru in Richtung Col du Dru bis an den Beginn des Couloirs hinauf. Nun links der Fallinie des eigentlichen Couloirs durch eine kombinierte Zone hinauf und in das Eiscouloir, das man bis zur Scharte (Brèche du Dru) durchsteigt.

Zugang: Wie bei (R 1291) auf den Gletscher unter der Nordwand und über den steiler werdenden Gletscher zum Bergschrund des Couloirs. 3040 m (1 Std.).

Route: Zunächst durch das steile Eiscouloir (57°, 250 m) hoch. In der Folge der Rinne 3 SL in seinem Grund über vereiste Risse Richtung Col du Dru (IV+). Nun rechts zu einem feinen Riß in leicht überhängenden Platten, der rund 50 m links des Beginns des oberen Couloirs von der Brèche des Drus liegt. Über sehr glatte Platten an den Beginn des Risses (2 SL, V und VI). Man traversiert oberhalb des Beginns des Risses und erreicht ihn über ein Band nach links querend. Durch den Riß (35 m A1, V, Nominériß) 20—25 m gerade weiter hoch zu einer Schuppe 2 m links. Von hier 10 m nach rechts queren (IV) zu einer rechtsgeneigten Rißverschneidung. Hier hoch zu Absatz (A1 und V). Einige Meter nach rechts und durch einen Kaminriß (IV+) an den Rand des Eiscouloirs. Durch das Couloir in die Brèche des Drus (60—80°).

● **1309   Abstieg vom Petit Dru**
Stellen **III**. Kurze, gelegentlich schwierige Gletscherbegehung. **AD**. Größtenteils durch Abseilen, zwei mind. 40-m-Seile nützlich. Der Abstieg vollzieht sich nicht immer auf der Normalführe. Deutliche Abstiegsspuren und Abseilhaken, sowie Abseilschlingen weisen im großen und ganzen den Weg! *Achtung:* Im unteren Teil nicht direkt zum Glacier de la Charpoua absteigen, sondern auf deutlichen Trittspuren in östl. Richtung zum Gletscher queren (sonst Verhauer). 3½—5 Std. bis zum Ref. de la Charpoua.

Abstieg: Man steigt südseitig bis zur ersten Plattform 50 m unterhalb des Gipfels ab. Der weitere Abstieg vollzieht sich im wesentlichen durch Abseilen. Zunächst gerade 100 m herunter, dann nach links zu einer großen Plattform. Nun rechts haltend in Richtung des Grates der Flammes de Pierre. Man erreicht die Schulter, quert den Gratturm P. 3361 auf seiner linken Seite und erreicht das Couloir, das zum Gletscher hinabzieht. Man steigt durch das Couloir ab und quert im unteren Teil nach links. Über ein Bändersystem quert man waagrecht unter dem Südpfeiler der Aig. du Dru hindurch und erreicht den Gletscher. Waagerecht oder leicht ansteigend über den Gletscher bis man die Gletschermitte nach SW in Richtung der Rognan de la Charpoua absteigt und über den Felssporn die Hütte erreicht.

● **1310 Ausweichziele von Couvercle**
Neben den bekannteren Hochtouren vom Ref. du Couvercle auf Aig. Verte, Droites und Courtes, sowie den Kletterführen auf die Aig. du Moine finden sich in den Gipfeln la Nonne, 3340 m, l'Evêque, 3469 m, und le Cardinal, 3647 m, drei Gipfel in der Gratkette von der Aig. du Moine zur Aig. Verte. Jeder dieser drei Gipfel ist jeweils vom Glacier du Talèfre aus bei mittleren Schwierigkeiten zu besteigen (II bis III, selten Stellen IV).
Alle Normalanstiege stellen hervorragende Eingehtouren für das Mont-Blanc-Massiv dar, weil sie die verschiedenen Aspekte des Gebiets wie Gletscher, Bergschründe und Granitfelskletterei verbinden, ohne jedoch zu anhaltende Schwierigkeiten aufzuweisen.

● **1311 Le Cardinal, 3647 m, Südostflanke**
W.E. Davidson mit Ch. Klucker und S. Innerkofler, 18. August 1897.
III, meist leichter; längerer Gletscherzustieg mit oft problematischem Bergschrund. **PD**. Interessante, jedoch relativ kurze Bergfahrt. HD vom Bergschrund knapp 250 m. Zeit von der Hütte zum Gipfel 4 Std., Abstieg 2 Std.
Route: Vom Ref. du Couvercle (R 64) folgt man dem nördlich ansteigenden Weg, betritt den Glacier du Talèfre und steigt über diesen entlang der Kette Aig. du Moine — Aig. Verte auf. In etwa 3300 m hält man nach links (W) in eine Firnbucht (vgl. R 1182). Nun über den Bergschrund etwas rechts der Gipfelfallinie. Leicht links ansteigend bis unter die Gipfeltürme, von denen man gewöhnlich den W-Gipfel ersteigt. Abstieg auf dem gleichen Weg.

● **1320 L'Evêque, 3469 m, Südwand**
Frl. Pasteur, E. Carr, C.H. Pasteur und C.L. Wislon, 7. August 1892.
Lohnende Kletterei, jedoch ziemlich kurz. **III**, selten leichter, einige Sicherungsmittel erforderlich. **AD**. HD 150 m vom E. Zeit von der Hütte 3½ Std. Im Abstieg 2½ Std.
Zustieg: Wie bei R 1311 auf den Glacier du Talèfre bis unter die Schar-

te Nonne-Evêque. Durch das Couloir oder über sein rechtes Ufer zur Scharte. E (2 Std.).
Route: Von der Scharte links haltend etwas absteigend, dann nach rechts ansteigend zu einer Kaminreihe, die man durchsteigt. Oberhalb quert man linkshaltend zum SW-Grat, dem man kurze Zeit folgt, um dann über die Charpouaseite (W) den Gipfelblock zu erreichen. Die letzten 15 m werden über den SW-Grat zum Gipfel geklettert (1½ Std.). Abstieg auf gleichem Weg.

● **1350 Aiguille du Moine, 3412 m**
  E.L. Lloyd und I. Straton mit J.E. Charlet und J. Simond, 22. September 1871.
  Vielbesuchter aussichtsreicher Gipfel nordwestl. des Ref. du Couvercle. Der Normalweg durch die SW-Flanke, der Südgrat und die Contaminführe durch die Ostwand sind häufig begangene, teilweise fast überlaufene Routen.

● **1351 Südflanke (Normalweg)**
  Erstbegeher vgl. R 1350. **III** (kurze Stellen) meist II, keine Haken. **PD**.
  Sehr häufig begangener Anstieg. Obwohl schon teilweise deutliche Begehungsspuren am Fels zu sehen sind, ist der beste Weg nicht immer ganz leicht zu finden, und häufig kommt es zu Verhauern. Wandhöhe 460 m. Vom E 3 Std.
Route: Vom Ref. du Couvercle nordwestlich auf den Glacier du Moine. Den steiler werdenden Hang (bis 35°) hoch und etwas rechts der Gipfelfallinie in eine felsige Rinne. Nach einigen Metern nach rechts auf eine Plattform. Durch zwei aufeinanderfolgende leichte Kamine bis zu einem Weg innerhalb einer grasdurchsetzten Felszone. Man folgt dem Weg, erklettert einen kurzen Kamin (III) und steigt etwas rechts über leichtes Gelände weiter hoch. Über eine steile Wand mit abgerundeten Griffen hoch und durch zwei Verschneidungen (III) auf einen Absatz. Man überquert eine Rinne auf einem Band nach links aufwärts. Eine rißdurchzogene Rampe hoch auf eine große Plattform. Nun rechtshaltend auf eine lange Rippe, die man zunächst auf der rechten, später auf der linken Seite hochsteigt. Über eine Reihe von rißdurchzogenen Platten steigt man bis zu einem nach links ziehenden breiten Band. Man folgt dem Band nach links bis zu einem Couloir. Das Couloir über kleine Stufen hoch und durch einen kurzen Kamin auf den SW-Grat, den man kurz unter dem Gipfel erreicht.

- **1353 Südgrat (eigentlich Südsüdwestgrat)**
  E. Bruhl und L. Valluet mit A. Ravanel und F. Belin, 2. September 1928. **IV** (zwei Stellen), überwiegend III und II. **AD**. Sehr lohnende und viel unternommene Führe mit einigen schwierigen Passagen mit typischen Granitrissen. Einige H vorhanden. Die Mitnahme von Sicherungsmitteln für Standplätze ist unerläßlich. Grat- bzw. Wandhöhe 450 m. 3½ Std. vom E.

Übersicht: Man klettert vom eigentlichen Südgrat nur den obersten Teil. Zum Erreichen des Grates bewegt man sich in einer linken ansteigenden Diagonalen durch die Südwand.

Route: Wie bei R 1351 vom Ref. du Couvercle zum E (1 Std.). Über den Bergschrund. Nun weiter nach links über ein bequemes, ansteigendes Band. An seinem Ende durch leichte Kamine und Rinnen hoch, zunächst allgemein rechts, dann links haltend. Man erreicht den Grat unterhalb eines T-förmigen Gendarms. Ein breites Band führt auf der Westseite zu einer Verschneidung. Durch die Verschneidung (IV) und dem folgenden Kamin (III) auf den Grat zurück. Man folgt dem Grat bis zu einer kleinen Wand, die man links durch einen Riß ersteigt (IV) — man kann die kleine Wand auch direkt ersteigen (V— bis V+, je nach Größe). Von hier leicht zum höchsten Punkt.

- **1356 Direkte Ostwand**
  P. Labrunie mit A. Contamine, 25. Juli 1954. **VI** oder V+/A0, meist IV+ bis V, im mittleren Teil etwas leichter. **TD**. Eine sehr elegante Route, deren erstes und letztes Drittel große Schwierigkeiten bietet. Von historischem Interesse ist, daß Hermann Buhl diese Führe im August 1956 im Alleingang beging und einer der ersten Wiederholer war. H vorhanden, jedoch empfiehlt sich die Mitnahme von KK etc. Wandhöhe 400 m. Zeit vom E 5 Std.

Übersicht: Vgl. Foto S. 401.

Zustieg: Vom Ref. du Couvercle um den Südostsporn der Aig. du Moine herum unter die Ostwand. Man quert unterhalb der Wand in nördl. Richtung an dem großen vom Gipfel herabziehenden Pfeiler vorbei und passiert noch zwei hohe Kamine. Einstieg bei einer sehr offenen, 50 m hohen Verschneidung, die von einem grauen Dach abgeschlossen ist (¾ Std.).

Route: Der Übergang vom Gletscher in die Verschneidung ist je nach den Verhältnissen mehr oder weniger schwierig. In der Verschneidung und diese hinauf (V bis V+, dann IV). Man verläßt die Verschneidung in ihrem oberen Teil nach rechts durch einen Riß, der zu einer Kante leitet (V+ / A0 oder VI). Man folgt einem schmalen Band zur Kante (IV, dann V). Auf der Kante nach rechts weiter (V). Darüber durch Verschneidungen (IV und V) hoch bis zur Terrasse am Fuß des großen Couloirs. Über die Platten des Couloirs rund 3 SL hoch bis unter einen schwarzen Aufschwung, der das Couloir abschließt. Man durchsteigt links eine wasserüberronnene Verschneidung (V+), worauf eine weitere Verschneidung (V) zu den in der Regel schneebedeckten Terrassen führt. Linkshaltend zum Pfeiler und an dessen rechter Seite hoch (IV und V) zum Gipfelaufschwung. Über gerillte Platten (IV+ / V), dann durch zwei Verschneidungen (IV+ und V) zum Gipfel.

- **1359 Abstieg**
  III, meist I und II, **PD.** Der Abstieg erfolgt über den Normalweg in Gegenrichtung. Er ist nicht immer offensichtlich. Abseilen ist nicht notwendig, man sieht jedoch häufig Seilschaften abseilen, die vom richtigen Weg abgekommen sind. Der Abstieg ist durch abgenutzten Fels bzw. Begehungsspuren bei nötiger Sorgfalt gut zu finden. Bei starker Frequentierung muß mit Steinschlaggefahr gerechnet werden. Zeit im Abstieg 2—3 Std. bis auf den Gletscher.

Abstieg: Vom Gipfel in der Südflanke direkt etwa 100 m hinunter. Dann in einer Links-, Rechtsschleife auf eine Art Schulter in der Südflanke. Ein abfallendes Band wird nach links verfolgt. In das große Couloir bis zu einer Plattform. Im weiteren Abstieg hält man sich an die linke Seite des Couloirs. Zu Anfang evtl. etwas abseilend zwei Verschneidungen (III) hinunter und weiter abwärts zu einem Absatz. Man steigt vom Absatz durch einen kurzen Kamin (III, evtl. abseilen) zu einer grasigen Zone, wo Trittspuren weiter abwärts den Weg weisen. Durch zwei breite Kamine zum Wandfuß und zum Firnfeld. In südlicher, dann südöstl. Richtung zur Hütte.

Aiguille du Moine, Ostwand
R 1356 Direkte Ostwand

7. Mont Dolent — Aiguille d'Argentière — Trient

● **1380**   **Col du Dolent,** 3484 m
Schwieriger Übergang zwischen dem Argentièrebecken und dem Fioriobiwak bzw. dem oberen italienischen Val Ferret. Die französische Seite des Übergangs wurde bereits 1865 von E. Whymper, M. Croz, C. Almer und F. Biner im Abstieg begangen. Die italienische Seite ist relativ einfach, der Glacier de Pré de Bar indes spaltenreich.

● **1381**   **Von Nordwesten**
       54° auf 300 m. **D.** 4—6 Std. von der Hütte
Route: Vom Ref. d'Argentière (R 67) über den Gletscher ziemlich direkt auf das breite Eiscouloir des Übergangs zu. Je nach den Verhältnissen über den Bergschrund (im allgemeinen links) und über die steile Eisflanke hoch. Bei schlechten Eisverhältnissen können auch die Felsen des rechten Ufers des Couloirs benutzt werden.

● **1382**   **Von Südosten**
       II, kombiniert. Spaltenreicher Gletscheranstieg. **F.** Steinschlaggefahr in den Felsen unterm Col. 4 Std. ab Biwak.
Route: Vom Ref.-biv. C. Fiorio (R 88) auf den Glacier Prè de Bar und in nordwestl. Richtung den mäßig geneigten aber spaltenreichen Gletscher hinauf. Die Felsinsel 3188 m bleibt rechts liegen und man steigt direkt zum Col auf, den man über ein Schneecouloir oder über die brüchigen Felsen des linken Ufers dieser Rinne erreicht.

● **1390**   **Mont Dolent,** 3823 m
Der „Dreiländergipfel" des Mont-Blanc-Massivs. Nahe seinem höchsten Punkt befindet sich der Grenzknotenpunkt zwischen Italien, Frankreich und der Schweiz. Erste Begehung siehe R 1391. Der Mont Dolent hat vier Grate, von denen alpinistisch gesehen der O- und der N-Grat die interessanteren sind. Von den Flanken ist neben der SW-Seite, über die der Normalweg verläuft, kaum eine besonders lohnend. Eventuell kann die steile NW-Seite bei hinreichendem Eisbelag im Frühsommer eine interessante Route sein, jedoch ist sie erst annähernd 40 Jahre nach der Erstbegehung (1934) zum zweiten Mal begangen worden und seitdem offenbar nur ganz selten. Die von gewaltigen Hängegletschern besetzte NO-Wand weist dagegen ein wenig mehr Begehungen aus, jedoch bedarf es hier kaum einer Beschreibung, da sich die Verhältnisse am Berg immer wieder stark verändert zeigen.

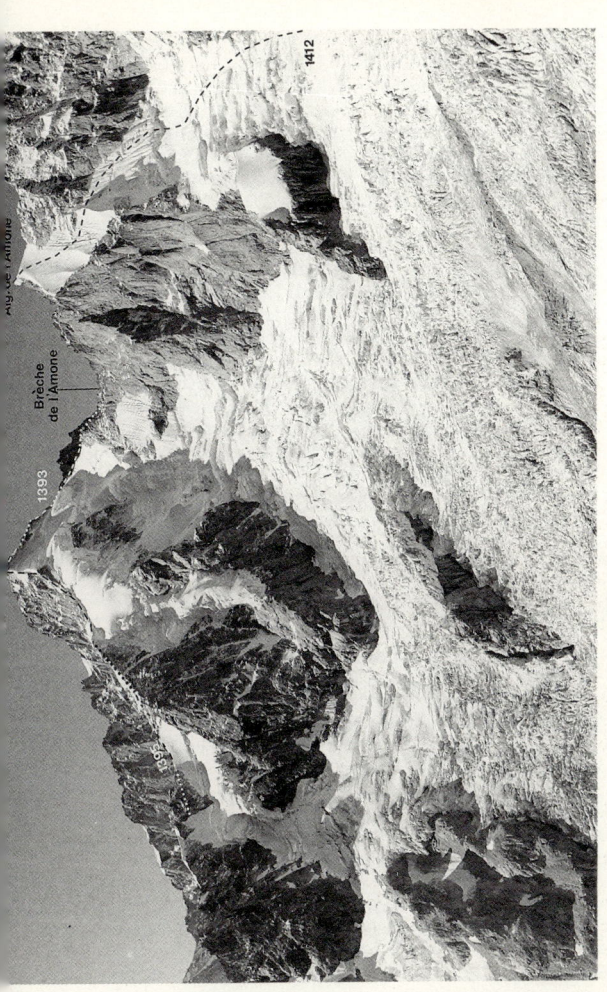

Mont Dolent und Aiguille de L'Amône von Nordosten

R 1392 Westflanke und Nordgrat R 1395 Ostgrat R 1412 L'Amône-Nordwand

- **1391 Südflanke**
  E. Whymper, M. Croz, H. Charlet, A.A. Reilly und M. Payot, 9. Juli 1864. Gletscheranstieg mit Stellen **40°**, am SO-Grat Stellen **II**, meist leichter. **PD**. Dieser vom italienischen oder vom schweizerischen Val Ferret ausgehende Aufstieg kann, obschon Normalweg, durchaus empfohlen werden. HD von der Fioriobiwakschachtel (R 88) gut 1000 m. Von der Hütte bis zum Gipfel 4 Std.

Übersicht: Vom Gipfel zieht nach S eine schmale Felsbarriere zum Glacier de Pré de Bar hinab, über die sich ein schmälerer Gletscherarm befindet, gleichlaufend mit der schweiz.-ital. Grenze. Der Anstieg vollzieht sich über diesen östl. Gletscherarm und zuletzt über den SO-Grat.

Route: Vom Ref.-biv. Fiorio auf den nahen Gletscher und diesen nordwestl. aufwärts, P. 3188 m zur Linken und über den östl. Gletscherarm bis zum Fuß der Gipfelpyramide des Mont Dolent. Nun nach rechts zum SO-Grat, indem man je nach den Verhältnissen links oder rechts von zwei durch ein Firncouloir getrennten länglichen Felsinseln (im Spätsommer schwieriger Bergschrund) über einen bisweilen vereisten Hang zum Grat aufsteigt; steigt man rechts dieser Felsinseln zum SO-Grat auf, so wird dieser über steile, feste Felsen erreicht und die Graterhebung der beiden Felsinseln zum nordwestl. gelegenen Firnsattel überklettert. Der folgende Firngrat führt zu einer leichten, brüchigen Felsrinne, die durchstiegen wird. Über mäßig steilen Hang zu einer Schulter; leichter Blockgrat zum Gipfel.

- **1393 Westflanke und Nordgrat**
  J. Kugy und G. Bolaffio mit J. Croux und D. Promment, 29. Juli 1906. **IV** (zwei SL) meist III und leichter im Zustieg zur Brèche de l'Amône. Am N-Grat einige Steilstufen im Eis bis **50°** und kombiniertes Gelände. Sicherungen für die Felspassagen erforderlich. **D**. Hochalpine Bergfahrt in großartiger Umgebung, die seit langem zu den Klassikern des Mont-Blanc-Massivs zählt. Obwohl es sich um einen der bedeutendsten „Kugy-Wege" handelt, hat diese Führe im deutschsprachigen Raum bislang kaum Interesse gefunden. E auf 3200 m. Danach gut 200 m bis zur Brèche de l'Amone und von hier 400 Höhenmeter bis auf den Gipfel bei einer Kammlänge von 600 m. Zeiten: Hütte bis E 2 Std., Aufstieg zur Scharte 3 Std, Scharte bis Gipfel 3 Std., insgesamt also 8 Std. Die Zeit kann sich durch schlechte Verhältnisse am Grat erheblich verlängern.

Übersicht: Vgl. Foto S. 403.

Zustieg: Vom Ref. d'Argentière (R 67) über die leicht ansteigenden Hänge des Glacier d'Argentière ziemlich gerade auf die Brèche de l'Amône bzw. das von dort herabziehende Couloir zu. Es empfiehlt sich, den Aufbruch zeitlich so zu legen, daß man nach 2 Std. nicht zu schnellen Ansteigens im ersten Licht die günstigste Stelle zur Überschreitung des allgemein schwierigen Bergschrunds suchen kann.

Route: In der Fallinie des Couloirs wird der Bergschrund überschritten und über steiles Eis das Couloir selbst betreten, das man bis zur Hälfte seiner Höhe durchsteigt, wo es sich in einer Art Verschneidung nach oben fortsetzt. Man verläßt dort das Couloir nach rechts über ein Band, quert einige Meter nach rechts und erklettert eine etwa 20 m hohe Platte (IV). Nach dieser steigt man noch etwa 1½—2 SL über brüchige Felsen und quert zum Couloir zurück. In ihm gerade empor und über eine 25—30 m hohe plattige Wand (Risse IV), von der man nach rechts zur Brèche aussteigt (3 Std.). Dem N-Grat im allgemeinen über seinen First folgend an einem Gendarm (3750 m) vorbei zur steilen Gipfelfirnhaube des Mont Dolent.

● **1395 Ostgrat**
J. Gallet, A. Müller und J. Balleys, 21. August 1901. Überwiegend Gletscheranstieg mit einigen steileren Passagen 45°, im Fels kurze Stellen **III**, meist leichter. **AD**. Interessanter, kombinierter, klassischer Gratanstieg, der seit der Errichtung der Cabane de la Maye (R 95) öfter wiederholt wird. Insgesamt nicht viel schwieriger als der Normalweg, kann die Route für die Überschreitung in Verbindung mit dem Abstieg über den Normalweg empfohlen werden. HD auf dem Grat 700 m bei einer Kammlänge von 1200 m. Von der Hütte zum Gipfel 4½ Std.

Übersicht: Vg. Foto S. 403.
Zustieg: Von der Hütte auf den Glacier du Dolent, über den man entlang des unteren Teils des Ostgrats aufsteigt, bis zum Fuß einer markanten Scharte westl. der Graterhebung (P. 3079).
Route: Vom Schartenfuß steig man nun rechts zum O-Grat auf, indem man die Felsen links des Firnhanges erklettert, der von dieser Scharte nach S herabzieht (1½ Std.). Nun im allgemeinen auf dem Gratfirst bleibend, wird der O-Grat über scharfe Firnschneiden und einige Gendarmen bis zum Gipfel verfolgt, den man zuletzt über einen sehr steilen Firn- bzw. Eishang erreicht (3 Std. von der Scharte).

● **1396 Nordwestwand**
A. Charlet, M. Couturier und A. Simond, 10. Juni 1934.

Kombinierte Führe mit einer Neigung von 55° auf 550 m. Exaktere Schwierigkeitsangaben liegen bisher nicht vor. **D.** Wenig wiederholte, obschon einladende Nordwandroute, die bei genügend vorhandenem Eis oder Firn in den Couloirs der Wand empfohlen werden kann. Bei wärmerem Wetter nicht unerhebliche Steinschlaggefahr. Wandhöhe vom E bis Gipfel 620 m, davon in der Wand ca. 550 m. Zeit: Die Erstbegeher benötigten vom E bis zum Gipfel 4½ Std. Andere Zeiten sommerlicher Begehungen dürften nicht unerheblich darüber liegen.

Übersicht / Route: Vom Bergschrund ziehen zur Gipfelpyramide zwei parallele Rinnen empor. Durch diese Rinnen je nach den Verhältnissen bis in den obersten Teil der Wand, der mehr felsig ist und zum Gipfel mehr über einen Grat als eine Wand. Man kann auch linkshaltend den N-Grat erreichen.

● **1399   Abstieg:**
Der Abstieg vollzieht sich gewöhnlich über den Normalanstieg (R 1391). 2 Std. bis zum Fioriobiwak (R 88) und weitere 2½ Std. nach La Fouly oder Ferret. Um direkt nach Frankreich absteigen zu können, begeht man den NNW-Grat zur Brèche de l'Amône und von hier auf den Glacier d'Argentière hinab. Dabei werden die beiden SL IV abgeseilt (vgl. R 1393). 4—5 Std. zum Ref. d'Argentière (R 67).

● **1400   Aiguilles Rouges du Dolent,** 3567 m—3680 m
Diesen allgemeinen Namen trägt der 2 km lange Grat, der sich vom Col d'Argentière (R 1420) in S-Richtung bis zur Brèche de l'Amône hinzieht. Er wird wieder unterteilt in einen kleineren nördl. Abschnitt (Petites Aiguilles Rouges du Dolent) mit den Gipfeln, (besser Türmen): Pte. Morin, 3587 m, Pte. Dalloz, 3575 m, La Mouche, 3567 m und Pte. Kurz, 3680 m, als höchstem Punkt, „Grand Gendarm", 3600 m, Pte. de la Fouly, 3611 m und Aig. de l'Amône, 3586 m (R 1410). Dieser lange Grat bildet die Grenze zwischen Frankreich und der Schweiz. Die Anstiege zu den Gipfeln sind von der Schweizer Seite schwieriger als von der Argentièreseite, im allgemeinen auch länger, da der Glacier de l'A Neuve mit seinen vielen Spalten schwieriger begehbar ist als der Glacier d'Argentière. Für den weitgereisten Besucher der Mont-Blanc-Gruppe kann diese Gruppe vielleicht als Ausweichziel angepriesen werden; insbesondere diejenigen Alpinisten, die in der Saison ein weniger frequentiertes Gebiet suchen, können den Aig. Rouges du Dolent einen lohnenden Besuch abstatten. Von den verschiedenen Anstiegen können die Überschreitungen der Petites Aig. Rouges du Dolent und der Gran-

des Aig. Rouges du Dolent empfohlen werden. Beide bewegen sich im IV. Grad, wobei die erstere insgesamt ernsteren Charakter hat. Durch die NO-Wand der Aig. l'Amône führt noch eine interessante Eistour (R 1412).

● 1410   Aiguille de l'Amône, 3584 m

Wenig anziehender Gipfel, der jedoch eine sehr schöne, einsame Eistour bietet. Erstbesteigung E. Fontaine mit Joseph Ravanel, 28. Juni 1902.

● 1412   Nordwand

R. Gréloz und A. Roch, 24. Juni 1935. **50°**. Durchschnittsneigung 48° auf 440 m. **D**. Spaltenreicher Gletscherzustieg. Lohnende Eistour. 4 Std. vom E.

Übersicht: Vgl. Foto S. 403.

Zustieg: Von der Cabane de l'A Neuve (R 91) muß man zunächst ohne zuviel Verlust an Höhe den sehr spaltenreichen Glacier de l'A Neuve queren.

Am Fuß des Grates vom Col d'Argentière (P. 2661 m) vorbei und dann nach SO den Gletscher hinauf, wobei man auf den Fuß des Ostsporns der Pte. kurz zuhält. Unter dem Ostsporn nach links über die steilen Gletscherhänge zum Bergschrund (2 Std.).

Route: Über den unteren Teil der Wand hoch bis zu dem Firngrat, der die beiden Wandhälften trennt. Man folgt kurz dem Firngrat und begeht dann die obere rechts ausgesetzte Wandhälfte zum Gipfelgrat.

● 1419   Abstieg

III. Schwieriger kombinierter Abstieg. **PD**. 3½ Std. zum Ref. d'Argentière.

Abstieg: Vom Gipfel folgt man dem N-Grat etwa den halben Weg zwischen Gipfel und der Scharte zwischen Aig. de l'Amône und Pte. de la Fouly. Nach W durch ein steiles Nebencouloir absteigen, das in das W-Couloir von der erwähnten Scharte mündet. Durch dieses Couloir hinab auf den Gletscher und am rechten Ufer zum Ref. d'Argentière (R 67).

● 1420   Col d'Argentière, 3552 m

Zwischen Tour Noir und Petites Aiguilles Rouges du Dolent. Direkter Übergang vom Ref. d'Argentière zur Cabane de l'A Neuve.

Der Col ist von W bedeutend leichter als von O zu erreichen. Der eigentliche Übergang befindet sich etwa 200 m nördl. und 75 m höher von der tiefsten Einsenkung des Col (Passage d'Argentière).

● **1421** **Von Westen**
Teilweise spaltenreicher Gletscheranstieg. **F**. 3 Std.
Route: Vom Ref. d'Argentière (R 67) in OSO-Richtung auf einem Weg zum gleichnamigen Gletscher und über ihn in gleicher Richtung, die Einmündung des Glacier des Améthystes zur Linken, zur Einmündung des Glacier du Tour Noir. Nun östl. über diesen empor. Der Gletscher, zuerst wenig geneigt, mit wenigen Spalten, später steiler und zerrissener, zwingt in seinem mittleren und oberen Teil zu weit ausholenden Kehren. Zuletzt über einen leichten Firnhang zur breiten Einsenkung des Cols. Nun nach links (N) über schrofige Felsen empor zum eigentlichen Übergang, 3620 m, genannt „Passage d'Argentière".

● **1422** **Von Osten**
Kombiniert. I und **II. PD**. 3½ Std.
Route: Von der Cabane de l'A Neuve (R 91) nach W zur Moräne des Glacier de l'A Neuve. Die hier befindlichen Felsen (P. 2753 m) zur Rechten, steigt man über den spaltenreichen Gletscher halblinks (SW) in Richtung einer vom Col d'Argentière nach O abfallenden Gratrippe an, die bei P. 2971 m endet. Über die nördl. dieser Felsrippe befindliche Gletscherbucht empor, wird dann über den bisweilen schwierigen Bergschrund nach links die Felsrippe selbst betreten und diese nach W aufwärts verfolgt. Die Rippe verliert sich allmählich. Brüchige, mit Schnee unterbrochene Felsen führen zuletzt auf den Col. Der eigentliche Übergang befindet sich etwas rechts (O) des tiefsten Punkts.

● **1440** **Tour Noir**, 3837 m
E. Javelle, F.F. Turner mit J. Mose und F. Tournier, 3. August 1876.
Schöner, verhältnismäßig leicht zu ersteigender Berg, der besonders für seine umfassende Aussicht bekannt ist. Der Berg bietet keinen ausgesprochen schwierigen Anstieg. Seine mäßig steilen Flanken haben unsicheres, brüchiges Gestein. Empfohlen kann neben dem Normalanstieg vor allem die Nord-Süd-Überschreitung.

● **1441** **Südostflanke**
Erstbegeher vgl. R 1440. Mäßig schwieriger, kurzer Felsanstieg mit schönem Gletscherzustieg. **II. PD**. HD von der Passage d'Argentière gut 200 m. Vom Ref. d'Argentière 4½ Std.
Route: Vom Col d'Argentière bzw. der Passage d'Argentière (R 1420) folgt man nördl. dem Blockgrat, umgeht den von einem schlanken Gendarmen gekrönten Gratabsatz auf seiner linken oder rechten Seite und erreicht eine kleine Scharte, über der sich ein weiterer, bedeutend

steilerer Absatz erhebt. Von dieser Scharte aus begeht man rechts ein Schuttband, das sich mit anderen, einander folgenden Bändern, den sogen. „Javelle-Bändern", durch die ganze SO-Flanke zieht. Vorerst waagerecht auf diesem Band, nimmt die Neigung etwas zu und wird durch kurze Absätze unterbrochen.

Man erreicht so am Fuß einer plattigen kaminartigen Rinne eine Felsrippe. Durch diese Rinne wird 12 m aufgestiegen und die Gratrippe erreicht. Nun folgt man ihr über leichte, aber steile und feste Blockfelsen bis zur Scharte zwischen den beiden Gipfeln. Rechts über den scharfen Grat erreicht man den Gipfel.

● **1442 Nordgrat**
L.H., Th. Aubert mit M. Crettez, 23. Juli 1898. **II** und kombiniert am N-Grat. **40°** im Westcouloir zum Col sup. du Tour Noir. **PD**. In Verbindung mit dem Abstieg über R 1449 die lohnendste Bergfahrt am Tour Noir. Wenn das Couloir ganz oder teilweise ausgeapert ist (insbesondere zu Saisonende), besteht bei mehreren Partien erhebliche Steinschlaggefahr, und der Aufstieg ist nicht zu empfehlen. Von E. am Bergschrund bis zum Col knapp 200 m. Vom Col zum Gipfel 150 m HD. Vom Ref. d'Argentière (R 67) zum E. 2 Std. Durch das Couloir und über den Grat zum Gipfel 2—2½ Std.

Übersicht: Durch die Firnrinne zum Col sup. du Tour Noir, 3690 m, dann über den Nordgrat.

Zustieg: Von der Hütte folgt man einem guten Weg in NO-Richtung, dann der Moräne am rechten Ufer des Glacier des Amèthystes. Am gleichen Ufer bleibend, steigt man bis auf 3300 m auf.

Nun östlich den Gletscher traversieren zum Bergschrund des Westcouloirs (2 Std.).

Route: Direkt durch das Couloir oder über die Felsen am rechten Ufer hoch bis zum Col (1 Std.). Man folgt zunächst dem Grat, dann steigt man auf der W-Flanke kurz unterhalb des Grats hoch, um schließlich wieder genau über den Grat bis zum Gipfel aufzusteigen.

● **1449 Abstieg**
II, kombiniert. **PD**. 2—3 Std. bis Ref. d'Argentière (R 67).
Abstieg: Vom Gipfel zur Gipfelscharte hinab. Nun auf der Ostseite den Sporn hinab und nach rechts zu den Javellebändern, die durch die Ostflanke des Tour Noir ziehen. Am südl. Ende der Bänder leicht schräg aufwärts auf den Südgrat und weiter zur Passage d'Argentière. Weiter wie bei R 1421 in Gegenrichtung.

● **1450** **Col du Tour Noir,** 3535 m

Interessanter Übergang von der Cabane de Saleina (R 92) zum Ref. d'Argentière (R 67). In Gegenrichtung nicht empfehlenswert. Zeitlich länger als der Übergang über den Col du Chardonnet bietet diese Route eine kurze Eiswand und einen schnellen Abstieg ohne Gegenanstieg zum Ref. d'Argentière.

● **1451 Von Norden**
50°. AD. Wandhöhe 280 m. Von Hütte zu Hütte 4 bis 6½ Std.

Route: Von der Cabane de Saleina auf den gleichnamigen Gletscher. Auf dem linken Ufer aufwärts bis in die Höhe des Fenêtre de Saleina. Nun in südl. Richtung zum Bergschrund der Eisflanke (2 Std.). Über den Bergschrund und die steilen Felsinseln hoch (1—3 Std.). Auf der französischen Seite hinab auf den Glacier des Améthystes. Auf dem Gletscher hält man sich möglichst auf seinem rechten Ufer in gut 100 m Abstand der SO-Abstürze der Aig. d'Argentière. So bald wie möglich auf die Moräne und über einen kleinen Pfad zur Hütte (1—1½ Std.).

● **1452 Von Südwesten**
Einfacher Gletscheraufstieg. F. Sehr schöne Aussicht im Auf- und Abstieg zeichnet diesen Weg aus. HD 760 m. 2½ Std.

Route: Vom Ref. d'Argentière begeht man den Pfad nach O auf die Moräne am rechten Ufer des Glacier des Améthystes. Über die Moräne bis an ihr Ende. Nun über den Gletscher entlang der Südabstürze der Aig. d'Argentière. Sobald man den Col sehen kann, hält man auf diesen zu. Über den Bergschrund und den kurzen Hang zum Col.

● **1460** **Grande Lui,** 3509 m

Von der Aiguille de l'A Neuve im französisch-schweizerischen Grenzkamm zweigt nach O ein Nebengrat ab, aus dem zwischen den Übergängen Col de l'A Neuve, Col de Saleina, Col de la Grande Lui u.a. als höchste Erhebungen Grand Darray, 3514 m und Grande Lui, 3509 m, aufragen.

Dieses Gebiet ist recht wenig besucht. Die Routen sind fast durchweg mäßig schwierig, weshalb eine ins einzelne gehende Beschreibung nicht unbedingt erforderlich ist. Im übrigen wird dieser etwas „ostalpin" anmutende Teil der Mont-Blanc-Gruppe nur von denjenigen besucht werden, die einmal etwas ruhige Tage am Berg verbringen wollen. Mit Karte, Kompaß und Höhenmesser können diese Besucher sich selbst die Routen nach eigenem Augenmaß erschließen; sie werden sich zweifellos als Pioniere vorkommen und eventuell auch mal eine Zweitbegehung oder ähnliches durchführen.

Die interessantesten Anstiege dieses Gebiets sind die Nordanstiege auf die Grande Lui und der SO-Grat auf den Grand Darrey (III+).

● 1470 **Aiguille d'Argentière,** 3902 m

E. Whymper u. A. Reilly mit M. Croz, M. Payot und H. Charlet, 15. Juli 1864. Sehr schöner und interessanter Gipfel sowohl nach seiner Gestalt wie nach seinen Anstiegen. Über die Grate und Wände dieses Gipfels führen mehr als 50 Anstiege, von denen im deutschen Sprachraum kaum mehr als der Normalweg und die Nordwandanstiege bekannt sind; dabei bieten insbesondere der SW-Grat und seine vielen Grattürme und Plattenfluchten Klettereien, wie sie in größerer Fülle nur noch in den Aiguilles von Chamonix vorgefunden werden.

● 1471 **Südwestflanke**

L. Dècle, Y.A. Hutchinson, A. Imseng und L. Lanier, 14. August 1880 im Abstieg. Klassischer Gletscheranstieg über den Glacier du Milieu. Verhältnismäßig leicht begehbar, wird er gewöhnlich auch als Abstieg benutzt. Als Eingehtour und für Anfänger im Eis zu empfehlen. Steilste Eispassagen ca. **50°**. Im Mittelteil des Glacier du Milieu viele Spalten. **PD+**. Höhe der Gipfelwand 400 m. Gesamt-HD 1200 m, 4–5 Std. vom Ref. d'Argentière (R 67).

Übersicht: Den Anstieg vollzieht man über den Glacier du Milieu, der zwischen den beiden langen, parallel laufenden und nach SW ziehenden Graten eingebettet ist.

Route: Von der Hütte über die Moräne auf den Glacier du Milieu. Der Gletscher wird linkshaltend in Richtung eines großen markanten Felsturms (P. 3306 m) erstiegen. Nun entlang der Felsen des nördl. SW-Grates aufwärts, bis der Gletscher wieder etwas flacher wird. Hier zur Mitte des Gletschers zurück. Über die steiler werdenden Hänge aufwärts zum normalerweise mäßig schwierigen Bergschrund. Die folgende Firnflanke links des Felssporns unter dem Gipfel hoch und nach rechts über den Grat zum Gipfel.

● 1472 **Westflanke und Nordwestgrat**

Erstbegeher vgl. R 1470. Kombiniert, steilste Eispassagen ca **45°**. PD. Leicht zu findende Route. Galt früher als Normalweg, mußte aber diesen Rang der schönen Linienführung und der kürzeren Zeit wegen an R 1471 abtreten.

5 Std. vom Ref. d'Argentière, 6 Std. von der Cabane de Saleina.
Route: Von der Hütte wie bei R 1511 auf den Glacier du Chardonnet. Am linken Ufer über den sehr spaltenreichen Gletscher empor, bis zu einer vom NW-Grat herabkommenden langen Felsrippe (Ausgangspunkt P. 3680 m), die den oberen Gletscher in zwei ungleich große Arme teilt. Über die steilen Hänge, die erwähnte Felsrippe zur Linken und den langen SW-Grat zur Rechten, werden schräg nach rechts haltend zwei Couloirs erreicht, durch die man zuerst das linke, dann das rechte benützend, den NW-Grat betritt (etwa 3 Std. vom Ref. d'Argentière). Ein leichter Firngrat führt zur steilen, firnigen N-Flanke, die man entweder über die linke Seite ersteigt oder vorteilhafter über die rechts befindlichen steilen Felsen erklettert. Dem Grat folgend wird über den NW-Gipfel bald der Hauptgipfel erreicht.

● **1475** **Nordwand**
J. Lagarde und H. de Ségogne, 2. August 1926. Reiner Eisanstieg über eine oft ihr Gesicht wandelnde Eisflanke, was eine Unterscheidung in einen direkten und einen weniger direkten (mehr westl.) Anstieg nicht mehr sinnvoll erscheinen läßt. Im linken Wandteil vielfach erhebliche Eisschlaggefahr. Durchschnittsneigung **50°**. D. Wandhöhe 600 m. Vom E 3—6 Std. Vgl. Foto S. 417.

Übersicht: Je nach den Eisverhältnissen sucht man direkt den Gipfel zu erreichen, oder man steigt mehr in der westl. Wandhälfte auf, um über den oberen Teil des NW-Grates zum Gipfel zu gelangen.
Zustiege: Die Führe wird am schnellsten von der Cabane du Saleina über R 1512 (zum Col du Chardonnet) in $1^{1}/_{2}$ Std. erreicht. Vom Ref. Albert-I. gelangt man über R 1565 (Fenêtre du Tour) in $2^{1}/_{2}$ Std. zum E. Der längste, wegen des günstigeren Abstiegs zum Ausgangspunkt jedoch oft gewählte Zustieg erfolgt vom Ref. d'Argentière über R 1511 (Col du Chardonnet). Hier bis zum E. $3^{1}/_{2}$ Std. einplanen.
Route: Je nach den angetroffenen Verhältnissen in der Wand muß die Routenwahl getroffen werden. In den letzten Jahren war ein Anstieg in Fallinie der Firnschulter der einzige relativ (objektiv) sichere Antieg. Von der Firnschulter folgt man dem NW-Grat und erreicht über eine 100 m hohe kurze Eiswand den Gipfelgrat.

Aiguille d'Argentière

- **1476** **Nordnordostwand**
J. Mayerl, R. und G. Messner und H. Holzer, 6. August 1967. Kombinierter Anstieg, objektiv ungefährlicher als R 1475 (keine Seraks), dennoch weniger begangen. Mit NNO-Wand bezeichnet man den linken Teil der N-Wand, der durch einen Felspfeiler vom vergletscherten rechten Teil getrennt wird. Durchschnittsneigung 49°, steilste Passagen ca. 55°, IV, überwiegend III. **D**. Gewisse Steinschlaggefahr. Wandhöhe 700 m. 4—6 Std. vom E.

Zustiege: Wie bei R 1475

Route: Nach Überwindung des Bergschrunds über steiles Eis zum Fuß des Felspfeilers, der die Nordostwand bis zur Wandmitte durchzieht. Von links nach rechts ansteigend gewinnt man über eine Rampe die stumpfe Pfeilerkante und folgt ihr, III—IV, starke Vereisung möglich, bis zu dem großen Eisschild. Nun 7 SL durch die 50° geneigte Flanke gerade hinauf zu einem Rinnensystem, das auf den Nordostgrat leitet. Über mäßig geneigte Firnhänge und schließlich über einen letzten Steilaufschwung erreicht man den Gipfel. Vgl. Foto S. 417.

- **1478** **Ostwand**
A. Barbey und J. Bessard, 27. Juli 1884. Schöner, nahezu reiner Eisanstieg, bekannt unter der Bezeichnung „Barbey-Couloir". Durchschnittsneigung 45°, steilste Eispassagen ca. **50°**. Bei guten Verhältnissen kann auch das Barbey-Couloir direkt bis zum Gipfel durchstiegen werden. **AD**. Wandhöhe 600 m. Zeit von der Cabane de Saleina 5—6 Std.

Route: Von der Hütte folgt man R 1512 und erreicht so, den Fuß des NO-Grats der Aig. d'Argentière umgehend, den Einstieg in die O-Wand (2 Std.). Diese wird von einem auffallenden Couloir durchzogen, flankiert an seinem linken Ufer vom langen NO-Grat. Man begeht dieses steile Couloir etwa ein Drittel bis zur Hälfte seiner Gesamthöhe und steigt über eine rechts hinaufziehende Firnzunge zum NO-Grat hinaus. Zuerst felsig leicht, steilt sich das Couloir oben zu einem 50° geneigten Firnhang auf, über den der Gipfelgrat und der Gipfel erreicht wird.

- **1480** **Ostsüdostgrat**
G.H. Morse, J.H. Wicks, M.C. Wilson, 3. August 1893. **III**, meist leichter, im allgemeinen hochalpiner, kombinierter Gratanstieg mit kurzen steilen Eispassagen bis ca. **50°**. AD. Schöner abwechslungsreicher Gratanstieg, der in Ver-

bindung mit dem Abstieg über den Glacier du Milieu (R 1471 / 1489) eine hochalpine, aber nicht zu schwierige oder zu lange Überschreitung des Berges ermöglicht. Gratlänge ca. 1 km bei einer HD von ca. 350 m. Zeit vom Bergschrund 5½ Std.

Übersicht: Der OSO-Grat beginnt am Col du Tour Noir (R 1450). Die Route erreicht den Grat 250 m westl. vom Col und verläßt den Grat bis zum Gipfel nicht mehr wesentlich. Dabei wird der markante Gratturm Flèche Rousse 3879 m überschritten (Gipfelsammler dürfen diesen Gratturm als anständigen Gipfel in die Sammlung ihrer erstiegenen Gipfel aufnehmen). Nach der Flèche Rousse folgt man nordwestl. dann in fast nördl. Richtung dem Grat bis zum höchsten Punkt.

Zustieg: Vom Ref. d'Argentière (R 67) über R 1452 (Col du Tour Noir von SW) bis auf die obersten Hänge des Glacier des Améthystes (ca. 3450 m, 2 Std.).

Route: Vom Gletscher steigt man in nördl. Richtung auf den Grat, den man über steiles, kombiniertes Gelände links dreier Grattürme (P. 3618 m) erreicht. Nun über den Grat, wobei man einen ersten Gratturm rechts (N) umgeht. Die folgenden Grattürme werden links umgangen oder überstiegen. Man erreicht ein Firncouloir, das man bis zu einem Firnsattel durchsteigt. (Weist dieses Couloir schlechte Verhältnisse auf, kann auch das rechte Ufer des Couloirs erstiegen werden. Dabei ersteigt man einen Sekundärgrat, der mit einem kurzen engen Kamin (III) abschließt). Nun über steile Felsen gerade hoch, dann etwas linkshaltend, erreicht man von links her die Flèche Rousse. Nach kurzem Abstieg und einer Abseilstelle von 15 m über eine kurze Steilwand in einen Sattel. (Vom Firnsattel hierher auch unter Umgehung der Flèche Rousse durch eine Querung über die steilen, kombinierten Hänge nördl. des Gratturms.) Nun über den Firngrat zum Hauptgipfel.

● **1483 Y-Couloir (Südcouloir)**

H. Cameré, Juli 1922. Reiner Firnanstieg **45°** auf 450 m.

AD. Markantes, nicht allzu steiles Firncouloir, das nur bei besten Verhältnissen im Frühsommer empfohlen werden kann. Einige Varianten vermeiden den wesentlichen Teil des Couloirs und winden sich an den Seitenwänden hoch. Sie können nicht empfohlen werden. HD vom E bis zum Gipfel 550 m. Für diesen Anstieg ist ein früher Aufbruch unbedingt erforderlich, da die linke Flanke des Couloirs schon von Sonnenaufgang an in der Sonne liegt.

Übersicht: Das Südcouloir liegt im Winkel zwischen dem SW-Grat und dem kurzen steilen S-Sporn der Flèche Rousse. Das Couloir wird Y-

Couloir genannt, da es sich in seiner Mitte in zwei Rinnen teilt. Der Anstieg bewegt sich über den rechten Zweig und folgt dann dem OSO-Grat (R 1480).
Zustieg: Wie bei R 1452 bis unter das Couloir (1½ Std.)
Route: Direkt in das Couloir (evtl. auch über den linken Felsvorbau). Durch die Rinne hoch (1—3 Std.) und über R 1480 zum Gipfel (1½ Std.).

● **1485 Jardingrat (Südwestgrat)**
M. A. Azéma mit A. Charlet, 27. August 1942. Sehr interessanter, empfehlenswerter Gratanstieg mit vielen mächtigen Gratürmen, die teilweise eigenständige Gipfel darstellen. Einige der Gratürme müssen, andere können als Zugabe erstiegen werden. **IV+** (1 SL), meist IV und III. **D**. Kurze kombinierte Stellen am Gipfelgrat. Kaum H. Im allgemeinen gute Standplätze. Ein zweites Seil für längere Abseilstellen sowie Abseilschlingen müssen mitgeführt werden. Gratlänge ca. 1500 m bei einer Höhendifferenz von 900 m. Zeit vom E. 9 Std.

Übersicht: Der SW-Grat beginnt fast unmittelbar am Ref. d'Argentière (R 67). Der erste Aufschwung (P. 3159 m) wird allerdings östl. umgangen und die Begehung des Grats in der nachfolgenden Scharte begonnen.

Man folgt dem Grat über das sog. Plateau, einen wenig geneigten Gratabschnitt, steigt an den Gratürmen Minaret, 3450 m (vgl. R 1490) und Yatagan, 3510 m, sowie drei nach Schachfiguren la Reine, le Roi und le Chevalier genannten Türmen vorbei und ersteigt den großen Grataufschwung Le Casque, 3668 m. Danach sind die größeren Schwierigkeiten zu Ende. Man folgt dem Grat bis zum OSO-Grat und über diesen zum Gipfel.

Zustieg: Von der Hütte umgeht man über einen Moränenweg die SO-Ausläufer des P. 3159 m. Über eine Rinne erreicht man die Scharte hinter diesem Gratturm (¾ Std.).

Route: Auf der W-Seite des folgenden Aufschwungs eine Verschneidung hoch (40 m, III). Große graue Platten führen zu einem kleinen Grat. Man erreicht nach links eine wenig geneigte große Terrasse mit großen Blöcken (Le Plateau). Diese „schiefe Ebene" ist durch eine tiefe Scharte geteilt. Man steigt bis zu einem Band einige Meter ab und seilt 20 m ab bis in die Scharte. Einige Risse leiten auf die andere Seite der Ebene.

Der Grat wird ausgeprägter und erreicht einige große Gratürme, die sog. drei Wachen (der Ebene) und den Yatagan. Von einer kleinen

Aiguille d'Argentière, Nordwand

R 1475 Nordwand   R 1476 Nordnordostwand

Scharte erklettert man links des ersten Turms einen Riß mit großen Klemmblöcken (IV). Über den Grat zum Gipfel des Turms. Kurze Abseilstelle in die nächste Scharte. Nun auf der S-Seite 25 m abseilen. Man quert unschwierig bis zu großen Platten und ersteigt einen exponierten Riß (IV+, 25 m) bis zum Grat, der ausgesetzt bis zum Gipfel des zweiten Turms führt (IV). 25 m Abseilen bringt zur nächsten Scharte vor dem Yatagan. Dieser Turm wird südseitig umgangen, wobei man eine Scharte zwischen Yatagan und einem kleinen südlich vor dem Minaret gelegenen Gratturm überschreitet und so einen großen Aufschwung erreicht, der zum Gratturm Le Casque führt (4 Std.). Nach rechts in die Scharte zwischen dem Aufschwung und einem südlich davon befindlichen Gendarmen, La Reine, der zu einer Gruppe von drei Gendarmen gehört. Nun zu einer weiteren Scharte leicht absteigend queren. Eine weitere Querung von 15 m bringt zu einem Durchschlupf. Ein glatter, senkrechter Rißkamin (IV, 10 m), eine Platte und ein Riß bringen zu einigen Absätzen. Von hier steigt man rechts eines kleinen Turms über graue rißdurchzogene Platten (IV) und einen Kamin mit Klemmblöcken (III) bis auf den Grat. Über den luftigen Grat zum Gipfel des Casque (2½ Std.). Vom Gipfel steigt man 10 m schräg nach rechts bis zum Beginn einer Plattenzone ab. Zwei Abseilstellen von 30 m und 25 m und eine Querung leiten zur Scharte hinter dem Casque (ca. 3580 m). Man steigt nun über unschwierigen Fels und einen Schneehang zum weiteren Grat hinauf. Nach dem ersten folgenden Gratturm seilt man 20 m in die Scharte ab. Man folgt weiter dem Grat bis zu den letzten drei Grattürmen, von denen man die ersten beiden auf ihrer Ostseite über unterbrochene Bänder umgeht und den letzten ersteigt. Über einen Firngrat erreicht man den Gipfel (2½ Std.).

- **1487 Abstieg von der Aig. d'Argentière**

Von der Aig. d'Argentière steigt man gewöhnlich über den Glacier du Milieu (R 1471) zum Ref. d'Argentière oder über den NW-Grat und die Westflanke zum Col du Chardonnet und von dort zur Cabane du Saleina oder über das Fenêtre du Saleina zur Cabane du Trient ab. Beide Abstiege sind schwierig, wenn auch nicht sonderlich lang.

- **1488 Nach Süden (Argentière)**

Schwieriger, reiner Firn / Eisabstieg. Stellenweise **50°**. PD+. Bei Neuschnee und warmem Wetter besteht im oberen Teil Lawinengefahr. Vom Gipfel zur Hütte 2—3 Std.

Abstieg: Vom Gipfel etwas über den NW-Grat absteigen. Nun in die

Vorhergehende Doppelseite: Refuge d'Argentière

steile Südflanke (bis 50°) und weiter über den Glacier du Milieu, dabei meist in der Mitte des Gletschers bis die Neigung etwas abnimmt. Nun an das rechte Ufer und hier abwärts an einem großen Felsturm (P. 3306 m) vorbei. Nun sucht man rechts die Moräne zu erreichen, um so auf den unteren Teil des Gletschers zu kommen. Nun entweder in östl. Richtung zur Hütte oder den Glaciér d'Argentière auf sein linkes Ufer querend und über Croix de Lognan nach Argentière absteigen (vgl. R 67).

● **1489** **Nach Nordwesten (Col du Chardonnet)**
Schwieriger Abstieg über kombiniertes Gelände. **III**, stellenweise im Eis bis **50°**. PD+.
Es gibt einige Varianten zu diesem Abstieg, die je nach den Verhältnissen mit Zeitvorteil zu begehen sind. Dabei handelt es sich jeweils um Abstiege vom NW-Grat nach W auf dem oberen Glacier du Chardonnet vor oder nach der WSW-Rippe. Der erste mögliche westseitige Abstieg ist R 1472, der Weg der Erstbesteiger. Zeit vom Gipfel bis zum Col du Chardonnet 2—3 Std.

Route: Vom Gipfel folgt man dem NW-Grat über die steilen Felsen oder die rechts davon befindliche steile Eisflanke bis zu einem flacheren Firngrat. Nun nach W über ein steiles, nicht sonderlich schwieriges kombiniertes Gelände auf den kleinen Seitenarm des Glacier du Chardonnet absteigen. Man steigt den spaltenreichen Gletscher ab bis man den WSW-Sporn umgehen kann und zum Col du Chardonnet wieder ansteigen kann. (Dies ist der leichteste und normalerweise auch der schnellste Weg. Bei zu warmem Wetter und eventueller Lawinengefahr in der Steilflanke zum Glacier du Milieu ist dieser Abstieg auch für die Rückkehr zum Ref. d'Argentière zu empfehlen.)

Variante (über den ganzen NW-Grat):
Begeht man den vollständigen NW-Grat im Abstieg, so werden die einzelnen Grattürme in der Regel auf ihrer Westseite umgangen. Der Gendarm P. 3517 m ist von den Türmen der schwierigste. Ein Abstieg über das kurze steile Firncouloir vor dem Turm nach W und ein kaum 70 m HD betragender Gegenanstieg werden normalerweise schneller zum Col du Chardonnet führen.

● **1490** **Le Minaret,** 3450 m
Sehr eleganter Felsturm, der durch die Routen von G. Rébuffat bekannt geworden ist. Durch die Südwand sind mehrere interessante Führen gelegt worden.

- **1492   Südostpfeiler (Rébuffat)**
R. Mazars mit G. Rébuffat und P. de Clery mit H. Cretton, 26. Juli 1966. **V + / A 1**. Meist IV + und V, nur kurze technische Stelle. **TD**. Besonders schöne, luftige Kletterei. HD 300 m. 5 Std. vom E. Vgl. Foto S. 422.

Übersicht: Der SO-Pfeiler ragt aus dem Glacier des Améthystes auf und trägt, bevor er den luftigen Gipfel erreicht, 2 Türme. Der erste Turm besitzt eine kompakte Wand und gipfelt in einer Nadel aus rotem Granit. Diese Nadel hat an ihrer rechten Kante im oberen Drittel eine kleine Schulter, von der eine ausgeprägte Rinne herabzieht; sie ist oben als schmaler Kamin und unten als Couloir geformt. Diese Rinne ermöglicht eingangs den Durchstieg. Oberhalb folgt man der Kante.

Zustieg: Vom Ref. d'Argentière (R 67) die Moräne auf dem rechten Ufer des Glacier des Améthystes hinauf auf den Gletscher und zum Fuß des SO-Pfeilers des Minaret bei 3150 m (1 Std.). Über unschwierige Bänder erreicht man die vorgenannte weit offene Rinne, und zwar bei der großen Platte an ihrer rechten Seite. E.

Route: Einige unschwierige Meter, dann eine Verschneidung hinauf (zwei Passagen IV+) zu einer wenig ausgeprägten Schulter. Weiter durch eine Verschneidung (eine Stelle V), dann über Orgelpfeifen (IV+). Man umgeht den Überhang im Verschneidungsgrund links, klettert über weitere Orgelpfeifen (V+) und quert dann nach rechts in die Rinne zurück. Oberhalb zieht ein Kamin empor, dessen überhängenden Anfang man links umgeht (V, ein Holzkeil), um danach den Kamin in Spreiztechnik zu erklettern (IV+). Weiter den Kamin hinauf (IV, IV+) und aus ihm nach rechts hinaus auf die Schulter des ersten Turms. Von hier aus durchsteigt man die nach SO gerichtete Wand oberhalb der Schulter. Zunächst steile, glatte Platten hoch (III dann V) und nach links haltend zur eigentlichen Pfeilerkante. Den aus kleinen Wandln bestehenden letzten kleinen Aufschwung empor und auf den Gipfel des ersten Turms. Abstieg zur Scharte.

Weiter etwas nach links, zunächst über Risse, dann über einen kleinen Überhang (A 1, 5 H) und weiter über senkrechte Orgelpfeifen (V, A 1, 2 H), dann nach rechts. Eine abstehende Platte erklettern (IV+), dann auf eine abgerundete Kante (V) und diese empor. Durch eine kleine Verschneidung (V+) zu einer letzten kleinen Wand und über diese zum Gipfel des zweiten Turms. Zur Scharte hinunter.

Man erklettert einen kleinen leicht abstehenden Gratturm (IV), steigt dann zwei Meter hinab, um die folgende Platte (V+) zu überwinden

Minaret von Südosten
R 1492 Südostpfeiler

und sichert sich dabei auf Zug mit dem über den Gratturm laufenden Seil. Von dort aus gelangt man zu einer rißdurchzogenen Verschneidung, durch die man emporsteigt (III). Statt von der Scharte direkt hinaufzuklettern, kann man auch auf der NO-Seite etwa 10 m absteigen und dann nach rechts queren (IV+), um ein breites Band ganz rechts zu erreichen. Von dort zurück nach links in den Riß, der den Grund der vorgenannten Verschneidung durchzieht (III), und zwar entweder an seinem Ursprung oder kurz oberhalb (IV+). Nun durch einen kurzen Riß (III+) auf die Kante, dann etwas links eine kleine Verschneidung hinauf (V) und wieder zurück auf den Grat, um in einer etwas überhängenden, mit zwei Klemmblöcken versehenen Verschneidung emporzusteigen (V). Die nun folgende Platte erklettert man mit Hilfe einer abstehenden Platte (IV+, V). Der Ausstieg ist heikel, weil der Fels rund ist (V). Nach rechts empor und über eine kurze Wand hinauf (III). Nun einen Piazriß (V, kurzer Steigbaum) und eine Platte hoch. Heikel auf die nicht sehr steile, aber stark abgerundete Kante (V+) und zum Gipfel. (G. Rébuffat)

● **1499 Abstieg**
Teils kombiniert, teils mit Abseilen. **PD**. 2 Std. bis zur Hütte.
Abstieg: Vom Gipfel zur Scharte nördl. von le Minaret rd. 60 m abseilen. Nun zum meist eisigen Couloir, das aus der Scharte zwischen Casque und Yatagan entspringt; das Couloir wird bis zum Gletscher abgestiegen. Über den Moränenweg zur Hütte.

● **1510 Col du Chardonnet,** 3323 m
Zwischen der Aig. du Chardonnet und Aig. d'Argentière. Viel begangener Übergang vom Glacier d'Argentière zum Glacier du Saleina bzw. in Verbindung mit der Fenêtre de Saleina zum Glacier du Trient oder mit der Fenêtre du Tour zum Glacier du Tour. Die NO-Seite des Übergangs ist in trockenen Sommern steinschlaggefährdet und kann nicht direkt begangen werden.

● **1511 Von Südwesten**
Spaltenreicher Gletscheranstieg. **F**. 2½—3 Std. von der Hütte.
Route: Vom Ref. d'Argentière (R 67) folgt man dem rechten Ufer des gleichnamigen Gletschers abwärts und steigt am linken Ufer des von rechts herabkommenden Glacier du Chardonnet empor. Unterhalb der vom NW-Grat der Aig. d'Argentière zum Glacier du Chardonnet abfallenden langen Felsrippe quert man den Gletscher zum rechten Ufer.

Durch die obere Gletschermulde empor zum Bergschrund und nach dessen Überschreitung über einen kurzen Hang zum Col. Am besten hält man sich am Übergang ziemlich weit links, da der direkte Abstieg auf den Glacier du Saleina im allgemeinen nicht ratsam ist.

● **1512 Von Nordosten**
Gletscheranstieg mit kurzer Felspassage **II. F.** 2½ Std. von der Hütte.
Route: Von der Cabane du Saleina wie bei R 1567 zum oberen Firnbecken des gleichnamigen Gletschers. Hier wird der Weg zur Fenêtre du Tour verlassen und halblinks über die Gletscherbucht zum Col du Chardonnet aufgestiegen. Über den (im Spätsommer schwierigen) Bergschrund und in den Felsen rechts der Firnrinne hinauf. Nach Durchkletterung eines Risses quert man einige Meter eine leicht geneigte Terrasse nach links und erklettert eine Wand durch einen Riß. Einige Felsabsätze führen unschwierig zum Col. Im Abstieg kann über zwei schwierigere Stellen abgeseilt werden.

● **1520 Aiguille du Chardonnet,** 3824 m
Erste Besteigung durch R. Fowler, M. Balmat und M. Ducroz am 20. September 1865. Besonders formschöne Berggestalt, die auf keinem ihrer Anstiege leicht zu ersteigen ist. Wenn es auch annähernd 30 verschiedene Anstiege (inkl. wesentlicher Varianten) gibt, werden doch in der Regel der Forbesgrat (Ostgrat) und der Nordgrat im Aufstieg und der Normalanstieg im Abstieg gewählt. Dies ist erstaunlich, da doch die großen S- und SW-Abstürze mit ihren 600—800 m hohen Wänden und Graten vom Arvetal oder den Aiguilles Rouges einzusehen sind. Allerdings haben diese Routen bei gleicher Schwierigkeit nicht die Klasse vergleichbarer Anstiege im Mont-Blanc-Massiv oder der beschriebenen an der Aig. du Chardonnet.

● **1521 Nordflanke und Westgrat**
P. W. Thomas, J. Imboden und J. H. Lochmatter, 1. August 1879. Schöne kombinierte (jedoch überwiegend Eis-) Route. Steilste Eispassagen ca. **40°**. Fels II und **III**. Nicht selten schwierig zu überwindende Bergschründe. **AD**. Wird vor allem im Abstieg begangen. HD vom ersten Bergschrund 600 m. Zeit vom E 4 Std.

Folgende Doppelseite: Aiguille du Chardonnet und Aiguille d'Argentière

Übersicht: Die Route vollzieht sich zunächst im niedrigeren westl. Teil der Nordflanke, wo man über den kleinen Glacier de l'Épaule zum Col superieur (oberen Paß) A. Reilly aufsteigt. Von hier nun steigt man durch eine weite Rinne links eines hohen Felsaufschwungs bis unter den Gipfelgrat und zum Vorgipfel bzw. Hauptgipfel.
Zustieg: Vom Ref. Albert I. (R 68) steigt man unweit des rechten Ufers des Glacier du Tour auf, biegt dann oberhalb P. 2883 (Signal Reilly) nach SO ab in Richtung der Fenêtre du Tour. Unterhalb der Felsinsel P. 3228 in Richtung auf den Col A. Reilly zu bis zum Bergschrund (2 Std.). Andere Zustiege sind von der Cabane du Trient über den Col du Tour (R 1530) in 1½ Std. ohne wesentlichen HD oder auch von der Cabane du Saleina über die Fenêtre du Tour (R 1565) in 3½ Std. bis zum Bergschrund möglich.
Route: Man steigt links von P. 3214 den kleinen sehr zerklüfteten Glacier de l'Épaule hoch. Grobe Richtung ist dabei die Aig. Adams Reilly, 3506 m, die sich zwischen dem Col A. Reilly und dem Col sup. A. Reilly erhebt. Über steile Firnhänge und teilweise schwierige Bergschründe erreicht man den Col sup. A. Reilly und von hier über einen Firngrat die Schulter P. 3587 m (1—2 Std.). Links von ihr erhebt sich ein steiler Grataufschwung.
Über einen steilen Firnhang erreicht man die Felsen, die man rechts umgeht und steigt über Felsrippen nahe einem engen Eiscouloir empor. Sobald das Gelände weniger steil wird, steigt man über Schrofen und Firn ein wenig schräg nach links zum Vorgipfel auf. Über die luftige Felsschneide (in schneereichen Sommern Firn) wird bald darauf der Hauptgipfel erreicht (2 Std. von der Schulter).

● **1522** **Forbesgrat**
L. H. und T. Aubert mit M. Crettez, 30. Juli 1899. Der schönste Anstieg auf die Aig. du Chardonnet ist gleichzeitig zu den schönsten Anstiegen vergleichbarer Art in den Alpen zu zählen und dementsprechend stark besucht. Im Eis bis **53°** eine SL sonst in der Nordflanke und am Grat nur mäßige eistechnische Schwierigkeiten. Fels bis **III. AD**. Schlechte Verhältnisse am Grat (Eis) können zu fortgeschrittener Jahreszeit ernstere Schwierigkeiten mit sich bringen. Mitnahme einiger Eissicherungsmittel ist unerläßlich. HD vom E 600 m. Vom Ref. Albert I. (R 68) 6—7 Std.
Übersicht: Zwischen den Nordausläufern der Aig. Forbes und dem in der östl. Hälfte der Nordflanke der Aig. du Chardonnet gelegenen Felssporn hindurch, dann einem Eisgrat (la Bosse) folgend zum O-Grat, dem man bis zum Gipfel folgt.

Zustieg: Wie bei R 1525 zum Fuß der Nordflanke. Der E befindet sich unmittelbar westl. der felsigen Nordausläufer der Aig. Forbes. Bis hier 2 Std. von der Hütte.

Route: Nahe der erwähnten Nordausläufer den Gletscherarm hoch bis zu einer weniger geneigten Zone. Nun nach rechts haltend zu einem Firngrat. Über den nachfolgenden Eiswulst (la Bosse, 53°) und weniger steile Firnhänge darüber zum O-Grat, den man oberhalb eines etwa 3700 m hohen Gendarmen erreicht. Der folgende Turm wird erstiegen (III). Der Gipfelgrat zieht sich nun in einer Folge teils überwächteter, kleiner Firnscharten mit dazwischenliegenden kleinen Gendarmen bis zu einem größeren Gendarm vor dem Gipfel hin. Sich im allgemeinen auf der Gratschneide haltend wird dieser letzte Gendarm südl. über ein Firnband umgangen und bald darauf der Gipfel durch einen kurzen, leichten Kamin erreicht.

● **1525   Nordsporn**
A. Migot und C. Devouassoux, 28. Juli 1929. Ganz hervorragende Tour, die unbedingt empfohlen werden kann. Im allgemeinen frei von objektiven Gefahren. II und **III**, stellenweise bis **54°** in der Gipfelwand. Keine Haken. **D**—. HD 450 m, 3—6 Std. vom E.

Übersicht: Vom Gipfel fällt direkt nach N ein teilweise felsiger Sporn herab, auf den man nach W gelangt und auch auf dieser Seite etwaige Hindernisse umgeht. Im oberen Teil eine kurze Eiswand.

Route: Man erreicht über R 1521 die Firnhänge westl. des Nordgrats. Nun direkt auf den Grat oder über eine kurze Firnflanke (soweit vorhanden) in einen Firnsattel hinter der ersten Felsbastion. Weiter über den Firngrat, dann rechts haltend durch die Felsen. Ein Aufschwung in Höhe des Abbruchs des Hängegletschers wird rechts oder leichter links (hier Eisschlaggefahr) umgangen. Die folgende Eiswand hochsteigend, erreicht man rechts am Gipfelturm vorbeisteigend den Grat, unmittelbar neben dem Gipfel.

● **1529   Abstieg**
AD. Steiler kombinierter Gletscherabstieg über den Normalweg (R 1521). 3—4 Std. bis zum Ref. Albert I.

Abstieg: Vom Gipfel über den Fels- oder Firngrat (nach W) abwärts. Nun hinab durch die weite Rinne und in kombiniertes Gelände. Bei einer Vertiefung nach links in ein schmales Couloir, durch das man absteigt und abseilt. Man erreicht so die Schulter, von der man steil zum Col supérieur A. Reilly absteigt. Nun je nach den Verhältnissen den steilen Glacier de l'Epaule hinab an den Fuß der Nordflanke.

● **1530**   **Col du Tour,** 3282 m

Zwischen der Aig. Purtscheller und der Tête Blanche. Beide Scharten des Col können als Übergang vom Glacier du Tour zum Glacier du Trient benutzt werden.

● **1531**   **Von Westen**

Leichte Gletscherbegehung. **F**. 2 Std. vom Ref. Albert I.
Route: Von der Hütte erreicht man auf einem Weg östl. den Glacier du Tour und begeht diesen zwischen dem Signal Adams Reilly (= P. 2883) und den Ausläufern des W-Grats der Aig. du Tour aufwärts. In der Höhe der beiden Col angelangt, biegt man links in die breite, zu dem Col hinaufziehende Mulde ab. Nun entweder zur linken oberen Scharte (Col sup. du Tour), die man über steile Felsen einer Rinne erreicht, oder die Schartentürme (Aig. du Col du Tour) umgehend durch die breite, mäßig geneigte Rinne zur rechten unteren Scharte, die man etwas höher und links der tiefsten Stelle erreicht.

● **1532**   **Von Osten**

Leichte Gletscherwanderung. **F**. 1 Std. von der Cabane du Trient (R 94).
Route: Von der Hütte in WSW-Richtung über das mäßig geneigte Plateau des Glacier du Trient zur oberen oder unteren Scharte des Col du Tour, die man in beiden Fällen über einen leichten Bergschrund und einen kurzen Firnhang erreicht.

● **1540**   **Aiguille Purtscheller,** 3478 m

Formschöne Granitnadel über dem Plateau de Trient, die zu Ehren ihres Erstbesteigers — L. Purtscheller am 18. Juli 1890 — seinen Namen trägt. Der hier beschriebene S-Grat ist die beliebteste Route am Berg.

● **1542**   **Südgrat**

R. Aubert, R. Dittert und F. Marullaz, 16. Mai 1943 mit einer teilweise abweichenden Wegführung. **V—**, eine Stelle, meist IV und IV+. **D—**. Kurze, aber lohnende Kletterei, die auch schon im Frühjahr zur Skitourenzeit unternommen wird. 190 m HD. 2 Std. vom E.
Übersicht: Vom Col superieur du Tour, 3289 m zieht der S-Grat in zwei großen Aufschwüngen zum Gipfel. Man ersteigt den ersten über seine Kante und umgeht den zweiten in der SO-Flanke.
Zustieg: Vgl. R 1530
Route: Vom Col sup. du Tour auf die Trientseite, wodurch man einige Gratttürme umgeht und so eine markante V-förmige Scharte erreicht.

Den folgenden ersten richtigen Gratturm im Südgrat geht man in der Mitte seines S-Wandls durch einen Riß an (12 m, IV), dann Querung nach rechts (V—) und auf den Grat, den man ersteigt (IV/IV+). Ein Reitgrat bringt zum Gipfel dieses Gratturms. 15 m in die folgende Scharte abseilen (Scharte mit großem Klemmblock). Nun auf den Klemmblock und den Grat weiter hoch. Rechtsquerung über eine Platte (IV) und zurück zum Grat steigen. Weiter hoch auf den zweiten Gratturm und in die folgende Scharte unter dem oben überhängenden dritten Gendarmen (bzw. dem zweiten Teil des Grats). Nach rechts (Trient) etwas absteigen und etwa eine SL über bequeme Bänder queren bis an den Beginn eines tiefen Kamins, der die rechte Flanke des zweiten Gratteils durchzieht. Zum Kamin und diesen hoch bis zur letzten Scharte vor dem Gipfel (IV dann III). Durch eine Verschneidung mit weniger gutem Fels zum Gipfel (8 m, III).

- **1549 Abstieg**
 III. PD. Kurze Kletterei. Abseilen möglich. 1 Std. bis zum Col du Tour.

Abstieg: Vom Gipfel entweder abseilen an den Fuß der NO-Wand des Berges oder durch ein schräg verlaufendes Couloir und einige Felsstufen absteigen. Über einen Firnhang auf den Gletscher nahe des Col Purtscheller. Nun in wenigen Minuten zum Col du Tour (vgl. R 1530)

- **1550   Aiguilles du Tour, 3544 m**

Zweigipfeliger Berg, der sich auf seiner Ostseite nur wenig aus dem Plateau du Trient erhebt, auf der französischen Seite jedoch bis zu 500 m hohe Wände aufweist. Vom S-Gipfel, 3542 m, ziehen nach N, S und W längere, nicht sonderlich schwierige Grate, während der höhere N-Gipfel, 3544 m, mehr aus dem N-Grat herauszuragen scheint. Sehr viel besuchter, wenn nicht sogar überlaufener Berg mit einem für das Mont-Blanc-Massiv überraschend einfachen Normalweg und einer lohnenden Rundsicht. Eine Reihe von ebenfalls nicht übermäßig schwierigen Anstiegen erlaubt das Vermeiden des Normalwegs, auf dem es schon zu erheblichen Alpinistenstaus gekommen sein soll. Erstbesteigung des S-Gipfels vgl. R 1551. Der höhere N-Gipfel wurde im Aug. 1875 von G. und E. Beraneck und E. Javelle erstiegen.

- **1551   Normalweg auf den Südgipfel**
 C.G. Heathcote und Moritz Andermatten, 18. August 1864. Kurzer kombinierter Anstieg. I und **II**; Firnhang von ca. **35°**. F. Wandhöhe 100 m. $3^{1}/_{2}$ Std. vom Ref. Albert I., $2^{1}/_{2}$ Std. von der Cabane du Trient.

Route: Vom Col du Tour (siehe R 1530) wird die Aig. Purtscheller auf dem Plateau du Trient östl. umgangen, ebenfalls der S-Gipfel der Aig. du Tour, bis zum Fuß einer im N-Grat dieses Gipfels befindlichen kleinen Felsschulter. Über einen steilen, von einem Bergschrund unterbrochenen Firnhang werden die Felsen erreicht, die zur erwähnten Schulter emporziehen. Über die guten, unschwierigen Felsen (Blockkletterei) der O-Flanke wird die Schulter betreten und über den ebenfalls leichten N-Grat nach links der S-Gipfel erreicht (1½ Std. vom Col du Tour).
Varianten: Zur Umgehung zu großen Andrangs auf einer gebahnten Spur kann auch von der Scharte zwischen den beiden Gipfeln (ca. 3490 m) über den NO-Grat oder über den kurzen Südgrat (wobei man sich meist in der O-Flanke hält) aufgestiegen werden. Beide Wege sind von ähnlicher Schwierigkeit wie der Normalweg.

- **1552   Übergang zum Nordgipfel**

    Kurzer Gratanstieg, meist nur in Verbindung mit einer Besteigung des aussichtsreicheren S-Gipfels begangen. **II** und I, kombiniert. **F.** ¾ Std. bis zum N-Gipfel.

Route: Vom S-Gipfel der Aig. du Tour bis in die Scharte zwischen beiden Gipfeln absteigen. Nun folgt man einem Band, das ein wenig unterhalb der Scharte durch die Trientseite ansteigend verläuft. Am Ende des Bandes leitet eine schwach ausgeprägte Rippe über Felsen und kurze Schneeflecken zum Gipfel.

- **1553   Nordgipfel, Nordgrat**

    Erste Begehung des N-Grats durch C. Ravanel und Gefährten um 1920.

    II, kombiniert. **PD.** Kurzer Anstieg, der vor allem in Verbindung mit der N-S-Überschreitung des Bergs begangen wird. Grathöhe von der Fenêtre du Pissoir 100 m. Vom Ref. Albert I. 3¼ Std. Von der Cabane du Trient 2¼ Std.

a) Zustieg vom Refuge Albert I.: Von der Hütte auf einem Weg beinahe östl. zum nahen Glacier du Tour und über ihn in gleicher Richtung bis zum Signal Adams Reilly (P. 2888), einer kleinen Felsinsel, die dem Gletscher entragt. Hier verläßt man die Richtung der Hauptanstiege auf den Col du Tour, Aig. du Chardonnet usw., schwenkt nach halblinks (ONO) ab und ersteigt eine wenig geneigte Gletscherbucht. Nun wird über einen steileren Hang der Col du Midi (die mittlere der drei Scharten) erstiegen (etwa 1¾ Std. von der Hütte). Auf dem Trientplateau befindlich, biegt man nach SO ab (die Aig. du Pissoir zur Rechten) und erreicht von der folgenden Fenêtre du Pissoir den N-Grat des N-Gipfels der Aig. du Tour. ½ Std.

b) Zustieg von der Cabane du Trient: Von der Hütte wird wie bei allen Anstiegen auf die Aig. du Tour von der Schweizer Seite das Trientplateau in einem weit nach links ausholenden Bogen ohne Höhenverlust überquert, um erst nahe des Col du Tour anzusteigen und schließlich praktisch auf dem Weg zum Col du Midi entlang der Gipfel Aig. Purtscheller und Aig. du Tour zu den angestrebten Routen aufzusteigen. Zu der Fenêtre du Pissoir gelangt man, indem man zuletzt noch den kurzen O-Grat des N-Gipfels umgeht (in 1¼ Std. von der Hütte).

Route: Von der Fenêtre du Pissoir über den N-Grat (II), wobei man sich links der Gratschneide hält und über kombiniertes Gelände den Gipfel erreicht (1 Std.).

- **1555 Couloir de la Table**
  Kurze Stelle am Ausstieg **50°**, sonst bis 40°. Am Grat Stellen I und **II. AD.** Bei guten Verhältnissen bietet dieses Couloir einen zügigen Zugang zur Aig. du Tour, bzw. kann von guten Gehern auch im Abstieg mit Zeitgewinn begangen werden. Zur Zeit viel Andrang. Vom E 250 m HD. Vom Ref. Albert I. zum E 1¾ Std. Zum Gipfel weitere 2 Std.

Übersicht: Aus der Scharte zwischen S-Gipfel, 3542 m, und dem Gendarm à la Table, 3490 m, zieht nach W ein Firncouloir herab, durch das sich der Anstieg bewegt.

Route: Von der Hütte folgt man R 1556, bis man den SW-Sporn der Aig. du Tour (der vom Gendarmen à la Table) passiert hat. Nun in östl. Richtung in die Gletscherbucht unter der Aig. Purtscheller (1¾ Std.). Durch das Couloir hinauf und über den W-Grat zum Gipfel.

- **1556 Südwestsporn** (Arête de la Table)
  A. Dreyfus, A. und R. Duval, P. Henry und M. Ichac, 18. Juli 1926. **III**, meist II, kombiniert. **AD.** Interessanter, abwechslungsreicher Anstieg, bei dem man den erstaunlichen Felstisch ersteigen kann (IV). HD von E ca. 450 m. Vom Ref. Albert I. 5 Std.

Übersicht: Aus der kleinen Gletscherbucht südwestlich des Gendarmen à la Table nach links auf den SW-Sporn hinauf und über diesen zum Gendarmen und über den W-Grat zum Gipfel.

Route: Man folgt R 1531 Richtung Col du Tour bis hinter die kleine Felsinsel unterhalb der Gletscherbucht der Aig. du Tour. 1½ Std. E. Nun die zunehmend steiler werdenden Hänge hinauf bis an den oberen Rand des Schneefelds. Über die Felsen des zunächst wenig ausgeprägten Sporns hinauf. Der Sporn verjüngt sich mehr und mehr. Man folgt der Gratkante bis zum Felstisch. Ersteigung des Felstisches rechts über einen Riß (IV), danach über den teilweise ausgesetzten Grat zum Gipfel.

● **1560** **Fenêtre de Saleina,** 3264 m
Zwischen der Aig. de la Fenêtre und der Petite Fourche. Wichtiger Übergang vom Plateau du Trient zum Glacier de Saleina.

● **1561** **Von Nordosten**
Leichter Gletscheranstieg. **F.** 1¼ Std. von der Cabane du Trient (R 94). 1 Std. vom Col du Tour (R 1530).
Route: Von der Hütte zum nahegelegenen Col d'Orny und das flache Plateau du Trient überquerend zum Fuß der Mittelgruppe der Aig. Dorées (Tête Biselx). Nun an den Aiguilles Dorées westl. entlang fast ohne Steigung zur Fenêtre de Saleina. Kommt man vom Ref. Albert I. über eine der beiden Scharten des Col du Tour (vgl. R 1530) so steigt man von diesen über einen leichten Firnhang zum Plateau du Trient ab und erreicht südöstl. entlang der Tête Blanche leicht die Fenêtre de Saleina.

● **1562** **Von Südosten**
Leichter Gletscheranstieg. Kombiniert. **F.** 2 Std. von der Cabane de Saleina (R 92).
Route: Von der Hütte westl. auf einem Weg absteigend zum gleichnamigen Gletscher, den man in Richtung der Aig. Dorées (NW) überquert. Man erreicht so eine zwischen dem westl. und mittleren Strebepfeiler der Aig. Dorées gelegene Gletscherbucht. Nun links durch ein Felsloch des westl. Strebepfeilers (gen. Fenêtre de Suzanne, P. 3141) und halblinks haltend über einen steilen Firnhang, oder bei zunehmender Ausaperung im Spätsommer über brüchige, leichte Felsen empor zur Fenêtre de Saleina. Von der Fênetre du Tour (R 1565) oder vom Col du Chardonnet (R 1510) kommend, wird die Grande Fourche östl. umgangen; über die Gletscherbucht zur Fenêtre de Saleina.

● **1565** **Fenêtre du Tour,** 3336 m
Zwischen Aig. Forbes und Grande Fourche, direkter Weg zwischen Ref. Albert I und Cabane de Saleina, aber fast ebenso lang wie über den Col du Tour und die anschließende Fenêtre de Saleina.

● **1566** **Von Westen**
Leichte Gletscherbegehung; wenige Spalten. **F.** 2 Std.
Route: Vom Refuge Albert I. (R 68) in östl. Richtung auf den Glacier du Tour. Über den Gletscher bis auf ca. 2900 m oberhalb des Signal Reilly, 2883 m. Nun in SO-Richtung zur Fenêtre du Tour.

- **1567** **Von Südosten**
Je nach den Verhältnissen nicht immer schwierige Gletscherbegehung. Evtl. mit Felspassagen I und **II. PD**. 2½ Std.

Route: Von der Cabane de la Saleina (R 92) folgt man einem Weg westl. und steigt zum Gletscher ab. Man überquert bald den Glacier de la Saleina in Richtung zu den Aig. Dorées zur linken Moräne, direkt unter der Pte. des Plines. Nun in genauer W-Richtung, die Felsinsel (P. 2944 m) zur Linken und den S-Fuß der Grande Fourche umgehend zum SO-Hang der Fenêtre du Tour, die man über ziemlich steilen Firn und zuletzt über die rechts davon befindlichen Felsen erreicht. Im Spätsommer werden bei zunehmender Hangvereisung die linken Felsen erstiegen.

- **1570** **Grande Fourche,** 3611 m

Leicht erreichbarer Gipfel mit schöner Aussicht. Erste Besteigung durch H. R. Whitehouse mit H. Copt am 18. August 1876.

- **1571** **Nordwestflanke und Südwestflanke**
Normalweg von der franz. Seite (A. Brun mit P. Charlet, 1882. Lohnende Eingehtour für die kombinierten Führen vom Ref. Albert I. **II** und I, Firnhang von **35°**. PD. HD vom Bergschrund 250 m. Zeit vom Ref. Albert I. (R 68) 5 Std.

Route: Von der Hütte folgt man dem Anstieg zur Fenêtre du Tour (R 1566) bis zu den obersten Hängen des Glacier du Tour. Der E. in die NW-Flanke befindet sich unter der Felsschulter, die sich westlich der Grande Fourche im WSW-Grat befindet. Nach der Überschreitung des Bergschrunds führt ein steiler, von einigen Felsen unterbrochener Firnhang zu einer der erwähnten Schulter vorgelagerten Scharte. Über leichte Felsstufen und durch eine Verschneidung in der S-Seite wird die Schulter erreicht. Von dieser zuerst nördl. des Gratfirstes, dann durch ein Felsloch auf die S-Seite. Nahe am Grat bleibend wird der Gipfel über leichte Platten erreicht.

- **1572** **Südwestgrat**
C. Brossy, G. Bugnion, E.J.P. de la Harpe und J. Raccaud, 7. Juli 1884. **II**, im Zustieg kombiniert. **PD**. Etwas interessanter und nur wenig länger als der Normalweg. 3½ Std. von der Fenêtre du Tour.

Route: Von der Fenêtre du Tour (siehe R 1565) folgt man dem WSW-Grat bis zu einer Scharte, die man links (nördl.) umgeht. Die folgenden

Gendarmen umgeht man meistens nahe ihrer Gipfelhöhe und erreicht die der Schulter vorgelagerte Scharte. Nun wie bei R 1571 hoch zum Gipfel.

● **1573 Südwestflanke und Südgrat**
H.R. Whitehouse und Henri Copt, 18. August 1876.
Die leichteste Route von der Schweizer Seite. **II**, kombiniert. **PD**. HD vom Bergschrund ca. 250 m. Von der Cabane de la Saleina (R 92) 4 Std.
Route: Von der Hütte wie bei R 1567 zum Fuß des S-Grats der Grande Fourche. Diesen links umgehend wird etwa in Richtung zur Fenêtre du Tour angestiegen, bald aber nach rechts abgebogen, der Bergschrund überschritten und in der Nähe der Felsen über Firn aufgestiegen. Man verläßt diesen sehr bald und erreicht über einen Geröllhang eine kleine Schulter. Über kleinere leichte Felsabsätze und -stufen in Kehren zum S-Grat. Dieser wird verfolgt und in das nach SO zum Glacier de Saleina abfallendes Couloir erreicht. In diesem wird etwas aufgestiegen, dann wird es wieder nach links verlassen. Der weitere Anstieg vollzieht sich wieder in Kehren (immer etwas rechtsbleibend) über unschwierige Absätze, die nur in Gipfelnähe um einen Grad schwieriger werden.

● **1580 Aiguilles Dorées**
Zwischen dem Plateau du Trient im N und dem Glacier de Saleina im S erhebt sich ein wilder Felsgrat, der vom Col des Plines bis zur Fenêtre de Saleina in beinahe O-W-Richtung verläuft. Mit der Überschreitung der Aig. Dorées, wie die acht Haupttürme dieses Felsgrats in ihrer Gesamtheit heißen, kann man die schönste und interessanteste Kletterei im Bereich der Cabane du Trient bzw. Cabane de Saleina ausführen. Von O nach W (gewöhnlich wird in dieser Richtung die Überschreitung ausgeführt) heißen die Gipfel: Tête Crettez, 3419 m, Aig. Javelle, 3434 m, Trident, 3436 m, die doppelgipfelige Aig. Sans Nom, 3444 m, Tête Biselx, 3509 m, Pte. Fynn, 3450 m, Aig. Penchées (höchster Gipfel um 3500 m) und der höchste aller Türme, die doppelgipfelige Aig. de la Varappe, 3520 m. Mit der Aig. de la Fenêtre, 3414 m, und der Petit Aig. de la Fenêtre, etwa 3330 m, endet dieser eindrucksvolle Grat der „goldenen Nadeln" an der Fenêtre de Saleina.

● **1582 Ost-West-Überschreitung**
IV, einige Stellen, überwiegend **III**, einige Stellen kombiniert; ein kurzer Eisgrat am Col Copt kann im fortgeschrittenen Jahr erhebliche Mühe bereiten. **D—**.
Abwechslungsreiche, schöne Gratüberschreitung in über-

wiegend gutem Fels. Zeit von der Cabane du Trient und zurück etwa 10 Std. Vom Ref. Albert I. 2 Std. mehr. Die im Aufstieg zu überwindende Höhendifferenz tritt im Vergleich zur Länge des Gratkamms in den Hintergrund.

Zustieg: Von der Cabane du Trient (R 94) über den Col d'Orny zu einem kleinen Sattel (Col Droit) am Fuß des NO-Grats der Tête Crettez ($^1/_2$ Std.).

Route: Durch eine kleine Schneerinne nach links in eine Scharte im Grat. Über Blockwerk erreicht man fast waagrecht eine Scharte über dem Glacier des Plines. 4 m in ein kleines Couloir absteigen, um dann auf der W-Seite ein breites Band zu erreichen. Von diesem Band aus klettert man ansteigend durch die SO-Wand der Tête Crettez und erreicht mehr oder weniger direkt den Gipfelblock, der erstiegen wird (1$^1/_2$ Std.). Über einige Bänder auf der S-Seite erreicht man den Fuß der Aig. Javelle.

Die Kletterei bewegt sich nun durch den Kamin, der südseitig von der Aig. Javelle und einem Riesenblock gebildet wird. Durch den Riß zu Beginn, dann in Kaminkletterei weiter, bis sich der Kamin erweitert (Stand). Nun in Kaminkletterei weiter, dabei den Rücken auf der Javelleseite hoch bis zu einem Block, den man ersteigt (rechte Hand verklemmen). Man erreicht rechts den Grat und ersteigt einen Block. (Insgesamt mühsame Kletterei, bei der man seine Kräfte einteilen sollte; IV.) Nun leichter zum Gipfel (1 Std.). Üblicherweise Abstieg durch Abseilen, wobei man darauf achten sollte, daß sich das Seil nicht im Kamin verklemmt. Weiter über Bänder und wenig schwieriges Gelände bis zu einer Terrasse auf dem Grat vor dem Trident. Durch unschwierige Kamine zu den beiden Gipfelblöcken. Der östl. Block wird leicht, der westl. nach einem Spreizschritt aus der Scharte zwischen den Blöcken schwierig erstiegen ($^1/_2$ Std.). Man folgt dem Grat bis zu einer Platte. Nun auf der Saleinaseite über ein schmales Band bis zum Col Copt. Auf der Trientseite umgeht man einen Felssporn und quert den bei Vereisung nicht unproblematischen oberen Rand des Couloirs, das von Col Copt zum Trientgletscher abfällt. Ein firn- oder geröllgefülltes Couloir und einige Felsstufen leiten zur Tête Biselx (3509 m, 1 Std.). Auf der Westseite eine steile Wand mit guten Griffen bis zur nächsten Scharte abklettern (III). Dann durch einen engen Kamin auf der Saleinaseite absteigen, bis man ein Band erreicht, über das man den Gratturm (Pte. Fynn) umgehen kann. Man steigt wieder zum Grat auf und erreicht über den Grat die Scharte von der Aig. Penchées (1$^1/_2$ Std.).

Nun schräg durch die N-Wand entlang den Gipfelplatten über kombiniertes Gelände aufwärts. Man erreicht den Gipfelkamm in der Scharte zwischen O- und Zentralgipfel, den man nördl. umgeht und zum Grat

abseits des W-Gipfels zurückkehrt. Durch einen Riß (II) zum höchsten Punkt, 3505 m, der Aig. Penchées (1 Std.). Man folgt dem scharfen, aber unschwierigen Grat westl. weiter, einige Zacken nördl. umgehend, und begeht ein südseitig gelegenes Schrofenband, das zum Fuß des O-Gipfels der Aig. de la Varappe (Kulminationspunkt der Aiguilles Dorées) führt, den man durch einen sehr engen, kaminartigen Riß und durch einen Felsdurchschlupf erreicht. Zum etwas niedrigeren W-Gipfel über eine nordseitig gelagerte schräge Rampe. Der Abstieg wird meist über den unschwierigen NW-Grat genommen. Man folgt dem W-Grat etwa 2 SL und steigt dann nach rechts den steilen, gutgriffigen NW-Grat ab. Am ersten Gratabsatz wird entweder direkt (luftig) oder durch einen tiefen, meist eisgefüllten Kamin abgestiegen. Dem Grat über Risse und Kamine weiter folgend, wird ein zweiter, gelbgefärbter Gratabbruch erreicht, an dem man links absteigt. Nun schräg nach rechts über Kamine und Rinnen in steinschlaggefährdetem Gelände hinab zum Bergschrund, über den man gewöhnlich abseilt, und zum Plateau du Trient (3 Std.).
In ¹/₂ Std. erreicht man die Hütte, in 15 Min. nordwestl. den Col du Tour und von ihm aus in 1 Std. über den Glacier du Tour das Ref. Albert I. (R 1531).
Abstiegsvariante: Je nach Verhältnissen (Steinschlaggefahr) ist es sicherer, auf dem Grat in Gratnähe hinter dem gelben Abbruch zu bleiben, bis zu einem schrägen Kamin, der zu einem engen Couloir führt. Das Couloir wird hochgestiegen, dann wird ein Aufschwung auf der Trient-Seite, der folgende auf der Saleina-Seite umgangen und zum Plateau du Trient abgestiegen, wobei zuletzt abgeseilt wird.

● **1583   Tête Biselx**
In der Mitte der Aig. Dorées gelegener mächtiger Felsobelisk, der links (O) von einer markanten Firnrinne begrenzt ist. Durch den nahen Zustieg von der Cabane du Trient (R 94) sind hier mehrere lohnende Routen eröffnet worden. Erstbesteiger vgl. R 1588.

● **1585   Voie Remy (Dianetic)**
C. und Y. Remy, 28. Juli 1983. **VI+** eine Stelle, meist V+ und VI— auf den ersten 5 SL. **TD**. 300 m HD. 4¹/₂ Std.
Übersicht: Die Route verläuft etwas rechts der Gipfelfallinie.
Zustieg: Von der Cabane du Trient (R 94) in etwa 30 Min. zum Bergschrund. Über die u. U. schwierige Randkluft und über brüchigen Fels zum Beginn der ersten Verschneidung, die rechts der großen markanten Verschneidung im zentralen Wandteil verläuft. E.
Route: Die Verschneidung hoch bis zu einem kleinen Absatz (V+/VI).

Eine Schuppe hoch (V+) zu einer Bänderzone und weiter hoch rechts eines großen markanten Blocks. Über eine kurze Verschneidung zu einer überhängenden Schuppe, die wie der folgende Riß erklettert wird (VI+). Durch einen breiten Riß (VI) und in weniger steiles Gelände. Nun über Platten rechts der großen geneigten Plattenzone in der oberen Wandhälfte (IV) zu Stand auf einem Band. Zwischen zwei markanten breiten Rissen wird über feine Risse aufgestiegen zu Band (IV+). Ein Fingerriß (V) und kombiniertes Gelände (je nach den Verhältnissen) leiten zum W-Grat. Über den Grat zum Gipfel.

● **1588 Col Copt, Nordcouloir**
A. Barbey mit F. Biselx und H. Copt, 4. Juli 1892. Lohnende, kurze Eistour, 50—55°. D—. Wandhöhe ca. 200 m. 2 Std.
Übersicht: Fast in der Mitte der Aig. Dorées liegt die markante Tête Biselx und links davon das breite Eiscouloir, das vom Col Copt zum Trientplateau herabfällt.
Zustieg: Über den fast ebenen Glacier du Trient in 30—40 Min. auf direktem Weg zum E.
Route: Über den Bergschrund und weiter in der Mitte der Rinne hoch. Im Abstieg kann über das linke Ufer abgeseilt werden.

● **1600 Le Portalet, 3344 m**
Besonders lohnender Aussichtsberg. Erstbesteigung E. Dufour, E. Javelle und F. Paschoud, August 1876.

● **1601 Nordflanke und Westgrat**
T. Chapuis und E. Pellis, 16. August 1877. **II**, kombiniert. F. Nicht immer sicheres Gestein und bei größerem Betrieb am Berg, was selten ist, auch Steinschlaggefahr. Bei guten Verhältnissen in der N-Wand kann die Felsflanke auch noch ziemlich verschneit sein. In diesen Fällen bietet sich auch der weniger hohe und etwas weniger geneigte Teil der N-Wand neben der Felsflanke zum Abstieg an. 350 m HD vom E. 3 Std. von der Cabane du Trient (R 94) bzw. etwas mehr von der Cabane d'Orny (R 93).
Übersicht: Rechts (W) des großen Eisfelds in der N-Flanke leitet eine wenig geneigte Felsflanke zum W-Grat, über den man den Gipfel erreicht.
Route: Von beiden Hütten an den Fuß der Felsflanke. E. Über den Bergschrund und über die im allgemeinen leichten, aber nicht immer festen Felsen hinauf bis zum W-Grat. Über den Grat zum Gipfel.

- **1602** **Nordflanke**
  R. und R. Greloz, 9. September 1937. **45°**, je nach den Verhältnissen kombiniert. **AD**. Nur bei guten Verhältnissen lohnende Eistour. HD 350 m vom E. 2—3 Std. von den beiden Hütten (vgl. R 1601).

Übersicht: Die Nordwand weist einen großen Firnschild auf, der links (O) einer Felsrippe in Gipfelfallinie noch eine schmalere Firnrinne hat. Über diese Rinne und im weiteren Verlauf etwas links verläuft der Anstieg.

Zustieg: Von der Cabane d'Orny nur wenig aufsteigend und von der Cabane du Trient absteigend zum E unter der schmalen Rinne, 20—30 Min.

Route: Durch die Firnrinne hoch bis das Gelände etwas steiler wird und man gegen einen Felspfeiler stößt. Nun nach links halten und weiter bis zum Gipfel.

- **1609** **Abstieg**
  II, kombiniert. **F**. Vgl. 1601. 2 Std. zurück zu einer der Hütten.

Abstieg: Vom Gipfel steigt man über den W-Grat ab bis oberhalb der Felsflanke im rechten, westl. Teil der Nordflanke. Hier nun in der Regel über den nicht immer zuverlässigen Fels zum Bergschrund.

- **1610** **Petit Clocher du Portalet,** 2823 m

Eindrucksvolle Granitpyramide, die den extremen Kletterer unbedingt anzieht. Insbesondere von der Cabane d'Orny sieht der „kleine Glockenturm" sehr reizvoll aus. Auf keinem Anstieg leicht zu besteigen.

- **1616** **État du Choc**
  Claude und Yves Remy, 25. und 26. Juli 1983. **VIII/VIII+**. Durchgehend sehr anstrengende und ernste Kletterei, Passage VII/VII+ obligatorisch. **ABO—**. Viel gerühmte Kletterei. Wahrscheinlich teilweise extrem anstrengend. Die Wiederholer vergleichen „État du Choc" (Schockzustand) mit den schönsten Sportkletterein im Yosemite. KK, insbesondere große, sowie Friends einschl. Gr. 4 dringend empfohlen. Einige H stecken. Wandhöhe 200 m.

Übersicht: Die Route ist die am weitesten links verlaufende Führe von insgesamt bisher fünf in der Nordwand eingerichteten. Rechts vom

NO-Grat verläuft ein markantes Rißsystem, durch das aufgestiegen wird.
Zustieg: Wie bei R 1614 unter die N-Wand. Im linken Teil der Wand den Vorbau in 3 SL hoch zum Beginn der Schwierigkeiten. E.
Route: Vgl. Skizze rechts.

● **1618 Südostpfeiler**
M. Rey und C. Vouillaz, 15. Juni 1961. **VII+**, meist VI+/VI. **ED−**. Kv: V+ und A2, meist V, A1 und A0 (wenige leichtere Passagen) bei insgesamt 60 FH TD+. Pfeilerhöhe 220 m. Zeit vom E 4—5 Std.

Zustieg: Der SO-Pfeiler liegt auf der der Cabane d'Orny abgewandten Seite des Turms. Man quert von der Hütte den Gletscher in Höhe der alten Hütte. Nun über steile Moränenhänge und links in Kletterei unter die Ostwand auf ein abschüssiges Band, das die Ostwand fast in halber Höhe durchzieht. Zuletzt über eine heikle Stelle erreicht man den Pfeilerfuß. E einige Meter links des Pfeilerfußes, 1½ Std. *Alternative:* Ein alternativer Zustieg verläuft über die Scharte Petit — Grand Clocher. Dieser Weg hat den Vorteil, daß man ei-

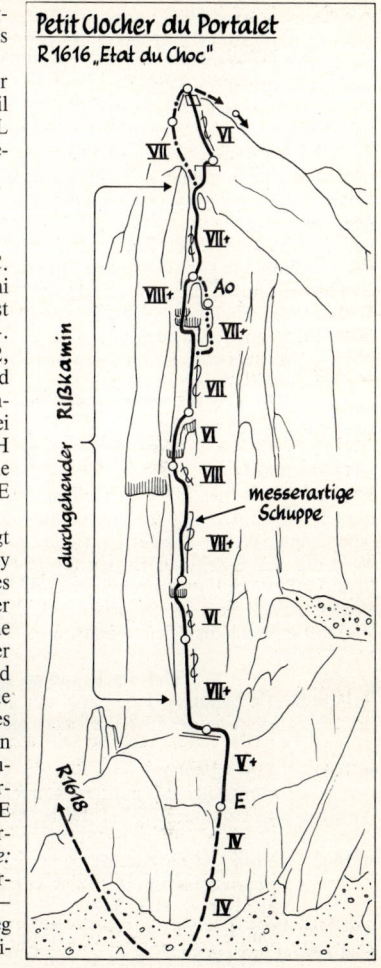

Petit Clocher du Portalet
R 1616 „Etat du Choc"

nen Teil der Ausrüstung bei der Scharte lassen kann, zu der man im Abstieg zurückkehrt. Anstatt links um den Berg herumzuqueren, ersteigt man die erwähnte Scharte. Jenseits hinab und eine kurze Abseilstelle und zum Pfeilerfuß.
Route: Über einige Stufen hoch (III) bis zu einer kleinen Quarznische, nun 3 m nach rechts queren (V+) und einen 15-m-Riß hinauf (VII—). Ein Dach wird links umgangen (V+), dann links einen Riß hoch (V+) und über eine Schuppe zu kleinen Terrassen.
Nach einigen Blöcken ersteigt man eine Verschneidung (VII), quert nach rechts unter dem Dach der Verschneidung (VII—) und ersteigt einige Schuppen. Nun hoch unter eine gelbe überhängende Platte (VI+), dann 5 m exponiert nach links queren und über ein Wandl von 2 m auf ein Band, das in die Südwand führt. Rechts über eine gerillte Wand, 20 m hinauf (V—) bis zur Pfeilerkante. Hier hoch, Quergang nach links und weiter hoch über eine gerillte Wand (IV+, ausgesetzt). Nach rechts queren (VI+), dann einen Riß hoch (V+, 6 m) über einen Aufschwung (V) nach rechtshaltend (IV+) und über die Gratschneide zu einer Terrasse (III+). Eine Platte und ein Kamin führen zum höchsten Punkt (V, IV, 30 m).

● **1619 Abstieg**
Schwieriger Abstieg mit mehrfachem Abseilen. **AD**. Doppelseil erforderlich. 3 Std. Anfangs abkletternd über den W-Grat bis zu einer ersten Abseilstelle. Weiter auf der Gratschneide bis zu einer Abseilstelle von 40 m auf der S-Seite zu Grasbändern. In der Südwand gelangt man über ein System von Grasbändern in die Scharte zwischen Grand und Petit Clocher. Von der Scharte durch das nordseitige Felscouloir absteigend erreicht man den Wandfuß (N-Wand) und den Zustieg.

● **1640 Col des Ecandies,** 2796 m
Relativ häufig benutzter Übergang, der aber vor allem als Zustieg für die Überschreitung der Ecandies dient (R 1650).

● **1641 Von Champex**
Unproblematische Bergwanderung. 1400 m HD. 3½ Std.
Anstieg: Von Champex (R 21) wie bei R 94 zum Col des Ecandies.

● **1642 Vom Col de Forclaz**
Bergwanderung mit einer kurzen unschwierigen Firnpassage. 1200 m HD. 3 Std.
Anstieg: Vom Col de la Forclaz (Paß auf der Straße Martigny—Chamonix) auf einem Weg ohne nennenswerte HD in südl. Richtung

zum Chalet du Glacier, 1538 m. Über die Hütten von Vesevey, 2096 m, folgt man am rechten Ufer des Glacier du Trient dem Weg (nicht Richtung Fenêtre de l'Arpette der TMB folgen!). Über Firnhänge bzw. Geröll und einige leichte Felsen zum Col.

● **1650   Pointes des Ecandies, 2873 m, Überschreitung**
V zwei Stellen (vermeidbar), überwiegend III und IV; zahlreiche Quergänge verlangen auch vom Seilzweiten ein hinreichendes Können. **D.** Der kleine Felskamm der Pointes des Ecandies befindet sich schon am Rand des Mont-Blanc-Massivs, bietet aber eine schöne mittelschwere Kletterei, die wegen der relativ niedrigen Höhe oft bis Mitte Oktober möglich ist. Der Höhenunterschied bei der eigentlichen Kletterei ist unbedeutend. Zeit vom E. 3—4 Std.

Zustiege: Ausgangspunkt der Kletterei ist der Col des Ecandies, Endpunkt das Arpettetal. Je nach Talort bieten sich deshalb die verschiedenen Zustiege zum Col des Ecandies (R 1640) an.

Route: Vom Col des Ecandies 15 m gerade hochsteigen, etwas rechtshaltend durch einen Riß und eine kleine Rinne in die Scharte zwischen erstem und zweitem Gratturm. Der erste Turm wird unschwierig ersteigen. Von der Scharte etwas auf die Trientseite (W) absteigen und durch einen Kamin in die Scharte zwischen 2. und 3. Turm. Der zweite Turm wird über die Nordkante erklettert (IV), Abstieg durch Abseilen. Der dritte Turm wird durch einen glatten und tiefen Kamin mühsam ersteigen (IV). 15 m abseilen in die Scharte zwischen dem dritten und dem vierten Turm, der etwas neben dem eigentlichen Grat liegt. Der Turm wird über seine SO-Wand ersteigen. Abstieg auf gleichem Weg üblich. Nun wieder auf dem Hauptgrat auf seiner rechten oder linken Seite bis zu einem großen Block, dem Rasoir (Rasierklinge). Eine abgespaltene Felsplatte ermöglicht den Aufstieg (IV, H). Etwas heikler Abstieg über eine Platte, dann folgt man dem Grat, dann einem Band auf der Trientseite.

Man kehrt zum Grat hinter einem kleinen Aufschwung zurück. Eine kurze Wand wird links eines großen Blocks erstiegen. Der folgende Gratturm wird entweder über seinen W-Grat (V) erstiegen oder unschwierig auf der Trientseite umgangen. Man folgt nun weiter dem Grat bis zu einem Einschnitt, den man durch einen eindrucksvollen aber wenig schwierigen Sprung überwindet (Saut de l'Ange, Engelssprung). Der Einschnitt kann auch kletternd überwunden werden (heikel). Nun umgeht man den folgenden großen Turm auf der Trientseite und erreicht eine Scharte oberhalb. (Der große Turm kann über Risse auf der Trientseite erstiegen werden, IV + .)

Von der Scharte gibt es zwei Möglichkeiten den folgenden plattigen Aufschwung zu ersteigen:

a) auf der Trientseite:
Mit guten Griffen auf einen großen, überhängenden Block, dann durch eine kleine Verschneidung von 4 m, 2 m nach links auf einer Platte queren und mittels zweier Risse zu einer kleinen Scharte hoch (V).

b) auf der Arpetteseite:
Waagerecht eine Platte 4 m queren (H), dann hoch mit Hilfe eines kleinen Risses bis zu einem Absatz. Ein nach rechts ansteigendes Band und ein Kamin führen zur kleinen Scharte.

Nun wieder gemeinsam: Waagerecht 3 m queren und einen schrägen Riß hinauf. Über den Grat selber und kleine Bänder auf den höchsten Punkt dieses Teils der Pointes des Ecandies (S-Gipfel). Ostseitig durch Abseilen oder Abklettern durch einen Kamin erreicht man einige Bänder, die zur folgenden Scharte führen, die den südl. vom nördlichen Teil der Ecandies trennt. Unschwierig von hier hinab ins Val d'Arpette.

8. Ausweichziele

● **1720**   **Aiguilles Rouges**
Die Aiguilles Rouges bilden die nordwestliche Begrenzung des Tals von Chamonix. Durch ihre Lage bilden sie einen wunderbaren Aussichtsbalkon auf die gegenüberliegenden Gipfel vom Mont Blanc über die Aiguilles von Chamonix bis zur Aig. du Chardonnet. Daneben trägt auch ihre verhältnismäßig bescheidene Höhe von 2400—2800 m dazu bei, daß dieses Gebiet von Wanderern bevorzugt, aber auch von Kletterern besucht wird. Aus dem Tal von Chamonix gesehen, fallen die Bergspitzen der Aiguilles Rouges kaum ins Auge; ein etwa sechshundert Höhenmeter emporragender Waldgürtel an sehr steilem Hang verbirgt sie dem Blick. Oberhalb dieses Waldgürtels findet sich der Bergsteiger auf einer terrassenartigen Hochfläche, aus der nach sanftem Anstieg sich die Wände und Grate erheben, mit Wandhöhen zwischen 150 und 400 Metern.
Wer den Granit der Aiguilles von Chamonix gewöhnt ist, wird sich anfangs im glatten Gneis der Aiguilles Rouges nicht wohlfühlen, doch nach einigen Seillängen von dieser Abwechslung begeistert sein.

● **1730**   **Aiguille de l'Index**
Unbedeutender Gipfel innerhalb der Aig. Rouges, der allerdings sehr gut aus dem Tal auszumachen ist.
Der SO-Grat ist eine ziemlich überlaufene, aber lohnende Anfängertour.

● **1731**   **Südostgrat**
IV, 5 m, meist II und III. **AD**. Vom Gipfel ausgesetztes Abseilen. 1½ Std. vom E zum Gipfel. Abstieg 1 Std.
Zustieg: Ausgangspunkt für diese kurzweilige, leichte Kletterei, die sehr viel begangen wird, ist die Gipfelstation der l'Index-Seilbahn (R 37). In wenigen Minuten zum breiten Grasband, das die gesamte untere Ostwand durchzieht. Auf diesem bis kurz vor den Südostgrat, zu dem ein Kamin auf der Ostseite leitet. E.
Route: Der weitere Verlauf ist durch die Gratschneide gegeben (III, 1 Stelle IV), Steilaufschwünge umgeht man in der Wand rechts. Etwas unterhalb des Gipfels 20 m in Richtung Col de l'Index abseilen. Einige Meter abklettern (III) zum Col. Nun entweder in das unschwierige Ostcouloir soweit dies schneegefüllt ist, oder auf das linke Ufer des Couloirs hochsteigen (20 m, III) und hier absteigen. Vgl. Skizze S. 446.

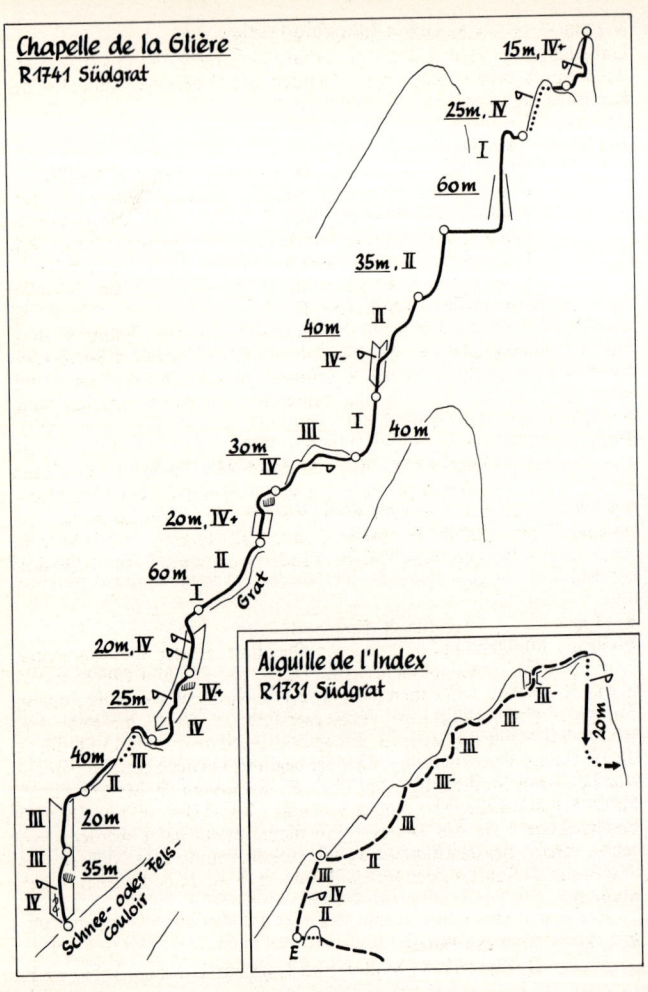

● **1740**   **Chapelle de la Glière,** 2669 m

Unbedeutender kleiner Turm unterhalb der Aig. de la Glière, der jedoch durch seinen sehr ansprechenden SO-Grat eine ziemliche Bekanntheit erfahren hat.

● **1741**   **Südostgrat**

        IV+, meist IV und III. **D.** Einer der längeren Anstiege in den Aiguilles Rouges, abwechslungsreiche Kletterei, für Urgestein stellenweise ungewöhnlich ausgesetzt. Einige H vorhanden, jedoch keine Standhaken. Gelegentlich überlaufen. Früh im Jahr vollzieht sich der Abstieg noch u. a. durch eine Querung einer steilen Schneerinne. Dann ist ein Eispickel sehr ratsam. 3 Std. vom E.

Zustieg: Von der Gipfelstation der Index-Seilbahn (R 37) umgeht man auf Steigspuren teilweise absteigend den Fuß des SO-Grats der Aig. de l'Index. Man erreicht eine steile Schneerinne. Durch diese hinauf bis nach links auf den Grat eine markante gut 50 m hohe Verschneidung hochzieht. E (½ Std.).

Route: Vgl. Skizze S. 446.

Der enge Stand nach der 4. SL kann durch eine lange SL vermieden werden. Die Querung in der 9. SL ist sehr ausgesetzt, aber klettertechnisch nach den ersten Metern weniger schwierig, als es aussieht.

Abstieg: Vom Gipfelturm abseilen, dann auf Steigspuren mit kurzem Auf- und Absteigen zum Col de l'Index und zurück zur Seilbahn, 1½ Std.

● **1790**   **Aiguille du Pouce,** 2874 m

Einer der höheren Gipfel in den Aiguilles Rouges, der aber nur wegen seiner S-Wandrouten besucht wird. Durch die S-Wand führen annähernd 10 Routen, von denen die Führe Voie des Dalles sehr regelmäßig begangen wird. Knapp links von dieser Führe verläuft „La Beal et la Bête", VII+ mit 4 H A0, (S. König u. Y. Seigneur, 1985) und durch die markante Verschneidung, die dort beginnt, wo der Schnee am höchsten heraufreicht, die Franzosenführe, P. Kohlmann, P. Mazeaud u. P. Saint-Armand 1960, VI+, meist V+ und VI—, TD+, 400 m. Die hier beschriebene Voie des Dalles sollte nicht unterschätzt werden, und schon etliche Seilschaften waren hier solange unterwegs, daß sie das Ticket zur Talfahrt ab der Index-Station im Halbdunkel zu Tal tragen mußten.

● **1792**   **Voie des Dalles**

        B. Kintzelé, R. Mallon und J. Marutzi, 2. September 1967.

VI—, meist IV+ und V im unteren, IV und III im oberen Teil. **TD**—. H stecken, nur wenige KK, Friends etc. erforderlich. Die Wegführung ist bis zum Beginn des langen Risses durch die Platte nicht immer offensichtlich. 400 m HD. 4 Std. vom E. Vgl. Foto s. 449.

Übersicht: Schräg rechts haltend die große Platte hoch. Die Überhänge werden rechts umgangen, und durch eine Kaminreihe gelangt man zum Gipfel.

Zustieg: Von der Indexstation (R 37) steigt man das Tal Richtung Aig. de la Glière hoch, wobei man sich zunächst ziemlich rechts hält. Kurz vor der Kammhöhe erst nach links zu einem Übergang zwischen Aig. de la Glière, 2852 m, und P. 2856 m. Nun rechts ohne viel Höhenverlust erst auf der W- und dann auf der SW-Seite des Kamms queren, bis man ein SW-orientiertes Schneefeld bzw. einen Geröllhang absteigt. Von hier rechts in wenigen Minuten zum E, der sich etwa 20 m rechts unterhalb der Stelle, wo der Schnee am höchsten heraufreicht, befindet. Hier beginnt eine wenig ausgeprägte Verschneidung, die in einen senkrechten Aufschwung ausläuft.

Route: Durch die Verschneidung hoch (Stelle V). Weiter über leichtere Stufen auf ein Band (III). Querung nach rechts in die große Platte etwas unterhalb des höchsten Punkts der Stufen (5 m, V), dann durch Riß (15 m, V) und aus diesem nach rechts heraus. Leicht rechts haltend weiter zu dem feinen Riß, der die Platte durchzieht und diesen hoch (3 SL, Stellen VI—, sonst V). Vom Standplatz rd. 10 m unterhalb der Überhänge nicht mehr hochsteigen, sondern nach rechts queren zu einem abstehenden Block (V, ausgesetzt). Etwas absteigen und schräg nach rechts in die SO-Wand queren (IV). Nun wieder etwas gerade hoch und wieder nach links auf einem markanten Band (V). Zuerst über die Kante, dann die folgende Verschneidungsreihe, die in einen Kamin ausläuft, hoch. Weiter oben durch eine Rinne zum Gipfelgrat. (Vom markanten Band 2 SL IV+ und IV, dann 4—5 SL III und IV.)

● **1799 Abstieg**
II. PD. Sehr brüchig. 1½—2 Std. bis zur Indexstation.
Abstieg: Vom Gipfel steigt man im wesentlichen auf der NO-Flanke des SO-Grats der Pouce ab, wobei man sich nur knapp unterhalb des Grats hält. Sobald man die tiefste Stelle im Grat überwunden hat, wird auf den Grat selbst, dann auf der SW-Seite Richtung P. 2848 m gestiegen.

Pouce, Südwand
R 1792 Voie des Dalles

Unterhalb dieser Erhebung rechts horizontal zum Übergang
P. 2848 m—P. 2862 m und wie im Aufstieg zur Indexstation.

● **1810 Aiguille de la Persévérance,** 2901 m
Markanter Gipfel im Kamm der Aiguilles Rouges, der sowohl über den
S- als auch den NO-Grat interessante Anstiege im III. bzw. IV. Schwierigkeitsgrad bietet. Erste Besteigung über den W-Grat (Stelle III+)
I. Stration, A. Brun mit J.-E. Charlet-Straton, 6. September 1881.

● **1812 Südgrat**
G. Bicquelle, J.-C. Ménégaux und J. Poullin, Juli 1948, für
die hier beschriebene Routenführung. **IV+**, meist III und
IV. **AD**. Schöne, aussichtsreiche Kletterei. 250 m HD.
2 Std. vom E.
Übersicht: Der S-Grat hat mehrere Aufschwünge. Der unterste wird
nicht erstiegen, sondern von W der erste Absatz erreicht. Von hier ersteigt man den Grat, wobei man sich meist in der W-Flanke des Grats
bewegt.
Zustieg: Normalerweise wird die Indexstation (R 37) der Ausgangspunkt sein. Von hier gelangt man in ³/₄ Std. zum Lac Blanc, 2352 m.
Die hier befindliche Hütte ist zerstört, und z. Zt. existiert nur eine Jausenstation. Von hier in nördl. Richtung hoch, an dem kleinen See
rechts vorbei. Dann umgeht man die S-Grat-Ausläufer der Aig. des
Chamois und erreicht so das breite Couloir, das aus der Scharte
Chamois–Persévérance herabzieht. Über den ziemlich steilen Schnee-
oder Geröllhang hochsteigen, bis man nach rechts quert, um das erste
der Bänder, die zum S-Grat ziehen, zu erreichen. E nahe der Gratkante
bei einem linksgeneigten Kamin. 2—2¹/₂ Std. von der Indexstation.
Route: Links haltend hoch unter Kamin (IV und III). Den Kamin hoch,
bis man nach links heraussteigen kann; nun über Platte auf das zweite
große Band, das zum Gipfel leitet (IV, IV+). Zurück zur Gratkante nach
rechts schräg hoch. Am Grat bzw. links davon hoch (III, nicht immer
ganz sicherer Fels). Eine kurze Wand wird durch einen Kamin in der
linken Wand überwunden (III+). Danach über die luftige Kante zum
Gipfel.

● **1815 Nordostgrat**
A. und G. Charlet, 7. Juni 1925. **IV+** ab der Scharte, sonst
II und III. **D**. Sehr abwechslungsreiche Kletterei, am Grat
anhaltend schwierig in einer recht alpinen Umgebung. Da
die Route nicht immer offensichtlich ist, muß vorausschauend geklettert werden. Wenige H. HD vom E 4 Std.

Übersicht: Der NO-Grat beginnt in einer eingeschnittenen Scharte; diese wird jedoch nicht direkt erreicht, sondern aus der Rinne rechts der Aig. Martin, 2883 m, wird eine Rampe nach links angestiegen und zuletzt zur eingeschnittenen Scharte (Brèche de la Persévérance, ohne Namen und Höhenangabe auf der IGN-Karte) abgeseilt. Der Grat wird direkt erklettert, wobei der erste Aufschwung links umgangen wird.

Zustieg: Von der Indexstation (R 37) über den Lac Blanc bis an das breite Couloir (vgl. R 1812). Nun um den Ausläufer des S-Grats herum und an die Rinne rechts der Aig. Martin. Hier rd. 150 m aufsteigen, bis man nach links eine ansteigende Rampe hochsteigen kann. E.

Route: Die Rampe hoch, aber nicht bis an ihr Ende bei dem schmalen Couloir aus der Brèche de la Persévérance, sondern vorher über kleine Pfeiler und Kamine hoch zu einer Schulter im SW-Grat der Aig. Martin (II und III). Nun 10 m abseilen in die Scharte. Von der Scharte rd. 15 m nach links queren bis zu einem Sekundärgrat, hier rd. 10 m hoch (IV) bis zu einem Band, das nach rechts zum Grat oberhalb des ersten Aufschwungs leitet. Durch eine Verschneidung mit zwei Rissen zu einem Band (IV und IV+). Rechts wird ein Überhang überwunden (IV+), weiter durch Riß hoch an ein Verschneidungssystem (IV). Die offenen, plattigen Verschneidungen hoch (IV) und weiter leichter zum Gipfel.

- **1819 Abstieg**

    Der beste Abstieg führt über die Aig. des Chamois, 2902 m. Der direkte Abstieg aus dem Col de la Persévérance nach SO ist steinschlaggefährdet. Aufstieg auf die Aig. des Chamois III+. Kurze Abseilstelle. PD. Vom Gipfel der Aig. de la Persévérance bis zum Lac Bland 2 Std.

Abstieg: Über den W-Grat zum Col de la Persévérance hinab (I und II, 10-m-Abseilstelle). Nun über den ONO-Grat auf die Aig. de Chamois (Stellen III). Weiter über den W-Grat, sich an seiner rechten (N) Seite haltend bis zu einer Scharte. Ein kurzes Couloir führt in das Hochtal, das vom Col de Beugeant, 2807 m, herabführt. Nun weiter direkt zum Lac Blanc. Von hier ist der Direktabstieg zur Flégèrestation etwa ebenso lang wie der horizontale Weg zur Indexstation (R 37).

- **1950 Klettergärten**

Wer zum ersten Mal nach Chamonix fährt, wird kaum über Klettergärten am Mont Blanc nachdenken oder etwa beabsichtigen, dort zu klettern. Die Insider jedoch haben meist schon etliche Stunden und Tage dort verbracht, Klettern um seiner selbst willen und zur Erholung nach anstrengenden Bergfahrten. Hier sind nun einige Gebiete angeführt.

Wenn hier auch die Platten vom Dôme du Chapeau, von Joux oder Vallorcine fehlen, so sind diese wie auch noch andere in Kletterführern beschrieben und mehr einen Besuch wert.

Wenn das Wetter gar zu schlecht ist, gibt es noch eine ziemlich kostspielige Variante, die Platten von Macabi im Aostatal. Hier sollte der Éperon des Bananes (VI, meist V. TD. 300 m Granitplatten) geklettert werden. Info im „Maison de la Montagne".

● **1952 Glacier des Bossons**
Für erste Übungen im Eis und das Lernen des Steigeisengehens ist ein Besuch des Gletschers sehr nützlich. Es ist im allgemeinen der Vormittag vorzuziehen, da es dann noch nicht so sehr naß ist.
Zugang: Von Les Bossons folgt man der Straße zum Sessellift bis oberhalb der Campingplätze. Nun nördl. zu einem Weg am linken Ufer des Bossonsbachs. Hier bergauf bis an die Gletscherzunge.

● **1953 Klettergarten Les Gaillands**
Für die ganz Unentwegten bietet dieser kleine Klettergarten Führen von 1—2 SL in glattem, wenig sympathischem Fels. Im allgemeinen gute Haken und große Standhaken. Die Schwierigkeiten der offensichtlichen Führen liegen meist bei IV und IV+. Nur wenige Routen sind deutlich schwieriger. Nachmittags bei gutem Wetter stark überlaufen.
Zufahrt: Von Chamonix die talabwärtsführende Straße auf der Breventseite bis zu den Felsen auf der rechten Seite (am Lac Gaillands).

● **1954 Pierre d'Ortha**
Etwa 6 m hoher Granitblock mit vielen, sehr schwierigen Boulderrouten, die im allgemeinen für Granit geradezu unglaublich poliert sind. Der Klotz liegt auf dem Gelände des ehemaligen Zeltplatzes Pierre d'Ortha.

● **1955 Col des Montets**
Rund um den Col des Montets, vor allem auf der Chamonixseite finden sich viele große Blöcke mit Problemen aller Schwierigkeiten. Der teilweise glatte, aber allgemein sympathische Fels bietet für jeden Geschmack und für jedes Können eine nette Beschäftigung am Spätnachmittag. Es gibt auch einen speziellen Führer über die Boulders im Tal, jedoch kommt man auch gut ohne zurecht. Zugang vgl. R 6.

● **1970 Parois de Chéserys bzw. de Remuaz**
Mit diesem Namen bezeichnet man den 2 km langen, etwa 200 m hohen plattigen Felsabbruch oberhalb von Argentière. Hier finden sich kurzweilige Klettereien, die Klettergartencharakter haben. Neben der

Aiguillette d'Argentière, einem 20 m hohen freistehenden Turm, den man über seine SW-Kante (III) ersteigen kann, sind vor allem die längeren Routen von Interesse, die durch die Plattenwand des Parois de Chéserys ziehen.
Zustieg: Vom Parkplatz bei Tré-le-Champ (R 6) folgt man dem guten Weg der Mont-Blanc-Rundwanderung (TMB) bis zu einer Weggabelung oberhalb eines alten, stillgelegten Sessellifts. Nun steigt der Pfad in Kehren geradewegs auf die Plattenwände zu. Wo der Weg sich wieder südwärts wendet, verläßt man den TMB und steigt zum Fuß der Felsen (30 Min. schnell, 60 Min. üblich).

- **1971** **Blaue Führe**
  V+, meist IV und IV+. **D**. Teilweise Standhaken vorhanden. Einige mittelgroße Klemmkeile zur Zwischensicherung nützlich. Die Führe war mit einigen blauen Flecken markiert.

Route: Nach einer gelblichen 15-m-Platte (IV) unter eine markante Verschneidung und diese hinauf (anfangs IV, 2 H, dann V und V+) und leichter zu Stand. 40 m rechts einer Rinne hoch (III und IV) zu Stand (H). Eine kurze Wand wird von links angegangen; nach rechts zu H und gerade hoch durch eine Verschneidung (IV+, V, H) zu Stand (H). Der Rißspur folgend 40 m in schöner Kletterei (IV+ und IV, 1 H) hoch zum Ende der Route. Man quert nun südwestl. einige Meter, bis man in den großen Einschnitt links der „Blauen" ablegen kann. Hier befindet sich eine Abseilpiste mit großen Abseilringen, die exakt zum E bringt.

- **1972** **Rote Führe**
  IV+, meist IV. **D—**. Etwas leichtere, aber längere Kletterei als bei der „Blauen". Gute Standplätze mit Standhaken. Nur wenige Zwischenhaken. Die Führe war mit roten Flecken markiert, 200 m HD. 2 Std.

Zustieg: Etwa 150 m nach rechts (NO) absteigen vom E der „Blauen", zuletzt über grobes Blockwerk zum E am tiefsten Punkt einer herabziehenden, großen und ziemlich glatten Platte.
Route: Über die Platte und im weiteren allgemein leicht linkshaltend den seltenen Markierungen folgend zum höchsten Punkt 7–8 SL.

- **1997** **Dalle d'Amône**
  VI, meist IV und V, kaum leichter. **TD**. Riesige Kalkplatte im Schweizer Val Ferret. Diese fast 450 m hohe Felsplatte bietet dem Extremkletterer eine ungewöhnliche, aber loh-

nende Kletterei. Ohne wesentliche Anhaltspunkte steigt man hier auf über rißloses, geschlossenes Gestein mit kleinen, brüchig erscheinenden Schuppen, die aber durch die geringe Neigung von 60—70° nur wenig belastet werden (und belastet werden dürfen). Berühmt wurde die Kletterei auch durch ihre langen schwierigen SL (V und V+) praktisch ohne Zwischenhaken, bei denen ein Sturz unbedingt zu vermeiden ist, andererseits fanden sich alle 45 m sehr gute gebohrte Standhaken, die auch einen Rückzug ermöglichen. Mittlerweile wurde die Route mit vielen BH sicherer gemacht; sie hat damit aber auch ihren Nimbus verloren. Die jeweiligen Standplätze müssen mit viel Gefühl erahnt und erkannt werden. 50-m-Seil zum Klettern und ein gleich langes (ein 45-m-Seil reicht zur Not auch) Hilfsseil zum eventuellen Abseilen erforderlich. Die Führe darf nicht zur Zeit der Schneeschmelze, bei Regen oder drohenden stärkeren Niederschlägen unternommen werden, da sonst (abgesehen von einem Wasserlauf über die entscheidenden Passagen der Route) Steinschlaggefahr droht. Wandhöhe 400 m. 16 SL. Zeit vom E 3 Std.

Zustieg: Von der Autostraße im Val Ferret unterhalb von La Fouly zum Weiler Amône und in wenigen Minuten zum E unter der markanten Felsplatte. Der E befindet sich ziemlich weit rechts.

Übersicht / Route: Vom E gerade hoch zum 1. Band. Nun erst etwas rechts, dann linkshaltend in die Wandmitte zu der Spur des Wasserlaufs. Hier nun hoch, und im weiteren der (zunächst wenig ausgeprägten) Wasserrinne aufwärtsfolgen. Der Abstieg erfolgt auf der rechten (nördl.) Seite. Vgl. Foto S. 454.

Dalle d'Amône
R 1997 *Dalle d'Amône*

Stichwortverzeichnis

A Neuve, Cabane de l' 91
Adolphe Rey, Pointe 380
Albert I, Refuge 68
Amône, Aiguille de l' 1410
Angle, Grand Pilier d' 200
Argentière 3
Argentière, Aiguille d' 1470
Argentière, Col d' 1420
Argentière, Refuge d' 67
Armand Charlet, Col 1170

Bérangère, Aiguille de la 130
Berglandpfeiler 1155
Bionnassay, Aiguille de 170, 255
Blaitière, Aiguille de 680
Blaitière, Col de 832
Blaitière, Pilier Rouge de 690
Blanche de Peuterey,
  Aiguille 290
Blanc, Col 819
Blanc, Mont 180-262
Boccalatte, Refuge 82
Boccalattepfeiler 336
Bonattipfeiler 1270
Borelli, Refuge 77
Bossesgrat 182
Brenva, Col de la 188
Brenvaflanke 190
Brenvasporn 191
Brouillardflanke 235
Brouillardgrat 245
Bûche, Col de la 811, 818

Caiman, Brèche du 576
Canzio, Bivouac E. 83
Capucin, Grand 390
Capucin, Petit 370

Cardinal, Le 1311
Chamonix 1
Chamonix, Aiguilles von 500
Champex 21
Chardonnet, Aiguille de 1520
Chardonnet, Col du 1510
Charmoz,
  Aiguille des Grands 770
Charmoz,
  Aiguille de Petits 800
Ciseaux, Aiguille des 670
Combal, Lac de 19
Conscrits, Refuge des 52
Contamines, Les 11
Copt, Col 1588
Cordierpfeiler 776
Cosmiques, Refuge des 49
Cosmiquesgrat 533
Cosmiquessporn 530
Courmayeur 15
Coutes, Les 1100
Couvercle, Refuge du 64
Couzypfeiler 1147
Craveri, Refuge-bivouac 78
Cristaux, Col de 1090
Crocodile, Dent du 640
Croux, Aiguille 275
Crozpfeiler 926

Dalmazzi, Refuge 87
Darrey, Grand 1460
Divine Providence 207
Dolent,
  Aiguilles Rouges du 1400
Dolent, Bivouac du 90
Dolent, Col du 1380
Dolent, Mont 1390

Dorées, Aiguilles 1580
Droites, Col des 1125
Droites, Les 1130
Droitespfeiler, Direkter 1152
Dru, Grand 1256
Dru, Petit 1251, 1309
Dufour-Frehel-Route 201
Durier, Refuge 54

Ecandies, Col des 1640
Ecandies, Pointe des 1650
Eccles, Bivouac 76, 222
Elisabetta, Refuge 70
Entrèves 16
Envers des Aiguilles, Refuge d' 61
Enves des Dorées, Bivouac de l' 95
Estellette o. A. Hess, Bivouac d' 71
Eveline, Pointe 1167
Evêque, L' 1320

Fayet, Le 9
Ferret, Val 17, 23
Fiorio, Refuge-bivouac 88
Forbesgrat 1521
Forclaz, Col de la 22
Fourche, Bivouac de la 79
Fourche, Grande 1570
Fou, Aiguille du 660
Fou, Col du 657, 832
Frendopfeiler 541
Frêneypfeiler 220

Géant, Col du 329, 504, 850, 891
Géant, Dent du 860
Gervais, St. 10
Gervasutti, Refuge-bivouac 85
Gervasuttipfeiler 338
Ghiglione, Refuge 80

Gianni Comino, Refuge-bivouac 86
Glaciers, Aiguille des 100
Glaciers, Col des 101
Glière, Chapelle de la 1740
Gonella, Refuge 73
Goûter, Dôme du 183
Goûter, Refuge du 56, 181, 260
Grandes Jorasses, Refuge des 82
Grands-Montets-Grat 1200
Grépon, Aiguille du 730
Grises, Aiguilles 252
Grubertfelsen 219, 223
Gruetta, Mont 1000
Gruetta, Mont Verte de 1020
Grüttergrat 612
Gugliermina, Pointe 282
Güssfeld-Couloir 191a

Harlinpfeiler 226
Hirondelles, Col des 970
Hirondellesgrat 945
Houches, Les 8

Index, Aiguille de l' 1730
Innominata 272
Innominatagrat 230
Jacchia, Bivouac 84
Jardingrat 1120, 1485
Jardin, Aiguille du 1160
Jorasses, Col des Grandes 906
Jorasses, Grandes 910
Jorasses, Petites 980
Jorasses, Tour des 960

Klettergärten 1950

Lachenal, Pointe 350
Lavancher, Le 2
Lépiney, Pointe de 650
Lépineyriß 623

Leschaux, Aiguille de 990
Leschaux, Dol de 995
Leschaux, Glacier de 879
Leschaux, Refuge de 63
Lex Blanche,
  Aiguille de la 110
Louis Amédée, Pointe 271
Lui, Grand 1460

Majorroute 195
Mallet, Mont 894
Maudit, Mont 300
Mettrierroute 152
Miage, Chalets de 48
Miage, Col de 160
Miage, Dômes de 140
Midi, Aiguille du 31, 510
Midi, Col du 501
Midi-Plan-Grat 561
Minaret, Le 1490
Moine, Aiguille du 1350
Moinegrat 1182
Mont Blanc 180
Montenvers 33
Montenvers, Hotel du 62
Montets, Col des 6
Montroc 4
Monzino, Refuge 75
Moore, Col 8
Mottes, Les 12
Mulets, Refuge des Grands 57
Mummery, Aiguille 1080
M, Aiguille de l' 810

Nantillons, Glacier des 681
Nantillons, Pointes
  des 720
Noire, Refuge de la 77
Noire de Peuterey,
  Aiguille 290
Noir, Col du Tour 1450
Noir, Tour 1440

Orny, Cabane d' 93
Orsières 20

Pain de Sucre 580
Palud, La 16
Papillonsgrat 624
Peigne, Aiguille de 620
Pélerins, Aiguilles des 610
Périades, Glacier des 896
Persévérance, Aiguille de 1810
Petit Mont Blanc,
  Bivouac du 72
Peuterey, Col de 211, 218
Peutereygrat 210, 216
Plan, Aiguille du 560
Plan, Col du 550, 562
Plan de l'Aiguille, Chalet
  du 59
Plan Glacier, Refuge 53
Portalet, Le 1600
Portalet,
  Petit Clocher du 1610
Pouce, Aiguille du 1790
Purtscheller, Aiguille 1540

Quintino Sella, Refuge 74

Ravanel, Aiguille 1080
République, Aiguille de la 790
Requin, Dent du 590
Requin, Refuge du 60, 853
Robert Blanc, Refuge 50
Rochefort, Aiguille de 870
Rochefort, Calotte de 885
Rochefort, Dôme de 880
Rochefortgrat 871
Rocheuse, Grande 1174
Roc, Aiguille de 740
Rognon du Dru,
  Bivouac du 66
Rouges, Aiguilles 1720
Ryangrat 572

Saleina, Cabane de 92
Saleina, Fenêtre de 1560
Sans Nom, Aiguille 1240
Sans-Nom-Grat 1187
Savoie, Aiguille de 1050
Scie, Col de la 104
Seigne, Col de la 109
Sentinelle Rouge 194

Tacul, Aiguille du 900
Tacul, Clocher du 430
Tacul, Mont Blanc du 320
Tacul, Pyramide du 360
Talèfre, Aiguille de 1030
Talèfre, Col de 1060
Tête Rousse, Refuge de 55
Teufelsgrat 346
Torino, Refuge 81
Tournettesporn 251
Tour, Aiguille du 1550
Tour, Col du 1530
Tour, Fenêtre du 1565

Tour, Le 5
Tour Ronde 450
Tour-Ronde-Grat 303
Trélatête, Aiguilles de 120
Trélatête, Hotel de 51
Tricot, Aiguille de 175
Tricotgrat 176
Trident 410
Trient, Cabane du 94
Triolet, Aiguille de 1070
Triolet, Col de 1066, 1071
Trocheygrat 953
Trois Pointes, Pilier des 342

Vallorcine 7
Vallot, Refuge 58
Veny, Val 18
Verte, Aiguille 1180
Verte, Petite Aiguille 1230

Walker, Pointe 911
Walkerpfeiler 930
Whymper, Pointe 912

NOTIZEN

NOTIZEN

NOTIZEN

NOTIZEN

NOTIZEN

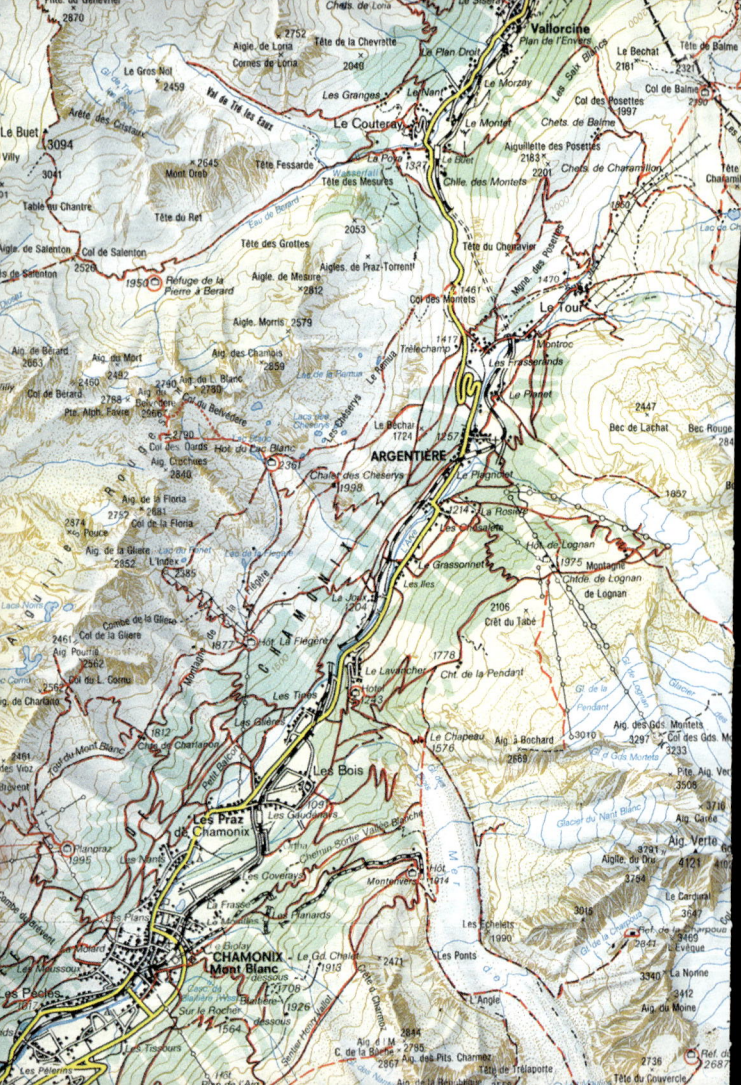